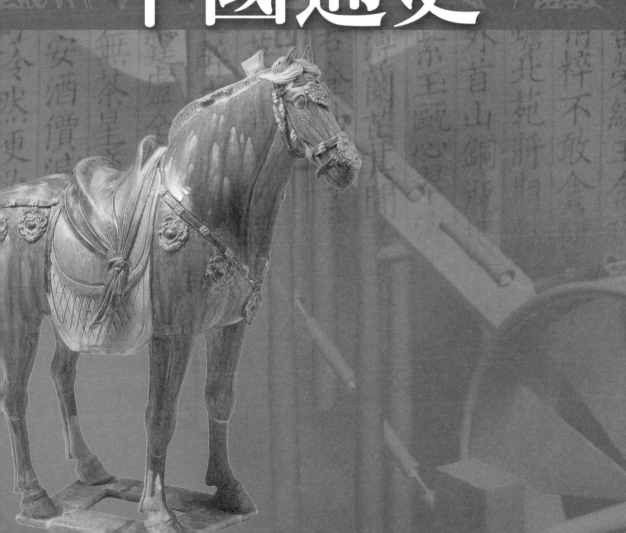

圖說
中國通史

前 言
歷史是一把開啓過去的鑰匙

中華民族素以歷史悠久、文化燦爛著稱於世，具有五千年不絕的文明傳承，擁有浩如煙海的歷史典籍，是中國歷史區別於世界各國歷史的顯著特點。不絕的傳承，體現了中華民族強大的凝聚力和生生不息的生命力，是中華民族歷劫不衰的堅實基礎。從史學巨著《史記》、《資治通鑑》、《通鑑紀事本末》到汗牛充棟的各類野史、筆記、演義，充分反映了中國人對自己民族歷史的重視和珍愛，中華民族也因此在世界上享有「歷史的民族」之美譽。

進入21世紀後，在一個資訊爆炸的時代中，實用的功利之學在社會上抬頭，文史之學甚或是文言文，似乎也變成過去的塵埃，可拋可棄。但是綜觀東西方，若一個文化既不回顧過去，亦不展望將來，只執著在當下，此文化就只能原地踏步，逐陷泥淖而作繭自縛。20世紀60年代名揚四方的「披頭四」，亦得向莎士比亞汲取營養！故學習古史的目的，絕不單是應付升學與就業，那是一把打開過去的鑰匙，如同牛頓所言，「我站在巨人的肩膀上」，我們正可以站在五千年的浩瀚之上，以它為臺基，奮力躍向未來！

但是，中國古史漫長悠久，其間的歷史事件與歷史人物錯綜複雜、頭緒繁多，普通讀者縱想一窺門徑，也難以如願。浩浩蕩蕩二十五史，汗牛充棟，足使人望之卻步。針對這種狀況，學者發明了「通史」的體例，即在一定史觀的指導下，以最通俗的文字，對中國歷史進行現代詮釋。錢穆先生之《國史大綱》與《中國歷代政治得失》當屬其中之扛鼎之作。他以驚人的學識與自創的「綱目體」，長久以來哺育了千千萬萬的學子。但毋庸諱言，這類的通史著作，有更多是濫竽充數。其中不但篇幅冗長、文字艱澀，而且體例陳舊、觀點過時，有的甚至東拼西湊、粗製濫造，造成讀者的閱讀困難，甚至扭曲史觀。

因此，本書從普及史學的角度出發，在龐大的史學系統中，篩選摘錄了400件重大事件，力求在真實性、趣味性和啟發性等方面達到一個新的水準，並確定編寫該書的基本理念為：通過文字、圖片等元素的結合，客觀、立體地再現歷史，還歷史本來面目。

本書的插圖有兩條基本原則：一是全面、豐富，在注重準確的基礎上，努力把與某一事件或人物有關的各類繪畫、實物資料搭配其中，使該事件和人物顯得更立體、豐滿，並充滿臨場感；二是以文帶圖，即根據文字所反映的歷史時期和歷史特點，展示圖片本身的豐富性和系統性。如本書沒有設專門的建築史、服飾史、藝術史等章節，但從自成體系的建築、服飾、美術等方面的插圖中，讀者可以清晰地看出這些門類的發展和演變歷程。

由於採用了這種圖文之間均衡配置、有機結合的編纂方式，本書突破了以往歷史書編纂的舊模式，通過生動、全面而又精煉的文字，多角度、全方位的視覺元素，讓讀者真實地感受到中國歷史演進的全過程。《圖說中國通史》將是那把帶著讀者打開過去的鑰匙，當我們開啟那扇神祕的窗，一窺堂奧，必將感於那過去的美好而深受啟發，接下傳續民族歷史的智慧火把。

目 錄 Contents

明朝

清朝

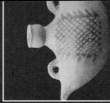

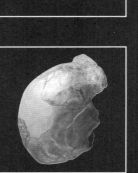

遠古人類・夏朝風雲・殷商時代・西周時期

遠古

Ancient Period

華夏源興

第一章 遠古人類

最早的元謀人

大約在170萬年以前，雲南元謀地帶，森森鬱鬱，榛莽叢生，是一片寬廣的亞熱帶草原和森林。先有枝角鹿、爪蹄獸等第三紀殘存的動物在這裡生存繁衍。再往後推移一段時間，則是桑氏鬣狗、雲南馬等早更新世時期的動物出現在這片草原和森林。它們大多數都是草食性動物。為了生活，元謀人使用粗陋的石器捕獵它們。

在元謀上那蚌村附近的早更新世時期地層中，元謀盆地內暴露的695公尺厚、共4段28層的河湖沉積而形成的地層中，發現了兩枚上內側門齒化石。經過考古學家們檢測，這兩枚牙齒屬於170萬年前的原始人，男性，約30歲左右。它證明了中國人的歷史起源。在發現這兩枚牙齒化石的同時，從褐色黏土層中出土的還有7件元謀人製造和使用的刮削器與脈石英石核。從這遺址中，我們看到了中華文明的萌芽。

直立的藍田人

距今80萬年至75萬年前，在今陝西省藍田縣公王嶺地帶，有一些原始人類在此生活。他們低平的前額上，明顯地隆起粗壯的眉脊骨。他們打製的石器較簡單，又粗又大，但仔細一看，卻發現已經有相異類型石器分工的跡象。這就是著名的藍田人。

他們的化石於公元1963～1965年在陝西省藍田縣公王嶺中更新世早期地層中被發現。考古學家研究證明，藍田人比後來的北京人大腦容量要小，大約有778毫升。但是有一點卻引起了人們的矚目，那就是他們已經能直立行走，而且這是亞洲北部已發現的最早之直立人。這意義十分重大，因為「直立」是成為人的重要標誌。

元謀古猿上內側門齒化石
他是目前中國境內發現的最早的直立人，是纖細類型南猿向直立人過渡的代表。

手斧
這是藍田人常用的挖掘、砍砸、刮削工具。他們生活在秦嶺北麓，山上有茂密的山林，兇猛的劍齒虎、豹、熊出沒其間，成群的鹿和犀牛也是藍田人獵取的目標。

藍田猿人復原後的頭骨

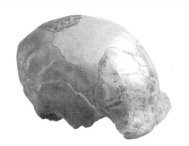

北京猿人頭蓋骨化石

北京猿人頭像
北京房山周口店出土、距今約有50萬年。其頭蓋骨具有與猿相近的特徵。當時北京地區溫暖濕潤，河流、森林、草原密佈。北京人居住在洞穴之中，製作石器，從事採集、狩獵活動，而且懂得使用火柴燒烤食物。

聞名的北京人

北京人的體質結構已有現代人的基本特徵，但仍然殘存著某些猿類的性質。他們的身材矮小，男性平均身高只有1.558公尺左右，女性平均身高約1.435公尺。他們和現代人相比，面部稍短而嘴巴特別前伸，看不見下頦，前額比現代人低平，有點向後傾斜。他們的腦殼比現代人厚，大約是現代人的1倍。頭蓋靠下部膨大，上部收縮。平均腦容量是1075毫升，僅僅是現代人平均腦容量的75％，但是，他們比現代類人猿的平均腦容量大1倍以上，類人猿的腦容量只有415毫升。

北京猿人已經能夠製造和使用工具，他們使用的工具有骨器、木器，更多的還是石器。根據石器不同的形狀和用途，大致可分為刮削器、砍砸器和尖狀器等幾種。有的石器是用來砍砸和修製狩獵的木棒，還有一些較鋒利的石器是用來割獸皮和獸肉。考古學家們以北京猿人製造和使用的工具為依據，證明他們與動物有本質上的區別，已經具備人類的某些特徵。

北京猿人還有一個更為進步的創舉，是已經會人工取火，這是一個劃時代的進步！在北京人居住過的洞穴中發現了厚達數公尺的灰爐層，說明篝火在這裡連續燃燒的時間很久，也說明北京人已經懂得保存火種，不需要火時用灰土蓋上，使火悶燒，到下次要用火時，再扒開灰土，添上草木，經風一吹便能引燃。灰爐中被火燒過的石塊、獸骨和樸樹籽，則證明北京人已經能使用火燒熟食物。

猿人洞
龍骨山最大的洞穴，是北京人生活居住的地方。

石球　舊石器時代
公元1976年山西省陽高縣許家窯出土，它是許家窯文化中最富特色的器物。這是捕獵野馬的工具。

燦 爛 的 古 文 明

在公元1984年，臨近渤海的營口永安鄉金牛山的一個洞穴中，發現了一具比較完整的男性頭骨和體骨，據考證，其年代距今28萬年，這就是「金牛山人」。他們是迄今東北地區發現最古老又較完好的人類化石。

同時與金牛山人化石共同發現的遺物有骨器、打製石器、燒骨和灰燼，這一切表明，此為東北舊石器時代較早期的文化遺存。此外，該遺址還出土了大量動物化石，如劍齒虎、踵骨鹿、梅氏犀、大河狸、三門馬等，多達70種，很多是絕滅的古老種屬。

其中如犀、鹿、熊等，曾是金牛山人的獵物。繼續往下掘至洞中的第7、8層堆積，更進一步發現當年金牛山人群居洞穴、肢解動物、圍火燒烤、敲骨吸髓的生活場面。再往下挖掘則是動物燒骨和敲碎的肢骨、一堆堆灰燼，估計年代已超過30萬年。

馬壩人和丁村人同屬於舊石器時代中期，他們在早期智人中很有代表性。馬壩人遺址殘存於今天廣東曲江馬壩圩獅子巖洞穴中，所發現的頭骨資料證明，馬壩人的腦容量大約為1225毫升，頂骨前突處厚度薄於「北京人」，比代人約厚7公厘。

汾河中游臨汾寬谷的南端是丁村人遺址，即現在山西汾河流域襄汾丁村等地，其化石已有明顯的進步，其中一點是頂骨較薄。他們的門齒舌面成鏟狀，和後來的黃種人相似，臼齒的咬合面紋理結構介於直立人與現代人之間。

以丁村、馬壩石器時代中期文化與早期文化進行比較，其差別主要表現在打製石器技術不斷提高，石器的形狀比較規整，類型也較明確，種類有所增加，證明當時的技術和生產水準較舊石器早期有所提高。在丁村文化遺址中還發現了魚類和軟體動物的遺存，說明丁村人除以狩獵為主要生存方式外，捕魚也提供了重要的蛋白質來源。

金牛山人頭骨
金牛山人眉骨脊較低，顱骨壁較薄，牙齒也沒有北京人那樣粗壯，腦量達1390毫升。

石厚三稜尖狀器
丁村文化最有特色的石器。

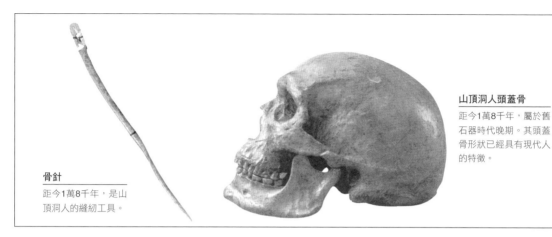

骨針
距今1萬8千年，是山頂洞人的縫紉工具。

山頂洞人頭蓋骨
距今1萬8千年，屬於舊石器時代晚期。其頭蓋骨形狀已經具有現代人的特徵。

聰明的山頂洞人

　　山頂洞人發現於北京周口店山頂洞遺址，距今約2萬至1萬年。遺址中共有8個男女老幼山頂洞人化石個體，無論是腦容量還是人體體質特徵，都與現代人十分接近。洞穴堆積中還發現54種脊椎動物化石，其中很多是華北、內蒙及東北地區的生物。聰明的山頂洞人能製造骨器和石器，並且能在骨器上加上精美的裝飾。山頂洞人可說是接近現代人的「北京人」。

　　北京周口店北京人遺址的山頂洞，洞口朝北，裡面分上室、下室和地窖。上室位於東南部，東西長16公尺，南北寬8公尺，是山頂洞人日常生活的地方；洞西北部是下室，深達8公尺，裡面保存著3具完整的人骨化石，據推測可能是葬地。在地窖裡發現了大量的動物化石，據推測應該是貯藏食物等生活用品的倉庫。經過對其面骨、頭骨等的分析，發現山頂洞人與蒙古人種較為相似，但也存在個別其他人種的特徵。

山頂洞遺址
山頂洞遺址位於北京周口店北京人遺址山頂上的洞穴中，故將居於此地的人命名為「山頂洞人」。在這裡發掘出大批舊石器時代晚期的石器、骨角器和人骨化石。洞內有山頂洞人的起居室，東西長14公尺，南北寬8公尺，並發現灰燼和石器。

原始文明

仰韶文化

母系氏族社會是中國歷史進程中一個重要階段,而仰韶文化是清楚地反映母系氏族社會面貌的遺址。仰韶文化的主要區域在河南省西部、陝西省中部和山西省南部一帶。它的分布非常廣闊,南達漢水中上游,北至河套地區,西及甘肅境內的渭河上游,東到山東省。這些地方分散著母系氏族時期的許多村落遺址,而且在某些地區,村落分布十分密集。

婦女在氏族中的地位非常高。有些地方,發現了以女性為主的埋葬習俗。在陝西省華縣元君廟和華陰縣橫陣村,發現很多母系氏族的遷移合葬墓,這一個發現更進一步證明當時婦女的重要地位。這些同坑埋葬的死者,全部是遷移合葬的,人數並不是十分統一,男女老少都有。

遷移合葬的整個程序較為複雜。人死後,可能是先把屍體進行臨時處理,遇到母系氏族中某個地位較高的婦女死亡後,就先直接把她的屍體仰臥埋在葬坑主要位置,同時將和她同氏族的早死者之屍骨遷移過來,同墓合葬。這種以婦女為中心的葬俗,表示女性在氏族中佔有重要地位。另外,從半坡遺址和陝西省臨潼縣姜寨遺址墓葬的隨葬品來推測,女性約略比男性多。這種現象也說明了婦女的社會地位很高。

彩陶人面魚紋盆
魚紋盆為仰韶文化半坡類型彩陶的代表作,表現了人類早期與動物的密切關係。

船形彩陶壺　仰韶文化
它的壺身兩側畫有粗獷的魚網紋,這證明當時原始人已經具備划船撒網捕魚的能力。

彩陶鳥鸛叼魚缸　仰韶文化

原始農業

中國是世界上開發農業最早的地區之一。農業的第一個歷史形態——原始農業，掀開了人類積極征服自然的歷史。它的特點是生產工具以木質和石質為主，進行刀耕火種和墾荒耕作制，種植業、畜牧業、採集漁獵共同存在。中國原始農業在距今8000年以前就在若干地方產生，中原地帶約在距今4000年左右結束，時間與考古學家測定的新石器時代差不多。

中國是主要的農作物產生地，水稻、粟、黍等許多農作物都是在中國第一次栽培。在大多數地區，原始農業主要是種植業：南方一般種植水稻，北方地區大多種植粟黍。中國農業文化的搖籃是黃河流域。在河南裴李崗文化和河北磁山文化遺址中，出土了眾多種類的農具與雞的殘骸，證明中國是世界上最早馴服並飼養雞的國家之一。此時，祖先們已進入了鋤耕農業時期。

圓形石鋤　新石器石代

外形是磨過的，中有孔，可以裝柄。

石斧　新石器時代晚期

新疆新塔拉遺址出土。它是由青玉磨製而成，弧形刃，外形大方。

海拉爾和昂昂溪細石器

海拉爾和昂昂溪皆地處大興安嶺西部草原地帶，非常適宜畜牧、狩獵及農業耕作。這些細石器體積細小，加工精細。

河姆渡文化

河姆渡文化是中國長江流域下游古老多姿的新石器文化，第一次發現於浙江餘姚河姆渡，故以此地命名。它主要分布在杭州灣南岸的寧紹平原及舟山島。經科學方法測定，它的年代為公元前5000年至前3300年。

河姆渡文化的骨器製作較為進步，有耜、魚鏢、鏃、哨、匕、錐、鋸形器等器物，為精心磨製而成，一些有柄骨匕、骨笄上雕刻花紋或雙頭連體鳥紋圖案，為精美的實用工藝品。河姆渡文化在農業上以種植水稻為主。在其遺址第4層的較大範圍內，普遍發現稻穀遺存，這對於研究中國水稻栽培的起源及

骨耜　河姆渡文化

骨耜用動物髖骨、肩胛骨創造，輕便省力，黃河和長江流域的先民廣泛用作翻土農具。

其在世界稻作農業史上的地位，有重大意義。他們使用的農具中，最具有代表性的是「骨耜」。

河姆渡文化的建築形式主要是栽樁架板高於地面的干欄式建築。干欄式建築是中國長江以南新石器時代以來的重要建築形式之一，目前最早發現於河姆渡。它與北方地區同時期的半地穴房屋有明顯差異，成為當時最具代表性的建築。因此，長江下游地區的新石器文化同樣是中華文明的重要淵藪。它代表中國古代文明發展趨勢的另一條主線，與中原地區的仰韶文化並不相同。

骨哨　河姆渡文化

狩獵工具，長6至10公分，骨哨均用一截禽類的骨管製成，裡邊還可插1根可以移動的肋骨，用以調節聲調。獵人利用骨哨模擬鹿的鳴叫，吸引異性，伺機誘殺。

豬紋缽陶器　河姆渡文化

它是砂質黑陶，兩個寬面的外壁都刻有形態逼真的豬，顯示當時農業已有相當發展。

含炭化稻古陶片

齊家文化

生產力的發展推動了私有制的產生，打破齊家文化中原始的貧富均等的狀態，人類有了貧富差別以及人與人之間社會地位的高下之分，男人在社會上佔據了統治地位，這時候便出現了階級和軍事民主制。墓葬反映了齊家文化中的社會生活狀況。

目前已發現的齊家文化墓葬共約八百多座。秦魏家的成年男女2人合葬墓，其中男性為仰身直肢，女性則位左，側身、肢，面向男性；在皇娘娘臺的成年1男2女的3人合葬墓裡，男性仰身直肢位於中間，2女分列左右，屈附其旁。這些合葬墓表示齊家文化中的婚姻狀況已由多偶婚制過渡到一夫一妻制，只有少數富裕的人家中過著一夫多妻制的生活，同時也說明3男子在社會上居於統治地位，而女子卻降至從屬和被奴役的地位。

齊家文化中還存在以人殉葬的習俗，殉葬者都是奴隸和部落戰爭中的受害者。殉葬這一習俗反映社會地位的差別與階級分化。墓葬中隨葬品的多寡也

紅陶鳥形器
齊家文化

齊家文化的陶器中，有許多雕塑成動物形象的作品，其中以鳥形為主。這件器物外形似水鳥，腹部豐滿，曲線充滿變化，猶如在水中遊動，簡潔生動。

顯示出貧富不均的社會現實。如皇娘娘臺墓葬的隨葬器物，陶器少者1、2件，多者達37件；玉石璧少的只有1件，多者83件。這種情況表示，首先齊家文化中以冶金業為主導的手工業不斷地增長，促進了生產力的發展；其次也說明社會內部發生了深刻的變化，階級出現，私有制產生，原始社會即將崩潰，齊家文化進入軍事民主制階段。

彩陶雙大耳罐　齊家文化

三角紋鏡　齊家文化

這是中國目前發現的最古老的銅鏡之一，全器飾三角紋2周，紋器古樸。

彩陶神人紋壺　馬家窯文化

**彩陶人首瓶
仰韶文化**

瓶的兩頭細小，中間豐滿，平底。用圓雕形的女人頭做器口。人面五官端正，雙目深邃，鼻子寬闊，嘴微微張開，雙耳後面長髮披拂，前額有一排齊眉的短髮。

古老陶器

製陶是仰韶文化和馬家窯文化的特色之一，因為它們具有風格各異的彩色陶器。在許多氏族村落中，都留有陶窯的遺跡。那時，人們選用具有一定黏度的、泥質很細的黃土當陶土。陶土調好後，搓成泥條，圈疊成陶器的粗坯，或盤成陶坯的基本形態。小器是直接捏塑成的。

下一步是修飾陶坯，在濕黏土上嵌入把手、耳、鼻等附件。當陶坯達到半乾的程度，再刮磨器壁內外。彩陶的顏料用赤鐵礦和氧化錳製成，然後用與毛筆相似的工具，在一些細泥質的器皿上進行描繪彩畫。

有時在上彩之前，還塗上一層白色或淺紅色的襯底，使整個畫面更為艷麗。由於窯室沒有嚴密的封閉，陶土中的氧化鐵得以充分氧化，使燒得的陶器絕大部分是褐色或紅色的。

陶器中，主要是生活用具，也有一些生產工具。有炊具，如灶、鼎、甑、釜之類，蒸煮各類食物；有飲食用具，如小缽、盤、盆、杯、碗等；有甕和罐，用於儲存東西；有底尖口小腹大的瓶，用來汲水，根據力的平衡原理，空瓶在水面上能夠自己傾倒，把水灌進去，充分展現先民的智慧。

陶器是母系氏族社會時期很重要的發明之一。它證明人們的智慧並不只是對自然物質的加工，而是可以完全創造出全新物品。有了陶器，人們對於烹飪

更加便利，使人體更充分地吸收食物中各類營養成分，又可用以儲存液體，有助於農業的灌溉。如此一來，人們的定居生活日漸穩定。人們按照燒陶的原理還製作出紡織用的陶紡輪，狩獵用的彈丸，捕魚用的網墜。燒土也能夠作為原始建築的牆基。這一切，對於人類生產、生活的進步都有很大的意義。

彩陶神人紋壺　馬家窯文化

彩陶鬲　齊家文化

陶缽　大汶口文化
此缽造型小巧，彩繪華麗，是大汶口文化中期的典型器物。

炎黃大同

炎黃二帝

大約在距今約4500年之前，即父系社會部落聯盟時代，在中國黃河上游的陝西岐山姜水地帶，活動著一支具有先進農業生產技術的氏族部落，其首領是炎帝，姓姜。

相傳炎帝教導人們種植五穀，並帶動人們不斷地歸納農業生產經驗，改進生產工具，糧食獲得豐收。炎帝也因此深受愛戴，被尊為「神農氏」。當時，人們生病後得不到及時的治療，只能痛苦等死。炎帝為了解救部落成員的疾病之苦，嘗遍百草，從而發明醫藥。

因部落之間的戰爭和生存需要，炎帝部落逐步沿黃河向東遷移，最後定居在中原地區。這時，在中原一帶還有一個部落逐漸強大起來，他們的首領是黃帝。據中國最早一部通史──《史記》記載，黃帝姓姬，號軒轅氏。神話中，他是個具有無上尊嚴的中央天帝。他與炎帝合稱為「炎黃二帝」，因此，我們常被稱為「炎黃子孫」。

黃帝像

黃帝手植柏
此柏今在陝西省黃陵縣的黃陵內，相傳為黃帝親植。

炎帝像

涿鹿之戰

因為部落之間的利益衝突，炎帝和黃帝之間展開了一場大戰，最終炎帝因力量不足而告敗。黃帝擊敗炎帝後，居住在東方的九黎族首領蚩尤，將南方苗民聯合起來，企圖推翻黃帝。傳說中，蚩尤有81個銅頭鐵額的兄弟，個個凶悍好戰。蚩尤率領大軍殺到涿鹿，與黃帝的軍隊進行了著名的涿鹿大戰。

蚩尤善於變化，有呼風喚雨尋霧的神通。他用魔法布起漫天大霧，將黃帝軍隊團團圍住，然後左右擊破，使黃帝軍隊遭到慘重的損失。

情形危急之際，黃帝的手下「風后」依照北斗星的原理，製造了一輛「指南車」。他在車前立了一個人偶，不管怎樣轉動，人偶一隻伸出的手臂總是指向南方。黃帝軍隊依靠這輛指南車指明方向，衝出重重大霧。

同時，黃帝又派人到雷澤中捕來龍身人頭、一拍肚子就會發出響雷的怪物——雷獸，把它殺死，然後從它體內抽取最大的骨頭，做了鼓槌。用這鼓槌來敲打用夔皮做成的鼓，聲音響亮，直至500里外都能聽到。黃帝命人把軍鼓搬到戰場上，連續擂了數通，霎時雷聲轟鳴，軍威大振，蚩尤軍隊的士兵聽了個個膽戰心驚，望風而逃。黃帝率領大軍衝殺，將蚩尤殺死，取得重大勝利。從此，黃帝統治了中原，中原各族從而進一步融合，聚合成一個大部族。

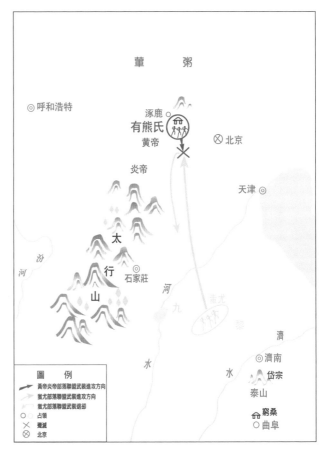

涿鹿之戰示意圖

黃帝戰蚩尤圖

三賢禪位

　　堯是中國古代傳說中一位著名的賢君。據說他當上帝王後，處處為人民著想，對榮華富貴十分淡薄，住的是簡陋的茅屋，過著粗茶淡飯、勤儉樸素的生活。堯為了人民盡心盡責，但他的兒子丹朱卻是個不肖子。堯不願意傳位給兒子，就時常留心天下賢人，準備將帝位禪讓給他。經過努力探訪，堯得知舜是位賢孝而又有才華的年輕人，就決定讓位給舜。

　　舜是黃帝的7世孫，名重華，顓頊的5世孫。因為原先舜被封在虞，故而又稱為虞舜。他天性篤厚，對父母十分孝順。舜在位長達幾十年，深受愛戴。舜也沒有把王位傳給兒子商均，而禪讓給治洪水有功的禹。

堯帝像

堯舜禪讓圖

壁畫中寧靜的堯舜時代

《史記‧五帝本紀》內頁

大禹治水

禹的父親叫鯀，受舜帝之命治理黃河、江淮一帶的洪水。但鯀不識水性，只知派人堵水，卻無力解決大堤潰決的難題。舜帝因鯀治水失職，將鯀處死，又令鯀的兒子禹治水。

禹汲取父親治水失敗的教訓，把以圍堵為主改為以疏導為主。他偕同益、稷兩人帶領工人四處考察，立了許多標記，最終得到治水方案。他認為黃河水患最嚴重，其次是濟水、淮水和長江。

他從壺口起將龍門山開了一條大路，又把砥柱山挖出一條深坑，從孟津往北連開9條大河，平定黃河水患。然後又疏通濟水的源頭，使濟水一面通黃河，一面通山東的汶水，治平了濟水之患。另外又從河南桐柏山起，將淮水分為兩路，一路通山東泗水，一路通山東沂水，平定淮河水患。

大禹治水像

疏導長江的工程則從四川的岷山做起，也以疏浚河道、加速行洪為主，把長江水引到東海。

禹治水8年，三過家門而不入。他因治水而手腳腫大，汗毛盡脫。他不僅解決了當時的水患，而且他倡導的以疏導為主的治水經驗，也成為後世解決社會問題的典範。

禹王治水　版畫

天下為家

夏朝建立

禹因治水有功，舜死後便繼任帝位，改國號為夏，稱夏禹。到了晚年，禹便四處查訪，決定推舉夷人首領皋陶為繼承人。但是皋陶卻先他而逝，無奈，又推舉伯益。但當禹死後，部落聯盟中一些有權勢的大家族，擁立禹的兒子啟即位，反對伯益。啟趁動亂之機，殺了伯益，奪得王位（約公元前1988～前1979年）。以前的「禪讓」制度便從這時被破壞，代之以「家天下」的王位世襲制。

王位世襲制的確立，是部落制走向國家制的重要標誌之一，這是中國歷史上一場重大的社會變革。

夏部落中的同姓邦國有扈氏反對世襲制，起兵造反，啟親率大軍進行討伐，雙方於甘（今陝西戶縣）展開大戰。有扈氏戰敗後，

夏禹王像

禹，傳說中夏朝的第一個王，鯀之子。因禹治水有功，舜讓位於他。在他死後，子啟即位，從此開始王位的世襲制度。

啟消滅其部落。於是眾多邦國首領都到陽翟朝會，啟在鈞臺（河南省禹縣）召開諸侯大會。這就是歷史上有名的「鈞臺之享」，此舉更進一步鞏固新王權。隨著王位世襲制的確立，以國王為中心的國家機構等體制也隨之建立。

第二章　夏朝風雲

伯益像　　**大禹陵**

二里頭

二里頭是一個小村莊，位於濟南偃師西南約9公里處，考古工作者在這個村裡發現了一處東西長2.5公里、南北寬1.5公里的大型遺址。遺址中出土了豐富的古物，僅陶器一項就有近360件，各類小件器物超過7000件，其中有漁獵工具、農具、手工工具和各種武器，還發現了一些古老的青銅器。尤其讓人驚喜的是，在遺址的中部發現了一處大面積的夯土臺基，臺基上是一座宏偉的宮殿遺址。這是迄今最早的大型宮殿建築。在它的周圍分布著許多正方形的、長方形的房基，而且還有各種水井、窖穴和鑄銅、製骨等一些手工業作坊遺址。

之後在豫西、晉南地區又發現了和二里頭遺址的文化面貌一樣的遺址多達幾十處。在這些相同類型的文化遺址中，偃師二里頭遺址最具代表性，它的遺址面積最大，堆積最厚，文化遺留最為可觀，地層疊壓關係也最清楚。因此，人們便把這樣類型的文化遺存統稱為「二里頭文化」。經考古工作者研究證實，二里頭文化確實是人們所要尋找的夏文化之源頭。

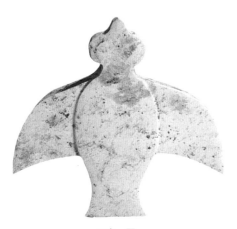

玉鳥 夏

二里頭出土的酒尊 夏

二里頭1號宮殿復原圖

1號宮殿面積1萬餘平方公尺，中心大殿前面有廣庭，四周有迴廊，南面有3座大門，圖為「四重屋」式的殿堂復原圖。

夏啟治國

公天下制度被夏啟破壞後，自然遭到一些人的反對。夏啟工於心計，沒有急於鎮壓那些反對他的人，他認為當前最重要的是收買人心，讓民眾心服口服地擁護自己。於是夏啟在遷都到山西安邑後，嚴格要求自己，以博得人們對他的信任。他每頓飯只吃一份普通的蔬菜；睡覺只鋪一床粗糙的舊褥；除了祭神和祭祖以外，他不許演奏音樂；他尊敬老人，愛護小孩；誰有能力，他就親自請來加以重用；誰懂得武藝，就讓誰帶兵打仗……

鑲松花石器　夏

夏啟這樣收買人心，才過了1年，他的聲譽便大大提高。大家一致認為夏啟理所當然地是夏禹的繼承人，對於父死子繼的家天下制度，人們覺得並沒有什麼不合理。但後來啟還是過上荒淫的生活，喜歡飲酒、打獵、歌舞。他的兒子們也開始權力之爭，他的小兒子武觀因此被放逐到黃河西岸，並試圖反叛自己的父親。

啟母石

啟母石是夏禹之子啟的出生地。

玉璋　二里頭文化

長48.4公分，厚0.5公分，1974年河南偃師市二里頭出土。

少康政績

羿浞亂夏

夏啟去世後，他的兒子太康即位。太康比啟更荒淫，竟然不顧朝政，帶著親人到洛水北岸打獵，數月不歸。夷族酋長后羿利用夏朝王權空虛和奴隸的怨恨，奪取安邑，拒絕太康返朝親政，自己做了君長，號稱「有窮氏」。後來，失位的太康逃到同姓部落斟鄩（今河南鞏縣西南），后羿便消滅了斟鄩，立仲康。仲康的兒子相逃到商丘，也被后羿攻伐，又逃到帝丘（河南濮陽縣），投奔同姓昆吾等部落。

螳螂捕蟬，安知黃雀在後。后羿稱帝後，不吸取教訓，以為自己善於射箭，便不關心民眾，每天以田獵為樂。不久，后羿被他的親信東夷族伯明氏成員寒浞殺害，寒浞自立為帝，把羿的妻子及全部家產也強佔了，生子澆及豷。寒浞又命他的兒子澆滅了夏的同姓斟灌與斟鄩，並追殺逃亡在外的夏帝相。結果，相被殺害，但相的妻子后緡從牆洞逃出，躲藏在娘家有仍氏（今山東金鄉境），生下了夏帝相的遺腹子少康。

石鏃、單孔石刀
這是在夏遺址中發現最多的石器

后羿射日圖

少康中興

少康自小就十分聰明，有心計。后緡覺得這個兒子很有希望恢復夏王朝，在他剛剛懂事的時候，就常跟他講述先輩創建夏王朝的故事，叮囑他長大以後一定要報仇雪恨。

少康自小受到這種報仇雪恨的教育，果然發奮圖強，為夏朝復興做準備，先在外祖父有仍氏的部落擔任管理畜牧的官。澆知道少康長大後，便又派人要殺害他。少康逃到虞舜的後代有虞氏那裡。有虞氏的首領虞思覺得少康很有出息，就任命他為部落裡管理膳食的官，學習管理財物的工作。後來，虞思又把自己的女兒嫁給少康，把一塊叫綸的地方交給他管理。綸這個地方有5公里大小，有很好的田地，並有500名士兵。這樣，少康就建立起恢復夏朝的根據地和武裝。

少康宣揚他的祖先夏禹的豐功偉績，以此來號召復興故國。少康把那些被后羿和寒浞搞得妻離子散、家破人亡、流浪在外的夏朝舊官吏召集到綸地，讓他們跟著自己重建夏朝。他先派一個名叫艾的大將去刺探澆的實力，又派自己的兒子季予攻打澆的兒子戈豷的領地，削弱澆的力量。艾和季予出色地完成了任務，少康對於澆的情況已經瞭如指掌，趁勢消滅了澆的兒子戈豷，這樣一來使得澆處於孤立無援的地步。

一切都準備就緒，少康便從綸地起兵，往夏朝的舊都城安邑殺去。這時候寒浞已經死去，澆雖然想抵抗，怎奈力量過弱，終被少康消滅了，天下又回到了夏禹子孫的手裡。歷史上稱這件事為「少康復國」或「少康中興」。

迴紋硬陶折肩豆
二里頭文化

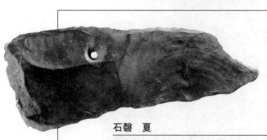

石磬　夏

此為舉行重大祭典時的敲擊樂器。在墓葬出土時，石磬與一對鼉鼓共存，應該為一組配套演奏的禮制樂器。

聯珠紋尊　夏晚期

夏桀亡國

夏桀是夏朝第16位君主，也是中國歷史上著名的暴君之一。他繼承王位後，覺得宮室過於簡陋，就下令在洛陽建造一座「傾宮」。這座傾宮歷經7年才完工，動用了成千上萬的奴隸，花費了大量的財力物力，勞民傷財，老百姓怨聲載道。

夏桀貪戀女色，後宮美女眾多，其中他最喜歡的是妹喜，對妹喜言聽計從。妹喜聽煩音樂，想聽撕裂布帛的聲音，桀便向老百姓徵集大量布帛，全堆在傾宮，命人撕帛來搏得妹喜一笑。

夏桀十分講究飲食，一心想吃山珍海味，常吃的有西北出產的蔬菜，東海裡捕撈來的大魚，並且要用南方出產的生薑和北方出產的海鹽作為調味的佐料。為了供應他一個人飯菜，需要成百上千人替他種菜、運輸、捕魚、烹調。

夏桀又特別喜歡喝酒，是一個十足的酒鬼。他喜歡喝十分清澈的酒，酒一渾濁，他就將廚師殺掉，許多廚師就因此斷送性命。

他酒醉後，還拿人當馬騎著玩耍。

誰要是拒絕，就要挨打，甚至被殺。

夏桀喜歡說自己好話的人，討厭耿直規勸他的人。大臣關龍逢看到夏桀胡作非為，便勸他關心老百姓的疾苦。夏桀根本就聽不進去，最後還把關龍逢殺了。從此，忠臣都遠離夏桀，而奸臣則成群地圍繞在著夏桀旁邊。夏朝的政治變得日益腐敗。

關龍逢像

正當夏朝走下坡時，黃河下游的商部落勢力強大起來。商部落的首領商湯看到夏桀不得民心，便利用老百姓這種心態，積極地準備消滅夏朝。

夏桀聽說商湯帶兵攻來了，趕快調動從屬夏朝的韋國、昆吾國、顧國3個小國的軍隊與強大的商湯軍隊對抗。商湯對夏桀的對策可說是瞭如指掌，他先派兵滅了韋國和顧國，又打敗昆吾國，大軍迅速向夏朝的重要城市挺進。夏桀親自帶兵與商湯交戰，但是士兵全部不聽他的指揮，有的投降，有的逃散。夏桀覺得大勢已去，不敢再回首都斟鄩（今伊洛地區），帶了一些殘兵敗將去投靠昆吾國。商湯乘勝追擊，順便也滅了昆吾國。

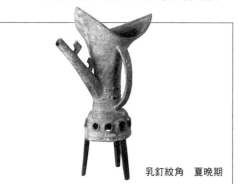

乳釘紋角　夏晚期

灰陶籃紋鼎　夏

商朝盛象

鄭州商城宮殿基址

第三章 殷商時代

商湯革命

約公元前1551年，湯的軍隊佔領了夏朝的首都斟鄩（今伊洛地區），這時候夏王朝滅亡，湯建立了商王朝。湯，又叫成湯或成唐，有時候，後人也叫他商湯。甲骨文記載他名叫大乙，就是此人把夏桀消滅掉的。

滅夏之戰勝利後，成湯在三千諸侯的擁立下稱帝，宣告商朝成立。他從殘暴的夏桀身上汲取教訓，認為夏桀是滅亡於百姓的反對上。於是以身作則，為老百姓著想，整飭朝綱，趕走奸臣，重用忠心為國的大臣。商湯這一系列的舉動深受各地諸侯的歡迎。商朝的興旺，促進生產力發展，使古文明的進步獲得轉機，中國成為文明古國之一。

商湯像

獸面乳釘紋青銅方鼎　商

伊尹攝政

約公元前1541年，成湯的嫡長孫太甲在商朝老臣伊尹的幫助下繼位。太甲當上天子後，不遵守祖宗立的法制，不問民間疾苦，貪圖享樂，驕橫殘暴。伊尹多次規勸，希望他勤政愛民，可是太甲依然我行我素。太甲三年，伊尹將太甲關閉在王都郊外的桐宮（今河南偃師），讓他閉門思過，而伊尹自己則攝政當國，代行天子職權。

太甲在桐宮住了3年，在伊尹的耐心開導下，悔過反省，開始痛改前非，施行仁義。伊尹便迎太甲歸朝當政。太甲復位後，實行了一系列政策，諸侯歸順，百姓安居樂業，商朝彷彿又回到了商湯當政的時候。傳說太甲死後，伊尹作《太甲訓》3篇，稱頌太甲，並尊他為太宗。

伊尹是商王朝開國功臣，曾輔佐商湯推翻夏桀，建立政權，又輔佐外丙、仲壬、太甲三王，立下汗馬功勞。傳說中，伊尹名阿衡，地位卑賤，看到湯是個有作為的人，便乘有蒂氏嫁女之機，以陪嫁奴僕身份來到商。伊尹善烹調，到商後為湯掌廚。他利用侍奉湯用餐的機會，為湯分析天下形勢，歷數夏桀暴政，進獻滅夏建國之大計。

青銅尊　商

後來，伊尹得到湯的信任，並被任命為「尹」，就是右相，從此跟隨商湯滅夏立商，成為商政權中一個赫赫元老。太甲死後，沃丁即位，伊尹自覺年老，不再參與朝政。伊尹於沃丁八年病死，相傳他活了一百多歲。沃丁以天子之禮隆重地安葬，用牛羊豬三牲祭祀，並親自為伊尹戴孝3年。

伊尹的名字見於甲骨文，記載他歷享後代商王的隆重祭祀。伊尹樹立了中國歷史上首位名臣形象，在商王朝的建立和鞏固中有不可估量的作用，特別是他的政治主張對整個商代都有關鍵性作用。

伊尹像

商王大墓復原圖

墓中陪葬的有250人，其中包括商王和妃嬪、臣子、守衛和奴僕等，還有馬匹和數不盡的貴重隨葬品，正好體現商人「事死如生」的觀念。

甲骨藏龜

商代貴族很迷信，認為神主宰世間的一切。他們一般用占卜的方法徵詢神意，與神靈溝通，並把占問的事情和結果、占問後事情發展的經過，用文字記錄，刻在龜甲和獸骨上，主要是刻在龜腹甲和牛肩胛骨上。後人把這種文字稱作甲骨文，也叫卜辭（編按：「卜」是狀聲詞，本意是形容占卜時鑽裂甲骨時所發出的聲音。）。

最早於河南省安陽縣西北的小屯村發現甲骨文。公元1899年開始有人蒐集、鑑定，後來又有一些新的發現。據初步統計，甲骨文所用的單字約在4500

卜骨　商

背面有鑽鑿的痕跡，正面有兆紋。

卜骨　商

商朝記日的方法是用天干地支相配，用此方法反覆迴圈，可以長期記錄。

個左右，目前已經被識讀的約1700字。甲骨文的結構已經具備了象形、指事、會意、形聲等4種形式。值得一提的是，甲骨文還用了假借的方法，就是用義近和音近的字去表示另外一個意思。如「來」，像大麥形，後來假借作「往來」的來。

甲骨文的記錄比較簡單。一塊甲骨，少的只有幾個字，多的有達到一百幾十個字。卜辭的內容，涉及到當時的王朝活動的許多層面，因此從中可以看到當時的一些歷史情況。雖然甲骨文只是占卜吉凶的記錄，但從它身上，我們可側面推敲出當時真正的歷史情況。

大型塗朱紅牛骨刻辭　商

商朝的甲骨文是占卜時刻在龜甲或者獸骨上的象形文字，也稱卜辭。河南安陽殷墟有大量出土。

盤庚遷殷

商朝從成湯建國到盤庚執政，歷經4次遷都。公元前1312～前1285年，陽甲去世，他的弟弟盤庚即位。為了抑制奢侈惡習，避免自然災害，盤庚決定從奄（今山東曲阜）遷都至殷（今河南安陽西北），但遭到很多商民的反對。盤庚便利用宗教意識對商民們規勸，認為先王們都按照天帝的意志遷都5次，他也經過占卜，「卜稽曰：『其如臺』」，所以遷都的計劃是得到天帝的允許，並不是他自己的意願，人們要服從天帝的旨意，否則上帝就要責怨祖先的靈魂。

商民不敢違背天帝的旨意，跟著盤庚遷至殷地，從此安定下來，直至商紂滅亡，共歷8代12王，計273年。

殷從公元前14世紀末至前11世紀作為商代後期的都城，也是中國歷史上有確切位置的最古老都城。雖然盤庚遷殷利用迷信手段，但卻是歷史的一大進步。商遷殷後，政治有所作為，社會、經濟、文化都有很大發展。

盤庚遷殷是商代的一個重要轉折點。約公元前11世紀周武王滅殷後，殷城開始荒蕪，變成廢墟，慢慢被埋在地下，後人稱為殷墟。自盤庚遷殷到帝辛（紂）亡國共273年，國號也稱殷，一般也將商代稱作殷代，亦稱為商殷或殷商。

殷墟被發掘以來，已從墓內挖掘出大量珍貴文物，其中大部分為青銅器和陶器。「司母戊大方鼎」為商代青銅器珍品，可以稱為世界之最，是世界最大的青銅器，現藏於中國國家博物館。殷墟還出土了1萬5千片以上的甲骨卜辭，是中國目前發現最早的文字，反映殷商文化高度進步的事實。

玉調色盤 商
古人說，治國如調色，就是從商期流傳下來的。

大禾方鼎 商
鼎為商代最具代表性的青銅器物，為權力的象徵。方鼎立耳，柱形足，龍紋，四壁各飾浮雕人面紋，此種紋飾的青銅器僅出土此件。

殷墟宮殿復原圖
安陽殷墟的商朝宮殿是地面建築，這座宮殿是在夯土臺基上立柱，以縱樑搭建兩面坡立式的屋架，上面鋪茅草頂。

青銅藝術

中國古代青銅技術在商代晚期進入鼎盛階段，商代是人類青銅文化史上最光輝燦爛的時期。

商代青銅器可分為早、中、晚三期。早期年代上限相當於成湯時期，器物較少，器形有爵、斝、刀、戈、鏃、錛、錐、鑿等。禮器胎質薄，鑄造粗，沒有花紋，也無銘文，但有的銅牌飾以綠松石鑲嵌的紋飾，工藝水準很高。

中期，年代大致在仲乙至盤庚遷殷之前。青銅器生產較多，其中禮器種類有鼎、簋、鬲、觚、斝、爵、罍、卣、

司母戊大方鼎 商
此器重達875公斤，是迄今發現的最大的青銅器。造型古樸端莊，雄渾大氣。

盤等，比早期有所增加。晚期年代從盤庚遷殷至商末。這個時候青銅器發展已到鼎盛時期，數量很多，年代也頗可靠。此階段的中期最具有自己的特點，以婦好墓所出土的青銅器為代表，有很多新的器類，器形也更絢麗多姿，禮器通常都較厚重，花紋繁縟，並開始出現銘文。

商代的各種類美術作品中，以青銅器為主的工藝美術居於主導地位，青銅器藝術的裝飾手法和造型對其它工藝種類有很大影響。商代後期，青銅器造型逐漸定型，並發展成多種造型系列。商代藝術家所創造的鼎、觚、尊、爵等，這些青銅禮器完美的造型在中國工藝美術史上有絕對的典範意義。

代表性作品如司母戊鼎、四羊方尊、犀尊、龍虎尊、象尊、豕尊與其他多種樣式的尊，代表商代美術創作的最高成就。商代的青銅器銘文和甲骨文字也是中國書法藝術的發源之一。

龍紋觥 商

鳳紋犧觥 商

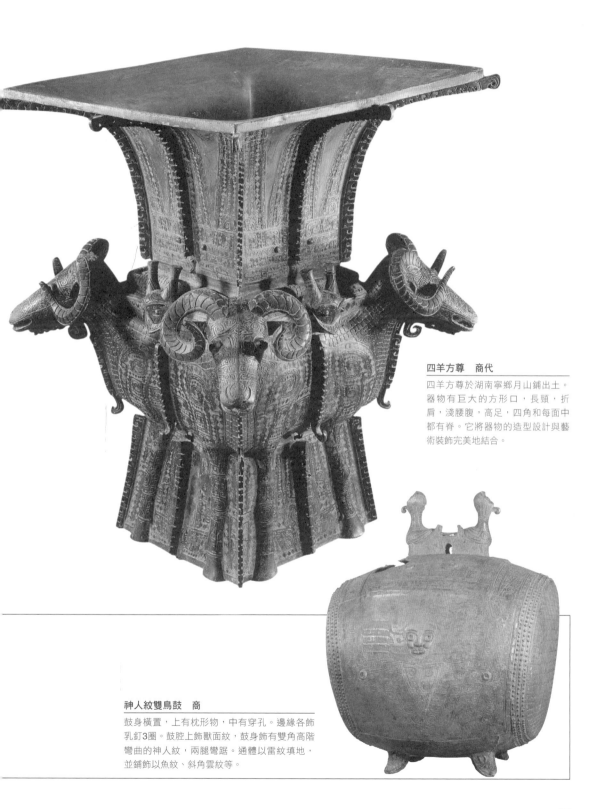

四羊方尊　商代

四羊方尊於湖南寧鄉月山鋪出土。器物有巨大的方形口，長頸，折肩，淺腰腹，高足，四角和每面中都有脊。它將器物的造型設計與藝術裝飾完美地結合。

神人紋雙鳥鼓　商

鼓身橫置，上有枕形物，中有穿孔。邊緣各飾乳釘3圈。鼓腔上飾獸面紋，鼓身飾有雙角高階彎曲的神人紋，兩腿彎踞。通體以雷紋填地，並鋪飾以魚紋、斜角雲紋等。

殷墟鳥瞰圖
安陽殷都是商朝晚期的都城,是最早發掘的商朝城市,遺址面積約24平方公里。

商王武丁像

商代璽印

武丁中興

盤庚把都城遷至殷以後,商朝的政治、經濟和文化都有很大的進步,武丁臨政時達到商朝最鼎盛時期。

武丁中興,國力強盛,於是不斷征戰四方。殷代北方草原地區的「鬼方」部落,經常騷擾殷人統治區,武丁親自率軍征討,用了3年的時間將其平定。舌方是殷商北方另一遊牧部落,在盤庚遷殷前,舌方利用殷商「九世之亂」的機會,迅速擴展勢力。為了掠奪更多的生活資源,舌方逐漸向南遊移,騷擾商朝屬國,並經常深入商王畿西郊進行劫掠。舌方此舉,對商王朝的統治構成嚴重的威脅。於是武丁命武將禽和甘盤率軍征討,經過十幾年征討,終於將舌方平服,其領地從此歸入商朝版圖。

土方是殷代北方距離商王畿較近的又一部族,屢屢侵奪商地居民,曾進入商東郊劫掠兩個居民聚落,武丁在征伐

舌方的過程中,用約3年時間消滅了土方,其地也成為商朝領土。

西部地區的古老部落羌族,也稱西羌,分為羌方、羌龍、北羌、馬羌等。武丁征伐西羌多次,將所獲戰俘,殘忍地用作「人牲」,成為祭祀鬼神的犧牲品。商朝南方地區有很多方國、部落,江漢流域的「荊楚」是它們當中最強大的方國之一。據傳說,武丁曾率商族武士,深入荊楚艱險之地,經過交戰,將其打敗,並捕獲很多荊楚之人,將他們生活的地方蕩平。從此江漢流域亦併入商朝版圖。

大彭和豕韋都是商朝諸侯國。商王河稟甲時,兩國勢力大增,便不想俯首聽命於商,拒絕納貢,也被武丁所滅。隨著戰爭的不斷勝利,商王朝的勢力在西、北、東、南急速擴張,達到商代的最高峰,史稱「武丁中興」。

目雷紋刀　商
刀背上有扉稜,刀尖上翹,多半用於斬殺。商朝軍隊裝備有攻守兼備的武器,作戰時車步配合,車兵在前衝鋒,將敵人擊落車下,步兵在後殲滅。

亡國殷鑑

酒池肉林

紂本來是帝乙少子，而此時以嫡庶為中心的宗法制度已初步形成，立嫡不立長，紂是帝乙正妻所生，得立為太子。紂天資聰敏，身體魁偉，勇力超人，能赤手與猛獸搏鬥，能說會道，恃才傲物。帝乙死後，紂即位為帝王。

紂王喜淫樂，好酒色，修建了許多苑囿臺榭。紂王寵愛美女妲己；高築「鹿臺」，命樂師師涓作「兆里之舞」、「靡靡之樂」等淫聲怪舞；又「以酒為池，懸肉為林」，不分晝夜地飲酒作樂，不理朝政，不祭鬼神，成為一個罕見的無道昏君。

紂王昏淫無道，引起百姓怨恨、諸侯離異。為重振天子威風，紂王作「炮烙之法」：用青銅製成空心銅柱，中間燃燒木炭，將銅柱燒紅，但凡有人敢議論是非，全部綁在銅柱上，活活烙死。

當時，紂王的叔父比干勸諫紂王，被處以挖心酷刑。諸侯梅伯勸諫紂王廢除「炮烙」酷刑，紂十分生氣，將他剁成肉醬，強迫其他諸侯食用，殺一儆百。

後來紂王又因九侯之女對宮中生活產生厭惡之情而肉醢九侯。此舉使大臣非常氣憤，但大家敢怒不敢言。鄂侯仗著自己是王朝三公的身分，與紂王激烈爭辯，指責紂王的惡行，當即遭處死，並製成乾屍示眾。西伯姬昌僅僅是暗地裡表示對紂王不滿，不料被紂王得知，紂王命人將其囚禁在姜里

鎏金銅面具　商

以金箔裝飾的人面十分尊貴，說明擁有者具有相當的社會力量。這是十分貴重的禮器。

冠飾簪人頭像　商

這是祭祀人像，表情誇張。

周文王姬昌像

商紂王叔比干像

武王伐紂

紂王昏亂暴虐的行為越來越厲害：殺比干，囚箕子，使人民的憤怒已到極致，連太師、少師都抱樂器投周。紂王已眾叛親離。周武王認為伐紂時機已經到來，於是遍告諸侯：殷有重罪，不可不征伐！武王親領大軍，與各地趕來的諸侯會合。武王聲討紂王罪行，表示自己要「恭行天罰」。

武王十一年二月甲子日早晨（公元前1046年），周武王率諸侯之師來到距朝歌只有70里之遙的商郊牧野。戰前，周武王又一次宣告紂王的罪行，周軍士氣大振，鬥志昂揚。紂王聞訊，匆忙調集大軍，開赴牧野，與武王對陣。紂王的軍隊遠遠多於武王，但是因紂王暴虐至極，遺棄骨肉兄弟，殘害百姓，任用奸人，喪失民心，軍隊無心戀戰，只盼望武王打敗紂王。雙方一交戰，商軍士兵就掉轉戈頭，向紂軍殺去。武王乘勢

銅鉞　商代
它的表面刻獸面紋，背上有稜，表面用綠松石鑲嵌出獸面紋、龍紋、蕉葉紋等。

周武王

指揮軍隊衝入敵陣，紂軍徹底崩潰。

紂王逃回殷都，登上鹿臺，用4千多塊寶玉環繞周身，自焚身亡。武王率大軍進入朝歌，百姓們列隊歡迎。

武王在紂王的屍體上射了3箭後下車，用劍擊之，再用黃鉞砍下紂王首級，民眾拍手稱快。

從湯到紂，商王朝歷17代30王（不包括湯長子太丁），共496年。武王滅了商紂王，商王朝至此告亡。

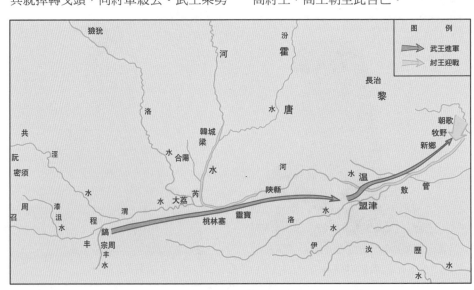

牧野之戰示意圖

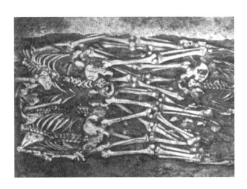

古文化遺址中的墓葬 商
祭祀坑中的無頭奴隸遺骨。從這些遺骨的數量，可以看出商代盛行的人殉和牲殉的殘酷性。

后崗祭祀坑中的人骨和青銅禮器 商

奴隸殉葬

從生產關係上看，商代已進入奴隸社會。商代有臣、妾、奚、僕、畜民等各類不同名稱的奴隸，甲骨文中也有把戰俘投入到畜牧業和農業裡的記載。商王朝本身的建立和文字構造及語法構造所達到的水準，都充分地證明這點。但是商朝奴隸制的詳細情況，還缺乏直接史料。對於甲骨文裡的「象」字，一種比較流行的解釋，認為這是日下三人的象形，是農民在太陽下面辛勤勞作的形象，可能是農業生產中的奴隸。

在安陽武官村一座經過兩次盜掘的商代大墓裡，殉葬人數多達79人。在殷墟發掘的其他墓葬裡，也有殺殉、生殉和殺祭的殘骸。通常的解釋認為，用以殺祭和殉葬的人全是奴隸。這些解釋都有很多推測的成分，而且這些解釋亦不足以說明奴隸在社會生產中的地位和進行生產的情況。但可以肯定的是，商代確實存在著奴隸殉葬的行為。

玉製奴隸 商代晚期
商紂王的奴隸最終倒戈，擊敗紂王。商紂王雖然沒有成為階下囚，卻也引火自焚。

商朝帶手銬的奴隸復原圖

封邦建國

武王建周

把商紂王徹底消滅後，武王進入商都，將商的畿內分為邶、墉、衛3個國家，以邶封紂子祿父（即武庚），墉、衛則由武王之弟管叔鮮、蔡叔度分別管制，合稱三監。另外還有一說是管叔監衛、蔡叔監墉、霍叔監邶，以監視武庚。安排好後武王派兵征伐尚未臣服的商朝諸侯，據記載征服者有99國，臣服652國。武王還師西歸，在他新遷的都邑鎬京（即宗周，今陝西長安西北灃水東）舉行大典，正式宣告周朝建立。

周王朝建立後，所面臨的政治形勢十分嚴峻，武王以「小邦」之君統治如此規模的區域，隨時都會發生諸侯叛亂。為了鞏固政權，適應新形勢需要，武王決定按功行賞，建立統治集團的內部關係，實行以周王室為中心的分封政治制度。首先受封的功臣主要有：姜太公、周公旦、召公等人。

太保鳥形卣　西周

為了控制廣闊的新征服地區，周朝仍然應用商的分封制方法，把王族、功臣以及先代的貴族分封到各地做諸侯，建立諸侯國。先後受封的有魯、齊、燕、衛、晉、宋、虢等71個諸侯國。

大盂鼎　西周康王

此鼎斂口鼓腹，口緣上有兩個立耳。口緣下飾分解式曲折角獸面紋，足上部飾外捲角獸面紋，均用雷紋襯地。內壁鑄銘文291字，記載康王二十三年在周對盂的一次冊命。第1段盛讚文武二王的功德，說明商人縱酒是周興商亡的原因，第2段記述康王命盂接續其父祖的官職，主管軍事和訴訟，日夜輔助君主治理國家，並賜給香酒、命服、旗幟、車馬以及大量的臣民奴隸和土地；第3段康王勉勵盂克己奉公，不要辜負信任，最後盂為了感謝王的冊命，稱揚王的美德，製作了祭祀祖父南公的寶鼎。

第四章　西周時期

周 公 輔 政

周成王元年（約公元前1042年），太子誦即位。成王年齡很小，便由曾輔佐克商的武王之弟周公旦暫時主持朝政。管叔、蔡叔懷疑周公篡奪王位，就四處散播周公旦要篡奪王室的消息，武庚也組織力量復國，與管、蔡聯合叛周，糾集徐、奄、薄姑和熊、盈等方國部落作亂。

周公奉成王命進行征伐，經過3年戰爭，終於平定叛亂。武庚和管叔被殺，蔡叔被流放。為了消除殷商殘餘勢力叛周的隱患，周朝首先命令諸侯在伊洛地區合力營建新邑，這就是周朝的東都雒邑（成周）。

東都修成，成王便把曾經反對周朝的一些人逐漸遷過去，用這個辦法，加以控制。同時，封降周的商貴族微子於商朝故都宋地，取代殷商之後；封武王少弟康叔於衞都，成立衞國，並賜殷魯國以殷民六族。這樣，殷商餘民已被分割，逐漸服從周朝的統治。

周公像

成王方鼎　西周
這是周文王的孫子周成王時所鑄的鼎，記載周成王在洛邑祭祀周武王之事。

《尚書·大誥》內頁
《尚書·大誥》中記載著周成王和周公的事蹟。

武王制樂

周朝的強盛使經濟迅速發展，文化顯著提高。西周初期的統治者建立起中國歷史上最完整的宮廷禮樂制度。統治者在宗教、政治等儀式典禮中所用的音樂和樂舞，後人稱為雅樂。

周武王姬發是雅樂的創始者，在他興師伐商的途中，軍中常表演歌舞以鼓舞士氣，滅商後又作了《象》和《大武》等大型歌舞歡慶勝利。公元前11世紀周成王姬誦在位時，周公制定各種貴族生活中的禮儀和典禮音樂，用它來加強宗法制社會的等級制度，鞏固王權。

雅樂的主要形式有4種：一是六代樂舞，包括黃帝、唐堯、虞舜、夏禹、商湯、周武王留下的頂級規格的樂舞，用於祭祀神明天地祖

石磬　西周

磬有特磬和編磬兩種。特磬較大，1架1磬，編磬較小，1架有16枚編磬。編磬如編鐘1面，是敲擊樂器，特磬則是止樂收韻的工具。此為編磬其中1枚。

先；二是小舞，有羽舞、皇舞、干舞、人舞等項目；三是詩樂，差不多是載於《詩經》中的「大雅」、「小雅」、「頌」；四是宗教性樂舞。

在禮樂制度裡，其歌唱、舞蹈、器樂演奏所用的調式、樂曲及演奏次序，甚至樂器種類、數目、表演時間、地點、場合都有繁瑣的規定，裡面有一種沉重的壓抑感，反映了貴族階級莊嚴神祕而呆板沉悶的美學觀念。

宗周鐘　西周

這是周厲王為宗周祖廟所鑄的編鐘中的1枚，用以祭祀祖先。

象尊　西周

昭王、穆王時期夨伯所鑄容酒器。據匜卣銘文記載，西周有象舞，即訓練大象跳舞。

創建周禮

禮備儀成

服裝的進步是文明發展的一種表現。西周時代出現的冠冕服裝反映出周代禮儀制度的成熟與完備。

冕服是周代天子帝王在祭祀、登基、婚禮、朝會、壽日、冊封等重大活動時專用的衣服，代表周代服裝設計的最高等級。它由冕冠、玄衣和裳等組成。戴冕冠者必須要穿冕服。冕服上衣為黑色，叫做玄衣，下裳為絳色，叫做纁裳。

周代冠有冕與弁兩種形制。冕是大夫以上的官員才能戴的禮帽，其形制與普通的冠帽有別，冕的上面是一幅前低後高的長方形板，叫「延」。延的前後掛著一串串的圓玉，叫旒。旒數表示官員的等級，通常天子十二旒，諸侯以下旒數各有差別，等級最低的玄冕只有二旒。

周代服裝豐富多彩，除官員專用的冕服外，平日生活中的服飾也各具特色。從冠帽來講，除冕外，還有用鹿皮縫合的皮弁（武冠），以及頂上有延、紅中帶黑的爵弁（文冠）。男子到20歲要舉行加冠禮，小孩、女子、平民、罪犯和異族人不戴冠，平民以巾裹頭。

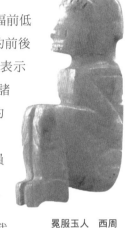

冕服玉人　西周

西周時高級貴族穿禮服，戴上高冠是為冕服。周冠多為高冠，比商朝的高，有些高冠竟然比人頭高兩倍。

身著袍服的銅人　西周

西周時臣子身穿袍服，與王侯所穿的服飾有很大差別。這些都是周禮所確定的禮制。

玉龍鳳紋飾　西周

青玉有淺褐色的沁斑，作片狀，長方形，龍在上，鳳在中。

周禮書影

所謂周禮有兩層意思，一是周代的禮法、政法制度，其中包括分封制、宗法制與其相對的政法、禮法制度，它們有力地維護周代的統治。另一層意思是禮俗，包括周代的各種文化制度、風俗，後代各種禮法制度的制定多參照周禮。

建宗立廟

周代的宗廟祭禮是國家政治生活的主要內容之一，修建專供祭祀使用的建築群並建立規範祭祀活動的禮儀制度，形成一套完備的宗廟祭祀體制，以後各代王朝都在沿用和發展。

這些禮制建築依照祭祀內容分為幾類：一類是建在皇城之前作為帝王祭祀祖先的「太廟」和祭祀社稷的「社稷壇」；一類是建在都城附近供帝王祭祀天地的「天地壇」，還有分布在全國各地由帝王派出官吏主持祭祀的岳廟、鎮廟和瀆廟；另外一類是為鞏固王權而建的祠和廟，如後來的孔廟、武侯祠等。

周代禮制建築十分嚴謹，帝王的祭祀活動都有嚴格規定。祭祀天地是王朝運作中的重要活動，周代規定祭天是帝王的特權，諸侯只能祭土。祭天地要在

青銅器的四阿式頂　西周
此為當時的青銅器方彝蓋，它反映西周宮殿四阿式頂的建築形制。

都城郊外舉行，方位與陰陽相配，祭天於陽位南郊，祭地於陰位北郊。帝王祭祀祖先在宗廟建築——「太廟」進行，太廟按周制修建在都城宮殿建築群的左前側。祭祀社稷反映了中國古代以農立國的社會性質，社代表土地，稷代表五穀，社稷成為國家的代稱。

外叔鼎　西周
此器造型凝重端莊，形體大，是西周的重器之一。其內壁有銘文6字，書體俊美，結構嚴謹，是西周金文書法的典範。

宗廟出土的甲骨　西周
在宗廟的西廂房中出土周初甲骨1萬7千5百餘片。

 王權衰敗

周召共和

周夷王十二年（約公元前858年），周厲王即位。他在位時，發生了多次災荒，莊稼歉收，民不聊生，貴族們卻依然吃喝玩樂，不管人民的死活。周厲王十四年（約公元前844年），為了聚斂更多的財富以供享用，厲王任用虢公長父和榮夷公實行「專利」：強行宣布山林川澤為王所有，不許平民在裡面樵採漁獵。此舉觸犯了社會各階層的利益，怨聲載道。

厲王對大臣芮良夫的忠告拒絕接受，提拔榮夷公為卿士，繼續推行專利。全國民眾怨怒，街頭巷尾，到處都有人咒罵。厲王從衛國找來巫師，讓他用巫術監視發表反對意見的怨恨者，並告諭國內，有私議朝政者，殺無赦。衛巫在厲王的縱容下，肆意陷害無辜，許多人死於非命，還假託成神靈的旨意。於是，人們不敢在公開場合說話，路途相逢也只能以目示意。厲王以為他已消除民眾的憤怒。

大臣召穆公認為「防民之口，甚於防川」，要是決口就沒有辦法收拾。他認為應該廣開言路，讓上至公卿大夫，下至百工庶人的各類人士都有發表意見的機會。厲王聽不進他的建議，一意孤行。不到3年，廣大民眾實在無法忍受，公元前841年，國人大規模暴亂，厲王被迫出逃到彘（今山西霍縣）。

太子靜藏在召穆公家中，國人聽說後，將召穆公家團團圍住，召公以自己的兒子代之，太子得以脫險。厲王逃亡在彘，朝中由召公（召穆公虎）、周公（周定公）共同主持朝政，處理國事，號為「共和」。共和元年，即公元前841年，是中國現存史料中有確切紀年的開始。共和十四年（公元前828年），周厲王死於彘。次年，太子靜即位，是為周宣王，共和時代結束。

㝬簋銘文　西周

㝬簋　西周

這是迄今出土的最大商周青銅簋，周厲王㝬作器，形體高大魁偉，可稱簋中之王，內底鑄銘文124字，製作於周厲王十二年。它不僅是藝術瑰寶，且為西周青銅器斷代增添一件標準器。

周代青銅

西周初期青銅器的特徵，大多和商代青銅器一樣，如簋的方座、鼎、方彝等器物上突起的扉稜，這種沿襲自商代青銅器的傳統在紋飾方面表現得尤為明顯，基本繼承了商末青銅器花紋縟麗的作風。例如公元1976年在陝西扶風出土的方彝，通體紋飾縟麗，有3層花的饕餮紋、雙身一首龍紋。除了這些，西周初期的青銅器紋飾同樣將很多動物紋飾結合在一起，構成相互追逐、戲耍的場面，富有獰厲的色彩。

西周中期，青銅器紋飾對商代傳統的沿襲有所改變，逐漸出現寫實性的竊曲紋和波紋，將早期紋飾中以動物的

古父己卣　西周早期
它呈圓筒形，蓋及腹部都飾有大牛首紋，巨目凝視，雙角微微翹起，突出於其表，神情極為威嚴，富有很強的藝術魅力。它的蓋上有銘文共六字，記載了古氏為父己作祭器的事情。

神祕圖形為主的花紋進行分解，將它的神話意義削弱。這可能因為當時禮制的宗教色彩有所減輕並走向儀式化，並較傾向在藝術上的表現。

西周時期青銅器有酒器、飲食器及樂器等種類。酒器主要以壺為主，有方、圓兩種，束頸、鼓腹、有耳、圈足、基本上有蓋，頌壺和三斗壺為其代表作。炊器以大鼎為主，圓腹、立耳、柱足、鼎耳寬厚，腹部上邊內陷，下邊略凸。

西周著名的青銅器有毛公鼎與散氏盤，在史料上的價值極高，現藏於臺灣故宮博物院。

獸面紋鼎　西周

駒形尊　西周
整器作昂首站立的駒形，豎耳，短鬃，尾巴下垂，造型逼真，栩栩如生。它的腹部中空，用來裝酒漿。

烽火戲諸侯

周宣王死後，子宮涅即位，就是幽王。周幽王開始主持朝政時，社會動盪多事，內外交困，而周幽王卻任命「善諛好利」的虢石父為卿士，引起國人怨憤。他又寵愛褒姒，將申后和太子宜臼廢掉，立褒姒為皇后，以褒姒子伯服為太子。褒姒為褒國（今陝西漢中西北）人，姒姓。幽王荒淫無道，只知討好褒姒，不關心民眾。褒姒不喜歡笑，幽王費盡心機欲圖褒姒一笑，便有了「烽火戲諸侯」的故事。

在古時為有利於傳遞情報，往往於軍事要地，每隔一段距離建一座高塔，稱作「烽火臺」。若有敵入侵，白天則舉煙，夜裡則舉火報警。若周天子舉烽火報警，諸侯都有派兵馳援之義務。周幽王為搏褒姒一笑，無敵來犯卻點燃烽火，諸侯以為有敵犯周，紛紛率軍來援，來到之後，才明白是空跑一場，只得悻悻然歸去。此景引起褒姒大笑。幽王為此而數舉烽火，其後諸侯遂不至。

周幽王姬宮涅在幽王五年廢申后及其太子宜臼的時候，遭到大臣卿士極力反對，但姬宮涅一意孤行。宜臼被廢後，至其母家申國逃難。這時候周王朝的力量十分衰微，就好似一中等諸侯國，齊、魯、晉、衛已不聽從周王朝的命令而獨立。申侯雖不滿姬宮涅，但還沒有公然叛周。

西周頭盔

幽王八年，姬宮涅立褒姒子伯服為太子，遂使周、申之間矛盾趨於表面化。幽王九年，申侯與西戎及鄫侯聯合，準備反周。次年，姬宮涅針鋒相對，與諸侯結盟於太室山，並派兵討伐申國以示威。幽王十一年（公元前771年），申侯與鄫國、犬戎舉兵討伐鎬京，因先前有烽火戲諸侯之舉，故姬宮涅再燃烽火而諸侯不至，勢窮力孤，被敵軍大敗，帶領褒姒、伯服等人及鄭桓公姬友向東逃竄，在驪山下坡被戎兵追及。戎兵殺姬宮涅、伯服與鄭姬友，擄褒姒，掠奪周室財寶而去。

鴨形尊　西周

周朝兵器

圖左上為異形兵器，是周人吸收北方少數民族的兵器特徵而創造的，樣子與中原慣用的兵器頗有差別，圖右下為銅戟，是矛與戈結合的格鬥兵器，兼有橫擊和砍刺的功能。

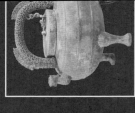

春秋圖圖霸・戰國爭雄・掃平六合

春秋戰國

Chuenchiou Period & Janguo Period

禮崩樂壞

第一章　春秋圖霸

平王東遷

周平王元年（公元前770年），周都鎬京經犬戎之亂後殘破狼藉，而且有鄰近西戎之憂，於是新即位的周平王決定遷都雒邑（今河南洛陽）。

東遷之後的周朝很快地便喪失權威，無法再控制諸侯，其勢力範圍僅僅在以雒邑為中心的方圓不過六百餘里的區域，實力在中等諸侯之下。其政治、軍事權威喪失的同時，以周王朝為標誌的西周禮制、法制和文化制度也迅速崩潰，諸侯不再聽命於周天子，相互攻伐，中原陷於混戰局面，以軍事實力爭取政治、經濟利益成為政治的主要目的與手段。

在此同時，禮崩樂壞，周王室不再享有獨占九鼎、巡狩天下的特權，而諸侯，甚至卿大夫超越本分冒用天子禮制的事經常發生。周禮制和政治統治在東周的崩潰，迅速地將中原文化和政治的格局改變，西周專制、單調的政治結構

嵌金銀卷雲紋青銅鼎
此鼎是東周王室的禮器，造型清新活潑，失去了昔日莊重威嚴的風格，標誌著維繫周朝命脈的禮制已經逐步走向衰亡。

結束，各種地方勢力、各個階層打破桎梏，競相培養各自的勢力，天子與諸侯之間、諸侯與大夫之間、父與子之間、兄與弟之間進行了激烈的爭執，各種勢力都得到發展，使中國的政治、經濟面貌發生了巨大變化。

禮崩樂壞也促進文化的繁榮，進入東周，青銅器鑄造在樣式、花紋、文字風格、銘文上的統一格式就被打破，出現各種地方特色，文化發展迅速。

從西周政治、文化的專制環境向春秋戰國的自由繁榮過渡之轉捩點就是平王東遷，東周建立。而周王室的衰微也是此轉折的重要特徵。我們通常把東周的前期稱為春秋。

魯侯鼎　春秋
魯國是春秋強國之一，此鼎是脂國國君為女兒準備的嫁妝。

獸紋簠
春秋時期周王室的禮器。

春秋筆法

魯國國史《春秋》也是中國現存先秦典籍中年代最早的編年體史書。魯國從周平王四十九年（公元前722年）春天，開始組織人員編撰《春秋》。它的記事以魯國十二公為序，從魯隱公元年（公元前722年）開始，結束於魯哀公十四年（公元前481年），共242年。

《春秋》文筆簡約，就像大事記，記載了242年間諸侯攻伐、盟會、篡弒及祭祀、災異、禮俗等。它所載魯國十二公的世次年代，經後人考證完全正確；所記日食與西方學者所著《蝕經》相比，互相符合的有三十多次。因為《春秋》是史官實錄，所以價值很高，後人不但可以從中了解史實，而且可以一窺中國的史學。

在魯國編《春秋》的同時，其他諸侯國也都設有史官撰寫本國的編年史，《春秋》能夠流傳下來的原因是孔子嘔心瀝血編訂的結果。據說孔子雖然自稱

孔子像

「述而不作」，但在編訂《春秋》時，寄寓了自己許多主張和思想，創立了後人所謂「微言大義」的「春秋筆法」，目的是讓後世亂臣賊子感到畏懼。

《春秋》是中國第一部史傳散文體作品。它創立了新的文學體裁，同時，也為後來諸子百家競相著書立說開創風氣之先。

鳥獸紋鏡　春秋早期

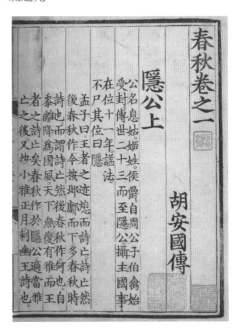

《春秋》書影

鄭莊小霸

鄭莊公一生戰績顯著。繼平王四十九年（公元前722年）在鄢平定共叔段的叛亂之後，鄭莊公國力不斷增強。周桓王三年（公元前717年），鄭莊公又統軍侵略陳國，俘獲大批財物。周桓王六年（公元前714年），宋殤公不去朝見周桓王，身為周王朝卿士的鄭莊公以王命率軍伐宋，聲討宋殤公不朝周桓王的罪過，擊敗宋國軍隊。同年，北戎出兵攻打鄭國。鄭莊公率兵抵禦，將戎軍全部殲滅，大獲全勝。

周桓王八年（公元前712年），周桓王想重振王室雄風，便行使兩周時期天子予奪封邑的權力，用本不屬於王室管轄的蘇氏12邑換取鄭國四邑，鄭莊公實際損失了4邑。後又索性免除莊公的左卿士職位，鄭莊公因此不再朝拜周桓王。秋天，周桓王率周軍及蔡、衛、陳等諸侯聯軍伐鄭，鄭莊公率鄭軍抵抗，雙方於葛（鄭地，今河南長葛）展開激戰。鄭軍先擊潰蔡、衛、陳等諸侯的軍隊之後，全軍合攻周師，周師大敗。

戰後，周王室再也無力支撐局面，鄭莊公卻因此名聲大振，宋、衛等宿敵都來談和。周桓王十九年（公元前701年），鄭莊公與齊、衛、宋等大國諸侯結盟，儼然已是諸侯霸主。後代史家稱之為「鄭莊小霸」。鄭莊公在春秋紛爭中脫穎而出，開春秋五霸之先聲，是春秋早期最有生色的政治家之一。

鄭伯盤　春秋

王子嬰次燎爐　春秋

取暖器，內壁沿銘有「王子嬰次之炭盧」之字，嬰次即鄭莊公之子嬰齊。

鄭都城平面圖

曹劌論戰

周莊王十三年（公元前684年）春，齊國發兵進攻魯國，企圖一舉征服魯國。魯莊公整軍迎戰之時，有位讀書人曹劌求見，他詢問魯莊公用什麼與齊交戰？莊公說，暖衣飽食，不敢獨自享用，一定分於他人。曹劌說，小恩小惠不能施之於眾，老百姓不會因此為你與齊國拚命；莊公又說，祭祀用的牛羊玉帛，不敢誇大其辭，祝史的禱告一定據實反映。曹劌說，這種誠心不能代表全部，神靈不會因此賜福；莊公接著說，大大小小的案件，我雖然不能一一洞察，但必定按照原則和情理處判。曹劌這才讚揚道，如此為老百姓盡心盡力，可以憑此與齊軍一戰。

魯莊公與曹劌同乘一輛戰車。率魯軍在長勺（今山東萊蕪東北，一說曲阜北）與齊軍對陣。當齊軍擂鼓進攻之時，莊公馬上命令魯軍迎戰，但曹劌卻制止了莊公的魯莽行為。齊軍見魯軍不

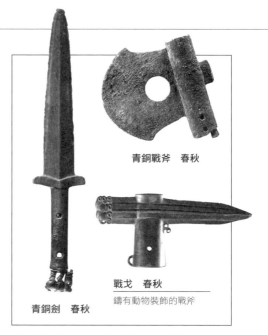

青銅戰斧　春秋

戰戈　春秋
鑄有動物裝飾的戰斧

青銅劍　春秋

準備交戰，便再次發起衝擊的鼓聲，均未開戰。

3次衝擊後，齊軍士氣沮喪，而魯軍鬥志昂揚，曹劌這時才讓莊公發起進攻，齊軍潰不成軍，倉皇而逃。莊公急於追擊，曹劌恐怕齊軍詐敗，下車細看齊軍車轍痕跡已亂，又登車眺望齊軍旌旗已倒，方讓莊公下令追趕齊軍，終將齊軍逐出魯境。這就是歷史上著名的以少勝多、一鼓作氣的「長勺之戰」。

萬仞宮牆

曲阜舊城的正南門，又稱仰聖門，前門上嵌有「萬仞宮牆」石額。這源於《論語》中的一個典故：魯國的大夫議論說子貢比孔子要強，子貢以牆比作學問，稱自己的牆只有肩頭高，而「夫子之牆數仞」後世增為「萬仞」，以此讚譽孔子的道德學問淵博高深。今石額為清乾隆皇帝重書。

諸侯興起

桓公圖霸

齊桓公任命管仲為齊相，主持國政。管仲相齊後，盡心輔佐齊桓公的霸業，在齊國進行一系列的改革。

政治上，他推行國、野分治的參國伍鄙之制；在經濟上，實行租稅改革，採取一些有利於農業、手工業發展的政策；在管理上，他號召禮法並用，知禮可以使民眾懂得廉恥，明法可以讓民眾遵守規矩，兩者結合起來，便可以使國力大增。

在國內政治經濟形勢得到改善和穩定的基礎上，管仲積極促使齊桓公採取尊王攘夷、會盟爭霸的手段，以建立霸權。管仲的政策為齊國稱霸打穩根基。

齊桓公五年（公元前681年），是齊桓公霸業的開始之年。之前，齊國曾幾度與鄰近的魯國交戰，結果都沒有取得決定性勝利。這使齊桓公與管仲察覺，僅靠齊國自己的力量無法稱霸天下，於是，他們想到利用周天子。

齊桓公首先與周室結親，他迎娶周

管仲像

莊王之女共姬，向全國諸侯表明自己與周天王的親近關係。在拉攏到周天子後，齊桓公又以「尊王」為口號，取得各國諸侯的支持。

正好此時宋國發生了宋萬之亂，齊桓公便召集諸侯於齊國的北杏（今山東東阿）會盟，藉周天子的名義，說要與諸侯共同幫助宋國安定政局。但是以魯國為首的國家，並不認真看待齊國提出的會盟，齊桓公便以此為藉口，殺雞儆猴，終於制服魯國。隨後，齊桓公又軟硬兼施，將衛國和鄭國拉入同盟。

齊桓公七年（公元前679年），在齊國的幫助下，原先國內政局很混亂的宋國和鄭國實現了初步的穩定。齊桓公的霸主地位終於被各諸侯國認可，齊國開始稱霸中原。

《管子》書影

慶父亂魯

周惠王十五年（公元前662年）至十七年（公元前660年）的兩年裡，慶父先後殺兩位魯國君主，故魯國大亂。

慶父、叔牙、季友是魯莊公的3個弟弟，因均出自桓公，後人稱為「三桓」。魯莊公晚年，三桓為展開殘酷的奪位之戰。魯莊公生病時，向叔牙詢問誰能繼承自己的事業？叔牙說，慶父有才能，可以即位。季友為了讓公子般即位，便殺死了叔牙。魯莊公三十二年（公元前662年），莊公病逝後，公子般在季友的支持下即位。此年冬，慶父派圉人犖在黨氏家刺死公子般，立莊公子開為君，即魯閔公。

魯閔公二年（公元前660年）秋，慶父指使魯大夫卜齮殺閔公，欲自立，國人憤怒而反抗，迫使慶父逃奔莒國。流亡在外的季友得以返魯，並立公子申為君，是為僖公。季友又以財貨求莒國遣返慶父，並迫慶父自殺。

魯伯愈文鬲　春秋

山羊形竿頭飾　春秋

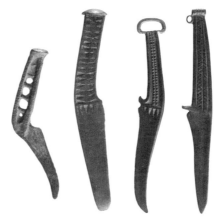

銅刀　春秋

為鶴亡國

衛懿公好鶴，淫樂奢侈，還為鶴軒車出入，而衛懿公本人又是靠殘殺前太子而得位，故受衛國人痛恨。周惠王十七年（公元前660年），狄人伐衛，衛懿公準備發兵交戰，國中將士異口同聲地說：鶴有祿位，應該讓它們去打仗。於是軍隊不戰而潰，狄人攻入衛都，殺衛懿公，將衛人追殺到黃河沿岸，衛人活命者僅七百餘人。

齊桓公收留這些遺民，又集中共、

滕兩地居民，於曹邑復衛國，立前太子為衛君，即戴公，派公子無虧領兵幫助防守，並資助衛人於楚丘修建新都，使衛人安居下來。在此前，齊桓公曾不顧伐山戎辛苦，數次出兵助邢國與赤狄人交戰，並幫助邢人遷居。

齊桓公時，強楚北上，戎狄南下，形成「南夷與北狄交，中國不絕如縷」的局勢，中原受創甚劇。齊的霸業不是對弱小諸侯的征服，而是幫助它們抵抗外來侵略，在周王朝權勢喪失後成為領導中原防禦外患的核心力量。

獸形弦紋盉　春秋中期

陶鬲　春秋

春秋時期陶瓷製品的水準不斷提高，用途日益廣泛，製陶業和製瓷業已經發展成為2個獨立的手工業生產部門。

人面紋護胸牌飾　春秋

秦公簋　春秋中期

蟠蛇紋楔形建築構件　春秋

秦霸西戎

　　周惠王二十三年（公元前654年），晉滅虢、虞，把虞大夫百里奚作為秦穆公夫人的媵臣（陪嫁男子）派到秦國。百里奚在途中逃亡，被楚人捕獲。秦穆公聽說百里奚是個人才，想得到他，又怕楚國人也知道這個消息，於是用五羖（五張黑色公羊皮）贖他回來。這時百里奚已七十多歲，秦穆公和百里奚連談了3天國家大事，覺得他是個治理國家的能手，便將管理國家的重任委託給百里奚，號稱「五羖大夫」。

　　百里奚事秦後，向穆公推薦他的朋友蹇叔，說：「蹇叔賢能，很多人不知。我原來想投靠齊君無知，蹇叔阻止我，使我逃脫了齊國之難；我又想投靠周天子頹，蹇叔不讓我去，使我逃脫了周的災難；我投靠虞君，蹇叔勸阻我，我不聽，於是我成了晉國的俘虜。我兩次聽從蹇叔的話，得以逃脫災難，一不聽他的話，馬上就遇難了。由此可見蹇叔是多麼賢能！」秦穆公聽後，馬上派人以重金迎請蹇叔，封他為上大夫。

　　秦穆公三十四年（公元前626年），穆公用百里奚之計，選送16名樂女送給西戎王，使戎王沉溺於樂女，國政荒蕪。秦乘機攻伐西戎，大獲全勝，將西戎12國併入秦土。周襄王得知，派呂公過恭賀穆公，授之以銅鼓。秦穆公銳意強國，任用百里奚、蹇叔後，秦國日漸富強。秦穆公亦為春秋五霸之一。

秦公編鐘　春秋前期
西周時期，音樂與禮制密不可分，稱為「禮樂」。至春秋禮樂制度走向衰落，形成「禮崩樂壞」的局面。編鐘是禮制中的重要組成部份。

中原爭霸

葵丘之會

周惠王晚年，想把太子鄭廢掉而改立王子帶，太子鄭向齊桓公求助。周惠王二十五年（公元前652年），惠王死後，齊桓公親率諸侯與周之卿大夫於洮（今山東鄄城西南）結盟，太子鄭即位為襄王後，才為惠王發喪。

周襄王元年（公元前651年）夏，齊桓公召集魯、衛、宋、許、鄭、曹各國諸侯和周王室的宰孔在葵丘（今河南蘭考縣東）相見，訂立盟約。盟約的主要內容有：不能廢嫡立庶，以妾為妻；殺不孝的人；要對賢士尊重，養育英才，表彰有德行的人；要敬老愛幼，照顧賓客行旅；任人唯賢，國君不得獨斷專行；各國間要相互幫助度過困難，不禁止鄰國採購糧食，不堵塞河流，以鄰為壑。

這次會盟誓詞意在維護宗法制度，發揚周文化尊賢崇德敬老愛幼的精神，阻止國與國之間的壟斷與競爭，緩和局勢，謀求合作。

齊刀幣　春秋

齊國殉馬坑　春秋

祭祀時殉葬馭馬是西周的遺風，春秋時期更加流行。齊國殉馬坑全長約210公尺，在發掘的84公尺中出土殉馬228匹，全部殉馬不下600匹。其殉馬數量之多，反映當時齊國的強大和富足。

齊都遺址　今山東省淄博市

城市大量出現始於西周，最初的城市主要是政治和軍事中心，對其四周的鄉村有管轄與保護作用。春秋時期的城市規模更大，仍以政治、軍事功能為主，但已突破西周嚴格的等級限制，開始出現商業活動。

襄公學霸

齊桓公四十三年（公元前643年），齊桓公去世，由於他生前沒有妥善解決繼位問題，齊國發生了諸公子爭位的內亂。宋襄公幫助太子昭打敗諸公子，奪取君位。襄公平定齊亂，產生稱霸諸侯之心，欲乘中原無霸主之機登上霸主之位。宋國公子目夷以為小國爭當盟主是災禍，宋國將自取滅亡。

但宋襄公剛愎自用，甚至與楚成王約定此年秋天只乘坐普通的車輛而不帶兵前往相會。秋，楚成王召集宋、陳、蔡、鄭、許、曹等國諸侯在盂（今河南睢縣境）相會，宋襄公準備乘車前往，公子目夷進諫說，楚國兵力強盛而又詭計多端，應讓兵車護送前往才為上策。

宋襄公以為，既已約定，就不要更改，遂以乘車往盂赴會。楚國果然埋伏兵車，並抓獲宋襄公，帶領大軍伐宋。冬，楚召集諸侯在薄（今河南商丘北）會盟，在會上釋放宋襄公。公子目夷認為，襄公並未因此而變得明智，宋國禍殃並未完結。

周襄王十四年（公元前638年）夏，宋襄公率兵伐鄭，楚派兵伐宋救鄭。十一月，宋襄公與楚軍在泓水（今河南拓城縣北）邊上對陣開戰，史稱

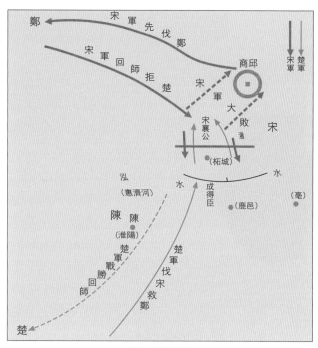

泓水之戰示意圖

「泓水之戰」。宋軍已經排成隊列，楚軍尚未全部渡河，司馬提議乘此良機全線出擊，宋襄公不答應，認為趁人之危不算是仁義之師；楚軍過河尚未列陣完全，司馬再次請求下令攻擊，宋襄公仍不答應。

楚軍整理好部隊，立即進攻，宋軍大敗，宋襄公腳部受傷，宋軍將領盡被殲滅。泓水之戰後，宋人都埋怨宋襄公。他卻說，君子打仗時，不傷害傷員，不擒拿人。後宋襄公因傷勢過重而亡。

宋襄公心比天高，智不及愚夫，遵崇故禮，十分迂腐可笑。稱霸必敗，之所以被傳為笑柄也實乃歷史之必然。

俯矛　春秋
楚國的擊刺兵器。

宋公欒簠　春秋
這是宋景公專用盛食器。

重耳回國

周惠王二十一年（公元前656年），晉國發生了驪姬之亂，晉公子重耳被晉惠公擊敗。第2年，他從蒲（今山西隰縣西北）邑出逃，離開晉國，開始長達約20年的流亡生活。

周襄王十六年（公元前636年）春，秦穆公派兵護送晉公子重耳返晉。重耳在晉武公宗廟朝見群臣，其後，派人在高梁（今山西臨汾市東北）殺晉懷公，重耳即位，就是晉文公。

晉文公即位後，採納大臣的建議，晉國局面迅速得以安定。晉文公的機智、仁慈與勇敢、寬厚都預示著他將成為中原霸主。

周襄王十七年（公元前635年），王子帶亂周室，周襄王出逃，晉文公率兵平定叛亂，並護送周襄王返回都城，勤王有功。周襄王設宴款待，並允許晉文公向自己敬酒。晉文公乘機請求襄王，讓自己死後能用天子的儀制安葬。周襄王說：「這是天子的典章。現在還沒有人能取代周王室，天下不能有兩個天子，那樣您也不會喜歡的。」

周襄王寧願損失土地，也不願損害周禮，他將陽樊、溫、攢茅、原等地的田地賞賜給晉文公。

周襄王二十年（公元前632年），楚國攻打宋國，晉文公攻打楚，晉楚爆發城濮之戰。楚軍主將子玉十分傲慢，他將主力若敖180輛戰車放置中軍，子歷率領左軍。沒想到戰鬥開始後，晉軍在馬身上蒙了虎皮，先攻戰鬥力最弱的楚右翼部隊，很快地將其擊敗。

晉國在城濮之戰中大獲全勝，重挫楚國的銳氣，從此奠定霸主地位。戰後，晉文公將戰俘及戰利品獻給周室，以求封賞。

周天子派王子虎封晉文公為侯伯（諸侯首領），並賜給他侯伯應享的禮遇。晉文公假意再三辭謝，而後才叩首受封。周室為此還專門作了一篇〈晉文侯命〉，以頌其功。文公受封之後，又增設了三軍，公開僭越天子，自此開始了霸業。

欒書缶　春秋

春秋中期，出現錯金工藝，並開始用於錯嵌銘文。錯金工藝廣泛應用，用錯金工藝錯嵌的銘文圓潤、秀美、華麗。此缶的頸和肩有錯金銘文40字，記載晉大夫欒書伐鄭、敗楚的功績。

獸頭陶範　春秋

出土於山西侯馬古代晉都遺址，這裡出土了大量的精美鑄銅陶範，證明這裡曾大批鑄造過青銅器。

晉文公復國圖　南宋　李唐

春秋楚長城遺址

楚莊問鼎

周頃王五年（公元前614年）楚穆王死，其子旅即位，是為楚莊王。楚莊王開始即位的幾年，不問國事，終日於宮中飲酒嬉戲，並下令：「有敢諫勸者斬！」大臣申無守問他說：「楚國的山上有隻大鳥，一連3年不飛不叫，這是什麼鳥呢？」楚莊王答曰：「3年不飛，一飛沖天；3年不鳴，一鳴驚人。」申無守大喜，方知莊王並非庸主，莊王果然一改過去的做法，罷歌舞，親政事，任用賢臣，誅殺奸佞，選拔良才。周匡王二年（公元前611年），楚莊王開始聽政，一展鴻圖。

周匡王五年（公元前608年），楚莊王親率大軍伐陳、宋，與晉師戰於北林（今河南新鄭），擒晉大夫解揚，晉師大敗而返。

周定王元年（公元前606年）春，楚莊王問起九鼎的大小輕重。王孫滿回答：「鼎的大小輕重在於德而不在於鼎本身。鑄造九鼎開始，鼎不斷隨著明德的人遷移，歷經夏、商、周，所以德行若美善光明，鼎雖小，卻很重；如果奸邪昏亂，鼎就算巨大，也還是輕的。上天賜福給明德的人，都有一定期限。

周成王把九鼎定在郟鄏，曾占卜向上天詢問，結果是傳世30代，享國700年。這是上天之命。周朝的德行雖然衰減，但天命未改。鼎的輕重，不能隨便詢問。」楚莊王聽了王孫滿的一番言語，知道周在諸侯中還有相當影響，所以不敢輕率攻周。

周定王九年（公元前598年）春，楚莊王率軍攻鄭，奪取鄭國的櫟（今河南禹縣）邑。於是鄭國轉而成為楚國盟國。夏，楚莊王召集鄭襄公、陳成公會盟於辰陵（今河南淮陽縣西），鄭、陳表示依附於楚國。後來，鄭叛楚與晉結盟。周定王十年（公元前597年）春，楚莊王率軍攻鄭。楚軍包圍鄭都。經過3個月的圍攻，終於破城。鄭又向楚投降言和。

楚式銅方壺　春秋

六月，晉軍出發救鄭。晉軍到達黃河岸邊時，知道鄭已與楚媾和，中軍統帥荀林父想率晉軍還歸，但副帥先縠不聽從他的命令，獨自帶著中軍渡過黃河，與楚軍交戰。經過血戰，晉已潰不成軍。楚軍勝利後，楚莊王命令在黃河邊祭祀河神，修建先君神廟，報告戰果，然後回國。楚莊王的霸權從此建立。

鐵劍　春秋

春秋時期鐵兵器比青銅兵器更加名貴，在上層社會中非常流行。此劍劍柄鑲嵌金銀，顯示出主人的特殊身份。

老子論道

老子像

相傳春秋戰國之際，我國古代著名哲學家、道家學派創始人老子著成《老子》一書，闡述他的思想。

老子，姓李名耳，字聃，楚國苦縣（今河南鹿邑）屬鄉曲仁里人，東周時曾任守藏史，掌管圖書典籍。相傳孔子曾向他問「禮」，他卻為孔子講述許多深奧的道理，使孔子完全折服。李耳一生修行道德，晚年才「著書言道德之意」，是為《老子》，又名《道德經》。全書分上下篇，共81章，五千餘言。在《道德經》一書中，老子以「道」為核心，建構了他的哲學體系，從人的養生方法中悟出治理天下之道。

老子哲學體系的核心是「道」，他認為「道」先於世界萬物存在並且是產生世界萬物的神祕本源，「有物混成，先天地生。」「吾不知其名，字之曰『道』」就是說在天地形成前便有一個渾然一體的概念存在。

以「道」為基礎，老子又提出他的樸素辯證思想。他認為不管是自然界還是人類社會，隨時都在運動變化，並在這運動變化之中形成一系列相互矛盾的

範疇，如福禍、有無、美惡等。他還指出這些矛盾範疇的兩個對立面是相互依存和相互轉化的，「天下皆知美之為美，斯惡已。」

在認識論方面，老子對人的知識來自於感覺經驗表示否定，他認為體認「道」，完全不需感性認識，只需要「虛靜」、「玄鑑」的認識方法，便可達到「聞道」的目的。

老子的哲學思想，到後來發展為兩個方向。一是莊子將老子的世界觀發展成為虛無主義；另一就是將「道」解釋為規律，以「道」為禮、法的思想依據，形成了法家學派。除了這些外，老子的思想對後來道教哲學也有重大的影響，被奉為道教「教主」。

老子的哲學體系完整，由道可生出萬物世界，即「道生一，一生二，二生萬物」，可以說由道化生出元氣，由元氣產生陰陽二氣，再由陰陽二氣和合而產生天地萬物。道是真正的純粹哲學，他的行為哲學也完全從關於道（理）的理論中引出，因此他是中國唯心主義的先驅與代表。

孔子問道圖
描繪孔子向老子求教的典故。

《黃帝內經》·〈素問〉書影
此為明嘉靖年間趙府居敬堂刊本。

扁鵲行醫

　　扁鵲姓秦，名越人，傳說年輕時任客舍長。有次來了一位叫長桑君的客人，扁鵲很關心他，長桑君看出扁鵲是個聰慧的人，便對扁鵲說：「我有傳世祕方，想傳給你，但別讓外人知道！」扁鵲發誓保密，長桑君就從懷裡拿出藥，說：「配上池水飲服，30日後當有效。」扁鵲服了藥30日後，可隔牆看見物體；診病，盡見五臟之癥結。

　　扁鵲行醫到虢地，聽說虢太子過世，扁鵲向中庶子好方術者詢問太子病情後，說：「我能使太子復活。」於是他為太子問診，發現太子還有耳鳴，鼻翼微張，兩腳之間尚有餘溫。扁鵲救活太子後，天下人都傳頌著扁鵲能將死人醫活的傳說。

　　扁鵲醫術從此名聞天下。他善醫婦科、耳目鼻科、小兒科等等。秦國太醫令李醯妒忌扁鵲，覺得自己的醫術不如扁鵲高明，就派人把扁鵲殺了。

　　春秋醫學是中國醫學的淵源。扁鵲則是中國方劑學的鼻祖。司馬遷在《史記》中記述了扁鵲診趙簡子、齊桓侯等

扁鵲像

人疑難之疾時的高超診斷、治療技藝。

　　司馬遷說：「故病有六不治：驕恣不論於理，一不治也；輕身重財，二不治也；衣食不能適，三不治也；陰陽併，藏氣不定，四不治也；形羸不能服藥，五不治也；信巫不信藥，六不治也。」

　　這一總結，是有感於扁鵲之言而發，由此可以了解到扁鵲的學術與治療技術代表著春秋醫學逐步邁向成熟、脫離巫術束縛。同時，扁鵲是中國最早的名醫，已成為醫生的代名詞，他的出現，代表了中國醫學的興起。

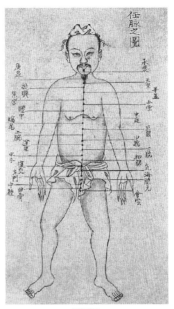

任脈圖

吳越相爭

闔閭揚威

吳王諸樊的幼弟季札博學多才，吳王十分喜歡幼弟，為了能讓他繼承王位，死時遺命王位繼承實行弟繼兄位制，但遭季札推辭，故由諸樊的另一個弟弟夷末繼位。周景王十八年（公元前527年），吳王夷末死，應由季札即位，季札仍堅辭不就，結果夷末的兒子僚即位為王。諸樊的兒子公子光認為自己該繼承王位，於是暗中策劃奪位。

周敬王五年（公元前515年），吳公子光與勇士專諸謀刺吳王僚。四月，公子光先於地下室埋伏甲士，然後設宴招待吳王。吳王僚戒備森嚴，為了防止有人將兵器帶入刺殺吳王，端菜的人要在門外換穿別的衣服，才可進門。專諸把匕首放在魚肚子裡，然後膝行而入，在上菜時抽出匕首猛刺，殺死了吳王僚，但專諸也被甲士亂劍砍死。吳王僚死後，公子光即位，即吳王闔閭。

周敬王六年（公元前514年），吳王闔閭重用伍子胥，並以伯嚭為大夫，共

風格獨特的吳國三輪銅盤　春秋

謀國事。伍子胥是楚太子老師伍奢的兒子，他父親被楚平王所殺。為報父仇，伍子胥逃往吳國。傳說伍子胥過昭關時一夜之間愁白了頭髮。伍子胥事吳後受命築闔閭城（今江蘇蘇州），於是名城蘇州（姑蘇）始建。

周敬王八年（公元前512年），伍子胥推薦孫武給闔閭，孫武與吳王討論晉六卿強弱，開始治兵。此年十二月，吳滅徐。周敬王九年（公元前511年），吳王採用伍子胥的謀略討伐楚國，吳軍分為三師，輪流出擾，彼出此歸，彼歸此出，楚軍疲於奔命。吳軍三師趁勢齊出，大敗楚軍。吳兵攻陷楚都郢，此時，楚平王已死。伍子胥將他的屍體挖出，鞭屍3日，以解父仇。由於吳國重用伍子胥，不斷治國強兵，國力開始強盛，威震諸侯。

**吳王夫差矛
春秋**

吳王夫差的專用兵器。矛中間起脊，有血槽，內中空，器身兩面有黑色暗花。此矛不僅做工精美，且鋒利無比，是吳國兵器中的珍品。

石編磬　春秋

吳國貴族所用的樂器。磬與編鐘一樣，是樂制中的重要禮器。

吳王夫差盉　春秋

范蠡像

臥薪嘗膽

周敬王二十四年（公元前486年），吳王闔閭聽聞越王允常死，便興兵伐越。越國新君勾踐率兵抵禦，在檇李（今浙江嘉興縣南）擺開陣勢，展開大戰，吳王闔閭戰死。其子夫差即位，發誓要報父仇。

周敬王二十六年（公元前494年）春，吳王夫差為報仇率軍攻越，越軍大敗，退守會稽山（今浙江紹興東南）。越王只剩下5000名士兵守衛，越國君臣忙著共商求和之策，派人賄賂吳太宰伯嚭，又進獻美女求和。對此，伍子胥認為不妥，但夫差準備到北方擴土稱霸，不聽伍子胥之言，與越媾和。勾踐與范蠡作為人質留在吳國，卑事夫差，而把治理國政之事交給文種。

勾踐在越三年，受盡苦難。周敬王二十九年（公元前491年），吳王夫差赦勾踐歸國。自此，勾踐廣納賢士，立志報仇雪恨。為了不忘屈辱，磨礪志氣，

他在室內掛了一個苦膽。吃飯之時一定要先嘗苦膽。睡覺時候身下墊著木柴，以使自己警惕，不得居安忘危，喪失報仇雪恨的決心。這就是著名典故「臥薪嘗膽」的由來。

他親自與百姓一起勞動，讓夫人織布裁衣，食不加肉，衣不飾彩，與民同甘共苦。經過長期的艱苦奮鬥，「十年生聚，十年教訓」，越國最終從失敗中重新崛起。

周敬王三十八（公元前482年）夏，吳王夫差遠征北方，勾踐趁機攻吳，吳國大敗，破吳都。周元王四年（公元前473年），勾踐再次大舉攻吳，夫差自殺。此後，周元王封勾踐為伯，即為諸侯之長，勾踐遂稱霸。

越王勾踐劍　春秋
古代兵器中的奇寶，出土時仍然寒光四射，鋒利無比。

孫子兵法

孫武是春秋晚期兵家，齊國人，著有《孫子兵法》，曾仕於吳。

孫武在兵法上提出了一套完整的克敵制勝之戰略戰術，形成一個思想嚴謹、結構合理縝密的軍事理論體系。孫武的軍事思想主要包括戰爭觀、戰略理論和作戰思想3個方面。

山羊裝飾戰斧　春秋

孫武對戰爭的基本態度是重兵、慎戰，重視戰爭而不輕易發動戰爭，認為「兵者，國之大事，死生之地，存亡之道，不可不察也」。他反對窮兵黷武，主張在危險時刻才去戰鬥。孫武主張認真研究戰爭，提出「知己知彼、百戰不殆」的觀點。

孫武在戰略上注重內因制勝、修道保法和伐謀伐交。他首先從戰略角度闡述了決定戰爭勝敗的基本因素，即所謂的「五事」：道、天、地、將、法，其中國家內政情況、軍事實力和指揮官的才能為主，屬於內因。並進一步闡釋內因制勝的理論，主張從國家自身內部進行調整，使自己在戰略上立於不敗之地，以待敵人出現，這樣才是善戰。

孫武的作戰思想特別強調發

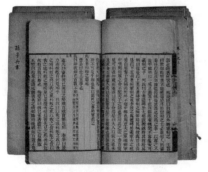

清版《孫子兵法》書影

孫武像

揮人的主觀動能，如果客觀條件具備，就應充分運用人的智謀。孫子作戰思想的靈魂是隨機應變，他認為兵無常勢，用兵的方法也不可固定不變，必須依據戰爭情況的變化而變化。孫子作戰思想的核心是詭詐，他認為用兵作戰的核心問題是以詭詐變化的手段迷惑、調動敵人，達到攻其不備、出其不意的目的。

孫武在《孫子兵法》一書中，提出了一系列具有普遍指導意義的作戰原則和方法。他的兵法思想標誌著中國古代軍事學的成型。

孔子開宗

孔子（公元前552～前479年），名丘，字仲尼，周靈王二十一年生於魯國昌平鄉陬邑（今山東曲阜東南）。魯哀公十一年（西元前484年），孔子應魯大夫季康之召，返回魯國。此時，孔子率弟子出外遊歷宋、衛、陳、楚、蔡等國已有14年之久。孔子雖滿懷復興周禮、改良時政的政治抱負，卻沒有一個諸侯願意重用。

孔子返魯不久，魯哀公、季康曾先後問政於孔子，但最終沒有重新重用。孔子眼見自己的政治理想無以施展，於是轉而致力於著述與講學，以求得自己的理想、思想、學識傳播於後世。

孔子對於當時周室衰微、禮樂皆廢的狀況十分感慨。他說「為國以禮」，又說「不學禮，無以立」。「禮」指周禮，包括各種條法、等級世襲制度、道德標準和儀節。孔子強調「禮」必須以「仁」的思想感情為基礎，「仁」與「禮」要相輔相成。

孔子又十分重視「樂」的陶冶情感作用。樂指音樂，因「詩」為歌詞，合而言之，「樂」也包涵詩。孔子主張「禮」以修外，「樂」以修內。

從西周開始到春秋中期，有古詩3000篇傳下，孔子去其重複，取可施於禮義者，刪定為305篇，並分為「風」、「雅」、「頌」3類，即流傳下來的《詩經》。與此同時，孔子開辦私學，弟子先後達3000人，身通六藝者七十餘人，世稱「孔門七十二賢」。

孔子閉門治學，潛心研究禮儀。他與弟子整理古籍，評論時事人物。傳說他作《書傳》、《永傳》，為易作《彖辭》、《象辭》、《繁辭》、《序卦》、《說卦》、《雜卦》、《文言》，人稱《乾翼》。另外，孔子及其門人從維護周禮的準則出發，重新修訂《春秋》。

周敬王四十一年（公元前479年）四月十一日，孔子逝世，得年73歲。孔子的儒學思想，對中國社會的政治與文化都有深遠的影響。

孔廟杏壇

位於孔廟大成門與大成殿之間通道正中，原為孔子舊宅教授堂遺址，宋時將此堂舊址「除地為壇，其植以杏，名曰杏壇」。整個建築玲瓏典雅，為孔子從事教育活動的重要標誌。

孔子像

孔廟大成殿

列國興盛

第二章 戰國爭雄

三家分晉

戰國初期，晉國卿大夫知氏勢力很強，其次另有韓、魏、趙三家大夫的勢力也較強。周定王十四年（公元前455年），知瑤向韓索取土地，韓康子接受臣下建議，派使將萬家之邑送給知氏。知瑤又去向魏索要土地，魏宣子也使人將萬家之邑送給知氏。

知瑤一看見別的家族對其俯首，便驕橫萬分，就派人索地於趙，指名要趙將蔡和皋狼兩地送給知氏。趙襄子沒有答應知氏的勒索，知瑤大怒，遂率韓、魏的軍隊征伐趙。趙襄子大敗，便逃奔到晉陽固守抵禦。知瑤遂率3家軍隊圍困晉陽3年，並引汾水灌晉陽城，晉陽城危在旦夕。

趙無恤（趙襄子）夜會韓、魏之君，認為知瑤滅趙後，就會接著消滅韓、魏兩家，唇亡齒寒，韓、魏遂與趙聯合共同對付知氏。趙、韓、魏3家大敗知氏，將知瑤殺掉，趙、韓、魏瓜分其地。3家滅知氏後，晉國大權由三家執掌，形成「三家分晉」。

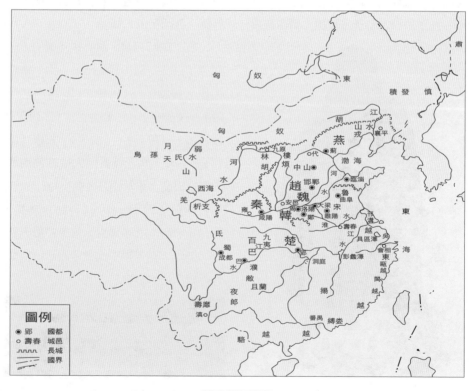

戰國時期形勢圖

《國語》

也叫《春秋外傳》。是雜記西周、春秋時周、魯、齊、晉、鄭、楚、吳、越8國人物、事蹟、言論的國別史。據說為春秋晚期魯國人左丘明所作，與《左傳》同為釋說《春秋》的姊妹作。學者研究證實，春秋戰國時有稱為「瞽矇」的盲史官，專門記誦、講述西周歷史。左丘明即是著名瞽矇之一，他的年代較孔子略早，其講史曾得到孔子的讚賞。瞽矇講述的史事被後人筆錄成書，稱為《語》，按國家名稱分為《周語》、《魯語》等，總稱為《國語》。

西晉時曾在魏襄王墓中發現很多寫在竹簡上的古書，其中有《國語》3篇，言楚、晉之事。這證明戰國時該書已流傳於世。今本《國語》應該就是這些殘存記錄的總集。

由於是口耳相傳的零散原始記錄，所以書中很多內容是言辭，在國別和年代上也很不平衡。全書21卷中，《晉語》9卷，《楚語》2卷，《齊語》只有1卷。《周語》從穆公開始，還屬西周早期；《鄭語》僅記到桓公謀議東遷之事，應在春秋時代之前；《晉語》記到知伯被殺的事，已屬戰國之初。《國語》分國別記言，開創了史料編纂學上的「國別體」。

玉璜　戰國

嵌錯宴樂紋壺　戰國早期

鎏金鑲玉帶鉤　戰國

帶鉤是中原金銀器的主要製品之一，由金、玉、琉璃和銀製成。

彩漆耳杯　戰國

李悝改革

公元前445年，魏文侯即位後，魏國力量迅速發展，疆土不斷向四邊擴展，已經成為中央集權國家。魏文侯四十年（公元前406年），魏文侯任用李悝進行改革，在經濟上實行「盡地力之教」和「平糴法」；政治上採取了一套對新興階級利益有利的政策和措施。他實行「食有勞而祿有功」的辦法，打擊國內殘存的舊勢力，為新興階級的發展鋪好道路。

「盡地力之教」是李悝經濟改革的主要內容之一。目的是破除舊有的阡陌封疆，鼓勵自由開闢耕地，勤勞耕作，發展私有經濟，增加生產。

李悝的經濟改革中，另一項重要措施是制定了調節糧價的「平糴法」，把好年成分為上中下3等，壞年成也分成上中下3等，好年成由官府按等級出錢

龍形玉飾　戰國

糴進一定數量的餘糧，創後世王朝的「均輸」、「常平倉」等法之先河。李悝的這一套改革措施，有力地限制了商人投機倒賣糧食的活動，從而鞏固了地主的經濟利益，使魏國國富兵強。

李悝在政治上推行的改革措施是實行「食有勞而祿有功」和「奪淫民之祿以來四方之士」的政策。軍事上，他創立了常備「武卒」制度，職業軍人出現，使國家保持強大的軍事力量。李悝在全面改革的同時，不斷廣泛蒐集春秋末期以來的各國法律條文。在這個基礎上，他編著了我國歷史上第1部有系統的法典《法經》。

李悝的改革不僅使魏國富強起來，而且在中國歷史上具有重大的意義。從李悝開始，戰國時代政治、法律、軍事、經濟、文化的革新逐漸進入更深入、更廣泛的層面，整個社會結構與制度劇烈變動。由此，中國文明發展進入更深刻的階段。

犀背立人擎盤　戰國早期

到了戰國時期，青銅器生活化的特徵更加明顯，其鑄造和使用進一步普及，逐步走進人們的日常生活中。

西門豹治鄴

魏文侯在進行改革的同時加強邊防，派西門豹到鄴縣任縣令。由於漳河年久失修，每年雨季，氾濫成災。該地人煙稀少，田園荒蕪。當地的三老（編按：年高德劭的長老）、廷掾與巫婆狼狽為奸，謊稱漳河氾濫是「河伯顯聖」，只要每年挑選美女送給河伯為妻，就可免除水患。他們趁為河伯娶婦之機，橫徵暴斂。

每到為河伯娶婦之時，巫婆到處巡行，見有漂亮貧家女，強行聘娶。到為河伯娶婦之日，將其放在新床上，然後將新床沉入河底，巫婆聲稱新娘已被河伯接去。老百姓害怕自己的女兒被選中，紛紛背井離鄉，當地人口迅速減少，田地荒蕪，人民生活艱苦。西門豹到任後決心為民除害。

又到了為河伯娶婦之日，西門豹便來到現場。三老、廷掾以為是新縣令也為河伯送婦，早早到齊恭迎。遠近百姓亦扶老攜幼前來觀看。西門豹對三老說要看一看新娘子相貌如何。巫婆將她領來後，西門豹隨便看了一眼，便說新娘相貌平平，不能中河伯之意，命令巫婆去報告河伯，改日選到美貌之婦後再送。巫婆一聽，臉色倏變，西門豹揮手讓隨從將其扔入漳河。

西門豹雙目凝視河水，拱手肅立，然後對隨從說：「老巫婆久去不歸，定是年老力衰之故，再派其徒弟去催

促。」隨從又將3個小巫婆投入河中。過了很久，西門豹轉向鄉官們說：「巫婆皆是女流之輩，不會辦事，勞駕三老親自去通報河伯!」三老隨之被投入河中。又等了很長時間，西門豹對身旁的縣吏豪紳們說：「巫婆、三老辦事不力，請在你們之中再派人去催問。」官紳萬分害怕，紛紛跪倒，磕頭求饒。

兩岸百姓為西門豹的舉動拍手稱快。西門豹說：「河伯留客太久，我們回去了。」官紳個個抱頭鼠竄，倉遑逃命。從此，鄴縣再也沒有人敢為河伯娶婦。

鑲嵌龍紋方壺　戰國
魏國銅器精品。

隨後，西門豹又對鄴地的政治和經濟進行改革。他發動民眾開鑿了12條水渠，引漳河水灌溉農田，使鹽鹼地變成了肥沃的良田，產量比其它地區高出許多，漳河水也很少氾濫。

銀鑲嵌有翼神獸　戰國

吳 起 事 魏

周安王六年（公元前396年），魏文侯因吳起很會用兵，任命他駐守河西郡，擔負魏國邊防重鎮。

河西郡（今陝西華陰以北、黃龍以南、洛河以東、黃河以西的地區）與魏本土有黃河相隔，又地處西陲，隨時會被秦和韓兩國攻擊。翟璜向魏文侯舉薦吳起。吳起原是衛國人，喜好兵法，曾拜孔丘的弟子曾參為師，並侍奉魯君。齊向魯用兵，魯準備任用吳起為將，但因為他的妻子是齊國人，又疑心吳起能否承擔重任。

吳起於是殺其妻，以表明自己與齊戰鬥的決心。魯當即任命吳起為將，後打敗齊國。魯人都指責吳起猜忌殘忍、殺妻求將的做法。魯君因此對吳起起疑，而不重用他，吳起這才到魏以謀求發展。魏文侯先任命吳起為將，率兵攻秦，並奪秦5個城池。

吳起為人雖心毒手辣，但擅長領兵之術。吳起為將，和最下等的士卒吃穿

吳起像

一樣，睡覺時不鋪蓆被，行軍時不騎馬匹，並對士卒關懷備至，所以他部下的士卒都努力作戰。

古人有「孫子說同，吳子說和」之論，正是指吳起治兵以收服人心為本。吳起戰績輝煌，是戰國名將，且在軍事理論上也有創造，成為戰國時代軍事代表人物之一。

梁十九年鼎　戰國

這是可以確證為魏器的青銅器之一。

雙鞘劍　戰國

墨翟立派

墨翟，魯國人，生活於孔子之後、孟子之前。曾為宋國大夫。據傳墨翟早年曾師從儒學，後來卻拋棄儒學，創立了墨家，成為當時惟一可以和儒學相抗衡的顯學。

《墨子》一書，又稱《墨經》，一共有53篇，內容大都是墨翟的弟子或再傳弟子記述墨翟言行的集錄。這些記載表示，墨子是中國思想史上首位為低下階級吶喊的思想家。

他並不停留在對下層人民的同情上，而是見義勇為，身體力行，以致不論是他的追隨者，還是論敵，都佩服他苦志勞身以救天下的獻身精神，就連激烈批評他的孟子，也承認他是「摩頂放踵，利天下而為之」的利他主義者。他和身邊弟子所體現的俠義精神，雖然在後世歷經磨難，但也構成了中國俠客文化之濫觴。

相傳公輸般為楚國製作攻城的雲梯，要攻宋。墨翟知道後，就從齊步行10天10夜至郢都見楚王和公輸般，宣傳「兼愛」、「非攻」的道理，勸說楚勿攻宋，並和公輸般比試攻防的器具效能，後以公輸般失敗告終。墨翟還派300名弟子赴宋，幫助防守。

墨家的偉大貢獻也展現在科技上的觀點。《墨子》一書中包含了許多科學內容。

墨經在力學上的主要貢獻是在分析上，以發懸物（若發長均勻，則力分散平均）、球體平衡、槓桿、壘石平衡就都具有這個特點。

墨經還有一部分是墨子的光學研究。墨經中包含小孔成像、投影、反射以及平面、凸面、凹面鏡對影的改變等成果。這些物體都是圍繞著影子，它們使影的結構發生變換。

由此，墨子幾何光學不包括光、光線性質的討論，因此也沒有反射角、折射角的研究。它的核心是組合（影）在事物作用下的變換結構。

墨經徹底否定了中國人擅長代數、不懂幾何的說法。墨子幾何在許多基本幾何觀念上，具體展現了當時幾何的抽象水準。

《墨子》書影
清光緒年間湖北崇文書局刻本。總計53篇，大多為墨翟弟子及其後人對墨翟言行的記述。

墨子像

公輸般像

連橫合縱

威王治齊

齊刀幣範　戰國
齊國製作貨幣的模具。

齊威王（公元前？～前320年），名因齊，齊桓公之子。公元前357年，繼桓公立，治理齊國36年，使齊國在「戰國七雄」中保持領先地位。

齊威王初即位，不關心朝政，整日無所事事。齊國的卿大夫胡作非為，欺壓百姓，把國家搞得一塌糊塗，田野荒蕪，人民貧困，引起民眾的強烈不滿，到處發生騷亂。9年之內，齊國周邊的各路諸侯相繼舉兵攻齊，齊國國勢日漸衰弱。

內憂外患不止，齊國岌岌可危，威王終於醒悟過來，經明察暗訪，洞悉官府吏治弊端，採取強硬措施，嚴懲貪官污吏，廣納天下賢才，殺貪官及周圍阿諛奉承的庸流之輩，重用鄒忌、田臣思、檀子、田蚡、種首、黔夫、田忌等治國將才為朝中大臣。齊威王四年（公元前353年），齊國發兵圍魏救趙，魏軍於桂陵大敗，使趙國擺脫困境，齊國國勢更加強盛。齊威王十六年（公元前341年），齊國又在馬陵擊潰魏軍，魏惠王求和，趙國歸還齊國長城。此後各諸侯懾於齊國的威力，二十多年不敢輕舉妄動攻齊。

齊威王勵精圖治，把齊國治理得井然有序，百姓安居樂業，地方官吏兢兢業業，不敢再弄虛作假，使齊國的勢力達到頂峰。到威王末年，「齊最強於諸侯」，齊國成為戰國七雄之一。

鷹首提梁壺　戰國
此器為齊國銅器精品。

四王塚
這4個在臨淄附近的墓，相傳是齊威王、宣王、湣王、襄王之墓，又名四豪塚。東西綿延約500公尺，每座高約120公尺，宛如4座山峰。

商 鞅 變 法

秦孝公為了使秦國迅速強大,求賢若渴,四方能人開始入秦,為變法奠定了基礎。周顯王十七年(公元前352年),秦任命商鞅為大良造,地位相當於中原各國的相國兼將軍。為了進一步鞏固秦國的統治,加強中央集權,商鞅於周顯王十九年(公元前350年)進行更大規模的變革。

開阡陌封疆,廢除井田制。「開阡陌封疆」就是廢除土地國有,把標誌土地國有的阡陌封疆去掉。井田制首廢於晉六卿中的趙氏。商鞅變法吸收趙氏改革的經驗,並加以發展,在秦國境內正式廢除井田制,確認地主和自耕農的土地所有制,在法律上公開允許土地買賣,並將政府擁有土地的授田制度擴大,便於經濟的發展,增加地稅收入。

大力推行郡縣制。商鞅2次變法以前,在秦國某些地區就已存在縣這一級的行政機構。商鞅變法將這一行政機構推行於全國,使之成為秦國地方上的基本組織形式。最初設置的縣有三十多個,其後,隨著國土的擴張,又增加許多。每縣設縣令和縣丞,全縣最高行政長官是縣令,縣丞是縣令的助手。此外還設縣尉,掌管全縣軍事。郡縣制的推行,將地方政權和軍權集中到中央,鞏固了中央集權的統治。

統一度量衡。以前各地度量衡不一,對於貿易往來相當不便。統一斗、桶、權、衡、丈、尺等度量衡後,利於地區間的往來,商業很快便興旺起來,這一切對賦稅和俸祿制的統一產生了有效作用。

開始按戶、人口徵收軍賦。這一制度的推行,保障秦國的軍事力量。

擴大疆域,遷都咸陽。咸陽南臨渭河,北依高原,地處秦嶺懷抱,既便於往來,又便於取南山之產物。咸陽城規模宏偉,城內建築有南門、北門、西門,由商鞅監修的咸陽宮在城內,是由眾多的宮殿連接而成的宮殿群,雄偉壯觀。為了加強秦國的統治,商鞅按照中原民族的風尚、習俗,改變秦的社會風俗。這次變法獲得了巨大成功,秦的國力在變法之後繼續上升,為秦統一六國創造優勢。

秦國迅速強大,便攻打魏,索取先前失去的河西之地。周顯王十七年(公元前352年),大良造商鞅率兵圍安邑(今山西夏縣西北),安邑降秦。隔年,商鞅又率軍攻魏之固陽,迫使固陽歸秦。秦因此越過洛水,收復公元前408年被魏奪走的部分河西之地。

商鞅像

商鞅戟　戰國

此為商鞅專用的兵器。

商鞅方升　戰國

戰國時代商業經濟有了初步的發展,但是由於各國獨立為政,商業領域最關鍵的商品流通手段度、量、衡和貨幣,標準不一,兌換混亂,限制了經濟的發展。

尚書編成

這部史書編成於戰國時期，是中國古代的一部重要的文獻。戰國時《尚書》稱為《書》，漢代改稱《尚書》，「尚」的意義是上古，「書」的意義是書寫在竹帛上的歷史記載，「尚書」原意就是「上古的史書」。

《尚書》所錄，據稱為虞、夏、商、周各代典、謨、訓、誥、誓、命等文獻，其中主要是記載商、周兩代君王的一些講話記錄，少數篇目是春秋戰國人根據上古材料編成。

關於《尚書》的編訂年代，以前有人說為孔子所編，近代學者大都認為《尚書》編訂於戰國時期。秦始皇焚書後，《尚書》多殘缺。漢初，《尚書》存29篇，為秦博士伏生所傳，用漢代流行的隸書抄寫，稱為《今文尚書》。西漢前期，魯恭王拆毀孔子故宅，發現另一部《尚書》，是用先秦六國字體寫成，稱為《古文尚書》。它比《今文尚書》多16篇。

自漢以後，《尚書》一直被視為中國傳統社會的政治哲學經典，既是帝王的施政教科書，又是貴族子弟及士大夫必遵的「大經大法」，在歷史上有重要影響。

毛筆及筆筒　戰國

毛筆不但賦予漢字無比豐富的造型，還使漢字的筆畫首體式更為簡略。這在一定程度上為文字的發展創造有利條件。因此，毛筆的出現是漢字從書寫發展為藝術的重要因素。

〈禹貢〉書影

〈禹貢〉是《尚書》中的一篇，古代著名的地理著作。

曾侯乙編鐘　戰國早期

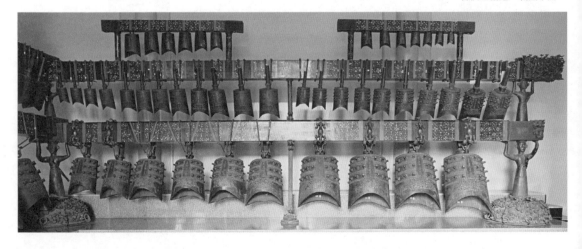

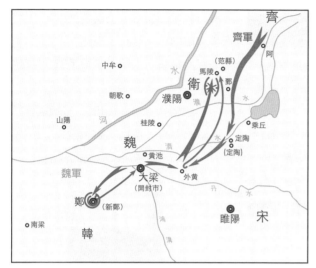

馬陵之戰圖

馬 陵 之 戰

周顯王二十七年（公元前342年），韓魏因長期交戰，雙方均已面臨彈盡糧絕的局勢。齊威王決定以田忌、田嬰為將，孫臏為軍師，起兵圍魏救韓。孫臏是戰國時著名的軍事家，是孫武之後中國歷史上又一位戰爭謀略大家。魏惠王則派太子申、龐涓為將，率領10萬大軍前來迎戰。孫臏卻避其鋒芒，轉向魏都大梁進軍。魏國主將龐涓聽到這個消息後，立即把軍隊從韓國撤回，此時齊軍已進入魏國境內。

龐涓率軍撤回魏國，並加速追趕齊軍。當追到齊軍第1天紮營地時，發現齊軍營寨佔地面積很大，從齊軍做飯的爐灶數推測，齊軍人數有10萬左右。龐涓為齊軍力量之大擔憂。當第2天追到齊軍紮營地時，發現營地已縮小，爐灶也減少，推算齊軍已由10萬人減少至5萬人左右。龐涓擔憂之心漸輕，推估齊軍的士兵人心不齊，有逃跑的士卒。當他追到齊軍第3天紮營地時，發現營地更加縮小，爐灶也大為減少，估計此時齊軍只剩3萬人左右。他不由心中大喜，於是捨棄一部分軍隊，親自率領精銳之師加緊追擊。

魏軍披星戴月，一直追到馬陵（今山東范縣西北）。此地兩旁地勢險要，中間道路狹窄，孫臏在此早已設伏兵。魏軍猝不及防，人慌馬亂，頓時被齊軍擊潰。龐涓見力量懸殊，失敗已成定局，拔劍自刎。齊軍乘勝追擊，徹底擊垮魏軍，並俘虜魏太子申，魏軍慘敗。

馬陵之戰是中國軍事史上的「兵不厭詐」的經典之作。之後，孫臏隱居著書，經數年的苦撰，《孫臏兵法》問世，其後曾失傳，不過在公元1972年於中國山東省臨沂銀雀山漢墓再度出土，並被刊印發行。

孫臏像

長杆三戈戟頭部
戰國早期

張儀連橫

周顯王四十一年（公元前328年），張儀相秦，開始大力推行他的「連橫」策略。

張儀本是魏國人，曾與蘇秦同時拜鬼谷子為師，學習縱橫術。入秦之後，秦惠文王任用張儀為相。張儀採用聯合韓、魏的「連橫」策略，強迫韓、魏兩國太子入秦朝見。張儀是玩弄權術的高手，他先讓秦國占領魏地，然後還與魏，這樣一來，既讓魏國看到秦國的武力，又使魏對秦感恩戴德。張儀親自出使魏，想用口舌取得魏的領土。秦王又配合張儀，使人和楚懷王聯合。

這時，魏十分害怕，便送上少梁郡15縣的領地，表示願與秦結好。秦將少梁更名為夏陽。1年後，秦將以前所攻取的焦（今河南三門峽西）和曲沃（今河南三門峽西南）兩地歸還魏國。

張儀的連橫策略獲得很大成功，在他策劃下，秦對韓、魏採取又拉又打的策略，迫使這些國家就範，力圖侍奉秦

國以求相安無事。張儀還曾率軍向東侵伐，使秦完全佔有了河西、上郡等地，並在河東佔有土地，掌握了黃河，國威大振。

張儀作為一個縱橫家，活躍在戰國的政治舞臺，他以言辭和策術遊說各國君主，成為戰國時期特有的政治家。

蛇紋寬葉矛
戰國

幾何紋長柄豆　戰國
此豆風格特異，極為少見，是研究燕國文化和青銅工藝的重要實物資料。

彩漆狩獵圖裝衣箱　戰國
戰國時期最具代表性的漆器多產於蜀地和楚地，秦國和楚國是當時生產漆器的兩個大國。

玉璧　戰國

蘇秦合縱

　　蘇秦是戰國時期縱橫家的代表人物。他與張儀同學，師從於鬼谷子先生。首次遊說不被重用，後得周書發奮研讀，有所收穫後，重新出遊。

　　至秦，不被用。正好遇見燕昭王廣招天下賢士，蘇秦入燕，深受燕昭王信任。蘇秦認為，燕國欲報強齊之仇，必須先向齊表示屈服順從，掩飾復仇的願望，贏得振興燕國所需的時間。其次，要鼓動齊國不斷進攻其它國家，以防止齊國攻燕，並消耗其國力。

　　為此，他勸說齊王伐宋，合縱攻秦。公元前285年，蘇秦到齊國，挑撥齊趙關係，取得齊王的信任，被任為齊相，暗地卻仍在為燕國謀劃。齊王不明真相，依然任命蘇秦率兵抗禦燕軍。齊燕之軍交戰時，蘇秦有意使齊軍失敗，5萬人死亡。他使齊國群臣不和，百姓離心，為樂毅攻破齊國奠定基礎。

　　之後，蘇秦又說服趙國聯合韓、魏、齊、楚、燕攻打秦，趙國國君很高興，賞給蘇秦很多寶物。蘇秦得到趙國之助，又至韓，遊說韓宣王；到魏，遊

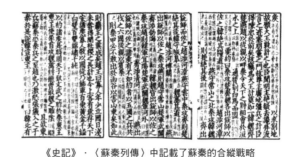

《史記》‧〈蘇秦列傳〉中記載了蘇秦的合縱戰略

說魏襄王；至齊，遊說齊宣王；又往楚，遊說楚威王。

　　諸侯都贊同蘇秦之計劃，於是6國達成聯合的盟約，蘇秦為縱約長，並任6國相。回到趙國後，趙王封他為武安君。秦知道這個消息後大吃一驚。此後15年，秦兵不敢圖謀向函谷關內進攻。

攫蛇雄鷹　戰國
雄姿英勇，威震惡蛇，象徵楚王爭霸的氣概。

「武遂大夫」璽　戰國
武遂，戰國韓地。

陳侯午敦　戰國齊器

莊子哲學

莊子名周（公元前369～前286年），宋國蒙（今河南商丘）人。莊子是戰國時期著名的哲學家，也是道家思想的主要代表人物，與老子並稱為「老莊」。他生性孤傲，終其一生過著貧困的隱居生活。

《莊子》書影

莊子以局外人的身份觀察當時社會的各種現象、紛爭，以其深刻的洞察力和複雜的人生體驗為基礎，藉汪洋恣肆的文風表達他的思想。

莊子學識淵博，才華橫溢，喜歡以寓言的形式表達哲學思想。他吸收老子《道德經》的思想，並進一步發揮，形成自己的思想體系。在先秦百家爭鳴的學術氛圍中，莊子哲學占有舉足輕重的地位，他因此與老子並稱道家宗師。尤其是《逍遙遊》、《齊物論》與《大宗師》3篇自成一體，構成莊子哲學的基本架構。在《逍遙遊》中，更充分體現莊子哲學的內在稟賦和獨特氣質。而其

老莊像　清
任熊
表現了「莊生遊逍遙，老子守元默」的情形。

莊子像

超然姿態又與萬物齊一的觀念以及忘卻自我、與道合一的精神修煉緊密相關。

莊子的著作收在《莊子》一書中。它既是先秦時期最著名的哲學著作，也是一部優秀的文學作品，更有自己獨特的美學觀。

莊子在文中大量使用比喻手法（河水、大鵬、仙人、夢蝶），用來表現逍遙遊的特質。他能達到這個境界與其氣質有關，因而後代人無論怎樣模仿都到達不了他的境界，因為關鍵不在所達到的世界，而在於達到這個世界的方法，這才是莊子的魅力。

莊子的哲學思想對魏晉南北朝時期的玄學和般若思潮產生影響，成為「三玄」之一。

詩人屈原

周赧王十六年（公元前299年），屈原被楚王放逐。他「憂愁幽思」，看到楚國的政治現實，「發憤以抒情」，創作了一首政治抒情詩——〈離騷〉。〈離騷〉是屈原用他的理想、遭遇、痛苦、熱情，以至於整個生命所熔鑄而成的宏偉詩篇，其中閃耀著詩人個性的光輝。因詩中涉及到詩人自己的身世，所以有些人把它看作是詩人的自傳。

屈原被放逐後，愛國之心始終不改，光明峻潔的人格也絲毫未變。周赧王三十七年（公元前278年），秦國又一次攻打楚國，佔領郢都，楚襄王被迫遷都於陳（今河南淮陽）。屈原知道這個消息後，覺得重返郢都的希望徹底破

屈原故里秭歸的屈原廟

滅，於是作詩篇〈懷沙〉，再次抒發忠貞愛國的情懷和「受命不遷」的崇高志節，傾訴了鬱積於心頭的苦悶，然後投汨羅江而死。

後人為感念屈原的愛國熱情和高貴品格，將他與端午節聯繫起來。每逢農曆五月初五日端午節，民間都要賽龍舟、包粽子，賽龍舟是為了救起自沉於汨羅江的屈原；往河裡丟粽子是為了讓魚吞食以保存屈原之軀。

屈原是中國歷史上第一位有名可查的偉大愛國詩人。他歷經磨難，所創作的詩歌極具象徵意義，優美的語言和豐富的想像中充溢著對人生的深刻體驗與感悟。他的〈離騷〉、〈天問〉、〈招魂〉、〈哀郢〉等都是中國文學中難得的精品。

屈原像

《楚辭》書影

胡服騎射

趙武靈王雄才大略，即位之後，勤政愛民，一心想光大先王功業，決定趁中原地區各國互相攻伐之機，進攻中山國及北部遊牧部族地區，拓寬領土。

周赧王八年（公元前307年），趙武靈王率軍攻取中山國的房子（今河北高邑西南）之後，大軍直達無窮之門（今河北張北），又自北而西到達黃河邊，考察了趙國北面的遊牧部族地區。趙武靈王意識到在北方山地和丘陵地區不能使用車戰，胡人身著胡服騎馬射箭的作戰技術則顯示出特有的長處。於是他就著手進行軍事改革。

貴族服裝復原圖　戰國

趙武靈王得到大臣肥義的支持，遂堅決在趙國倡行胡服，帶頭脫下行動不變的寬袖長袍，穿上胡人服裝，在全國提倡學習胡人騎射戰術以及與之相適應的短衣裝束。他又說服叔父公子成身穿胡服上朝，對貴族趙文等人的反對意見嚴詞駁斥，強行推行胡服，並招募士兵進行騎射訓練。

趙武靈王胡服騎射復原圖

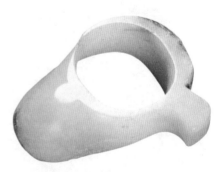

玉扳指　戰國

古人射箭之時，大拇指就會戴上一個硬質的套圈，用以扣弦，稱作「扳指」。

趙武靈王的改革很快收到了成效，此舉不僅拓展了趙國的疆土，壯大趙國的實力，並使趙繼晉之後與燕國同為北方民族的中心，也為中原的生活方式帶來了新的元素。

公元前299年，他廢太子章而禪位給少子何，自號主父。公元前295年，廢太子章叛亂，公子成、李兌殺章，圍趙武靈王於少丘，3個月後餓死。

男俑燭臺　戰國
此物為中山國王室的照明用具。燈座為一男俑，身穿棉袍，腰繫寬帶，衣著富麗。這是具有高級身份的內侍或寵臣的服裝，社會地位較高的「士」也穿這種服裝。穿寬袖長袍比窄袖長袍的士地位更高，因為寬袖不宜勞作或征戰，是享樂階層標誌。

雲紋銅戈　戰國中期
戰國時期各國都重視兵器的製造，兵器製造業被國家壟斷，設有專門管理機構統一管理，並有完備的監造制度，以保證兵器生產的品質和安全。

趙國長城

七國興亡

第三章 掃平六合

樂毅伐齊

燕昭王即位後,樂毅協助昭王進行政治改革,使國力進一步增強。燕昭王二十八年(公元前284年),燕昭王與樂毅商量伐齊復仇之事,樂毅提議燕昭王與楚、趙、魏各國共同伐齊。燕昭王便派樂毅出使趙國,派使者出使魏、楚,後自己又到趙國與趙惠文王相會,商討伐齊之事。

趙惠文王授予樂毅相國之印。燕昭王遂任命樂毅為上將軍,徵發全國大軍,與趙、秦、魏、韓等國聯合向齊國發動進攻。齊軍不敵眾國倒山傾海之勢,大敗。齊將達子召集逃亡的齊軍士兵,整頓後繼續作戰,想以此挽回敗局,但齊王不予援助。達子率軍在秦周(今山東臨淄西北)與5國聯軍再次交鋒時又被擊敗,達子死於亂軍之中。

兩次戰役使齊國受到重創,不能再與聯軍交戰。樂毅遂遣還秦、韓等國軍隊,讓魏國進攻原宋國地區,趙國去攻取河間,自己親率燕軍長驅進擊,攻打齊都臨淄,齊王逃走。

5國聯合伐齊,秦國攻取原被齊國所佔的宋國大邑定陶(今山東定陶西),魏國攻取大部分原屬宋國的領土,趙國攻取濟水以西的大片土地,連魯國也乘機攻佔齊國的徐州(今山東滕縣東南)。齊國疆土分裂,勢力大減。5國聯合伐齊,是戰國時的一場大戰。後來,6國之間的自相殘殺愈演愈烈。

泰山齊長城遺址

錯金銀四龍四鳳方案　戰國中期

戰國時期,青銅製造業達到歷史發展的高峰,各種新工藝層出不窮,開始向追求精美華貴的境界發展。

彩漆木雕座屏　戰國中期

澠池之會

周赧王三十六年（公元前279年），秦昭王約請趙惠文王到西河外的澠池相會。趙惠王害怕秦國耍詐，不願赴會。上卿廉頗和上大夫藺相如以為，不去，秦會更驕橫，以為趙國軟弱膽小，因而勸說趙惠文王前去澠池，並商定由藺相如隨行前往，廉頗率軍在邊境接應。

趙惠文王和藺相如到澠池後，秦昭王設宴款待。飲酒至酣時，秦昭王請趙惠文王彈瑟，趙惠文王沒有辦法推辭，便彈了一曲。秦國御史走上前來記錄此事：「某年某月某日，秦王與趙王飲酒，令趙王彈瑟。」以侮辱趙惠文王。

藺相如看見這種情況，心裡十分氣憤，便走上前對秦昭王說：「趙王聽說秦王擅長演奏秦地樂曲，請允許我獻上瓦缶，請秦王敲擊，作為娛樂。」秦昭王很生氣，拒不敲缶。藺相如拿著瓦缶上前，跪於秦昭王面前，再次請求。秦昭王仍不允。藺相如站起身厲聲威脅：「再不敲，我將不惜一死以相拚。」

秦昭王的侍從要殺藺相如，藺相如作出欲擊秦昭王的樣子，喝斥他們退回。秦昭王沒有辦法，只得也敲了一下瓦缶。藺相如召趙國御史記道：「某年某月某日，秦王為趙王敲擊瓦缶。」秦國的大臣又提出趙國獻上5城為秦昭王祝壽，藺相如便要請秦國獻上國都咸陽為趙惠文王祝壽來應答。直至宴會結束，秦國一直未能占上風。

由於趙國已在邊境部署重兵，時刻準備接應趙惠文王，秦國不敢輕舉妄動，雙方以平等地位重修舊好。

鈎內戟
戰國中期
此戟造型別致，鑄造精良，是研究我國兵器史的重要資料。

陰刻穀紋璧　戰國晚期

彩漆瑟　戰國
曾侯乙墓出土樂器。

負荊請罪

由於藺相如在澠池會上的大智大勇，功績卓著，趙惠文王任命他為上卿，排位在廉頗之上。廉頗是趙國名將，英勇善戰，曾率兵擊敗齊國，奪取陽晉，被任命為上卿。他認為藺相如不過是口舌之功，而地位竟在自己之上，不由得勃然大怒。廉頗揚言，以後如果遇見藺相如，一定要當眾侮辱他。

藺相如知道這件事後，為避免與廉頗衝突，不再與廉頗會面。常常假言有病，不願上朝時與廉頗爭位次高下。一日外出，遠遠望見廉頗，便連忙回車躲避。藺相如的家臣很生氣，認為藺相如與廉頗職位相等，廉頗口出惡言，藺相如卻處處讓他，未免過於膽小，這種事連普通人都覺得羞恥，身為上卿的藺相如決不能再容忍。家臣說，自己遠離親人投奔藺相如，是因為仰慕他的高風亮節，卻不希望看到他整日受辱。家臣無能，他們願意離開。

藺相如回應說，他尚敢在朝堂上威脅秦昭王，侮辱他的大臣，難道廉頗比秦昭王屬害嗎？現在強秦不敢貿然攻趙，就是因為文有藺相如，武有廉頗，如果他們相互爭鬥，就像二虎相爭，必有一傷，秦國便有可乘之機，趙國就危險了。

家臣們一聽，恍然大悟。

廉頗聽說後，深為自己的無知感到羞愧，更加佩服藺相如，便脫去上衣，露出肩膊，背著荊條，向藺相如請罪。兩人和好如初，結為生死之交。

駱駝人擎燈
戰國晚期

藺相如像

廉頗像

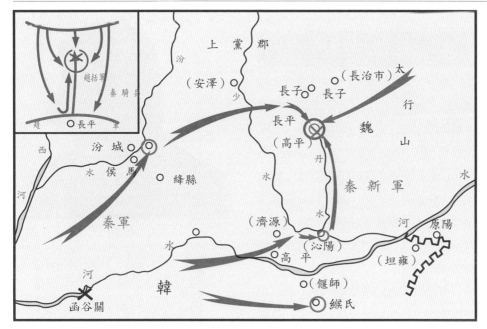

長平之戰示意圖

長平之戰

周赧王五十三年（公元前262年），秦軍圍攻韓國上黨（今山西沁河以東地區）。上黨郡守馮亭不敵，獻上黨於趙，借趙軍抗秦，引發了秦趙之間的長平（今山西高平西北）大戰。

大戰之始，趙王命廉頗為將，廉頗依憑險要地勢堅壁增壘，採取固守不戰的策略。秦軍久攻不下，歷時3年。周赧王五十五年（公元前260年），秦派人到趙國散布謠言，說秦國不怕廉頗，只怕趙括。趙王中計，改任趙括為將。

趙括是趙國名將趙奢的兒子，誇誇其談，只會紙上談兵，而沒有實戰經驗。秦軍利用趙括驕傲輕敵的弱點，交戰時假裝不敵趙軍，連續後退。趙括以為秦軍已敗，率領趙軍開壘出擊，長驅直入，攻擊秦軍營壘。秦軍早有防備，趙軍不能攻下其營壘。

此時，白起派出兩支奇兵，由左右兩翼迂迴，切斷趙軍退路。趙軍被大軍圍困，只得築壘堅守。趙王大驚，急忙派兵增援。秦王知道趙國增援，便往河內（河南黃河以北地區）徵發年滿15歲的男丁參加長平之戰，堵截趙國援軍，斷其糧道。

九月，趙括將趙軍分為4隊，輪番衝擊，企圖殺出一條血道，但未能成功。趙括被射死，四十餘萬士卒最後被迫降秦。白起怕趙軍日後反叛，只讓年少體弱的240人歸趙，其餘全部坑殺於長平。

秦趙長平之戰，結果以趙國的慘敗而告終，趙軍先後死亡達45萬人，秦軍也死亡過半。趙國實力由此大為削弱。

菱形矛　戰國

戰國時期是爭霸圖強的時代，兵器的重要尤其突出，決定軍隊的戰鬥力。各國的兵器各具特色，品種繁多，品質精良，到達冷兵器史的頂峰。

荀子立說

荀子，名況，字卿，亦稱荀卿、孫卿，戰國趙國人。其生卒年不詳。秦昭王執政時，荀子赴秦，和秦昭王與范睢進行交流。秦昭王十三年（公元前255年），荀子被楚國的相國春申君任命為蘭陵（山東莒南）令。荀子勤政愛民，深受老百姓愛戴。秦莊襄王三年（公元前247年），楚君聽信讒言，驅趕荀子離開楚國。

荀子到了趙國，被任命為上卿。在任職期間，荀子寫書信與春申君，對楚國政治表示譏刺。秦王政九年（公元前238年），春申君被殺，荀子又回到蘭陵居住，著書立說，直到老死。荀子著書32篇。

《荀子》書影

荀子是戰國時期繼孟子之後的儒家大師，他善於汲取道、墨、名、法，特別是道家和法家學派所長，發展和改造儒家思想。不僅集

荀子像

《荀子》內頁

儒學之大成，同時集先秦諸子之大成。

漢代儒學的發展和荀子在經學方面的造詣有密切關係，以致荀子後學曾說「今之學者，得孫卿之遺言餘教，足以為天下法式表儀」。在自然觀方面，荀子汲取了道家「天道自然」的觀念，反對天命和鬼神迷信，以為「天行有常（規律），不為堯存，不為桀亡」，因而提出「制天命而用之」和「人定勝天」的認識論命題。

荀子對儒學的理論貢獻不亞於孟子，但他否認命運、不敬天地鬼神、不法先王、不尚仁義、人性本惡等觀點難以見容於後世儒學，所以孔廟中沒有荀子的地位，荀子的著作在漢代以後一直被忽略，不被重視。

楚四聯鼎　戰國

一統天下

李冰治水

秦昭王五十六年（公元前251年），李冰主持興修水利。李冰是秦昭王、孝文王時的蜀郡守。

蜀地岷江水流湍急，夏秋季節水位驟升，對平原地區造成災害。李冰通過實地考察，歸納歷代民眾治水的經驗，機智地因勢利導，於今四川灌縣西部，主持修建「都江堰」。它也是目前世界上歷史最悠久的無壩引水工程。

都江堰水利工程主要由魚嘴（分水工程）、飛沙堰（溢流排沙工程）和寶瓶口（引水工程）主體工程組成。主體工程規劃布局嚴謹，魚嘴建在江心洲頂端，將岷江分成內江和外江。

內江由飛沙堰、人字堤和寶瓶口控制泥沙及對水量進行再調節，為引水總幹渠。外江為岷江正道，以行洪為主，也由小魚嘴分水至沙墨河，供右岸灌區用水。於卵石和沙礫之上修築堤岸。李冰決定採用竹篾編成竹籠，裡面裝滿巨大的鵝卵石，層層堆積，使堤岸牢固，從而解決在沖積太深的河床上不易形成永久性堤岸的難題。

方印　戰國
此印製作精美，在四川地區出土的巴蜀銅印中絕無僅有。

都江堰水利工程發揮了良好的引水、防沙、排洪等綜合作用。從此，川西平原「水旱從人，不知饑饉」，四川因而成為「天府之國」。

修建都江堰之後，李冰還主持興修了蜀地南安江、文井江、洛水等水利工程，造福於後代，為百姓所頌揚、懷念，從東漢開始就有了李冰治水的神話傳說。

李冰石人水尺

都江堰

呂氏春秋

呂不韋（公元前？～前235年），戰國末年秦相國，濮陽人，曾是一個很成功的商人，後從政，主持編纂了《呂氏春秋》一書傳世。

秦莊襄王即位3年後去世，年僅13歲的嬴政繼位，尊呂不韋為相國，號稱「仲父」。那時魏有信陵君，楚有春申君，趙有平原君，齊有孟嘗君，門下皆有大量賓客。

呂不韋覺得以秦的強大國力，應超出所謂的戰國四公子，便也廣招賓客，多達3000人，以此為基礎開始主持《呂氏春秋》的編纂。他先讓其賓客「各自將他們的見聞寫出來」，博採先秦諸子各家學說，在此基礎上加以整理、編輯，於秦王政八年（公元前239年）成書。

全書分12紀、8覽、6論，共161篇（今缺一篇），20萬字。《呂氏春秋》因「兼儒墨，合名法」，自《漢書・藝文志》開始即被稱為「雜家」。事實上，《呂氏春秋》對各家學說並非簡單抄錄，而是取其所需，融會貫通，思想上自成體系。書中提出的統治方法和國家建設藍圖，對秦漢政治頗具影響。

呂不韋像

鐵口木耒
戰國農具

《呂氏春秋》書影

玉瓶形飾　戰國晚期

玉鳳鳥形佩　戰國

韓非像

李斯像

韓非入秦

韓非，韓國貴族，喜歡鑽研刑名法術之學。那時，各國日漸衰微，秦國日益強盛。韓非見韓削弱，多次上書韓王，希望韓王變法圖強，韓王卻置之不理，韓非於是作〈孤憤〉、〈五蠹〉、〈內外儲〉、〈說林〉、〈說難〉等文章，計十餘萬字。文章提出了治國當修明法制，去邪奸之臣，用賢明之士。

韓非與李斯曾一同從學於荀子，李斯自認為比不上韓非，後埋下韓非被殺之遠因。

韓非的著作流傳到秦國，秦王政讀後，十分感慨：「我如果能夠見到這個人並與他一起暢談，就死而無怨了。」李斯告訴秦王，這是他的同學韓非的著作，於是秦王急忙發兵攻韓，向韓索要韓非。韓王遂派韓非出使秦國。秦王政十四年（公元前233年），韓非來到秦國，秦王政很高興，和韓非促膝暢談天下大事，但韓非口吃，善著書而不善談。韓非勸秦王不要先征伐韓，應先滅趙國。秦王以為韓非存有私心，便開始對他猜疑，置之而不重用。

此時李斯、姚賈因嫉妒韓非的才能，也乘機進讒言詆毀韓非，說韓非本是韓國公子，終究是為韓著想而不為秦盡全力。如果秦王不用而放他回韓國，將給秦國留下禍患，不如殺掉他。秦王聽信讒言，將韓非下獄論罪。李斯派人送毒藥給韓非，要他自殺。韓非希望能面見秦王，李斯不允，被迫服毒身亡。

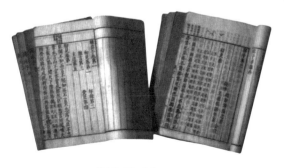
《韓非子》書影

荊軻刺秦王畫像磚

繁陽劍　戰國晚期

荊軻刺秦

燕王喜二十八年（公元前227年），燕太子丹派荊軻刺殺秦王。荊軻出發時，太子及賓客都穿白衣戴白帽到易水邊為他餞行。高漸離擊筑，荊軻慷慨悲壯地唱道：「風蕭蕭兮易水寒，壯士一去兮不復還！」唱完上車離去，頭也不回一下，表示了他義無反顧的決心。

燕太子丹曾與秦王政一起為人質，兩人同甘共苦，但隨著秦國勢力日盛，便開始輕視燕國。燕太子丹怨恨秦王政不念舊情，傲然無禮，與鞠武共謀報復秦王之事。

鞠武勸太子丹西約三晉，南連齊楚。而太子丹認為這乃長久之計，不如找人行刺秦王。鞠武推薦田光，田光說自己已老，不能勝任，他推薦荊軻後自刎而死。太子丹與荊軻縱論天下形勢，再三請求荊軻擔任刺殺秦王的重任，荊軻答應了。太子丹於是尊荊軻為上卿，派其出使秦國

荊軻到了秦國，買通秦王寵臣中庶子豪嘉，以得秦王在咸陽宮召見。荊軻獻呈燕國地圖，展開地圖時，捲在裡面的匕首露出來。荊軻左手抓住秦王衣袖，右手持匕首刺去。

秦王急退，匕首劃斷秦王衣袖，秦王所佩之劍長，惶恐之中未能拔出，繞殿柱而跑，荊軻緊追不捨。群臣驚愕，不知如何是好。秦王繞柱奔逃，將長劍移至背後，拔出猛刺荊軻，斷其左腿。

荊軻負傷，便將匕首擲出，未中。秦王又擊了荊軻8劍。荊軻倚柱長笑，大罵秦王，後被殺。

秦始皇統一天下後，高漸離藉擊筑之機，撲擊秦始皇，也失敗被殺。秦始皇終身不再接近各諸侯國的人。

雲鈕扁圓壺　戰國

秦 滅 六 國

秦國文有李斯、姚賈，武有王翦、蒙恬、李信，國力強盛，便開始收拾割據的局面，實行統一中國的大業。

秦先滅韓於秦王政十八年（公元前229年）。大舉攻趙，王翦率上黨兵，攻下井陘，包圍邯鄲，次年俘虜趙王遷，趙國亡。燕王喜二十八年（公元前227年），燕太子丹派荊軻刺殺秦王失敗，秦王遷怒於燕，令王翦、辛勝為將，大舉伐燕。秦王政二十五年（公元前222年），秦軍俘獲燕王喜，燕國遂滅。

秦王政二十二年（公元前225年），秦王使李信、蒙恬率兵20萬攻楚。秦軍敗退。秦王於是親自赴頻陽，請求老將王翦為將。

王翦大破楚軍，並於楚王負芻四年（公元前224年）擄獲負芻，改楚地郡縣，楚亡。魏王甲三年（公元前225年），秦將王賁攻魏，引河水灌魏都大梁，大梁城壞，魏王投降，秦滅魏。秦王嬴政二十六年（公元前221年），秦國大將王賁從燕地發兵，攻克臨淄，俘虜

齊王田建，齊國遂亡。

至此，秦已先後滅了韓、趙、楚、魏、燕、齊等六國，結束了七雄並立的局面，統一已成定局。

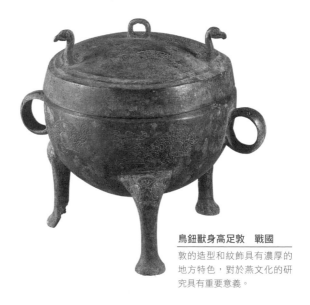

鳥鈕獸身高足敦　戰國
敦的造型和紋飾具有濃厚的地方特色，對於燕文化的研究具有重要意義。

蟠螭紋方鑑缶　戰國

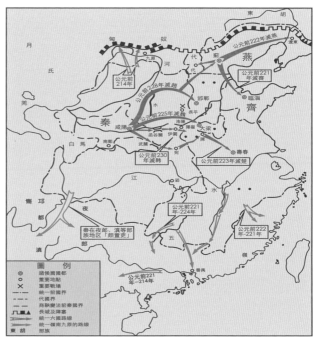

秦統一六國示意圖

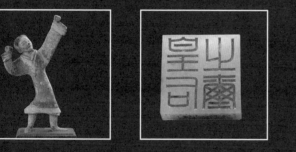

大秦帝國・西漢興衰

秦　西漢

Chin Dynasty & Western Han Dynasty

千古一帝

第
一
章

大
秦
帝
國

嬴政稱帝

公元前221年，秦將王賁攻下齊國，至此，秦統一了六國，建立了中國歷史上第一個統一的中央集權王朝，為社會的經濟發展奠定了穩定的政治基礎。同年，嬴政改名號，稱始皇帝，開創帝制。

嬴政認為自己德邁三皇，功過五帝，繼續稱「王」不足以證明自己的豐功偉績，於是命令臣下議帝號。丞相王綰、御史大夫馮劫、廷尉李斯等人認為：「古有天皇，有地皇，有泰皇，泰皇最貴。」因而尊稱嬴政為「泰皇」。嬴政把「泰」字去掉，取「皇」，採用上古時「帝」位號，稱「皇帝」。又下令取消諡法，自稱「始皇帝」，後世依次為「二世、三世至於萬世，傳之無窮」；皇帝自稱「朕」，大印稱「璽」，命稱為「制」，令稱為「詔」。

秦始皇像

雖然秦代只是一個短命王朝，但其對中國傳統王朝政治的影響卻不容置疑，各朝之基礎皆由秦而來。

秦始皇二十六年（公元前221年），丞相王綰請封諸皇子為燕、齊、楚王，得到群臣的贊同。廷尉李斯力排眾議，主張廢除分封制，全面推行郡縣制度。秦始皇接受了李斯的建議，把全國分成36郡，以後又陸續增設至四十餘郡。中央集權的制度從此確立。

阿房宮圖
清　袁江

統一文字

秦統一六國後，依然沿用戰國時的文字，各國文字不統一，形體紊亂，不但字體不同，同一個字所採用的聲符、形符也都有很大差異。「文字異形」讓政令的推行和文化的交流造成嚴重障礙，於是秦始皇責令丞相李斯負責對文字進行整理，除去和秦國文字出入較大的字形，制定出新字體作為官方文字。

李斯不僅是秦代政治家，還是書法家。他對篆書有很深的造詣。為統一文字，李斯作〈倉頡篇〉，取史籀大篆，創造小篆，並使之成為秦代官方文字。

由大篆經省改而形成的小篆，字形圖畫性減少，線條符號性增強，異體字

秦始皇壽字蟲鳥篆書

秦統一文字表

已經很少，偏旁部首的寫法和位置基本固定，字形比較簡化，而且形體長方，用筆圓轉，結構勻稱，筆勢瘦勁俊逸，體態典雅寬舒，是中國文字史上的一大進步。小篆之後的文字稱今文，之前的則是古文。

李斯確定篆書，秦統一文字，結束了戰國以來文字異構叢生、形體雜亂的局面。篆書成為官方文字，具有權威的意義，之後歷代官方便採用篆書作印章文字。文字的統一也推動了中國文化的統一，在文明史上有不可忽視的作用。

彩繪銅車　秦
此為秦代的安車，前駕4馬，單輿雙輪，頂上有橢圓形車蓋。秦始皇出遊時乘坐的即是此種車。

暴政虐行

徐福東渡

秦始皇帝二十九年（公元前218年），秦始皇東巡到了山東沿海的琅邪（今諸城東南），齊人徐福與一些方士上書秦始皇，聲稱海中有3神山，請求秦始皇派童男女和他一起去求長生不死之藥。秦始皇聽信謊言，派數千童男女隨他乘船出航。歷時幾年，花費大量金錢，並沒有得到神藥。

秦始皇帝三十七年（公元前210年），秦始皇再次巡至琅邪時，徐福恐怕受到責備，便又說是途中由於海中有大鮫魚，受到阻攔，一定要派善於使用連弩的射手才能排除困難。於是秦始皇

天盡頭
在山東省最東端的榮成縣成山頭。據傳秦始皇巡遊至此，見海中巨石凸立，令修橋至東海仙島，求長生不老藥，故又有「秦橋遺址」之稱。

又派徐福率童男女3000人，裝載五穀種子、技藝百工下海。徐福帶著船隊在抵達日本北九州的大島後，進入瀨戶內海，遠達紀伊半島。

徐福及其夥伴從大陸傳播到日本許多技術，如新穎的海船、秫米和農耕技術，以及青銅和鐵器冶煉，使得早先已有零星傳入的中國文化在日本列島上得以鞏固和延續，促使日本在繩紋文化的末期突然展開了一種與原先的文化面貌和發展水準截然不同的新文化，這一文化便是以彌生式土器和中國鐵器為特徵，和原來列島上固有的繩紋文化同時並存的彌生文化。

直到今天，在和歌山新宮町東南有蓬萊山、徐福墓，墓前石碑上刻有「秦徐福之墓」。日本佐賀縣的金蘭山頂有祭祀徐福的「金蘭神社」，自公元前2世紀至今，每隔50年舉行一次的祭典。

秦始皇陵外景

蒙恬北伐

匈奴人是北狄的一支，逐水草而居，不事耕種，強悍野蠻。早在秦尚未統一中國前，匈奴就常掠奪內地人民的牲畜，財產，與其相鄰的燕、趙、秦等國更是深受其害。尤為嚴重的是，在秦征伐六國的最後階段，匈奴乘機佔領了河套地區，即所謂的「河南地」。

秦始皇三十二年（公元前215年），秦將蒙恬率軍30萬大舉北伐匈奴，奪回河南（今黃河河套西北）地。次年，蒙恬又率軍越過黃河，奪取被匈奴控制的高闕（今內蒙古杭錦後旗東北）、陽山（今內蒙古狼山）、北假（今內蒙古河套以北、陰山以南、大青山以西地區）等地。在秦軍的連續打擊下，匈奴單于無奈放棄了河南地及頭曼城，向北退卻。

秦王朝收復河套以北、陰山一帶地區後，增設44縣，重新設置九原郡，在黃河岸上修築堡壘戍守。始皇三十六年（公元前211年），秦將內地人3萬戶遷到

鑲嵌雲紋弩機　秦
遠射兵器構件。弩機由牙（上有望山）、牛（鉤心）、懸刀（扳機）、拴塞及廓組成。廓、望山、牙上飾錯金雲紋和S形紋。懸刀一側有篆體銘文11字，記「作弩於秦王政二十三年」，並鑄有主管官吏和工匠姓名。公元1974年湖南長沙馬王堆出土。現藏中國湖南省博物館。

陽陵銅虎符　秦
此符是秦始皇調動軍隊的憑證，用青銅鑄成臥虎狀，可中分為二，右半存皇帝處，左半存駐紮陽陵的統兵將領處，調動軍隊時，由使臣持右半符驗合，方能生效。

北河、榆中（中國內蒙古自治區伊金霍洛旗以北）屯墾，進一步鞏固了對此地區的統治。當時人們把這一新開墾的地區叫做「新秦」。

蒙恬北伐匈奴的勝利，不僅有力制止了匈奴貴族對中原的劫掠，而且進一步促進此地區的開發。在長期的交往和勞動中，不少匈奴人南遷中原，逐漸與秦人及其它各族人民共同居住和生產，促進了民族的融合。

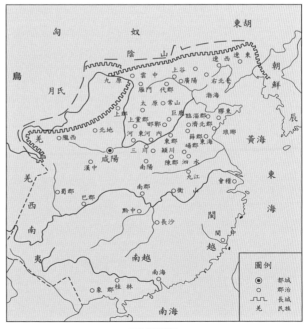

秦代疆域圖

阿房宮興

秦始皇三十五年（公元前212年），秦始皇以咸陽人多、先王留下的宮殿狹小為由，下令在全國徵發民夫，大興土木修建阿房宮。

阿房宮占地的範圍，從咸陽以東到臨潼，以西至於雍（今陝西鳳翔南），以南抵於終南山，以北達於咸陽並阪，

阿房宮前殿遺址

阿房宮遺址

縱橫三百餘里。此外，從咸陽到函谷關（今河南靈寶東南）以西，有朝宮三百餘所，函谷關以東四百餘所。並對眾多的宮殿進行雕刻，以丹青塗之，五光十色，五彩斑斕，極其富麗堂皇，氣勢雄偉。

阿房宮殿堂，東西寬500步（秦制6尺為1步），南北長50丈，殿內可容納萬餘人。殿前建立5丈高的旗桿，宮前立有12尊銅人，各重24萬斤。以磁石為門，如有懷刃隱甲的人入宮，便會被吸住。周圍建閣道連通各宮室，其閣道又依地勢上達南山（今陝西安南）。

在南山頂，建一宮闕，作為阿房宮的大門。又造復道，從阿房宮通達渭水

北岸，連接咸陽，以此象徵天極紫宮後十七星橫越雲漢，達於宮室（二十八宿之一）的天庭。

為修建這一龐大的宮殿，秦始皇下令徵調隱宮（施宮刑之所。宮刑畏風，須入隱室，故名）罪人與刑徒七十餘萬分工勞作，北山（今陝西禮泉、涇陽、三原與淳化境內）石料、蜀楚木材，大量地運到關中作建築之用。

阿房宮耗資巨大，勞民傷財。秦始皇死時，宮殿仍未修築成功，秦二世繼續營建。後來在楚漢戰爭中，項羽入關，燒秦宮室，火一連3天不熄，阿房宮隨之化為灰燼。阿房宮這組秦朝最大的宮殿建築群，只剩焦土留給後人。

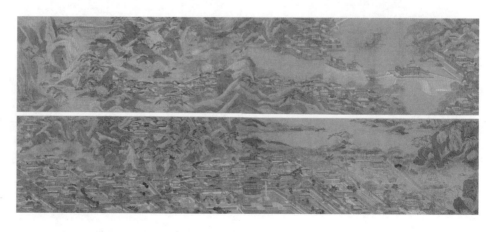

阿房宮圖卷
清 袁江

此圖所繪依山殿閣，傍水樓臺，山水相連，花木並茂，並有龍舟、遊艇、宮人等點綴。

萬里長城

戰國時期，北方鄰近匈奴的秦、趙、燕三國曾分別修築長城以防匈奴侵襲。秦長城西起臨洮（今甘肅岷縣），東北經固原至黃河。趙長城西起高闕（今內蒙古臨河），東至代（今河北蔚縣）。燕長城西起造陽（今河北獨石口），東至遼東。3條長城互不連結。

秦始皇三十三年（公元前214年），大將蒙恬率30萬大軍大舉征伐匈奴，取河南地。為了鞏固這一地區，秦始皇又徵發大量民工，將原秦、趙、燕舊時長城，隨地形修築連接，重新鞏固，修建成舉世聞名的萬里長城。

修建長城的過程非常艱苦。在北方風雪蕭蕭的邊塞上，30萬以上的農民及囚犯，肩挑手抬，積土壘石數十年，在留下無數的白骨後，終於修成了西起臨洮、東至遼東的秦代萬里長城。

萬里長城修成後，蒙恬率軍30萬，屯駐上郡（今陝西榆林東南）十餘年，威名赫赫，威振匈奴。「卻匈奴七百餘里，胡人不敢南下而牧馬，士不敢彎弓而報怨。」

孟姜女廟

萬里長城，對於保障人民生產和生活的安定、抵禦匈奴的騷擾，有重要作用。從甘肅省岷縣和山西大同縣保留下來的遺址來看，其工程十分浩大。它是世界歷史上最浩大的建築之一。它充分展現中國人民無限的創造力與智慧，成為中華文明中悠久的象徵。

萬里長城第一臺遺址

在秦代修築長城時，榆林這個地方是當地處勢最高、烽火臺最大、裡面駐軍最多，也是兩路長城匯合的地方。自秦以後，歷代均以此臺為鎮守北方的重要軍事要地，號稱鎮北臺。

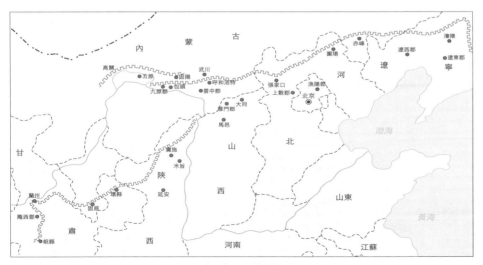
秦公簋　春秋中期

焚書坑儒

秦始皇帝三十四年（公元前213年），秦始皇根據李斯的建議，下令禁止私學，並焚毀《秦記》以外所有私藏史書和諸子百家著作及《詩》、《書》；次年，秦始皇以方士盧生、侯生妖言惑眾、誹謗皇帝為由，牽連坑殺儒生約460人。史稱「焚書坑儒」。

秦坑儒谷

坑儒谷是秦始皇鎮壓不同政見者的地方，在西安市臨潼區韓峪鄉洪慶堡。

李斯手書峰山刻石片段

　　秦始皇焚書坑儒的舉動，表現出秦代「師今」和「師古」兩種政治思想激烈的角力。它的目的固然是為了加強政治思想，維護和鞏固國家的統一，打擊分裂勢力。然而，秦始皇這種殘暴手段，不但造成古代文化典籍的巨大損失，嚴重摧毀古代文明，同時也開了中國古代專制制度下文化清潔主義之先河。

　　秦始皇帝三十四年（公元前213年），秦始皇在咸陽大宴群臣，博士淳于越對秦制定的郡縣制表示反對，提出分封制的主張。丞相李斯以「五帝不相復，三代不相襲，各以治」的例證反駁淳于越，並指責儒生「入則心非，出則巷議」，「不師今而學古，以非當世，

秦山刻石　秦

相傳為秦丞相李斯手書，書體是標準的小篆，結構特點直接繼承秦石鼓文，又比之更加簡化和方整。

惑亂黔首」，說他們各尊私學，頌古非今，誹謗朝政，擾亂民心。

　　李斯認為古代天下動亂，無法一統的根源在於各種儒門學說和私學的存在，使人心不一，招致諸侯互鬥，四海分裂。他建議秦始皇消滅私學，除《秦記》之外的史書一律燒毀；除秦博士官所藏《詩》、《書》等百家語外，都要將書交到所在郡，由郡守、尉監督燒毀；醫藥、卜筮、種樹的書不在燒毀之列；若要學習法令，則以吏為師。

　　秦始皇採納李斯的建議，下令焚書。很快地大量文化典籍付之一炬。隨後，方士侯生、盧生因求仙藥不得，兩人譏諷秦始皇「剛愎自用」、「專政獄吏」，又指責他「樂以刑殺為威」、「意得欲從」、「貪於權勢」，不值得為他求仙藥，並相約逃走。

　　秦始皇知道後，非常生氣，遷怒於其他儒生，認為他們也妖言惑眾。責令御史審問在咸陽的儒生。儒生們互相揭發，牽連出四百六十多人。殘暴的秦始皇將這些人全部坑殺於咸陽。

秦兵馬俑一號坑

戰袍武士俑群　秦

秦軍根據不同官、兵種和任務性質，配置不同的戎裝。軍官多配鎧甲，而士兵只配置戰袍。

煌煌帝陵

秦始皇三十七年（公元前210年）冬，秦始皇在東巡歸途中患病，隔年七月病亡。秦始皇死後，中車府令趙高和丞相李斯密謀殺公子扶蘇，另立胡亥為太子。後太子胡亥在咸陽即位，是為秦二世。

秦始皇生前曾修建兵馬俑坑，於公元1974年發掘出來。兵馬俑塑造了各式各樣的秦軍形象，有指揮官，也有一般武士，如步兵、騎兵、車兵、弓弩手等。陶俑形體高大魁梧，一般均在1.75公尺左右，指揮官身高在1.95公尺以上。秦俑有強烈的寫實主義風格，許多將士手中握著真正的青銅兵器。造形生動、形象、逼真。其面相多數表情剛毅，昂揚奮發。五官位置準確，富有質感。陶俑細部的雕塑也頗費匠心。以俑的髮髻為例，髮髻雕塑質感更強，走向清晰，形象逼真。陶俑身上的甲衣，也雕塑較細，每片甲片上的甲釘和甲片之間連接的甲帶等，類型分明。這些細節的精確表現，有利於烘托秦軍裝備精良、紀律嚴明、鬥志高昂的精神狀態。

兵馬俑的製作，是先用泥做好內胎，再上一層細泥，然後在細泥上雕塑出俑的五官、衣紋等細微部分。俑的頭、手、軀幹都是分別製作，然後組合。細部加工後，進窯燒製，最後進行彩繪。彩繪的顏色有朱紅、粉紅、綠、粉綠、紫、藍、中黃、橘黃、灰、褐、黑、白等。眉目、鬚髮呈墨色，面目、手足塗朱紅色。

秦皇陵兵馬俑群，是昔日秦王朝強大國力和軍威的象徵。它表現了中國古代高超的陶藝技巧，也揭示了秦始皇陵的規模宏大、勞民傷財與奢侈糜爛。

武士俑

短命王朝

陳勝起義

秦二世元年（公元前209年）七月，徵發閭左（秦時貧弱農戶居閭之左，富者居右）900人戍守漁陽（今北京密雲）。陳勝、吳廣都被徵調，擔任屯長。當隊伍走到大澤鄉（今安徽宿縣東南劉村集）時，忽降大雨，道路不通，預計無法按期到達。按照當時嚴酷的秦律，誤期當斬。陳勝和吳廣大為著急，無奈，密謀反秦。

他們認為，現在逃也會喪命，不逃，更是性命難保，不如舉旗造反。陳勝說：「天下苦秦久矣！現在若以我們900人，借用公子扶蘇、項燕的名義，為天下首倡起事，一定會有許多人響應。」吳廣認為此計可行。陳勝、吳廣兩人又巧設「魚腹丹書」、「篝火狐鳴」製造起義輿論，聲言「大楚興，陳勝王」，並伺機殺死兩名押送將尉，提出：「王侯將相寧有種乎？」900人異口同聲，贊成共舉大事，於是築壇為

秦末陳勝、吳廣大澤鄉起義舊址

盟，稱「大楚」。陳勝自立為將軍，吳廣為都尉。

陳勝軍首先攻下大澤鄉，進而攻占蘄縣及各縣。中國歷史上第1次大規模的農民叛亂就這樣爆發了。攻佔陳縣（今河南淮陽）後，陳勝自立為王，國號「張楚」，更多飽受秦政之苦的民眾前來投奔，農民反叛達到高峰。陳勝、吳廣領導的農民軍在反秦的戰爭中，出現內部的爭議。陳勝驕傲自大，聽信讒言，誅殺故人，日益與群眾疏離，高高在上，享受榮華富貴，而有些將領爭權奪利導致自相殘殺。最後，陳勝、吳廣也相繼被殺，其部受到嚴重挫折。

銅劍　秦

陳勝吳廣起義示意圖

寫有「張楚」二字的帛　秦

獸面形嵌綠松石金泡

指鹿為馬

秦二世二年（公元前208年）八月，繼陳勝、吳廣大澤鄉起義後，又有許多義軍爭相起兵反秦，著名的有項羽、劉邦等人。此時宰相李斯等人被秦二世疏遠，宦官趙高越發專寵。

趙高誣陷李斯想割地稱王，並派人四處搜捕李斯的宗族，對李斯嚴刑拷打。李斯被迫認罪，被腰斬於咸陽，並誅滅其三族。李斯死後，趙高升遷丞相，他利用職權大量誅除異己。他想檢驗大臣們是否俯首於他，便在朝會時獻上1隻鹿，並指著鹿說是馬。二世笑言：「丞相錯了，指鹿為馬！」趙高說是馬，便叫群臣證明，大臣們有的回答是馬，有的說是鹿。事後，趙高殺害那些回答是鹿的大臣。從此，朝中人人自危，沒有人敢批評趙高。

趙高又勸二世深居禁宮，不必親自坐朝聽政，臣下有事來奏，只需由趙高自己和其他與二世親近之人密商後上奏。秦二世對此一一採納，從此常居深宮。這時，劉邦軍隊已攻克武關，關東

鐵鉗和鐵桎　秦

秦始皇三十五年徵調刑徒七十餘萬人修阿房宮和秦始皇陵。鐵鉗和鐵桎正是打製石料的刑徒所戴之刑具。

大部分地區落入義軍之手。趙高害怕二世責難，暗中密謀殺掉二世胡亥。趙高讓其弟郎中令趙成作內應，詐稱搜查賊人，派人率兵進入二世所住的望夷宮。秦二世走投無路，只好自殺。趙高立二世之姪子嬰，貶號為秦王。

太陽紋瓦當　秦

與其他紋飾的瓦當一樣，都是讚頌秦朝，歌頌始皇統一大業的思想在建築藝術中的反映。它們所附著的宏偉建築雖已蕩然無存，但大量的瓦當展示了當年的繁華。

詔版　秦

刻有秦二世元年的詔令。

鉅鹿之戰

秦二世三年（公元前207年）十月，秦兵圍困趙國於鉅鹿，楚懷王派宋義為上將軍，項羽為次末將，率軍欲解趙國之圍。

宋義率軍到達安陽（今河南安陽西南），停留46天不進。項羽提議迅速引兵渡河，趙、楚二軍裡應外合，出其不意，擊潰秦軍，以解鉅鹿之圍。宋義貪生怕死，不同意項羽的戰術，下令全軍不准出擊。項羽忍怒不住，拔劍殺死宋義，自領大軍。諸將平日就十分佩服項羽的英勇善戰，一致表示要跟隨項羽解鉅鹿之圍。項羽向楚懷王據實以報，懷王封項羽為將軍，統軍北進。

項羽領兵渡河時，「破釜沉舟」，表示要與秦軍決一死戰。當秦軍圍鉅鹿時，趙將陳餘率數萬人駐守鉅鹿城北，因為兵少而畏縮，不敢迎擊秦軍。救趙的齊燕等諸侯兵共數萬人，分十多個營壘屯駐在陳餘軍旁，卻沒有人敢派兵出戰。及項羽率軍進抵鉅鹿，迅速出擊秦軍，楚軍勇猛無比，莫不以一當十。戰鬥中諸侯將領都在自己營壁上觀望，只

銅盾　秦

見楚軍殺敵勇猛異常，喊聲如雷，戰鬥激烈，諸侯軍無不心驚肉跳。

經過殊死血戰，項羽率軍擊破20萬秦軍，生擒秦將王離，斬殺蘇角。章邯帶殘兵敗回棘厚（今鉅鹿城南）。戰鬥結束後，項羽召見諸侯將領，眾將進入轅門時，個個跪行，不敢仰視。項羽從此威震諸侯，成為諸侯上將軍，統領諸侯之兵。

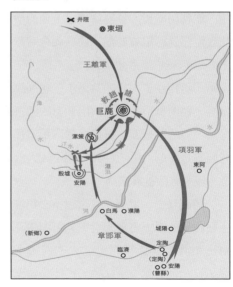

鉅鹿之戰示意圖

戲馬臺
在中國江蘇省徐州市城南，始建於公元前206年，據傳西楚霸王項羽定都彭城後，在此築高臺，作為指揮士兵操練觀賞士卒賽馬場所。

泗水亭
此亭在今江蘇省沛縣，據《史記‧沛縣誌》記載，漢高祖劉邦曾做過泗水亭長。

約法三章

秦二世二年（公元前208年）閏九月，沛公劉邦奉楚懷王之命，領軍西入函谷關（今河南靈寶東南），伐滅秦朝。十月，劉邦率軍攻下成武，十二月領兵抵達栗（今河南夏邑）。次年，劉邦聽從酈食其之計，避開秦兵的主力部隊，首先攻取交通要道陳留（今河南開封縣東南），獲得大批軍糧。一路上，劉邦勢力日益壯大，在西進途中所向無敵，勢如破竹。

劉邦帶兵繞過嶢關，翻越蕢山，突然襲擊藍田（今陝西藍田），大破南北兩面的秦軍，於是守關的秦軍全部瓦解。公元前206年，沛公劉邦進駐霸上（今陝西西安東），秦王子嬰乘素車白馬，以印綬繫項，手捧秦皇帝的璽、符節等，在東軹道（今陝西西安東）旁向劉邦投降。秦王朝滅亡。

劉邦在進關之前曾與眾諸侯約定，「率先進入並平定關中者為王」。劉邦進駐關中後與民眾約法三章，即「殺人者死，傷人及盜抵罪」，並將秦苛法一律廢除。於是秦地百姓十分高興，劉邦也因此奠定民眾基礎。後因項羽勢大，自立西楚霸王，封劉邦為漢王。為此，劉邦與項羽之間又展開了長達5年的楚漢戰爭。

鬥獸紋鏡　秦
鏡背刻有武士與豹搏鬥的圖案，遒勁有力，充分體現秦朝雄壯的氣勢。

秦國貴族用的金帶鉤

西漢初興

第二章 西漢興衰

劉邦創漢

漢高祖元年（公元前206年）八月，漢王劉邦手下大將韓信「明修棧道，暗渡陳倉」，一舉平定了雍、塞、翟三地，拉開了楚漢相爭的序幕。漢高祖四年（公元前203年）十月，楚漢訂立和約，以鴻溝為界。項羽履約，率兵東歸。劉邦毀約，帶兵猛追，由此開始了劉邦對項羽的殲滅戰。漢高祖五年（公元前202年）十二月，項羽兵敗垓下，因羞見江東父老，不肯渡江，舉劍自刎於烏江岸邊。

項羽兵敗後，劉邦很快平定楚地，後來其他地方也漸漸投降歸附。漢五年（公元前202年）二月，諸侯王都上疏請求尊奉漢王為皇帝。於是劉邦在汜水（今山東曹縣附近）之陽即皇帝位，成為西漢王朝的開國皇帝，史稱漢高祖。

劉邦（公元前256～前195年），字季，沛縣（今江蘇沛縣）人。秦末率3000沛縣子弟抗秦，並建立了漢朝，是中國史上第1個「以布衣提三尺劍有天

漢高祖劉邦像

下」的皇帝。

劉邦創建漢朝後，尊奉王后呂雉稱皇后，太子稱皇太子。初期建都洛陽，不久遷都長安。

劉邦能夠稱帝創漢，並非全靠天運。他與群臣在洛陽南宮聚宴，說出了自己能得天下之因。他說：「運籌帷幄之中，決勝千里之外，我不如張良；管理國家，供應軍需，我不如蕭何；率領千萬將士，百戰百勝，我不如韓信。但是，這3個傑出人才，我能任用他們，就得天下；項羽僅有1個范增，卻不能任用，最終敗在我手下。」

歌風臺
當年漢高祖平定英布叛亂後，於歸途中經故鄉沛縣，酒酣之時，有感於昔日亡秦滅楚的戎馬生涯，欣喜於既成帝業，即興擊筑而歌：「大風起兮雲飛揚，威加海內兮歸故鄉，安得猛士兮守四方。」後沛人於鳴唱處築「歌風臺」以紀念。

鎏金鴛鴦戈　西漢
出土於河北滿城中山靖王劉勝墓。

韓信像

封 王 賜 地

漢高祖五年（公元前202年）五月，劉邦採取了一系列旨在恢復經濟的「休養生息」政策和措施，取得良好的政治效果和經濟效益，為漢朝初年經濟的恢復發展奠定良好的基礎。之後，出於政治、軍事的需要，劉邦分封一批異姓王。但劉邦對他們存有警惕心，怕他們隨時會取代劉漢天下，因此，劉邦千方百計剷除異姓王，以同姓子弟來取代他們。

首先以企圖謀反罪逮捕韓信，撤其楚王稱號，貶為淮陰侯。將韓信的封地一分為二，劃分為兩個諸侯國：任命從兄，將軍劉賈為荊王，統治淮河以東53縣；任命弟文信君劉交為楚王，以統治薛郡、東海、彭城等36縣。接著，又以謀反罪誅殺彭越，並率兵征伐英布，逼使韓王信、盧綰投奔匈奴。而後，以謀反罪廢除趙王張敖，改任為宣平侯。這樣，除國小勢弱的長沙王吳芮外，異姓王都被消滅。

隨即劉邦以天下剛剛平定、兒子幼小、兄弟少、在討伐秦朝的戰爭中又有陣亡等為藉口而分封同姓諸侯王，以統治關東地區。以雲中、雁門、代郡等53縣立兄長宜信侯劉喜為代王；以膠東、膠西、濟北、博陽、城陽郡73縣立微服私訪時的私生子劉肥為齊王。

劉邦分封同姓王後，又與眾大臣訂立盟約，規定今後凡不是劉氏而稱王者，天下共同征討之。此後，劉邦還立劉長為淮南王、劉建為燕王、劉如意為趙王、劉恢為梁王、劉友為淮陽王、劉恆為代王、劉濞為吳王等。到高祖十二年（公元前195年），劉邦共封劉姓11人為諸侯王。

劉邦大封劉姓為王，意在加強中央對地方的控制，其實卻為日後諸侯王的叛亂埋下禍根。

「漢併天下」瓦當　西漢
為漢高祖初建天下時所造，漢武帝時修建的建章宮遺址中，也曾出現。

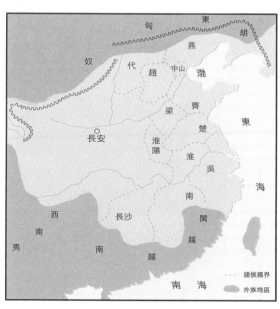

西漢初同姓諸侯的分封情況

新築長安

漢都城長安於漢高祖五年（公元前202年）開始興建，當時以秦興樂宮為基礎，擴建長樂宮，用作皇宮。高祖七年（公元前200年）十月，長樂宮建成，劉邦從洛陽遷都長安，並在長樂宮中改行漢朝禮儀。此後又以秦章宮為基礎興建未央宮，並在長樂宮和未央宮之間修築武庫，另於長安東南修建太倉。

漢惠帝時開始修築長安城。惠帝三年（公元前192年）春，徵發長安附近六百里內男女14萬6千人修築長安城，30日中止。六月，再次徵發諸侯王、列侯有罪的刑徒、奴隸2萬人築建長安。五年春正月，又徵發長安附近600里內男女14萬5千人修建長安，30日後停工。同年九月，長安城終於完工。

長安城城牆高厚雄偉，規模空前。

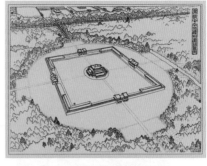

漢長安城南郊禮制建築復原圖

城牆高達8公尺，基底厚16公尺，用土質純淨的泥土逐層夯實。城牆四周共開城門12座。城內有主要街道9條，幹線互為經緯，正中縱橫交叉的兩條街道稱為「馳道」，屬皇帝專用。

漢長安城的市區規劃大體可分為宮殿、市場、作坊和居民區。市場在城西北的橫門附近；手工作坊有的設在皇宮中，有的分布在城內西北角；居民區大多分布在城的北部和東北部。除此以外，在未央宮北闕附近還有「蠻夷邸」，居住著外國、少數民族的首領、使者和商人。

四神瓦當　西漢
四神是青龍、白虎、朱雀、玄武，裝飾在建築物之上，表示東、西、南、北的方位。

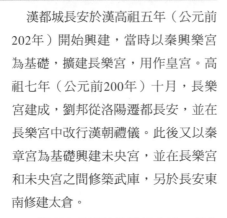

高溫釉陶鼎　西漢
這是仿銅禮器，器物上半身施鉛釉，在戰國至西漢時期非常流行。其高而外翹的外形是西漢早期器物的典型特徵。

舞踏俑　西漢
用粗線條勾勒出回首蹭步時的動感和美感，造型洗煉，神態宛然。

白登之圍

漢高祖七年（公元前200年）九月，匈奴冒頓單于大軍將漢異姓王韓王信於馬邑（今山西朔縣西北）重重包圍，韓王信派人向冒頓私下求和。劉邦知道後大怒，這時，正是劉邦大力剷除異姓王的時候，趁機遷怒於他。韓王信擔心被殺，於是用馬邑向匈奴投降。匈奴冒頓得到韓王信的相助，率軍向南越過句注，圍攻晉陽（今山西太原）。劉邦親率大軍北伐韓王信，大敗其軍，韓王信逃到匈奴。

自漢朝初年，匈奴冒頓單于就不斷騷擾漢北方郡縣，掠奪百姓財物，殺戮漢朝官員。劉邦想趁勢徹底消滅匈奴。當時，劉邦聽說冒頓在代谷（今山西繁峙西北）駐紮，便先派人偵察冒頓虛實。而冒頓將其精銳士兵、肥壯牛馬等隱藏起來，只用老弱之人和瘦弱牲畜引誘漢朝軍隊。劉邦果然中計，將漢兵32萬全部派出北擊匈奴。臣下劉敬勸阻，並告訴他匈奴的真實情況，但劉邦不聽，親率先頭部隊前進到平城（今山西

彩繪騎馬俑
西漢

這個騎馬俑群共有俑583個，形態各異，造型生動，色彩豐富，構成威武嚴肅的軍事陣勢。

大同東），被冒頓單于40萬精銳騎兵圍困在白登山（今山西大同東北）達7天之久，漢軍裡外不能相救。

劉邦束手無策，坐以待斃。這時陳平獻計，用重金賄賂冒頓單于的閼氏（相當於皇后），才得以突圍，到平城與漢朝大軍相會合。冒頓單于見無便宜可占，便領大軍離去，劉邦也罷兵退回。

經此一戰，劉邦認識到僅以武力手段解決與匈奴的爭端，條件還不成熟，因此在此後很長的時間裡，漢朝採取和親政策籠絡匈奴，維護邊境的安寧。

馬與馭手　西漢

此馬由頭、軀幹、四肢、尾等幾部分鉚鉗而成，鉗痕跡明顯，馬翹唇張鼻，作嘶鳴噴氣狀，右前蹄揚起，頗具動感，馭者為長髯老者，神態平和，與馬一靜一動形成鮮明對比，頗具情調。

騎士捉俘紋帶飾　西漢

匈奴族帶飾，P形造型，透雕圖案，表現了當時的戰爭場面。

呂后專權

漢高祖十二年（公元前195年）四月，劉邦病逝。五月，劉盈即位，是為漢惠帝。呂后被尊為太后。呂后是一個權力欲與能力皆強的女人，早在漢高祖十一年（公元前196年）時，便用奸計將漢朝開國元勳韓信殺死於長樂宮鐘室，還滅其三族。她看見兒子劉盈即位，覺得有機可乘，漸露專權野心。

呂后為了排除今後的障礙，設計毒死趙王如意，還將劉邦的愛姬——戚夫人的手腳砍斷，耳朵熏聾，眼睛挖掉，喉嚨弄啞，讓她住在廁所裡，號為「人彘」，還故意叫惠帝去看，以揚其威。惠帝看了人彘後，害怕其母殘酷，於是日夜沉湎於酒色之中，不理政事。

呂后像

漢惠帝七年（公元前188年），劉盈於未央宮去世。由於當時惠帝與張皇后沒有孩子，於是取後宮美人之子作為惠帝之子，立為太子。惠帝死，太子繼位，史稱少帝。呂后藉口少帝年幼，無力執政，便親自臨朝稱制，代行皇帝權力，亂漢王室。

次年，即高后元年（公元前187年），呂后想立呂姓為王，丞相王陵等大臣和劉姓王侯表示強烈反對。呂后勃然大怒，於是剝奪王陵丞相大權，以親信審食其為左丞相，控制漢朝政權。之後，又開始迫害、消滅劉姓王侯。清除劉姓勢力後，呂后違背劉邦與群臣盟約的「不是劉姓而稱王，天下共擊之」，大封呂姓為王。

呂后分封呂姓為王，破壞了漢朝的根本體制，侵害功臣集團的利益，也埋下了以後內訌的種子。呂后死後即爆發了諸呂叛亂的戰爭。

皇后之璽　西漢
璽面陰刻篆文「皇后之璽」4字，四側陰刻雲紋頂雕蟠虎為鈕，在漢高祖長陵附近發現，應是呂后生前的御用之寶。

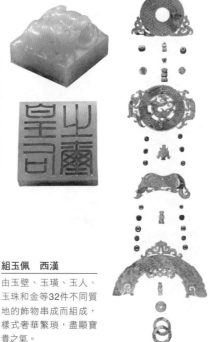

組玉佩　西漢
由玉璧、玉璜、玉人、玉珠和金等32件不同質地的飾物串成而組成，樣式奢華繁瑣，盡顯寶貴之氣。

周勃像

彩繪騎馬俑　西漢
馬昂首嘶鳴，騎俑肅穆端莊，整個造型大膽概
括，體現漢人激越昂揚的精神風貌。

清除呂黨

漢高后八年（公元前180年）七月，呂后因病去世。九月，呂姓諸王欲起兵叛亂，奪取劉漢政權。齊王劉襄隨即調集軍隊，高舉「率兵入諸不當為王者」的旗幟發兵西進。相國呂產派遣大將軍灌嬰率兵迎戰。灌嬰本來是漢室開國元勳，是忠於劉氏王朝的重要人物，領兵到滎陽後，安營紮寨，並派人與齊王聯合，按兵不動，只等呂氏集團反叛，以率兵擊之。

在長安城裡，太尉周勃、右丞相陳平等私下密謀策劃，設計讓上將軍呂祿交出兵權。周勃進入軍中號令：「擁戴呂氏的祖露右肩，擁戴劉氏的祖露左肩！」軍中士卒紛紛祖露左肩，呼聲震天。周勃很順利地將北軍控制，成為反呂的主要部隊。接著，周勃命令朱虛侯劉章率兵千人以進宮護衛皇帝為名，伺機捕殺統率南軍的相國呂產，後又捕殺呂祿，並分派人手去捕殺諸呂，不論老少全部處死。至此，呂氏集團被剿滅，統治大權又回到劉氏集團手中。

諸呂之亂平定後，周勃、陳平等大臣密商選立皇帝。大臣們一致認為，代王劉恆適合即帝位。因為現即帝位的少帝和各位王子都不是惠帝親生，代王卻是漢高祖的兒子，而且為人寬厚，待人仁慈，其母薄氏也很善良，不會出現擁尊自立的現象。

金座足　西漢

最為關鍵的一點是代王年齡最大，全國上下無可爭議。於是，周勃、陳平等人親迎代王入長安。閏九月，代王劉恆一行由代到長安，在群臣擁戴下即皇帝位，是為漢文帝。他即位後，大赦天下，積極休養生息，開創漢朝盛世。

彩漆鼎　西漢
施木胎、黑漆底、口沿飾菱形圖案，蓋和器身飾彩色雲紋圖安，華美鮮豔。

與民休息

文景之治

漢高后八年（公元前180年），漢文帝劉恆繼位，勤政愛民，繼續推行休養生息政策。文帝的基本政策是，重點放在發展農業，輕徭薄賦，約法省禁。為了鼓勵農民種糧，減輕農民負擔，文帝先是把十五稅一的田租改為三十稅一，後來索性田租免收，直到景帝時才恢復了三十稅一。

為了減輕徭役，文帝下令列侯回封國，以免戍卒的運輸之苦。對於匈奴的政策，也是盡量避免戰爭發生，以和親為主，從各個方面維護國家穩定。

漢文帝後元七年（公元前157年），漢文帝去世，劉啟即位，是為景帝。他繼續推行文帝政策的同時，也有所改進。景帝還進行削藩，平定七國之亂，把諸侯王任免官吏的權力收歸中央，鞏固中央集權。而對於匈奴，繼續採取和親政策，拉攏匈奴。漢

漢文帝像

景帝後元三年（公元前141年），景帝逝世。

文帝、景帝前後統治39年。這一時期社會，經濟趨向繁榮，較為富足，史稱「文景之治」。

沉箭式銅漏壺　西漢

漏壺是中國古代的計時器之一。本件為沉箭式漏壺，提樑與壺蓋正中有相對的長方形孔洞，用以安插刻有時辰線的沉箭，壺近底處有一小流管（已殘失）。壺中貯水，從流管慢慢滴出，壺中水位下降，觀測刻箭上的水位來確定時間。

帶轆轤水槽的陶井　西漢

水井是西漢常見的小型灌溉設施。這件陶井模型，有水斗、水槽、滑輪等附件，是漢代井灌的真實反映。

七國之亂

漢初年，高祖劉邦大殺功臣，剷除異姓王。又以兄弟少、諸子年紀小為理由，大封同姓為王，為諸王叛亂埋下禍根。經過幾朝的演變，到景帝時諸王勢力越來越大，其中齊、楚、吳三封國幾乎占天下之半，嚴重地威脅著漢朝的中央政權。

大臣晁錯建議景帝進行「削藩」，以減少諸王的封土，削弱眾諸侯力量，從而鞏固中央政權。景帝採納了晁錯的建議，下令在眾同姓王中推行削藩政策，激起諸王強烈反對。漢景帝三年（公元前154年）正月，吳、楚等7國以「誅晁錯，清君側」為名，發動武裝叛變，史稱「七國之亂」。

景帝有些慌張，聽信讒言，誅殺晁錯，但諸王的軍隊還是不退，繼續挺進。景帝悔恨之餘，決定以武力平叛，於是派遣太尉周亞夫率兵征討。周亞夫以堅壁固守的戰術，多次挫敗吳楚聯軍的進攻。吳楚聯軍的士卒餓

周亞夫像

死、投降、失散很多，只得敗退。三月，吳王劉濞殘部數千人退守丹徒（今江蘇鎮江），被東越人所殺。其他諸王也戰敗自殺、被殺。這時候，歷經3個月的七國之亂遂被平定。

七國之亂的平定，解決了漢高祖分封同姓王所引起的矛盾，鞏固中央的統治，並為日後漢武帝以推恩令進一步解決眾諸侯問題創造必要的條件。

「長宜子孫」四神紋鏡　西漢
圓鈕、柿蒂紋鈕座，蒂周以篆刻「長宜子孫」4字，鏡背飾以四神紋，裝飾紛繁、細膩。

龍鳳紋透雕玉佩　西漢
玉色淡黃透青，有內外兩環，內環透雕龍，外環透雕一鳳，龍鳳對觀而使整件器物構圖奇巧，充滿活力和動感。

李廣射石

李廣像

李廣，隴西成紀（今甘肅秦安）人，秦國名將李信之後，世代傳習射箭。李廣更為善射，據傳，有一天晚上，李廣從野外回營地，途中經過一個小樹林，風吹草動，李廣一箭射去，正中一塊大石，箭入數尺深，幾人合力都拔不出。因其善於騎射，作戰驍勇，故被稱為「飛將軍」。

景帝中六年（公元前144年），匈奴騎兵入侵上郡（今陝西榆林東南）、雁門（今山西原平北），掠奪漢皇室狩獵場的馬匹。漢吏卒與之交戰，死亡兩千餘人。當時李廣任上郡太守，率領百餘騎兵外出巡視，歸途中遇匈奴數千騎兵。李廣隨從害怕，想逃走，李廣忙阻止。李廣認為大軍離此數十里，如果以百騎逃走，匈奴騎兵勒馬追趕，馬上就會被斬殺；如果原地不動，匈奴兵會認為是大軍的誘餌，必定不敢攻擊。於是，李廣命令部下前進至距匈奴陣2里左右，下馬解鞍，表示並不忙著離去。

匈奴軍中有一位騎著白馬的監軍到陣前觀望，李廣率十餘騎將他射殺，後回到軍中便解鞍縱馬，臥地休息。時近黃昏，匈奴騎兵對李廣的舉止迷惑不解。以為漢軍在附近有伏兵，不敢輕易攻擊。入夜，匈奴軍擔心遭受漢大軍襲擊，向北撤退。天亮後，李廣率軍平安返回大營。

漢元狩四年（公元前119年），李廣跟隨衛青征戰漠北，因奉命繞道東線，不幸迷失方向，貽誤戰機。衛青命長史追究治罪於李廣。當時，李廣已是六十多歲的高齡，不願受辱，慨然自殺。李廣平日愛恤士卒，深受部下敬重。李廣死後，士卒失聲痛哭，悲痛不已。

玉鷹 西漢

白玉質，圓雕，鷹嘴呈勾狀，兩翼平展，尾羽散張。身、翅皆滿刻羽毛紋，十分生動。

虎噬驢紋炎飾 西漢

P型，透雕，內容表現匈奴人的生活場景。

雙龍紋帶飾 西漢

長方形，透雕雙龍體現古人對龍的崇拜。

羽人騎馬玉雕　西漢

採用白玉圓雕而成，陰線刻繪細部，仙人雙手扶馬，馬四蹄蹲在刻有雲紋的長板上，作飛騰遨遊狀，雕刻精細，形象優美，是難得的藝術珍品。

鎏金銀熏爐　西漢

此爐通體鎏金，爐體扁圓形，蓋上透雕蟠龍紋，下設3隻鳥形支柱，爐腹與圈足均飾花紋，做工精細。

黃老之學

漢朝初期，因統治集團的休養生息政策，「黃老之學」逐漸昌盛。

作為道學發展的一個新流派，黃老之學於戰國末期形成，興盛於西漢初期，到漢武帝「罷黜百家，獨尊儒術」之後開始衰退。若單從字面上理解，「黃老之學」就是黃帝與老子的學說。實際上它並不是黃帝學說和老子學說的簡單拼湊，而是新道家假託黃帝立言，改造老子的學說，並綜合吸收了先秦各家學說重要內容的一種理論。

黃老之學將老子的「道」進行改造，把它看成客觀存在的規律，又指出社會生活中也有客觀規律。「省苛事，薄賦斂，毋奪民時」，主張以法治國，賞罰分明，言出必行，也主張用戰爭來完成國家統一。

漢初黃老「無為」思想的主要代表是陸賈、蓋公，主張「貴清靜而民自定」，使統治者少生是非少擾民，以利人民休養生息。

「黃老之學」主張清虛自守，卑弱自恃，因此它適應農民戰爭後的政治形勢，符合恢復生產、穩定秩序的需要。所以，在漢初統治者的提倡下，黃老之學盛極一時。

玉辟邪　西漢

白玉質，色淡黃，立體圓雕。昂首前視，張口露齒，頂有觸角，頷有長鬚，尾垂於地，前胯處有雙翅；挺胸蹲立，神態威武。

漢武雄風

武帝治漢

漢景帝元三年（公元前141年）正月，景帝死，皇太子劉徹繼位，是為孝武皇帝。

漢武帝統治時期是中國歷史上的大轉變。他統治下的西漢王朝是中國歷史上的黃金時代。處於鼎盛之中的大帝國無論是文治還是武功都達到中國社會的高峰。

在政治上，武帝頒行推恩令，制定左官律、附益法，實施「酎金奪爵」，改變了漢初以來諸侯王強大難治的局面；另實行一系列打擊地方豪強的有效措施；創立刺史制度，加強對地方的控制和監督；同時，漢武帝削弱了丞相權力，任用酷吏，嚴格刑法，設立太學、建立察舉制度，加強中央集權的統治力量。

在經濟上，將冶鐵、鑄錢、煮鹽收歸官營；設立「均輸」、「平準」官，

長信宮燈　西漢

此燈以宮女執燈為造型，其右臂高舉過燈，有排煙道的作用，宮女形象生動巧別致，是一件罕見的漢代藝術珍品。

漢武帝像

運輸和貿易由國家壟斷，平衡物價；實行算緡告緡，打擊富商大賈；治理黃河，大力興修水利，廣開灌溉；實行代田法，改進農具，推動農業生產。

在思想上，採納董仲舒建議，「罷黜百家，獨尊儒術」，鞏固君主集權，陽儒陰法，使儒家思想成為正統思想。在對外關係上，多次派兵攻打匈奴，解除了匈奴對北部邊郡的威脅；前後兩次派遣張騫出使西域，發展與西域地區的交流，還促進經濟文化的繁榮；又遣使至夜郎、邛、筰等地宣慰，加強對西南地區的控制和開發；還統一南越地區，設立南海、蒼梧等9郡。

漢武帝在位54年，為國家的鞏固和發展有重要貢獻。武帝時期，西漢帝國成為亞洲最富強繁榮的國家，也是中國盛世之一。

軺車　西漢

淮南鴻烈

漢景帝時，淮南王劉安主持編著了《淮南子》一書，也稱《淮南鴻烈》。參與編著的賓客中著名的有蘇非、伍被、李尚等人。據《漢書·藝文志》載，此書卷帙甚多，但流傳下來的僅有《內篇》21篇。

《淮南子》雖是劉安和其賓客編著，但由於劉安「為人好書」、「善為文辭」，其中必有他親自撰述之文，大致上該書也能反映本人的思想。在綜合百家方面，《淮南子》與《呂氏春秋》比較接近。不同之處在於它更吸取了《老子》、《莊子》，特別是《黃老帛書》的思想資料，成為集黃老之學之大成的理論著作。

侯外廬（公元1903～1987年）認為

《淮南子》想以道家「總統百家」，並且以這種「總統百家」的道家自居，這正是《淮南子》不同於《呂氏春秋》之處。它對道、天人、形神等問題提出新的見解，還在繼承春秋時的「氣」說與戰國中期稷下黃老之學的宋鈃、尹文學派的「精氣」說的基礎上，提倡了「元氣論」的概念和系統的宇宙生成論。

透雕龍紋三鈕鏡　西漢

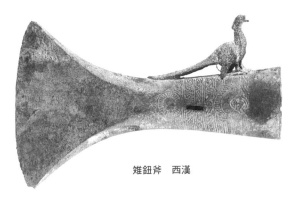

雉鈕斧　西漢

《淮南子》書影

「一人得道，雞犬升天」
傳說漢代淮南王劉安修煉成仙，全家升天，連雞狗吃了仙藥都跟著升天。（見於漢代王充《論衡》·〈道虛〉）

漠北之戰

西漢與匈奴之間的戰爭連綿不斷，元狩二年（公元前121年），驃騎將軍霍去病奔馳千餘里，取得輝煌戰果。同年，匈奴渾邪王降漢。但匈奴的掠奪依舊使北方不得安寧。

為了解決糾紛，漢武帝於元狩四年（公元前119年）命大將衛青、霍去病等人率領遠征軍征伐匈奴。

衛青、霍去病各統領5萬騎兵、4萬隨軍之私人馬匹與數十萬步兵及軍伕，分別從定襄（今內蒙古和林格爾）、代郡（今河北蔚縣）出發，越過漠北遠追匈奴。衛青領軍渡過大漠，行軍千餘里後，遇見匈奴，紮環狀營，以兵車自衛，然後命5000騎兵去單于陣中挑戰，與萬餘單于騎兵發生激戰。

在這場戰鬥中，衛青捕獲和斬殺匈奴軍近2萬人後凱旋。這時霍去病亦率軍與匈奴左賢王之軍作戰，追至兩千餘里，把匈奴軍逐出居胥山（今蒙古德爾山）以外。在戰爭中，霍去病使匈奴軍死傷7萬餘人。匈奴元氣大傷，聞風喪膽。此後，匈奴長期遊牧於漠北，無力南下。霍去病從此威名遠揚，漢武帝十分喜歡他，並下令給他建造府第，被他拒絕。他的「匈奴未滅，何以家為」這名句，世世代代激勵著後人。

年僅24歲的霍去病於元狩六年（公元前117年）去世，武帝在自己的陵墓旁為他修了狀如祁連山的墳墓，用以表彰他抗擊匈奴的卓著功績。

武帝戰勝匈奴，打通到塔里木盆地及中亞的商路，匈奴控制的河西走廊歸屬於漢朝。從此，在從中原到中亞的絲綢之路上，西漢的外交使節和商人往來不斷，絲綢之路漸漸成為中西交流的一座橋梁。

西漢軍戎服飾復原圖

衛青像

漠北之戰　繪畫

古今之變

西漢武帝太初元年（公元前104年），司馬遷參與制定的《太初曆》頒行，他認為這是歷史的一個新紀元，便開始撰寫《史記》。經十餘年的艱苦筆耕，中國首部紀傳體通史《史記》最終成書，成為中國史學的奠基之作。

司馬遷，字子長，西漢左馮翊夏陽（今陝西韓城南）人。少年時隨父司馬談讀書，並師從董仲舒、孔安國等人。後為郎中、太史令、中書令等。其父司馬談於漢武帝建元、元封年間出任太史令，掌管文史星曆，管理皇家圖書。

司馬談生前就有過編寫古今通史的宏志，但因故未能如願，他去世前希冀司馬遷能完成遺志。元封三年（公元前108年），司馬遷繼任父職為太史令，得以閱讀皇家所藏典籍，蒐集史料，為撰寫《史記》打下堅實基礎。太初元年（公元前104年），在參加制定「太初曆」後，開始撰寫《史記》。

天漢三年（公元前98年），李陵孤軍與匈奴作戰時無奈投降，漢武帝大怒，滅其三族。司馬遷為李陵辯護，被

司馬遷像

囚禁入獄，受腐刑。太始元年（公元前96年）獲釋，任中書令。司馬遷受刑之後，忍辱發憤，艱苦撰述。依據《尚書》、《春秋》、《左傳》、《國語》、《世本》、《戰國策》等諸子百家的著述，官府所藏的典籍檔案，以及親自考察訪問得來的資料，經十餘年努力，終於著成「究天人之際，通古今之變，成一家之言」的《史記》。

《史記》書影

司馬遷墓

司馬遷祠

民族融合

霍光輔政

　　后元元年（公元前88年）正月，漢武帝有心將少子劉弗陵立為太子，但弗陵年齡較小，而其母卻正年輕，武帝恐怕弗陵即帝位後重演前朝呂后專權的故事，於是就想託付大臣輔佐少子弗陵。

　　武帝通過仔細考察，認為已故奉車都尉、光祿大夫霍去病的同父異母弟弟霍光忠厚可靠，可當此重任，就命黃門畫一幅周公負成王朝諸侯圖，賜予霍光。當感覺自己去日無多時，武帝又賜弗陵的母親（即鉤弋夫人）一死，以絕後患。

　　后元二年二月，武帝於五柞宮病危。霍光詢問後事。武帝說：「立少子，君行周公之事。」要讓霍光學習西周時周公旦輔佐年幼的周成王，輔佐少子弗陵。同時，又詔立弗陵為太子，封霍光為大司馬、大將軍，金日磾為車騎將軍，上官桀為左將軍，共同受遺詔輔佐少主。御史大夫桑弘羊也一起受命。

漢武帝茂陵
被稱為「中國的金字塔」位於西漢11座帝陵的最西端，是漢諸陵中規模最大者。

霍光像

很快，武帝死於五柞宮，年71歲。

　　大司馬、大將軍霍光、車騎將軍金日磾、左將軍上官桀等遵照武帝遺詔，扶持太子劉弗陵即位，是為昭帝。昭帝時年8歲，政權由霍光執管。霍光對內輕徭薄賦，與民休息；對外與匈奴和親，民生國力逐漸恢復充實。

五銖錢　西漢
漢武帝時鑄造，其重量、大小均適中，故此延用至隋末，歷時七百餘年。

尖啤形鋤　西漢
尖葉形，表面鍍錫，並飾有花紋，可能為滇族貴族農祀或籍田之用。

宣帝即位

元平元年（西元前74年）四月，年僅21歲的昭帝病逝，無太子，帝位無人繼承。大將軍霍光奉上官皇后的旨意下詔，迎請武帝孫昌邑王劉賀到長安。六月，劉賀即皇帝位。

劉賀被擁立為天子後，日益驕橫，荒淫無道，失帝王禮儀，我行我素，對大臣進諫不聞不問。於是霍光與大司馬田延年、車騎將軍張安世密謀，廢黜劉賀；後又召集丞相、御史、將軍、列侯、大夫、博士在未央宮會合，商議廢黜事。大臣們見霍光主意已定，紛紛附和。霍光立即與群臣上報太后。太后下詔送劉賀回昌邑。劉賀僅僅當了天子27天。而劉賀帶入朝的昌邑群臣二百餘人被誅殺，罪名是不能輔佐君王，將皇帝引向歧途。

元平元年（公元前74年）七月，前廷尉監丙吉上書霍光：武帝有曾孫名劉詢，年紀18歲，聰明賢德，通曉經書，可立為皇帝。劉詢，字次卿，是武帝太子劉據之孫。出生數月，適逢徵和二年（公元前191年）七月原太子巫蠱事件，被關押於獄中，後遇大赦，得以恢復皇族身分。

霍光以為可立為帝，於是召集丞相以下百官商議此事，共同上奏皇太后，請求立劉詢為皇帝，皇太后表示同意。劉詢便在霍光的引導下，入未央宮見太后，並被立為皇帝。這就是漢宣帝。

地節二年（公元前68年）春，霍光病逝。其後，霍氏子弟更加驕奢無度，終於引起宣帝的不滿。地節四年（公元前66年）七月，霍氏家族密議謀反，結果陰謀敗露，被漢宣帝滅三族，長安城中有數千家人家被牽連族滅。富貴至極的霍氏家族最終覆滅了。霍家族滅後，霍光陵墓未被株連，依舊陪葬茂陵，確立其忠臣形象。

鑲嵌綠松石臥鹿　西漢
鹿蜷臥休憩，雙角細長高聳，樣子十分優雅平和。

金五銖　西漢

獸鈕熊足鼎　西漢中期

和親烏孫

漢宣帝本始二年（公元前72年），漢朝為了聯合烏孫抗擊匈奴，選解憂公主與烏孫和親，馮嫽作為侍者跟隨公主到了烏孫，嫁給烏孫右大將為妻。馮嫽很會處理官方文書，既熟悉漢朝事務，又了解西域諸國風情，而且曾持漢節作為公主使者，諸國都尊她為「馮夫人」。

曲援銅戈　西漢

甘露元年（公元前53年）四月，烏孫狂王殘暴，大失民心，與解憂公主失和。狂王的兒子發兵圍困漢朝使者及公主於烏孫國都赤谷城。漢都護鄭吉派兵解圍。一場大戰之後，烏孫進入混亂狀態。後來，肥王翁歸靡與胡婦生的兒子烏就屠刺殺狂王，自立為昆彌（烏孫王號），烏孫局勢更為動盪，漢朝派遣破羌將軍辛武賢率1萬5千兵馬駐敦煌，待命征討。

都護鄭吉聽說烏孫右大將與烏就屠私交甚好，便派馮夫人遊說烏就屠降漢。漢宣帝親自下詔詢問此事，派副使2人護送馮夫人前往。馮夫人乘錦車持漢節，傳漢宣帝詔令命烏就屠到赤谷城見漢朝長羅侯常惠，並立肥王與解憂公主所生的嫡長子元貴靡為大昆彌，烏就屠為小昆彌。破羌將軍辛武賢不出塞而撤軍，避免了一場戰事。

甘露三年（公元前51年）冬，大昆彌元貴靡死，馮夫人送年近古稀的解憂公主回漢地，又自願請求返回烏孫，協助元貴靡之子、年幼的新立大昆彌星靡鞏固地位，深受烏孫人民的愛戴。

玉龍飾璜　西漢

剽牛祭柱扣飾　西漢

昭君出塞　清

昭君墓
位於今內蒙古自治區境內，人稱「青塚」。

昭君出塞

建昭三年（公元前36年），漢朝消滅郅支單于，幫助呼韓邪單于重新統一匈奴。呼韓邪既驚又喜，在建昭五年（公元前34年）上書漢朝，表示要入漢朝見漢帝。

元帝竟寧元年（公元前33年）正月，呼韓邪單于第3次入漢觀見漢帝，提出與漢朝復通和親之好，元帝答應他的請求，把宮女王嬙以公主的禮節嫁給呼韓邪單于。

王嬙，字昭君，南郡秭歸（今湖北）人，從小就被選入宮做宮女。得知朝廷選宮女與匈奴和親的消息，昭君挺身而出，願遠嫁匈奴。昭君美麗大方，通情達理，深得呼韓邪單于的鍾愛。昭君離開長安時，文武百官一直送到10里長亭。她懷抱琵琶，戎裝乘馬出塞。

昭君來到匈奴，呼韓邪單于封她為「寧胡閼氏」。後生子，取名伊屠智牙師，長大後被封為右日逐王。成帝建始二年（公元前31年），呼韓邪單于去世。依匈奴風俗，昭君下嫁復株累單于（呼韓邪單于與大閼氏子），又生兩女。

昭君出塞後，匈奴與漢朝得以長期和睦相處，漢匈民族間政治、經濟、文化有所溝通並相互發展，邊境安寧，百姓免遭戰爭之苦。為了讓人們記住昭君的功勳，元帝下詔將昭君出塞這年改元「竟寧」。

王昭君像

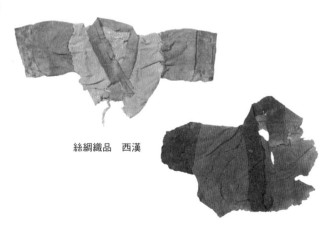

絲綢織品　西漢

山海經

這本書是中國古代的地理著作，我們現在所見的是經西漢末年劉向、劉歆父子校刊整理，共18卷，包括《山經》5卷，《海經》8卷，《大荒經》4卷，《海內經》1卷，共3萬餘字。

書中記載與保存很多的神話和古代異域傳說，在文化史上價值極高，對於研究中國原始社會和上古的姓氏、部族，以及考察上古人的宇宙觀、自然觀和對社會歷史的認識，意義很重大。很多神話傳說依圖撰文，如夸父逐日、后羿射日、舜葬蒼梧、精衛填海、羲和浴日、西王母使青鳥、王亥僕牛等，形象都十分生動。它充分地展現先民改造自然的偉大和不屈精神。

《山海經》中的《山經》和《海經》各成體系，成書年代也不一樣。《山經》是巫祝之流根據遠古以來的傳說記錄的巫覡之類，記述海內的各名山大川、動植物、祭祀，通常認為成書於戰國初期或中期。《海經》記載海內外各方異域的傳聞，其中有很多神話傳說，大約是秦漢之際的作品，為方士所作。

劉氏父子在校訂《山海經》時，曾刪除一些內容，這部分獨立以《大荒經》

劉向像

和《海內經》流傳，晉郭璞注《山海經》時重新蒐集，並使其獨立成篇。

《山海經》所記內容十分豐富，涉及範圍極為廣闊，包含了各方面的社會知識，是一部偉大的著作。

懸泉簡牘　西漢

石硯・毛筆　西漢

西漢滅亡

王莽篡位

平帝元始元年（公元1年）正月，王莽輔助幼主，自認功比周公。他欺上瞞下，大權獨攬。元始五年（公元5年）十二月，在年終大祭時，王莽毒死了14歲的平帝，由自己攝政，稱為「攝皇帝」。次年，王莽改年號為居攝元年。三月，王莽立只有2歲的劉嬰（宣帝玄孫）為皇太子，號稱「孺子嬰」，以效仿周公攝政舊事，準備篡漢自立。

居攝三年（公元8年），梓潼（今屬四川）人哀章製作銅匱，內藏「天帝行璽金匱圖」與「赤帝璽某傳予黃帝金策書」，假說是高祖遺命，令王莽稱帝。於是，王莽便到高帝祠廟接受銅匱，即天子位，定國號為「新」。至此，西漢滅亡。

王莽自立為帝後，為了鞏固政權，在全國實行改革，推行新制。

從居攝二年（公元7年）到天鳳元年（公元14年），王莽先後進行了4次幣制改革。居攝二年，他下令鑄造大錢、契刀、錯刀，與漢五銖錢共為四品，一齊流通於市。兩年後，又改幣制，將錯刀、契刀、五銖錢廢除，另鑄一銖小錢和十二銖大錢並行。新莽建國二年，三改幣制，把貨幣總稱「寶貨」，分為錢貨、金貨、銀貨、龜貨、貝貨、布貨，總稱「五物、六名、二十八品」。天鳳元年，四改幣制，又實行金、銀、龜、貝等貨幣，廢除大、小錢，改行貨布、貨泉二品。

始建國元年（公元9年），新莽大行土地改革。王莽下令將全國土地改為王田，奴婢改名為私屬，都不能自由買賣。還規定一家男子不超過8人而種田數額超過1井（900畝）的，應把多出來的田分給九族鄉鄰中沒有田或少田的人；本身無土地的亦按一夫一婦授田百畝的制度授予田地。

同年，王莽下令製造標準的度量衡器，頒行天下，作為統一全國的度量衡標準。

雁足燈　西漢
整體造型為單雁足支柱，支撐圓形燈盤，明快而獨特。

始建國二年（公元10年），王莽詔令在全國實行「五均」、「賒貸」和「六法」。並於長安、洛陽等大城市設立五均官，負責管理工商業經營和市場物價，收取工商稅。賒貸規定由政府辦理，年利息為1/10。五均賒貸，和政府經營的鹽、鐵、酒、鑄錢和收山澤稅，合稱為「六筦」。

除此以外，王莽對中央和地方的官名、官制、郡縣地名、行政區劃，也多次改變。

大規模的改革，並沒有起到維護新莽政權的作用，相反，改制後的結果觸及到地主商人的利益，加劇了統治階級的內部矛盾。制度本身的弊病，給人民帶來更大的災難，因此很快導致了新莽政權的覆滅。

陶範與銅錢
新莽

綠林反叛

新莽天鳳四年（公元17年），荊州等地發生饑荒，新市（今湖北京山）人王匡、王鳳兄弟為饑民排解糾紛，深受饑民愛戴，被推為領袖，聚眾叛亂。很快，南陽人馬武、穎川人王常、成丹等率眾參加。他們的根據地在綠林山（今湖北大洪山）中，故稱為「綠林軍」。

四牛騎士貯貝器
西漢

地皇二年（公元21年），綠林軍在雲杜（今湖北河沔）擊敗荊州兩萬官軍，乘勝佔領竟陵（今湖北鍾祥）、安陸（今湖北安陸）等地，隊伍日益增大。地皇三年（公元22年），綠林軍分為下江兵與新市兵兩支

綠林、赤眉、銅馬形勢圖

隊伍。這年七月，新市兵攻隨（今湖北隨縣），平林（隨縣東北）人陳牧、廖湛聚眾數千人起兵響應，稱平林兵，與新市兵聯合。地皇四年（公元23年），各軍會合，立漢宗室劉玄為帝，建元「更始」。

更始政權建立後，王莽十分驚慌，急派王尋、王邑領兵42萬，號稱百萬，前來鎮壓。昆陽（今河南葉縣）一戰，王莽軍主力全線崩潰，綠林軍取得決定性的勝利後，乘勝北攻洛陽，迅速攻佔了長安，王莽被殺，新朝滅亡。

天鳳五年（公元18年），青、徐一帶發生大災荒，琅邪人樊崇率百餘人在莒縣叛亂。為與官軍相區別，叛亂軍每人皆以赤色塗眉，故而被稱為「赤眉軍」。叛軍以泰山為根據地，轉戰黃河南北，1年間發展至萬餘人。地皇三年（公元22年），赤眉軍於成昌與王莽十萬軍隊展開激戰，大敗官軍，並將王莽更始將軍廉丹斬殺。

成昌大捷後，赤眉軍乘勝向西發展，人數已多達10萬人。後因劉玄殺害判軍首領申屠建、陳牧等，排斥異己，赤眉軍於是在更始二年（公元24年）兵分兩路進攻劉玄政權。次年，兩路軍會師於弘農，連敗劉玄軍，隊伍迅速發展到30萬人。

赤眉軍擁立漢宗室、15歲的劉盆子為帝，年號建世。接著攻入長安，消滅劉玄。此時關中豪強地主隱匿糧食，抵制赤眉軍。東漢光武帝三年（公元27年），赤眉軍在新安、宜陽一帶，被劉秀設計圍困，劉盆子等部投降，最後失敗。

雙龍銜璧圖　西漢

新朝覆滅

更始元年（公元23年）九月，綠林軍進攻長安，王莽被殺，新朝滅亡。

更始元年（公元23年）六月，昆陽大戰使王莽的主力軍損失慘重，導致王莽集團內部一片混亂。王莽的心腹劉歆、王涉和董忠等準備發動政變，清除王莽。事情敗露後，劉歆自殺，董忠被誅。大臣內叛，軍事外破，王莽開始陷入完全被動的局面。

綠林軍趁機大舉進攻：王匡率兵直搗洛陽；李松、申屠健等進逼武關。各地也都紛紛響應，殺掉他們的牧守，自稱將軍，用漢年號，以待詔命。王莽仍在負隅頑抗，召集囚徒為兵，企圖阻擋綠林軍。但囚徒兵很快背叛王莽，掘王莽祖墳，燒王莽祖廟。析縣人鄧曄、于匡也支持綠林軍，迫使析縣宰和武關都尉投降，攻殺莽軍右隊大夫。王莽走投無路，便帶領群臣到南郊哭天，祈求蒼天保佑。但王莽越哭，綠林軍越近，長安很快便被叛軍包圍得嚴嚴實實。

九月，綠林軍占據長安，長安市人張魚、朱弟率眾響應，衝入宮廷，將宮室焚毀。王莽抱頭鼠竄，逃到未央宮中的漸臺，妄圖藉漸臺周圍的池水阻擋農民軍，但農民軍已經把宮室團團圍住，一時亂箭四射，不久就攻占漸臺。王莽毫無退路，被商人杜吳所殺。叛亂軍將王莽的頭傳到南陽，掛在南陽市示眾，「百姓共提擊之，或切食其舌」。

王莽新朝共歷經15年，在禮儀、職官、貨幣、土地、稅貸等方面多次進行改制，導致經濟混亂，社會矛盾，最後終於葬送在農民燒起的熊熊烈火。

大司馬印　西漢

鳳燈　西漢晚期

東漢王朝・三國鼎立

東漢三國

Eastern Han Dynasty & Sanguo Period

光武興漢

第一章　東漢王朝

東漢建立

更始三年（公元25年），劉秀即皇帝位於鄗，改鄗為高邑，建元建武。七月，派兵圍攻洛陽。十月，招降洛陽守將朱鮪，定都洛陽，正式建立東漢。

劉秀（公元前6～57年），南陽蔡陽（今湖北棗陽西南）人，漢高祖9世孫，他的父親曾任南頓令。劉秀是東漢的開國君主，公元35至57年在位。建武中元二年（公元57年），劉秀病逝，廟號世祖，謚光武帝。

新莽地皇四年（公元23年），劉秀迫於形勢擁立另一皇族劉玄為更始帝，自己任更始政權太常、偏將軍。更始二年（公元24年）秋天，劉秀逐漸脫離劉玄的更始政權，開始培養自己的勢力。

更始三年（公元25年）正月，劉秀留寇恂、馮異等據守河內，與更始政權留守洛陽的朱鮪相持，自己親率大軍北征，擊敗尤來、大槍、五幡等部農民軍。四月，回軍南下，於溫縣大敗新市、平林兩軍，於河南擊潰赤眉、青犢兩軍，解除了對河北的嚴重威脅。

此時，劉秀手下的將領開始商議為劉秀上尊號，稱帝位，並使人造《赤伏符》以傳「天命」，

漢光武帝劉秀像

劉秀三推三進之後，便「恭承天命」。

全國平定後，光武帝於建武十三年（公元37年）開始安置有功之臣。他採取了兩條措施：一是不讓擁有重兵的功臣接近京師；二是對功臣封賞而不用。鄧禹、賈復等開國元勳明白光武帝的意思後，率先解去軍職，倡導儒學。劉秀對功臣只賞不用的政策是東漢政權重建過程中重要的一步，也是成功的治國安邦措施。

持戟青銅騎士俑出行儀仗　東漢

銅胡人俑　東漢

捲髮，深目高鼻，上身袒露，下著長褲，長靴，其外形相貌與衣著均具備胡人特徵。

雙羊銅飾　東漢

車飾，公元1967年河北省張家口市出土，高7.7公分。東漢初年，匈奴族分裂為南、北兩部分。北匈奴雄據漠北，堅持與漢朝為敵，後在東漢軍隊的強大攻勢下西逃，從此在中國古代史上消失。南匈奴則入居邊郡，成為漢帝國境內的一個少數民族。這件銅飾，作雙羊佇立狀，羊首低俯，雙目圓睜，長角盤曲，短尾上翹，顯得活潑可愛，為南匈奴文物。

擊破匈奴

建武二十四年（公元48年）春，匈奴內部發生叛亂，匈奴八部大人共推孫比為呼韓邪單于，並快馬於五原（今內蒙包頭西北）塞向漢朝要求庇護，表示願永遠為漢朝藩屏，抵禦北虜。劉秀接受了比的歸附。從此，匈奴分裂成南、北兩部。

南匈奴歸附漢朝後，南單于派其弟左賢王莫統率大軍攻打北匈奴。建武二十五年（公元49年），左賢王莫生擒北匈奴單于弟，又破北單于於帳下。北單于非常恐懼，立即向北撤退千餘里。而南匈奴派人到漢朝求援。

和帝永元元年（公元89年），車騎將軍竇憲、征西將軍吾耿秉率兵出雞鹿塞，與南匈奴合兵一處，在稽落山大破北匈奴，出塞3000里，至燕然山（今蒙古人民共和國杭愛山）。當時，班固隨竇憲出征，作〈燕然山銘〉，刻石記功而返。永元二年（公元90年），竇憲又派副校尉閻盤率3000騎將伊吾的匈奴擊敗。永元三年（公元91年），竇憲派右校尉耿夔、司馬任尚出居延塞，將北匈奴圍於金微山（今阿爾泰山）。漢軍出塞五千餘里，徹底擊潰北匈奴。從此以後，北匈奴部分降漢，部分歸附鮮卑，餘部遠離中國邊境走上了千里迢迢的西遷路程。

北匈奴的西遷，為世界史上的大事，這一行動引起古世界震動，北匈奴西遷使歐洲北方蠻族南下，威脅東羅馬帝國，使歐洲中古世界有重大變化，影響了世界歷史的發展。

漢匈奴歸義親漢長印

這是東漢中央政府贈給匈奴族首領的官印，駝鈕為其基本鈕式。

馬踏飛燕　東漢

耿純像

馬援像

鄧禹像

耿弇像

二十八將

建武中元二年（公元57年）二月，光武帝劉秀去世，其子劉莊繼位，是為明帝。永平三年（公元60年），漢明帝劉莊思念中興功臣，乃命人畫28位名將於南宮雲臺閣。

以鄧禹為首，其次為馬成、吳漢、王梁、賈復、陳俊、耿弇、杜茂、寇恂、傅俊、岑彭、堅鐔、馮異、王霸、朱佑、任光、祭遵、李忠、景丹、萬脩、蓋延、邳彤、銚期、劉植、耿純、臧宮、馬武、劉隆等28人，後又加上王常、李通、竇融、卓茂，合成32人。

波伏將軍馬援自建武四年（公元28年）跟隨劉秀東征西討，曾用米堆成山丘，作沙盤，標示進攻路線。劉秀對其十分喜愛，認為馬援是軍事天才。在東漢初並曾平定嶺南，威名遠揚，是軍功顯赫的大將，但未入圖畫。當時也有人問「何故不畫伏波將軍」，明帝笑而不答。實際上是因為馬援的女兒是明帝馬皇后，漢明帝時刻注意，怕重新上演前朝外戚專權的故事。

雲臺二十八將　版畫

班固漢書

永平七年（公元64年），漢明帝詔令班固撰寫漢代國史，經過二十多年潛心積思，漢章帝建初年間，恢宏的皇朝史巨著《漢書》編撰完成。

班固（公元32～92年）是東漢史學家。班固出身於有良好家學淵源的世家，自幼博學群籍，九流百家著作多有涉獵，學無常師，9歲即能作文。建武三十年，其父班彪曾作《後傳》續補《史記》，父死後，他繼承父志，開始編寫《漢書》，有人向漢明帝參他「私作國史」。

漢明帝看了他所撰書稿後，十分重視他的才華，同意編撰《漢書》。後由於竇憲事件的牽連，班固於和帝永元四年（公元92年）死於獄中，《漢書》尚有8表和〈天文志〉沒有完成，其妹班昭與同鄉馬續受和帝之命續之，終於完成了這部中國史學的第一部斷代史著作。

《漢書》紀事起於高祖元年（公元前206年），迄於王莽地皇四年（公元23年），歷12世，230年。包括12紀，8

班固像

《漢書》書影

表，10志，70列傳，共100篇。內容恢宏，結構嚴謹，其紀、表、志、傳各部分的編排體例與《史記》相差無幾，「紀」和「表」用來敘歷史事件和歷史進程，「志」述典章制度，「傳」寫各類人物及少數民族的歷史。

《漢書》將《史記》中「世家」一體廢除。而改「書」為「志」，有意突出了「帝紀」對全書的統率地位，增強了「紀」的綱領性，同時「傳」更加充實，「志」也更加明晰。

《漢書》第一次創立了〈百官公卿表〉和〈古今人表〉，《漢書》的志更是被後人所重視。有些志雖由《史記》8書演變而來，但內容與《史記》大多不同。《漢書》首創了〈刑法〉、〈五行〉、〈地理〉、〈藝文〉4志。

《漢書》是研究西漢歷史的重要史籍。因為班固曾任蘭臺令史，負責掌管皇家圖籍，典校秘書，所以有條件看到足夠的資料；又因編撰本書有《史記》及《後傳》的基本依據，因而從保存西漢歷史資料這個角度來說，現存的史籍以《漢書》最為完備。

說唱陶俑　東漢

西域歸漢

建初五年（公元80年），班超上書給漢章帝，報告西域的形勢，認為只要擊敗龜茲，西域可服。漢章帝採納了班超的建議，遂使西域歸漢。班超（公元32～102年），字仲升，東漢外交家、軍事家。早在明帝永平十六年（公元73年），班超投筆從戎，赴西域聯絡各國君長親漢而抵制匈奴。班超以自己的政治謀略、勇敢與智慧，使疏勒、鄯勒、于闐歸附，東漢政府重新在西域設置都府和戊己校尉，加強與西域的政治、經濟、文化聯繫，從而使漢與西域復通。

章帝元和元年（公元84年），東漢政府又派假司馬和恭率800士兵支援班超。班超依靠這部分基本武裝部隊，聯合親漢諸國，在西域開始反攻。章和元年（公元87年），班超在于闐兵的幫助下，用計擊破莎車，莎車降。

和帝永元三年（公元91年），龜茲、姑墨、溫宿紛紛向班超請降。東漢

班超像

鄯善國柳中城遺址

朝廷重建西域都護。焉耆、危須、尉梨因以前曾攻打過都護，害怕被問罪，不敢降漢。永元六年（公元94年），班超發龜茲、鄯善等8國兵共7萬人，加上漢人吏士1400人討伐焉耆。他採取軍事打擊與誘降相結合的方式，剷除了焉耆王、尉犁王等，使這一地區臣服於漢，從此，西域五十餘國盡歸東漢版圖。

西域完全歸漢，加強了西域和中原地區的聯繫，對文化交流、民族融合有積極作用。

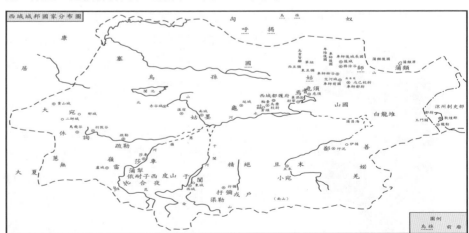

西域城邦國家分布圖

宦戚干政

和帝誅竇

漢王朝儘管隨時提防外戚專權，但在章帝、和帝時代，外戚竇氏的勢力卻迅速膨脹。建初八年（公元83年），竇憲為侍中、虎賁中郎將，弟竇篤為黃門侍郎，兄弟2人驕橫無禮，橫行宮中，竇憲竟敢用很少的價錢強奪劉秀女兒沁陽公主的園田，連公主也不敢與之發生爭執，忍氣吞聲了事。有敢與竇氏作對的人都受到他的打擊。建初十三年（公元88年），和帝即位，竇太后臨朝，竇氏一門把持朝政，改變了東漢外戚不干預朝政的傳統。

永元初年，竇憲率軍大破北匈奴後，竇氏兄弟更加驕縱，掠人妻女，奪財物，培植爪牙，甚至地方太守、刺史也要聽從竇氏安排。和帝敢怒而不敢言，竇氏家族日益跋扈。

永元四年（公元92年），和帝經過一番思量，覺得剷除竇氏外戚勢力需要依靠宦官鄭眾等人實現。和帝深惡外戚專權，想親自總攬萬機，使大臣無權，只有任用鄭眾。因此，東漢宦官用事，從鄭眾開始。

於是，和帝靠中常侍鄭眾等人，先設計收捕竇憲黨羽，將郭璜、鄧疊等人逮捕下獄處死。接著又派謁者僕射收竇憲大將軍印綬，改封冠軍侯。待竇憲離開首都到封國後，即迫其自殺。和帝誅竇憲後，於永元十四年（公元102年），封鄭眾為鄉侯，宦官封侯也自鄭眾開始。這是宦官對外戚的首次勝利。

神獸鏡　東漢

武裝家兵　東漢
東漢時貴族莊園的家兵亦農亦兵，平時負責巡邏和保衛，農忙時是勞動力。

伎樂陶俑　東漢
這組陶俑表現一個完整的伎樂表演的場面，形象生動逼真。

蔡倫造紙

東漢和帝元興元年（公元105年），蔡倫在前人造紙術的基礎上，改革造紙技術。使舊式不便書寫的麻紙變成了直到今天基本結構依然相似的良紙。

紙是人類文明的重要載體，它使中國漢代的文明勃興超過了別國。8世紀左右，阿拉伯人才開始用中國的技術和設備造紙。

蔡倫（公元62～121年），字敬仲，桂陽（今湖南郴州）人，明帝

寫有文字的漢代麻紙

蔡倫像

永平十八年（公元75年）入宮為宦。章帝章和元年（公元87年）任尚方令，宮廷手工作坊由他掌握。和帝元興元年（公元105年）發明造紙術。安帝元初元年（公元114年）封龍亭侯。安帝建元元年（公元121年）去世，葬在封地。

《後漢書・蔡倫傳》記載，蔡倫造紙之前，書寫記事的紙實際上是絲織物（縑帛），蔡倫用樹皮、麻頭、破布、魚網，通過挫、搗、抄、烘等一系列嚴密的工藝加工，製造植物纖維紙，這是一種真正的「紙」。元興元年，蔡倫獻紙於漢和帝，受到和帝讚譽，並下令在全國推廣使用，從而使造紙術廣為天下所知。蔡倫造的紙被稱為「蔡侯紙」，元興元年則被普遍認為造紙術的發明年代。

造紙術的發明是中國古代最偉大的發明之一，也是人類文明史上一項傑出的成就。

蔡倫墓

位於中國陝西省洋縣龍亭鋪街南約200公尺處。和帝時，蔡倫為中常侍，曾任主管造御用器物的尚方令。他採用樹皮、麻頭、破布、破魚網為原料造紙，於元興元年奏報朝廷。安帝元初元年封龍亭侯，所造紙時人稱為「蔡侯紙」。

渾天儀（模型）

地動儀（模型）

張 衡 觀 天

東漢時期，中國傑出的科學家張衡發明了聞名於世的候風地動儀，成為世界地震測報史上重要的里程碑。而後，他又根據渾天說理論發明和製造出漏水轉渾天儀，成為中國水運儀器方面傳統的始祖。

張衡（公元78～139年），字平子，南陽西鄂（今河南南陽石橋鎮）人，是東漢時期著名天文學家、政治家、文學家和畫家，同時是渾天說的代表人物。

他於元初三年（公元117年）發明並製造了漏水轉渾天儀。這臺儀器是一個球形，用精銅鑄造而成，直徑4尺多，代表天球，可繞天軸轉動，上刻有28宿，中外星官以及黃道、赤道、南極、北極、24節氣、恆顯圈、恆隱圈等。他利用齒輪將渾象和漏壺相連，用漏壺滴出的水作為動力，渾象在其帶動下繞軸轉動。就這樣，渾象便週而復始地自轉。通過選擇適當的齒輪個數和齒數，使渾像一晝夜與地球自轉速度一致，以演示星空的運動，如恆星的出沒和中天等。人們通過對它的監測，可以知道日月星辰和節氣的各種變化。它還有個附屬機構稱為「瑞輪蓂莢」，是種機械日曆，是用來顯示陰曆的日期和月亮的圓缺變化。

順帝陽嘉元年（公元132年），張衡又發明了候風地動儀。

地動儀內部結構精巧。儀器內底部中央，立有1根倒立慣性震擺，它的作用和現代地震儀的重錘一樣。圍繞都柱設有8組與儀體相連接的槓桿機械即「八道」，「八道」與在其上的8條垂龍龍頭上頜接合，代表著東、西、南、北、東南、東北、西北、西南8個方位。

一遇地震，震波傳來，「都柱」偏側就會觸動龍頭的槓桿，使該方位的龍嘴張開，銅球落入蟾蜍口中，發出響動聲，顯示將要地震的方向，即「一龍發機，而七首不動。尋其方向，乃知震之所在」。

張衡塑像

梁冀專權

東漢自沖帝以至桓帝中葉政權全部是由外戚把持。梁冀是順帝皇后之兄，跋扈專權，驕橫無理，魚肉百姓，欺壓群臣。士大夫如張綱等人為了躲避牢獄之災和殺身之禍，被迫歸鄉務農。

順帝死後，梁太后抱著他2歲的兒子即皇帝位，是為沖帝。沖帝在位1年便夭折。為了東漢王政，梁太后與梁冀密謀，又從皇族中選定一個8歲的孩子，作為政權的象徵，是為質帝。他自幼聰明，接位後第2年便當著梁冀的面說他是跋扈將軍，指出其許多過錯。梁氏集團看到質帝不為其左右，於是下狠心毒殺質帝，另立某個15歲的孩子為帝，即桓帝。

桓帝即位後，封梁冀3萬戶，增加梁冀所領大將軍府的官屬，位至三公；又封梁冀的

陶戲樓　東漢

這件陶戲樓，胎質磚紅色，外施綠釉。分4層，上面是鼓樓，下面是舞臺。舞臺三面封閉，一面敞開，分前臺（表演區）和後臺（戲房），有上下場門。前臺有5名樂俑正作表演或伴奏。

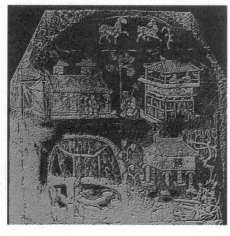

貴族莊園圖　東漢

這是一幅典型的自給自足的貴族莊園圖景。

陶院落　東漢

這個院落把住宅和防禦設施結合，是東漢時期豪強地主武裝力量的真實反映。

兄弟和兒子都為萬戶侯，封梁冀妻孫壽為襄城君，兼食陽翟租，歲入5000萬，加賜赤紱，和長公主同樣待遇。梁冀可以「入朝不趨，劍履上殿，謁贊不名」。朝會時，不與三公站在同一蓆子上，10天到尚書檯辦公1次。從此以後，不論事情的大小，都要經過梁冀決定，才可執行。不但文武百官的升遷要先到梁府去謝恩，就是皇帝的近侍也是由梁冀派遣，皇帝的起居行止都要報告梁冀。

隔了兩年，總計梁冀一門，前後有7個封侯，3個皇后，6個貴人，2個大將軍，夫人、女食邑稱君者7人，尚公主3人，其餘卿將尹校57人。梁冀在位二十餘年，威行內外，百僚側目，沒有任何人敢違其命。

延熹二年（公元159年），梁后去世，梁冀等人失去依靠，皇帝與宦官聯盟，發動政變，把梁氏一門，不分老幼，都斬盡殺絕。

黨錮之禍

桓帝依靠宦官的力量剷除外戚專權，視宦官為心腹，但宦官的力量遽增，其威風亦不亞於外戚。漢末，士人批評時政。太學生則在太學中進行反宦官政治的組織與宣傳，清議之風頓時盛行。再加上中下級官吏的聲援，遂掀起了1個不小的反宦官專擅的浪潮。宦官見勢不好，開始兇猛的反攻，於是形成「黨錮之禍」。

黨錮之禍，於李膺入獄開始。當時有術士張成，深得桓帝及宦官信賴，他依勢教子殺人，欺壓百姓，被李膺查獲，將其正法處死。於是天子震怒，逮捕李膺等黨人約二百餘人。外戚竇武和太學生聯盟上書皇帝，解救他們，約有二百餘黨人遂得赦免，免其官職放歸田里，禁錮終身。雖然如此，天下士大夫，都稱頌黨人而不支持朝廷。

桓帝去世後，靈帝繼位，宦官威權

李膺像

更大。宦官便開始對士大夫進行殘酷的屠殺。建寧二年（公元169年），大興黨獄，李膺、杜密、荀昱等人，都被誣殺，家室發配邊疆。天下豪傑及儒學有義行者，也被宦官強指為黨人，數百人由此或受刑致死或免官或發配。直至黃巾軍起，東漢政府為了拉攏官僚系統對付黃巾軍，才下令解除黨禁。

牛形燈　東漢

銅車馬　東漢

大漢輓歌

黃巾之亂

東漢後期，朝政腐敗，社會動盪不安，民不聊生，整個社會隱伏著巨大的危機。面對貧窮飢餓和腐朽的統治，鉅鹿郡（今河北寧晉西南）人張角，策畫、醞釀了一次大規模的農民叛亂，即東漢政權的「黃巾軍」。

張角，太平道教主。他利用符水治病，吸收了眾多弟子，派他們到各地去傳教，十幾年間，徒眾發展到30萬餘

刑徒墓磚　東漢
河南偃師出土。
磚上刻有死者姓
名、死亡日期等
銘文。

連雲港孔望山下的漢代摩崖石刻

人，活動遍及青、徐、幽、冀、荊、揚、兗、豫州。張角有很好的組織才能，他把徒眾按軍事編制分為36方，大方有1萬多人，小方數千人，各有渠帥領導，統一歸張角指揮。

經過長期的部署準備，靈帝中平元年（公元184年）即甲子年的三月五日，張角在全國同時發動起義，並提出了「蒼天已死，黃天當立，歲在甲子，天下大吉」的口號。經過了長期醞釀準備的各地農民軍，接到張角的命令後，36方同時起兵。

張角自稱「天公將軍」，其弟張寶稱「地公將軍」，張梁稱「人公將軍」，兄弟3人為最高統帥。叛軍頭裹黃巾，因此被稱為黃巾軍。黃巾軍殺貪官，燒官府，摧毀豪強地主的田莊，沒收他們的土地和財物，開倉賑濟貧民。不久，天下各地武裝叛亂紛紛響應，京師震動，轟轟烈烈的黃巾軍就這樣爆發了。

黃巾之亂形勢圖

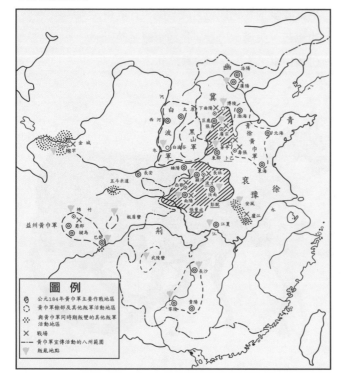

董卓竊國

在鎮壓黃巾軍的過程中，州郡官吏和地方豪強都各自強化自己的力量，他們擁有武裝，發展成半割據的勢力。東漢末年外戚與宦官的爭鬥更加激烈，中平六年（公元189年）七月，大將軍何進召并州刺史董卓進京誅殺宦官，造成董卓專制朝政、關東各州郡牧守聯兵討伐董卓等一系列事件。

八月，董卓率軍未至洛陽而何進已被殺，皇宮大亂，宦官張讓劫持少帝劉辯外逃。董卓聞訊，乘機引軍護駕，途中遇見少帝，下馬叩拜後，保護少帝還都。董卓進京後，強逼漢廷罷免司空劉弘，自任司空。

九月，又脅迫何太后與朝臣廢少帝，立陳留王為帝，是為獻帝。廢立的那天，眾臣都悲切惶恐，卻無人敢言。隨後董卓又毒殺何太后，從此專制朝廷。十一月，董卓自稱相國，帶劍上殿，入朝不跪。同時在京師縱兵劫掠財

瑪瑙劍珌　東漢

物，殘害百姓，將京師弄得人心惶惶。董卓還徵召各界名士，拉攏人才為己所用，用來鞏固地位。總之，這時的董卓雖未登帝位，卻已完全控制中央大權。

董卓在各牧守聯兵討伐下，被迫遷都長安，殺戮百姓，禍害天下，人神共憤。司徒王允對董卓倒行逆施早已不滿，聯合中郎將呂布，共同密謀剷除董卓。初平三年（公元192年）四月，獻帝有病初癒，群臣都到未央殿上朝。王允預先使尚書僕射士孫瑞寫了誅董卓的詔書交與呂布，董卓剛一進門，便被呂布刺死。董卓被誅，長安城老百姓興高采烈，歡呼一片。

騎兵俑　東漢

描繪剪除董卓歷史故事的年畫——連環記

鄭玄注經

東漢末年，鄭玄囊括大典，綜合百家，遍注群經，打破今古文界限，達到了經學的融合與統一。

鄭玄所注經書，代表了漢代學術的最高成就，被稱為「鄭學」，對後世經學產生了極其深遠的影響。

鄭玄（公元127～200年），字康成，北海高密（今山東高密）人。因博古通今、古文經學而聞名，尤其精通天文曆學。曾跟隨東漢著名經學家馬融學習古文經，後來外出遊學十多年，還鄉時，他的學徒已多達數百人，因黨錮之禍而遭囚禁後，閉門不出，隱居潛修。

鄭玄注經博採今古經文，融會貫通，將繁瑣的氣氛和陰陽五行的迷霧掃除一空，從總體上把握經書的脈絡，辨析學術考溯源流，花費很多精力整理篇帙，條貫篇目，確定編排。為此，他蒐求各家學說，仔細考訂異同，進行歸納和判斷。

鄭玄像

鄭玄採取客觀態度，公正地對待各家經學，取長補短，以理服人。他的這種治學精神和方法對後世影響很大，特別是他統一了今古文之爭，更是對後世經學的發展有重大意義。

《居延舊簡》·〈冊書〉

孔雀九枝燈
東漢

由9枝燈檯組成，頂端有孔雀形裝飾，構造複雜，造型活潑而具動感，是不可多得的珍品。

東漢銅軺車

田莊經營

東漢時期，有許多豪強地主對統治者建立政權有所貢獻，為了表彰他們的功勳，統治者採取了優厚和寬容的政策，從而為田莊經濟的長期發展提供了更加優越的環境。這時的田莊都是綜合經營的經濟組織。

從《四民月令》中可以看出，田莊裡的生產和其它活動的安排全部井然有序，工作根據節令進行，作物根據土質種植。他們在製造新式農具、增加農業投入、興修水利工程等方面也表現出很大優勢，提高抗禦自然災害的能力。比如，擁有300頃土地的田莊裡有一個50平方公里的池塘，有很優越的灌溉功能。近年在四川眉山和成都等地的東漢墓葬中發現的許多陶製水田模型，大都是水田與池塘相連，構成灌溉系統，說明東漢田莊的水利事業已相當發達。

龍骨水車模型　東漢

《四民月令》還敘述了十分理想化的田莊，種植的糧食作物、經濟作物以及蔬菜有數十種，養有馬、牛、豬、羊和魚，還有製造、釀造、紡織以及製藥等各式各樣手工業，甚至還設有小學、大學等教育機構。

東漢末年，田莊的軍事性質更是大為加強。由於社會動盪不安，田莊大部分朝向武裝化、堡壘化的方向發展，被稱為塢壁、營壘，成為重要的軍事據點，具有強大的防禦功能。

石田塘　東漢

公元1979年出土於四川省峨嵋縣雙福鄉，長81公分，寬48公分，高11公分。這件浮雕石田塘模型，一側鑿出2塊水田，1塊田裡積有堆肥，另1塊田裡兩個農夫正俯身勞作；隔壁鑿出水塘，塘中置小船，還有鱉、青蛙、田螺、蓮蓬等。這就是漢代的陂池稻田模型。廣泛利用小型陂池水塘，是漢代水利工程的一種類型。這種陂池水塘既可以蓄水灌田，又可以養魚栽蓮，可同時發展多種農業生產。東漢政府專門設有「陂官」、「湖官」，推廣發展陂塘。大莊園主也注意修建陂塘。陂塘在南方的普及，證明漢代農田水利技術的進步。

農事畫像磚　東漢

漢代耙耨圖

傷寒雜病

東漢末年，瘟疫流行，張氏宗族的兩百多人在短短10年時間內就死去2/3，其中大多死於傷寒發熱。張仲景悲痛之餘，發憤鑽研《內經》、《陰陽大論》等古典醫藥書籍，歸納東漢以前大量醫家論述，並結合自身的臨床經驗，於東漢末年撰成《傷寒雜病論》，這是一部劃時代的臨床醫學巨著。《傷寒論》就是《傷寒雜病論》的組成部分之一。

張機，字仲景，所著的《傷寒論》共10卷，充分地論述了以傷寒熱病為主的基本中醫臨床。

他在《傷寒論》中，對發病的因素、臨床症狀、治療過程和癒後等問題綜合分析，提出六經辯證的學說，就是依照熱性病發病初、中、末期各種的臨床表現和不同治療的反應與結果，分成辨太陽病、辨陽明病、辨少陽病、辨太陰病、辨少陰病、辨厥陰病脈證並治，還有平脈法、辨脈法、傷寒例、辨霍亂

《傷寒論》書影

張仲景像

病、辨陰陽易差後勞復脈證並治。

《傷寒論》完成後，注釋和研究《傷寒論》的著作有600種左右。國外對張仲景亦多有研究，論著頗多。張仲景的方劑被推為「經方」，稱為「眾方之祖」。張仲景亦被尊為「醫聖」。

漢代手術圖

曹操像

官 渡 之 戰

董卓死後，全國局勢依然十分混亂，州郡牧守各樹一幟，招兵買馬，彼此間或爾虞我詐，或合縱連橫，整個黃河流域戰雲密布，兵戎不斷。其中勢力最大的是中原地區的袁紹和曹操。建安五年（公元200年），曹操、袁紹間發生了一場決定性大戰——官渡（今河南中牟東北）之戰。

曹操、袁紹為了爭奪中原地區的控制權，決戰勢在必然。袁紹擁有軍隊數十萬，後方鞏固，兵精糧足。而曹操能用以抵抗袁紹的軍隊僅1、2萬人，且所佔之地戰亂連綿，物資供應遠不及袁軍豐富，官渡之戰前夕，曹操軍居絕對劣勢，人心惶惶。

建安五年（公元200年）二月，袁紹遣謀士郭圖、大將顏良進軍白馬，圍攻曹操的東郡太守劉延，自己親率大軍進至黎陽，準備渡河直搗許都。曹操在

這場戰鬥中，他先是採用聲東擊西之計，斬大將顏良，解白馬之圍，然後誘敵深入，又於延津之戰中大敗袁軍，斬袁名將文醜。初戰勝利後，曹操主動撤兵，退守官渡，深溝高壘，堅壁不出，等尋戰機，如此阻扼袁紹10萬大軍達半年之久。

袁紹帳下群士不和，相互攻擊。十月，袁紹謀士許攸投奔曹操，洩露袁紹新近在烏巢（今河南延津東南）屯積萬餘車糧草輜重之事，並建議曹操出奇兵偷襲烏巢。

曹操納其言，擊敗烏巢守將淳于瓊，燒其糧草輜重，決定了官渡之戰的勝負，至此袁紹敗局已定。曹操乘勢出擊，大敗袁軍，殲滅袁軍7、8萬人，繳獲大批珍寶、圖書、輜重，袁紹與其子袁譚只帶八百餘名親兵逃過黃河。

官渡之戰，曹操以弱勝強，一舉消滅袁紹主力，統一北方奠定了基礎。

官渡之戰示意圖

三顧茅廬

劉備於漢獻帝建安五年（公元200年）正月被曹操擊敗後，四處漂泊，沒有自己的根據地，後帶領關羽、張飛、趙雲等將投奔荊州劉表，暫居江夏。建安十二年（公元207年），劉備親至襄陽隆中訪問隱居在那裡的琅琊名士諸葛亮。

諸葛亮（公元181～234年），字孔明，三國時期政治家、軍事家，人稱「臥龍先生」。劉備在荊州時，求賢若渴，名士司馬徽和徐庶向他推薦諸葛亮。劉備三訪隆中，才見到諸葛亮。

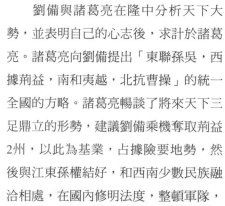

鎧甲俑　東漢

劉備與諸葛亮在隆中分析天下大勢，並表明自己的心志後，求計於諸葛亮。諸葛亮向劉備提出「東聯孫吳，西據荊益，南和夷越，北抗曹操」的統一全國的方略。諸葛亮暢談了將來天下三足鼎立的形勢，建議劉備乘機奪取荊益2州，以此為基業，占據險要地勢，然後與江東孫權結好，和西南少數民族融洽相處，在國內修明法度，整頓軍隊，

諸葛亮像

發展生產，廣積糧草，充實地方實力，靜觀時局變幻，一旦時機成熟，馬上向北抗擊曹操，統一全國，完成霸業。這就是著名的《隆中對》。

劉備聞言大喜，於是請諸葛亮出山輔佐自己。此後劉備十分看重諸葛亮，而諸葛亮也為劉備鞠躬盡瘁，成為劉備集團中舉足輕重的人物，為蜀政權立下了汗馬功勞。而《隆中對》也就成為指導劉備集團發展的主要指導綱領。建安十七年（公元212年），諸葛亮助劉備占據益州，終成劉、孫、曹三足鼎立局面。這就是後人所說的「未出茅廬，三分天下」的故事。

三顧茅廬圖　明　佚名

古隆中牌坊，在今湖北襄樊。

火燒赤壁

東漢建安十三年（公元208年）十二月，曹操奪取荊州（今湖北襄樊）後，志得意滿，寫信勸孫權歸降，並說要以80萬大軍和孫權圍獵吳地，隨後還要沿江東取夏口（今湖北漢口），消滅劉備。東吳上下一片驚慌，這時，劉備派謀士諸葛亮過江聯合東吳共抗曹軍，孫權調集3萬兵力，和劉備的2萬人馬組成聯軍，共同抗擊曹操，爆發了有名的赤壁之戰。

曹操大軍自江陵沿江東下，到赤壁（今湖北嘉魚）東北，在長江南岸和孫劉聯軍遭遇。曹操大軍約有20萬人，但詐稱80萬，聲勢浩大。曹軍遠來疲憊，並有一個致命的弱點——士兵不習水土，初戰經過2小時戰鬥，孫劉聯軍獲勝。

曹操軍隊退至烏林（今湖北嘉魚西，在長江北岸），與對方隔江對峙。周瑜用詐降計，派黃蓋率小型戰船10艘，上面滿裝柴草，再用膏油灌注，謊

赤壁之戰舊址，湖北蒲圻赤壁。

稱投降，向北岸的曹營駛去。距離曹營2里時，黃蓋命各船一起點火，直撲曹操水軍的船隻。

風猛火烈，曹軍戰船被火焚燒，火焰借助風勢，隨即蔓延到北岸營寨。這時周瑜率領大隊水軍乘勢從南岸發起進攻，曹軍船隻全部被焚。曹操從華容道（今湖北監利西北）陸路敗歸江陵。赤壁大戰最終以曹操失敗告終。

赤壁之戰是一場著名的以少勝多的戰役，這次戰役決定了三國鼎足之勢形成，曹操據北方，孫、劉據江南。

東漢鬥艦模型

赤壁一戰，孫劉聯軍曾用「蒙衝鬥艦」與曹操作戰。

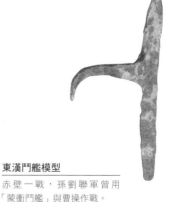

鐵戈 三國

這件鐵鑄的戈是當時軍隊常用的兵器之一。戈刃鋒利，帶有回勾，下部按以木棍即可使用。

三國鼎立

第二章 三國鼎立

曹丕代漢

漢獻帝建安二十五年（公元220年）正月，曹操病死，其子曹丕繼位為魏王，同年十月，漢獻帝讓位，曹丕正式稱帝，是為魏文帝，劉氏漢室終為曹氏所篡。東漢政權從公元25年建立，到公元220年曹丕廢黜其最後一個皇帝，共196年，歷13帝。

十月十三日，早已徒存名號的漢獻帝劉協被迫宣布退位。曹丕按例三讓後於同月二十九日昇壇受禪，正式成為天子，改國號為魏，建元黃初。十一月一日，曹丕封劉協為山陽公，允許他行使漢朝正朔和使用天子禮樂。又追尊曹操為武皇帝，廟號太祖。且授匈奴南單于呼廚泉魏國璽綬，並賜青蓋車、乘輿等。十二月，定都洛陽。

曹丕對職官制度進行了一些重要改

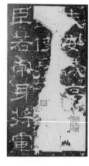

上尊號碑　三國

革。改相國為司徒，御史大夫為司空，從而恢復了被曹操廢除的三公官制（太尉、司徒、司空）。此後司徒、司空位號雖尊貴，但通常不干預朝政。

曹丕又設祕書監和中書省，中書省置監令，主管通知傳達百官奏事，起草詔令，以此將尚書臺的權力分散，改變東漢後期尚書權職太重的現象；在經濟方面，曹丕繼續推行屯田制，重視水利建設。如此一來，魏國實力進一步增強，開始攻打吳、蜀，以圖統一大業。

魏黃初三年（公元222年），曹丕出兵攻吳。圍攻江陵時魏軍中流行疫病，江水上漲，曹丕率軍撤退。魏黃初五年（公元224年）11月，曹丕親率大軍2次攻吳，因遇暴風雨，江水暴漲，只好退兵。魏黃初六年（公元225年），曹丕3次攻吳，也以無功而返告終。魏黃初七年（公元226年），曹丕去世，太子曹睿繼位，是為明帝。

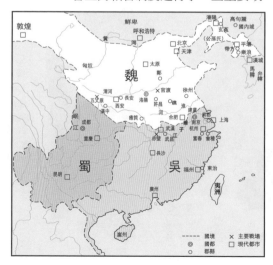

三國鼎立情勢圖

劉備建蜀

魏黃初元年（公元220年）十一月，曹丕稱帝後，蜀中傳聞漢獻帝劉協已被殺害，身為宗室的劉備於是發喪制服，追尊劉協為孝愍皇帝。事後，劉備部下全都勸劉備即帝位，劉備沒有答應。軍師將軍諸葛亮多次上言，劉備終於同意，並讓軍師諸葛亮、博士許慈、議郎孟光設定禮儀，選擇吉日良辰，上了尊號。

蜀漢章武元年（公元221年）四月六日，劉備在成都即皇帝位，是為漢昭烈皇帝、蜀先主。因他以興復漢室為號召，所以國號仍為漢，改元章武。但他僅有益州這塊小根據地，故又稱「蜀漢」或「季漢」。劉備任諸葛亮為丞相，許靖為司徒，並於先前封大將關羽、張飛、馬超、趙雲、黃忠為五虎上將。設置百官，建立宗廟，祭祀先帝。五月十二日，劉備立夫人吳氏為皇后，並立兒子劉禪（阿斗）為太子，娶車騎將軍張飛的女兒為皇太子妃。

蜀章武元年（公元221年）六月，劉備準備攻打孫權，為結義二弟關羽報仇，命結義三弟張飛率兵萬人從閬中（今屬四川成都）到江州（今重慶）會合。因張飛常常鞭打士卒，故引起士兵怨恨，乘其酒醉而殺之，投奔孫權。

劉備因此更是痛恨孫權，於蜀章武元年（公元221年）六月出兵三峽，進攻東吳。東吳大將陸遜火燒劉備連營，蜀軍大敗。劉備逃至白帝城，憂憤交加，直至發病不起。蜀章武三年（公元223年）三月，自知不久於人世，便召丞相諸葛亮從成都到白帝城領受遺命。當時劉禪年僅16歲，還不能獨立主事，所以劉備詔命諸葛亮輔助後主劉禪，興復漢室。安排好後事，劉備抱恨而終，終年63歲，被追尊為昭烈帝。

蜀漢昭烈帝劉備像

四川奉節白帝城
三國時期，劉備在湖北夷陵大敗於吳國陸遜之手，狼狽逃回白帝城，憂憤交加，一病不起。

關羽擒將圖　明　商喜

七擒孟獲

三國時期，在蜀漢的南部，就是今天雲南、貴州和四川的南部，當時稱為「南中」，散居著許多少數民族，總稱為「西南夷」。但蜀在南中的統治並不鞏固。建興元年（公元223年）劉備死後，牂柯郡（今貴州凱里西北）太守朱褒、益州郡（今雲南晉寧東）的大姓雍闓、越嶲郡（今四川西昌）叟族首領高定紛紛反叛。

因與孫權交戰，蜀國實力大為削弱，經過1年多時間的內部整頓，「閉關息民」後，蜀建興三年（公元225年）諸葛亮親自率兵南征。出師前，他採納部將馬謖的建議，確定了以撫為主的攻心戰術。

七月，諸葛亮由越入南中，派馬忠率東路軍進攻牂柯，消滅朱褒的勢力；又派李恢率中軍自平夷（今貴州畢節）直趨益州郡。自己親率主力進入益州。這時雍闓已被高定的部下殺死，孟獲代之為統帥，收集餘部與諸葛亮對抗。

南方少數民族銅鼓　三國
南方少數民族傳說中，鼓可以驅邪去癘，故而在他們的軍隊中也鑄造相應形制的戰鼓來鼓舞士氣。

孟獲在當地少數民族中很有威望，所以諸葛亮根據自己的既定方針，決定生擒孟獲，令其心服歸降。八月，蜀軍在與孟獲軍交戰中，果然生俘孟獲。經過七擒七縱，孟獲終於心服口服，表示終身不再叛蜀國。於是諸葛亮進入滇池，仍然委任孟獲等將帥在當地為官。

諸葛亮七擒孟獲平定南中，不但解除了蜀漢的南顧之憂，穩定了後方，而且從南方調發了大量人力物力，充實了蜀漢的財政力量，從而可以專心於北方，揮兵北進秦中。

孟獲像

諸葛亮營　三國
此營位於雲南省保山地區，傳說是七擒孟獲時的兵營所在地。

三國木牛模型

木牛相傳由諸葛亮發明,蜀軍常用來運送軍用物資,非常適於山地使用。

六出祁山

劉備死後,諸葛亮輔佐蜀後主劉禪,在安定內部、經營益州和平定南中後,又與吳恢復聯盟。自蜀建興五年(公元227年)起,諸葛亮便開始率軍北伐曹魏,至建興十二年(公元234年)共6次出師,俗稱「六出祁山」。

諸葛亮6次與曹魏的戰爭,事實上1次為防禦戰,5次為主動出擊,而從祁山出兵僅2次,所以「六出祁山」的說法並不正確。

建興五年,諸葛亮率軍北屯漢中,準備北伐。次年(公元228年)正月,諸葛亮派趙雲、鄧芝假作疑兵,將魏軍部分主力吸引到郿縣一線,自己卻親率大軍攻祁山(今甘肅西和祁山堡)。諸葛亮兵鋒所向,魏軍望風披靡,取得節節勝利。然而馬謖不聽諸葛亮的指揮,被魏軍切斷水道,兵敗街亭。諸葛亮進無所據,只好率軍退回漢中。

同年(公元228年)冬天,諸葛亮引兵數萬出散關,圍陳倉。因陳倉圍攻二十多天不克,糧草後繼不上而退兵。

建興七年(公元229年)春,諸葛亮派陳式進攻魏武都、陰平2郡,取得2郡,班師回蜀。

建興八年(公元230年),魏將司馬懿、張郃、曹真分3路攻打漢中。諸葛亮率軍北上,屯於城固(今陝西城固西北)赤阪。適逢連降大雨,道路不通,魏軍因而退回。

建興九年(公元231年)二月,諸葛亮出軍圍祁山,造木牛運糧。蜀軍斬殺魏軍3000人,大勝。六月,諸葛亮因糧盡退軍。

建興十二年(公元234年)春,諸葛亮領兵10萬出斜谷攻魏,又因多次軍糧不繼,中途退軍。同年八月,諸葛亮不幸病死,蜀軍只好無功而返。諸葛亮生前輔佐劉室,任人唯賢,吏治嚴明,深受民眾愛戴,死後追封為忠武侯。

諸葛亮像

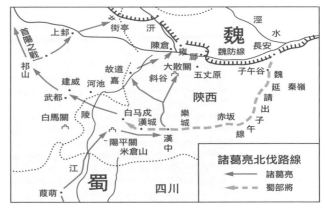

諸葛亮北伐路線圖

孫權稱帝

大泉五百　三國

吳黃武八年（公元229年）四月十三日，孫權在武昌稱帝，即吳大帝，改元黃龍。

孫權（公元182～252年），字仲謀，吳郡富春（今浙江富陽）人，三國時代吳國的建立者。他的政治才能甚至得到曹操的讚揚，曹操說過：「生子當如孫仲謀」。吳太元二年（公元252年），孫權去世，終年70歲，死後追尊為吳大帝。

孫權自建安五年（公元200年）繼承其父兄的事業，成為江東一方霸主。魏、蜀相繼稱帝以後，孫權因迫於形勢，曲意事魏。黃武八年，終於在武昌南郊即皇帝位。因夏口（今湖北武漢）、武昌（今湖北鄂城）都傳言黃龍、鳳凰出現，於是改元黃龍，立國號

孫權像

為吳，大赦天下。追尊其父孫堅為武烈皇帝，其兄孫策為長沙桓王，立子孫登為皇太子。九月，孫權遷都建業（今江蘇南京）。

孫權稱帝，標誌了三國鼎立局面正式形成。三國之中，雖然孫權稱帝最晚，但從割據江東起計算，卻是歷時最久的。

南京古石頭城遺址

這裡古為長江故道，江濤逼城，形勢險峻。東漢末，孫權依山傍江築城，作為軍事堡壘，俗稱「石頭虎踞」。

建安風骨

東漢建安（公元196～220年）年間至曹魏黃初、太和年間（公元220～233年）產生的詩歌統稱為建安詩歌。代表人物除曹氏父子以外，還有「建安七子」，即孔融、陳琳、王粲、徐幹、阮瑀、應瑒、劉楨。

建安詩人大都經歷了漢末的離亂，所作詩歌主要是因事而發，悲壯慷慨，具有鮮明的時代特徵。建安文學在悲壯慷慨的基調中，感傷離亂、悲憫人民和慨嘆人生相聯繫，從而激起及時建功立業的政治豪情，顯得「志深筆長」、「慷慨多氣」，是品格沉鬱的典型代表。這一獨特的風格使得它被後世稱為「建安風骨」或「漢魏風骨」，在中國文學史上產生了重要影響。

《文心雕龍・明詩篇》評建安風骨的特徵說：「慷慨以任氣，磊落以使才。造懷指事，不求纖密之巧；驅辭逐貌，唯取昭晰之能」。曹氏父子和受他

孔融像

孔融字文舉，山東曲阜人，獻帝時，忤董卓，出為北海相，人稱孔北海。為人恃才負氣，多譏諷之辭，為曹操所妒，終被殺害。其文體氣高妙，逸氣過人。

們影響的魏人是建安風骨的代表。曹氏父子的作品與漢樂府、東漢文人詩在形式、內容甚至格調上都有明顯聯繫，而且在與古詩相比較下，他們更為悲痛，更加低調，並且對現實生活依附得也更深。

花鏡　元

曹植〈洛神賦〉一出，天下風行，歷代流行不絕，故洛神的事流傳極廣，各種飾物皆有體現。此鏡上方一輪皎皎明月，月光下仙女亭亭玉立，若有所思。故事取材於〈洛神賦〉，為當時的流行題材。

**建安七子圖
版畫**

司馬亂魏

玄學產生

漆紗籠冠圖　三國

　　玄學的發展共分4個時期，三國時為玄學發生時期。

　　玄學是一個真正的本體論哲學。在漢代基本上只有宇宙論、社會哲學和數術、神學，玄學本體論的出現是中國哲學史上的大事。

　　玄學與宇宙論之前的道家本體論相比較，後者較為幼稚，是一種半直觀、半藝術的哲學，而玄學儘管在發生期受到道家的很大影響，卻在自身中衍化出了獨特的概念體系和典範。到了「化」成為主導觀念的時候，玄學成為一種真正的哲學，已不再是一種清談了。

　　玄學的「化」和「自性」與魏晉崇尚自然、個體的精神是相同的。其義理分析方法是歷史上最早的成熟哲學工具系統。

三國大袖寬衫圖

三國時期的服飾，由於魏晉名士特別是竹林七賢的巨大影響，從以前的緊身式發展為寬衣博帶。這種大袖寬衫，直至南朝時期，仍為各階層的人士所喜好。

　　玄學是玄，卻不妙。玄學和道家的本體論、孔子的大同世界相比，是更傾向於個體化、更傾向於現實的哲學。它的出世色彩實際出於亂世之中形成的反社會、反文明的末世感。

高逸圖　唐　孫位

魏帝死難

魏甘露五年（公元260年）五月七日，魏帝曹髦被司馬昭所殺。

曹髦（公元241～260年），字彥士，魏文帝曹丕之孫，東海定王曹霖之子，魏正始五年（公元244年）封高貴鄉公。曹髦自幼好學，工於書畫，所畫人物故事在魏代獨樹一幟。他還善文賦，著有《春秋左氏傳音》等。

曹髦即帝位後，對司馬昭專權十分不滿，聲稱「司馬昭之心，路人皆知。」曹髦因司馬昭權勢日重，危及帝位，終於不勝其忿，決心親自討伐。王經等大臣諫阻，曹髦不納其言，率殿中衛士僮僕鼓噪而出，王沈等人急忙奔告司馬昭，司馬昭派中護軍賈充領兵在南闕下迎擊，騎都尉成濟之弟、太子舍人成濟挺戈刺死曹髦，年僅20歲。

魏帝曹髦死後，司馬昭假傳太后詔，宣佈曹髦罪狀，追廢為庶人，又從鄴城（今河北磁縣南）遷來燕王曹宇之子常道鄉公曹璜，更名奐，在六月二日，於洛陽即位。後來司馬昭以「大逆不道」罪誅殺成濟一族，以謝罪於天下。曹髦後被以王禮葬在瀍澗之北（今洛陽西北）。

司馬昭專魏朝政後，派大將鍾會、鄧艾進軍蜀國，而蜀由於姜維連年用兵，損耗了蜀國國力，加上黃皓專權，蜀國政權腐敗，滅亡已經是不可避免的事。魏景元四年，蜀炎興元年（公元263年）十一月，鄧艾帶軍從小道突至成都城下，蜀國毫無防備，劉禪出城投降，蜀漢滅亡，共歷2帝43年（公元221～263年）。

蜀國滅亡的第2年，吳景帝孫休病逝，孫皓即帝位，改年號為元光。吳國朝政從此日益破壞，東吳亦一步一步走向滅亡。

姜維像

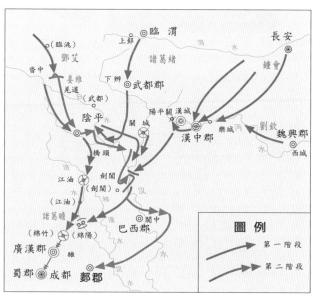

魏滅蜀示意圖

公元263年，魏軍開始滅蜀軍事行動。魏軍迅速佔領漢中後，被蜀軍阻於劍閣（今四川劍閣境）。魏軍隨機應變，從陰平（今甘肅文縣西北）南進，奇襲江油，一舉攻佔蜀都成都，蜀國至此滅亡。

竹林七賢

竹林七賢為三國魏末7位名士的合稱。他們分別是譙國嵇康、陳留阮籍、河內山濤、河內向秀、沛國劉伶、陳留阮咸、琅琊王戎。他們相互交往密切，曾經相聚在山陽（今河南修武）竹林之下縱懷肆意，世稱「竹林七賢」。

7人文學成就差別極大。阮籍作品今存賦6篇、散文較完整的9篇、詩八十餘首。他的賦都是短篇小賦，或詠物，或述志，內容不一。

司馬懿誅殺曹爽後，當權的司馬氏集團一邊提倡名教，一邊殘酷地剷除異己，加緊篡魏的腳步。但在政治高壓下，七賢仍對執掌大權、覬覦魏政權的司馬氏集團採取不合作態度。司馬集團對其狠下毒手，嵇康抱琴慷慨就義。臨死之前，一曲〈廣陵散〉成為千古絕唱。向秀在嵇康被害後無奈出仕。山濤初始「隱身自晦」，40歲後出仕，並擔任了司馬氏政權的高官。王戎功名心最強，在晉政權中任侍中、吏部尚書、司

山濤像

南北朝竹林七賢磚拓片

竹林七賢圖　版畫

徒等職。阮咸入晉以後，曾經擔任散騎
侍郎等職，但不為司馬炎所重用。

　　他們的思想大體一致，略有差異。
嵇康、阮籍、劉伶、阮咸一直服膺老
莊，越名教而任自然，山濤、王戎則以
老莊為主，雜以儒術，向秀則主張名教
與自然合一。但就其實際情況，他們並
不反對「名教」，而是主張「崇尚自然」
的名教。

竹林七賢圖筆筒　清

魏晉以降，魏晉風骨便成為文人士大夫津
津樂道的話題，竹林七賢更是文人心目中
高山仰止的形象，以竹林七賢為內容的各
種硯臺、筆筒層出不窮，大多製作精細，
工藝高超。此圖表現當時文人雅集的情
形，嵇康在岩上題詩，阮籍、阮咸在溪水
帝侃談，向秀和山濤對弈，王戎觀棋，劉
伶爛醉如泥。

西晉醒風・東晉偏安・南北朝並立

兩晉南北朝

Wei-jin Dynasty & Nan-bei Dynasty

三國歸晉

第一章 西晉醒風

西晉代魏

泰始元年（公元265年）十二月十一日，司馬炎於南郊設壇，燔柴告天，強迫魏帝曹奐退位，自稱皇帝，是為晉武帝。

司馬炎，字安世，司馬昭長子。曹奐被逼迫退位後，司馬炎封其為陳留王，改魏為晉，史稱西晉，改元泰始，建都洛陽。

稱帝後，司馬炎分封宗室27王，將司馬氏宗室全部分封為王。司馬炎泰始分封，基本依承後漢之舊制，君國而不君民。王國地不過1郡，王國的大臣由朝廷任命，職權和太守差不多。國中長吏由諸王自選，財政不能自己私作主張。泰始二年（公元266年）十二月，因屯田制難以繼續，晉武帝司馬炎下詔正式廢除民屯，司馬炎罷農官，屢次責令郡縣官勸課農桑，嚴禁私募佃客，基

王濬像

本上有促進生產發展的作用。

司馬炎多次下詔書責成地方官必須致力於省徭務本，並力墾殖；務必使地盡其用，禁止游食商販，不務農田。晉泰始四年（公元268年）十一月，司馬炎下詔要求王公卿尹及郡國守相。推薦賢人良才服務於朝廷。

十二月，頒5條詔書於眾郡國：「一正身，二勤百姓，三撫孤寡，四固本息末，五去人事。」從此，司馬炎大體完成稱帝改制的任務。

晉咸寧六年（公元280年）三月，司馬炎令龍驤將軍王濬領大軍攻吳，三月十五日，吳帝孫皓投降。至此，吳國滅亡，全國復歸統一。

閔縢之印　西晉

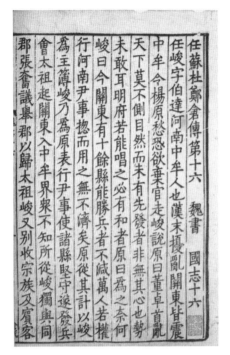

《三國志》書影

《三國志》手抄殘卷（部分）　西晉

《三國志》手抄本
西晉

《三國志》手抄本
西晉

三國紀傳

太康六年（公元285年），陳壽撰成《三國志》。陳壽（公元233～297年），字承祚。西晉巴西安漢（今四川南充北）人。自幼好學，曾師從譙周，蜀漢時歷任衛將軍主簿、東觀秘書郎、散騎黃門侍郎等職。入晉後，又歷任著作郎、治書侍御史等職。太康元年（公元280年）晉滅吳後，他蒐集魏、蜀、吳史料，終於撰成《三國志》65卷。

《三國志》以曹魏為正統，《魏志》列於全書之首，對魏的君主稱帝，敘入紀中；而對吳蜀則稱主不稱帝，敘入紀中。在陳壽撰《三國志》之前，魏、吳兩國先已有史，官修的有晉王沈《魏書》、吳韋昭《吳書》，私修的有魏魚豢《魏圖》，它們皆成為陳壽所撰《三國志》中魏、吳兩志的基本資料。蜀國雖無史，但陳壽本為蜀人，又受教於史學家譙周，所以他自採資料而成蜀志也不遜於魏、吳兩志。三志原本獨立，後世才合為一書，綜合三國史事為一編，則自《三國志》始。在中國古代紀傳體正史中，《三國志》與《史記》、《漢書》和《後漢書》並稱為「前四史」。

《三國志》是紀傳體三國史，共有65卷，分魏、蜀、吳三志。其中《魏志》有30卷，《蜀志》有15卷，《吳志》有20卷，只有紀、傳而無表、志。《魏志》前4卷稱紀，《蜀志》、《吳志》有傳無紀。《三國志》的內容並為後人羅貫中所參考，撰成《三國演義》，對於中國的俗民文化有深刻的影響。

石崇鬥富

王愷是晉武帝司馬炎文明皇后的弟弟，官拜右將軍，頗得武帝的寵愛和器重，於是大權在握，欺壓百姓，聚斂財富。他與當時的散騎常侍石崇、景獻皇后堂弟羊琇3人共稱「三大富」。他們為證明誰才是最有錢的人，竟然用誰更為奢侈來一比高下。

王愷自認為自己的財富無以匹敵，用當時最貴的麥糖清洗鍋子，而石崇對此不服，竟用更為珍貴的石蠟當作柴火使用。王愷不甘示弱，用紫紗步障40里，石崇則用織錦步障50里。石崇用一種叫「椒」的塗料塗飾房

青釉鏤空三獸足熏　西晉

四繫帶蓋雙鳥盂　西晉

六抬肩輿圖
西晉

輿輦本是貴族的交通工具，魏晉南北朝時逐漸普及，平民也可使用，只是形式有分別。這四頂肩輿由6人抬扛，裝飾富麗，雖是初唐時繪，但肩輿形式應與南北朝時分別不大。

金谷園圖

此圖描繪的是西晉富豪石崇與小妾綠珠在金谷園中的宴樂情景。

屋，王愷就用紅色的石脂為材料。

晉武帝不僅對此不加管制，更為了使王愷獲勝，曾多次資助助威。有一次，他贈給王愷1株2尺多高的珊瑚樹，王愷便十分得意地拿出來向石崇炫耀，誰知石崇竟拿出鐵如意，幾下就將珊瑚樹擊成碎片，王愷見狀勃然大怒，以為石崇是出於妒嫉所致。誰料石崇卻輕鬆地道：「不足多恨，今還卿！」於是便命令他家的僕從取出自家珍藏的珊瑚樹，2尺多高的異常之多，3、4尺高的竟然也有6、7株之多，王愷目瞪口呆，驚羨萬分。

西晉滅亡

八王之亂

晉惠帝永平元年（公元291年），賈后先命楚王司馬瑋殺楊駿及其同黨，將他在朝中的勢力徹底剷除。以汝南王司馬亮和衛瓘輔政，賈后又讓楚王瑋殺司馬亮及衛瓘，隨即又矯詔殺了司馬瑋。賈后獨霸朝野。

晉元康九年（公元299年）末，賈后將皇太子司馬遹廢為庶人，又將其毒死，為自己長期專權掃清障礙。這時，趙王倫趁機發動兵變，並打出了為太子司馬遹報仇的旗號。永康元年（公元300年）四月三日，趙王倫發兵進攻洛陽，斬殺賈后及其親黨，一場持續16年之久的皇族奪權混戰就此開始，史稱「八王之亂」。

趙王倫攻佔洛陽的第2年（公元301年）廢帝自立。齊王冏、成都王穎、河間王顒聯兵合攻司馬倫，將其擊殺，擁晉惠帝復位，齊王冏輔政專權，大發淫威，引起義憤。長沙王乂和河間王顒又聯兵攻冏，冏兵敗被殺。長沙王乂獨掌朝政。

晉太安二年（公元303年），河間王顒又聯合成都王穎進攻長沙王乂，穎得以獨斷朝政。這年底，東海王司馬越起兵攻乂，又兵敗被殺。

司馬越奉惠帝之命攻打穎，失敗後，顒乘機攻占洛陽，獨攬朝政。晉永興二年（公元305年）司馬越又一次起兵敗顒，顒與穎相繼被殺，晉光熙元年（公元306年），晉惠帝中毒而死，司馬越另立司馬熾為帝，即晉懷帝，自掌大權。「八王之亂」至此方告結束。

青瓷騎俑　西晉

汝南（今河南東南）　長沙（今湖南）
楚（湖北中部）　成都（今四川）
趙（今河北西南）　河間（今河北東南）
齊（山東省）　東海（今山東南部）

八王封國略圖　西晉

親晉胡王銅印印文　西晉　　　匈奴騎兵金飾牌　西晉

劉淵建漢

晉懷帝永嘉二年（公元308年）十月，劉淵稱皇帝，國號漢，改元永鳳。

劉淵字元海，新興（今山西忻縣）匈奴人。於惠帝永安元年（公元304年）八月起兵反晉，自稱大單于。同年十月，劉淵對眾宣稱：「昔漢有天下之長，恩結於民。吾者漢氏之甥，結為兄弟。兄亡弟紹，不亦可乎！」於是，建國號為漢，劉淵即漢王，尊蜀漢劉禪為孝懷皇帝，建元元熙。

劉淵在稱王建漢之後，勢力不斷增長。因此石勒造反兵敗，率領胡人部眾數千人、烏桓部落2000人歸順劉淵，上郡（今陝西北部）4部鮮卑陸逐延、氐酋大單于徵、東萊王彌等也都投奔劉淵，形成了一支由匈奴、鮮卑、氐、羌等各族組成的反晉力量，劉淵稱帝的意圖也漸加明顯。

為建立帝業做準備，劉淵四處出兵，頻繁侵略晉地。永嘉二年（公元308年）冬十月，劉淵正式稱帝。隔年正月，劉淵又根據太史令宣于修建議，正式遷都平陽（今山西臨汾西）。

劉淵從汾河水中獲得治國玉璽，其上面寫有「有新保之」，劉淵認為這對自己非常吉祥。同年（公元309年）三月，晉將軍朱誕歸降劉淵，劉淵於是任命朱誕為前鋒都督，劉景為大都督，起大軍攻晉。

劉景大將軍的稱號是「滅晉」，據傳他一見晉人，不問男女老幼，一概殺戮。劉景攻占黎陽、延津等地後，大施淫威，下令將該地3萬餘百姓驅趕到黃河溺死。同年夏，王彌、劉聰奉命擊敗晉軍。八月，劉聰又奉命進攻晉都洛陽。九月，晉弘農太守垣延詐降，夜襲劉聰獲大勝。劉聰到達洛陽西明門，將軍隊駐紮在洛河旁。由於洛陽守備堅固，而漢軍又缺糧草，十一月，劉聰率軍撤回平陽。

匈奴人黃金鎧甲

西晉滅亡

永嘉四年（公元310年），劉淵死，劉聰殺劉和而自立為皇帝後，開始攻打西晉淮南各州郡。

永嘉五年（公元311年）6月，各路漢軍先後攻陷洛陽，俘司馬熾，殺王公士民3萬餘人，縱兵大掠宮內珍寶、財物和宮女，又燒宮廟、官府和平房，史稱「永嘉之亂」。同年，晉懷帝被漢兵俘虜到平陽，劉聰封他為「會稽郡公」，享受三司的禮儀，而且還將小劉貴人嫁給他為妻。

永嘉七年（公元313年）年初，劉聰在光極殿大宴群臣，飯飽酒酣時，命令晉懷帝穿上青衣行酒令取樂。這一情景讓晉朝的故臣庚銑、王儁悲憤不已，大聲痛哭。劉聰十分生氣。二月，劉聰就將晉懷帝和晉朝的舊臣十多人全都殺害，懷帝死時才30歲。

晉懷帝被害的消息傳到長安之後，太子司馬鄴舉哀服喪，並且於四月即皇帝位，即孝愍皇帝，改元建興。這時他只有14歲。當時的長安城裡住戶不超過100戶，公私加起來也只有車4輛，文武百官既沒有官服，也沒有印綬，只有桑版刻上官號罷了，皇帝即位時顯得十分淒涼。

漢建元二年（公元316年），漢軍在大司馬劉曜的統領下，向長安發起強烈攻勢。九月，漢軍長安的外城被攻陷。在內無糧草、外無援兵之際，愍帝決定向漢軍投降。索琳派自己的兒子去見劉曜，想靠請降來表功，沒想到兒子被劉曜殺了。

晉愍帝只得自己親自光著上身，乘著羊車出城向漢軍請降。漢帝劉聰降愍帝為光祿大夫，封懷安侯。劉曜被封為大都督，並且大赦天下，改元麟嘉。

至此，西晉共經歷司馬炎、司馬衷、司馬熾、司馬鄴4帝，歷時52年（公元265～316年）而滅亡。

青瓷博山爐　晉

爐身作缽形，子母口，下連嗽叭形柱，立於淺盤形爐座，座把中空至盤底。器蓋呈山峰狀，裡外共有3層，每層起4峰。沿峰起伏刻劃斜直短線和曲線。裡面兩層峰下有一出煙鏤孔，旁飾有圓珠紋。最外一層無鏤孔，僅有圓珠紋。山峰中央立一振翅欲飛的祥鳥，應該為蓋鈕之用途。

匈奴人鑲寶石短劍及劍鞘

騎射圖　西晉

西晉時，河隴地區綠洲遍布，射獵也是謀生手段之一。畫中人物拉弓射獵，地上動物飛奔逃竄。

重建晉室

晉元帝司馬睿像

王導像

第二章 東晉偏安

東晉偏安

永嘉元年（公元307年）七月，朝廷命鎮守下邳（今江蘇睢寧西北）的琅琊王司馬睿移鎮建鄴（今江蘇南京），又任命王衍弟王澄為荊州都督，族弟王敦為揚州刺史。建興四年（公元316年）十一月，愍帝向劉聰投降，西晉滅亡。

建興五年（公元317年）三月，晉愍帝被殺的消息傳到建鄴，琅琊王的僚屬全都上表勸司馬睿即皇帝位。司馬睿（公元276～322年），字景文，司馬懿的長孫。十日，司馬睿於建鄴即位稱帝，是為晉元帝。東晉王朝正式建立。建鄴為了避愍帝司馬鄴的諱，改稱建康。司馬睿宣佈大赦天下，改元大興，文武百官都官升2級。

東晉政權是西晉門閥士族統治的繼續和發展。司馬睿能在江南重建和中興晉室，北方士族王導、王敦等琅琊王氏有著舉足輕重的作用。丞相王導（公元276～339年）更是東晉政權的奠基人，當時被稱為「江左管夷吾」。

據傳，司馬睿剛到建鄴（今南京市），南方世家豪族罵他是北方「傖夫」，沒有人看得起他。永嘉元年（公元307年）禊節（三月初三）這一天，當地有名望的世族大豪王導、王敦等人為了製造聲勢，前擁後呼，震驚江南世族大豪，司馬睿由此取得他們的支持。

永嘉之亂（公元307～313年）後，社會關係出現了新的變化。因此，在江左建立的東晉政權不僅是世族大豪專政的工具，同時也反映了漢族利益的某些特徵，所以「中州士女避亂江左者十之六七」。

後趙石勒

晉大興二年（公元319年），石勒於襄國（今河北邢臺）稱王，下令禁止釀酒，郊祀宗廟時用醴代酒。隨之，又實行了一系列安民政策，鼓勵農民耕田種地，取得成效。中原農業生產得以逐步恢復，石勒勢力逐漸強大，國境也不斷擴大。

光初十二年（公元329年）九月，他的侄子石虎擊潰前趙劉熙。立國26年的前趙滅亡，秦隴的土地全部屬於後趙。建平元年（公元330年）二月，後趙群臣請石勒即皇帝位。於是，石勒自稱大趙天王，行皇帝事，立世子石弘為太子，立妃劉氏為王后，任命石虎為太尉、尚書令，封為中山王。這年九月，石勒正式稱帝，改元建平，以石弘為皇太子，所有文武大臣都封賞有差。

怪獸圖　東晉

這兩晉時期，怪誕之風盛行，器物、衣飾都盛行神秘紋路及圖案。這副墓室畫像磚表現當時的風氣，這件怪獸的造型可能與南方吳越先民的民族傳說有關。

石勒即位後，下詔命令公卿以下官員每年舉選賢良方正，以廣求人才。體制上，又繼續實行九品官人制度，並在襄國設立太學、小學，選取朝中權臣貴族的子弟入學，並於各郡國設置學官，每郡派博士祭酒1人，收弟子150人，授以儒學經典。

從此之後趙國勢大增，鼎盛時期，其管轄境地南逾淮河，東瀕大海，西至河西，北接燕、代。除遼東慕容氏、河西張氏外，後趙盡占北方，隔淮河與東晉對峙。

建平四年（公元333年）石勒病逝，他的侄子石虎殺其子而自立為帝，遷都於鄴城（今河北臨源）。

後趙太寧元年（公元349年）四月，石虎病亡，後趙亂。永寧二年（公元351年），後趙滅亡。後趙自石勒稱趙王，歷7主，共32年。

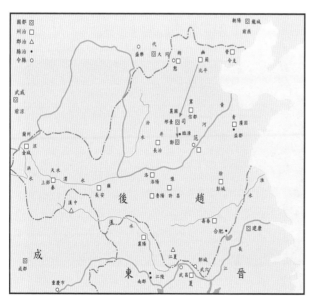

後趙疆域圖

武士俑　東晉

魏晉時期的戎服主要是袍和褲褶服。褶短至兩胯，緊身小袖，交領。褲為大口褲，兩晉的褲腿更大，如今天的女裙褲，上儉下豐，是當時軍服的一大特點。

政局動盪

苻健建秦

前秦皇始元年（公元351年）正月，苻健在長安即天王、大單于位，建國大秦，史稱前秦。

前秦是氐族建立的政權。西晉末年，北方烽煙四起，祖輩居住在略陽臨渭（今甘肅秦安東南）的氐族人推舉部落小帥苻洪為首領，進入中原，先後於前趙和後趙稱臣。

後趙滅亡時，苻洪已擁有10萬部眾，雄心勃勃，準備進占關中。苻洪還沒有實現進據關中的計劃，就遭人毒殺，他的兒子苻健繼承父志，率部眾攻伐關中。一路上得到關中氐族人的響應，苻健的軍隊將

平東將軍章金印　西晉

馬鐙（雙鐙）　五胡十六國

占有長安的杜洪打敗，進入長安。前秦皇始元年（公元351年），苻健（公元317～355年）自稱大秦天王、大單于，次年改稱皇帝，建都於長安，國號秦，史稱前秦。

苻健勤政愛民，崇尚儒學，百姓賦稅有所減輕，在長安城裡還建了迎賓館，招徠遠方來客。關中經濟呈現繁榮景觀，前秦政權逐漸鞏固。

騎射圖　東晉

桓溫北伐

桓溫，譙國龍元（今安徽懷寧西北龍元集）人，具有雄才大略，志在北伐中原，統一全國。前秦皇始四年（公元354年）二月，桓溫率4萬大軍從江陵出發，經襄陽，出武關，越秦嶺，大軍直指關中，討伐由氐族人苻氏建立的前秦政權。這是桓溫首次北伐。

前秦王苻堅派太子率5萬大軍與晉軍對抗。這年四月，晉、秦兩軍大戰於藍田，秦軍大敗。桓溫率軍佔領灞上，抵達前秦都城長安的郊區。當地老百姓經分紛牽牛擔酒前來犒勞晉軍。老人流涕道：「不圖今日復見官軍！」六月，因軍中缺糧，桓溫被迫從潼關退兵。秦軍跟蹤追擊，晉軍損失1萬多人。

壽光二年（公元356年）六月，桓溫進行第2次北伐，從江陵發兵，向北挺進。八月，桓溫揮軍渡過伊水，與羌族首領姚襄軍戰於伊水之北，大敗姚襄，收復洛陽。桓溫在洛陽修復西晉歷代皇帝的陵墓，又多次建議東晉遷都洛陽。東晉朝廷對桓溫的北伐抱消極態度，只求苟安東南，無意北還，桓溫只得退兵南歸。

前燕光壽三年（公元359年），中原地區被慕容氏的前燕政權所占領。建熙四年（公元363年），桓溫被任命為大司馬，都督中外諸軍事，錄尚書事，第2年又兼揚州刺史。桓溫身為宰相，又兼荊揚二州刺史，桓溫盡攬東晉大權。

前燕建熙九年（公元369年），桓溫利用執權之機，發動第3次北伐，討伐前燕政權。這年四月出發，六月到金鄉（今山東金鄉）。桓溫率水軍經運河、清水河進入黃河，一直進軍至枋頭（今河南浚縣西南，黃河重要渡口）。前燕王任命慕容垂為大都督，率5萬軍隊前往抵禦，將晉軍糧道截斷。桓溫被迫從陸路追擊，慕容垂率8000輕騎追擊，將晉軍打得潰不成軍，斬晉軍3萬餘人。桓溫敗歸後，所收復的淮北土地重又喪失，南北情勢回到原點。

青瓷灌藥器　東晉

這件灌藥器口小腹大，流部上翹，腹上有一口。平底露胎，胎質灰白。裡外均施青黃色釉，有細小片紋。施釉較薄，有剝釉現象，為獸醫灌藥之器。

京口北固山圖　宋　懋晉

蘭亭集序

晉穆帝永和九年（公元353年）三月三日，王羲之與當時的文士名流謝安、孫綽等41人於會稽山陰縣境內的蘭亭集會，飲酒賦詩，各抒情懷，事後集結成冊，編定為《蘭亭集詩》，王羲之撰寫〈蘭亭集序〉。〈蘭亭集序〉文筆清新疏朗，情韻綿延，是篇廣為傳誦的優美散文。這篇序感情真摯，自然樸素，給人以質樸清新之感。

王羲之像

犀角雕蘭亭修禊杯　明
杯外壁採用螺旋式構圖，雕東晉時期王羲之等人在蘭亭歡聚宴飲的故事。

王羲之（公元303～361年），字逸少，祖籍琅邪（今山東臨沂），會稽（今浙江紹興）人。他是晉司徒王導從子，曾任祕書郎、參軍、長史、寧遠將軍、右軍將軍等職，後人稱之為「王右軍」。王羲之一生喜好遊山玩水和結識朋友。

他先師從衛夫人習書法，後博採眾長，精通諸體，尤其擅長楷書和行草，風格妍美流暢，一改漢魏以來質樸書風，把書法推向全新的境界，被譽為「書聖」。他的傳世代表作有〈蘭亭集序〉、〈十七帖〉、〈姨母帖〉、〈奉橘〉、〈喪亂〉、〈初月〉等。其中〈蘭亭集序〉對後世的影響最大，被稱為天下第一行書。

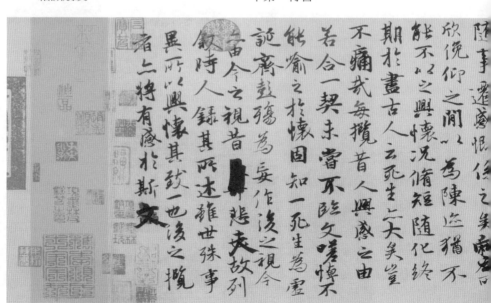

羲之觀鵝圖

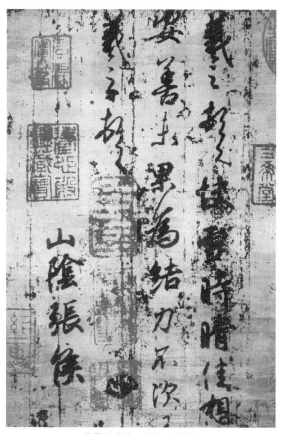

快雪時晴帖　東晉　王羲之

蘭亭集序　東晉　王羲之

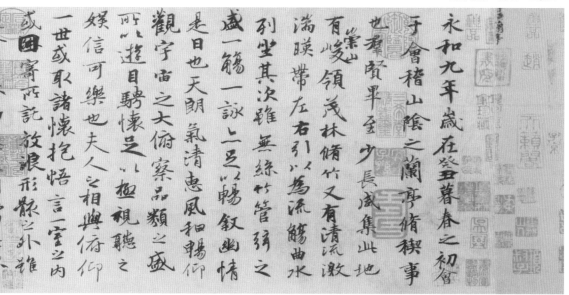

桓溫廢帝

東晉大司馬桓溫自認為才幹威望蓋世，世人都不可及，常慨嘆「男子漢不能流芳百世，亦當遺臭萬年」。他3次北伐，欲建功業以提高政治威望，然而第3次北伐枋頭大敗，聲望江河日下。參軍郗超建議他廢帝以重立威權。他覺得此計可行，兩人便在太后面前誣陷晉帝生殖器官有病，3個兒子非晉帝親生，將混亂司馬氏血統。在他們的勸說下，太后同意廢立。東晉太和六年（公元371年）十一月，大司馬桓溫廢晉帝司馬奕為東海王，改立丞相、會稽王司馬昱為帝，是為簡文帝。

桓溫改立新帝後，開始陷害一些政見與他不合的皇族和大臣，將殷、庾兩大強族的勢力削除殆盡。咸安二年（公元372年）六月，簡文帝去世。桓溫原本指望簡文帝司馬昱禪位於他，或自己攝理朝政，但大失所望。

晉簡文帝像

晉簡文帝司馬昱，字道萬，河內溫縣人。元帝少子。晉元帝大興三年（公元320年）生，晉簡文帝咸安二年崩。

桓溫於是拒絕入朝，直至寧康元年（公元373年）二月才到建康朝見孝武帝，並帶兵入朝。群臣驚慌失措。由於侍中王坦之、吏部尚書謝安應付自如，桓溫才沒有發難，晉朝得以安寧。三月，桓溫退兵。七月，桓溫在病死，終年61歲。

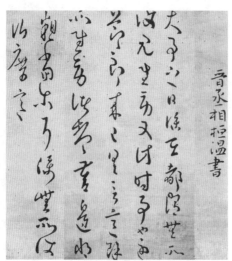

大事帖 東晉 桓溫

金帶金具 東晉

南北對峙

統一北方

建元九年（公元373年），苻堅不顧群臣反對，進軍東晉，失敗不久被姚萇所殺。前秦建元十二年（公元376年），前秦攻滅前涼張氏與鮮卑拓跋氏的代國，統一北方。建元六年（公元370年），前秦滅掉了北方最具實力的強敵前燕。苻堅（公元338～385年），字永固，略陽臨渭（今甘肅天水縣東）氐人，十六國時前秦國王。

前秦與前涼早有臣屬關係。建元二年（公元366年），前涼國君張天錫派人通知前秦，不再向其稱臣。苻堅派兵攻打李儼，李儼向張天錫求救。但張天錫目光短淺，竟聽任前秦滅李儼。

此後，在前秦威逼利誘之下，張天錫再次向苻堅稱臣。半年後，張天錫又一次背棄前秦，並派人去與桓溫聯繫，聯晉敵秦。建元十二年（公元376年），苻堅派遣毛盛、姚表等人率13萬大軍兩伐前涼，一路上勢如破竹，進而圍攻姑臧，張天錫無奈，遂向前秦投降，前涼滅亡。涼州郡縣全都成為前秦版圖的一部分。

滅涼之後，苻堅乘軍隊士氣高漲，於公元376年冬，令苻洛率軍10萬，俱難、鄧羌等率兵20萬分兵攻代，代國軍隊望風而降，什翼犍出逃，不久，又回到雲中（今內蒙古和林格爾縣北）。代國發生內亂，前秦趁機攻下雲中，殺代國國君什翼犍之子寔君，代亡。從這時起，前秦統一北方，與南方的東晉政權以淮水為界，南北對峙。

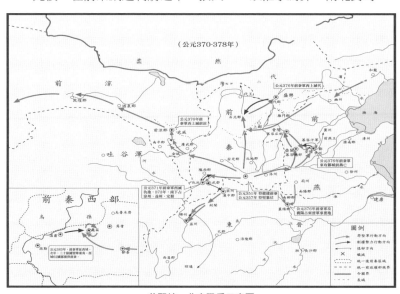

符堅統一北方戰爭示意圖

前秦名臣王猛像

淝水之戰

前秦苻堅統一北方後，與東晉決戰於淝水。淝水之戰以前秦的慘敗和東晉的大捷而結束。

建元十九年（公元383年）七月，苻堅不顧群臣反對，親率大軍進攻東晉。八月，苻堅發動百萬大軍南下，水陸並進。九月，苻堅的弟弟苻融率30萬大軍到達淮河前線，準備進攻壽陽（今安徽壽縣）。東晉宰相謝安遣尚書僕射謝石為大都督，以徐、兗二州刺史謝玄為前鋒，率軍8萬前往迎敵。又命龍驤將軍胡彬率水軍5000名援救壽陽（今安徽壽縣）。

十月，秦軍前鋒渡過淮水，攻占壽陽，生擒晉平虜將軍徐元喜。晉將胡彬得知後退保硤石（今安徽壽陽西北）。苻融令將軍梁成率兵5萬屯駐洛澗（今安徽淮南東淮河支流洛河），截斷淮水水道，使胡彬無法東撤，苻堅為消滅胡彬部，親率兵馬8000自項城趕赴壽陽，

謝安像

並派出東晉降將朱序勸降晉軍。朱序向謝石建議，利用秦軍尚未集中之時出擊，大破秦軍。謝石接受朱序建議，於十一月初命前鋒劉牢之率5000名北府兵渡過洛澗，擊敗秦軍，陣前斬殺秦將梁成。秦軍潰退回淮水，士卒溺死者1萬5千人。劉牢之乘勝追擊，生擒秦揚州刺史王顯等。秦軍敗兵退逃往壽陽。

東晉大獲勝利後，乘勢水陸並進，屯軍於淝水東岸，與秦軍隔水相峙。十一月二日，謝玄派人前往苻融營中，要求秦兵稍稍向後移動，使晉兵渡河決一死戰。

苻堅與苻融想趁晉兵渡河之機，突擊晉軍，便同意謝玄建議。但由漢人及各族組成的秦軍不願再戰，指揮系統紊亂，一退再退，一發不可收拾。朱序乘機在陣後大喊：「秦兵敗了！秦兵敗了！」秦軍大亂，晉兵乘勢猛攻。苻融於亂軍中落馬被斬，秦軍潰不成軍，謝玄乘勝追擊，直殺至壽陽城西30里處。苻堅身中流矢，單騎北逃。

**黃楊木雕
東山報捷圖筆筒
清 吳之璠**

此筆筒分為兩部分，取材於歷史上著名的秦晉淝水之戰。

淝水之戰示意圖

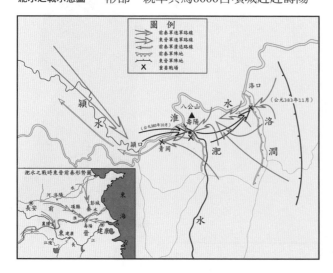

東晉覆滅

北魏興起

前秦滅代國後，代王什翼犍之孫拓跋珪先後流徙在獨孤部和賀蘭部。晉太元十一年（公元386年）正月，拓跋珪於牛川（今內蒙古錫拉木林河）召集部落大會，繼承代王位，建元登國。二月，拓跋珪遷徙到代國故都定襄郡的盛樂（今內蒙古和林格爾北）。四月，改稱魏王，改國號為魏，史稱北魏。

拓跋珪即位後，先擊敗了庫莫奚和高車、柔然，解除後顧之憂，然後聯合他的舅舅慕容垂所建的後燕，滅掉賀蘭、紇突鄰、紇奚、賀染干、賀訥等部，北魏自此兵強馬壯，財力富饒。為求發展，拓跋珪決定與後燕爭奪中原之地。公元396年，佔據今山西、河北2省之地。

當時的中原無論經濟、文化都較為先進，而拓跋氏故地仍處於落後狀態。為了便於控制，拓跋珪遷都平城（今山西大同），促民耕田，使平城周圍有了

鎏金透雕人龍紋鋪首　北魏
鋪首是建築的裝飾構件。這件鎏金青銅鋪首表現武士與龍進行生死搏鬥的場景，代表鮮卑民族征服自然的勇氣。

大片沃土。隨即，營建宮室，建立宗廟。不久又仿漢制，建立職官制度，加強王權，拓跋珪乘後燕慕容垂新死，率40萬大軍討伐後燕，公元397年魏軍佔領後燕都城中山，公元398年攻取鄴城。除山東半島的南燕與東北的北燕外，太行山以東的中原地區皆歸入北魏版圖。北魏成為北方的惟一強國。

公元404年，拓跋又設王、公、侯、伯4等爵，並置散官5等，品級自第5到第9。後又命宗室置宗師，八國置大師小師，州郡也置師，以辨宗黨，舉人才。

盛樂故城遺址
拓跋鮮卑在盛樂建國，並逐漸從部落聯盟向中央集權的國家過渡。盛樂城發現大量鮮卑遺物，證實是北魏立國早期的重要根據地。拓跋氏政權在此加強軍事力量，等待進入中原的時機。

孫恩教亂

東晉謝安於淝水之戰後，功高遭忌，被迫讓權司馬道子，道子無能，昏庸至極。他除了利用職權廣樹朋黨外，把治理國家的大事置之度外。他和孝武帝弟兄倆，終日以酣歌為務，過著醉生夢死的生活。東晉政權重新陷入黨爭混亂之中。

太元十二年（公元387年），青、兗兩州刺史在徵得荆州刺史殷仲堪的支持下，以討伐司馬道子的朋黨王國寶、王緒為由起兵，使東晉戰火又起。隆安三年（公元399年）秋，道教首領孫恩趁機聚眾反晉。

他從海上攻上虞（今屬浙江省），殺縣令，襲據會稽，殺內使王凝之，擁軍數萬，會稽、吳郡、吳義、義興、臨海（今浙江臨海東南海濱）、永嘉（今浙江溫州市）、東陽（今浙江金華市）、淳安（今浙江淳安西北）等8郡紛紛響

持盾俑　晉

響銅長頸瓶、虎子、投壺　南北朝

應，孫恩率大軍，準備進攻建康。劉牢之指揮北府兵前去鎮壓，連敗孫恩軍，孫恩率眾20萬退入海中。

隆安四年（公元400年），孫恩重新攻打上虞，隨後擊殺謝琰。劉牢之率兵進攻孫恩，孫恩敗退入海島。隆安五年（公元401年），孫恩軍沿海北上到長江口，攻殺駐防滬瀆（今上海市）的晉國內史袁山松。然後以兵士十餘萬，船隻兩千多艘進攻建康。與晉廷所派劉牢之決戰於京口，孫恩大敗，損失慘重，再次退入海島。元興元年（公元402年），孫恩舉軍攻臨海，失敗後投海自殺。

吹角騎兵群俑　晉

桓玄篡位

隆安四年（公元403年），桓玄代晉自立，國號為楚，年號建始，後來改稱永始。

桓玄驕奢淫逸，致使政治腐敗，稱帝不久，元興三年（公元404年）二月。劉裕便率北府兵征討桓玄，將桓玄兵馬擊潰，於江陵殺死桓玄，迎司馬德宗（安帝）回建康重新登上帝位。

桓玄（公元369～404年），東晉譙國龍亢（今安徽懷遠西）人，字敬道，亦名靈寶，其父桓溫把持東晉朝政多年，襲爵南郡公。

隆安二年（公元398年），桓玄和青、袞兩州刺史王恭和荊州刺史殷仲堪共同舉兵，攻伐專擅朝政的會稽王司馬道子及其子司馬元顯。次年，他將殷仲堪擊敗，兼併荊州。隆安三年（公元399年），桓玄領荊江兩州刺史，控制了長江中游地區，開始對抗朝廷。元興元年（公元402年）司馬元顯對他發動進攻，桓玄舉兵東下，攻下建康，殺司馬元顯，掌握朝政。

重裝甲馬作戰圖　晉

此圖表現北方戰爭的場面，再現重裝甲馬和步兵作戰的特徵。

中衛司馬印　晉

張商印信　晉

陶潛歸田

陶淵明（公元365～427年），又名潛，字元亮，私諡靖節。潯陽柴桑（今江西九江西南）人。晉宋時期詩人、辭賦家、散文家。少年時代家境貧困，但因家教優良，他自幼便讀了許多詩書、雜書，有《老子》、《莊子》、「六經」，以及文、史、神話、小說等等。少年時的陶淵明愛好廣泛，時而沉湎於山野，時而醉心於琴書。

晉孝武帝太元十七年（公元392年），年方28歲的陶淵明作〈五柳先生傳〉，此文充分反映了他早年入仕之前的個性風貌。

陶淵明像

《陶淵明集》書影

〈歸去來辭〉帖　明　沈度

晉孝武帝太元十八年（公元393年）至晉安帝義熙元年（公元405年），即29歲至41歲這段時間，為陶淵明的入仕時期。在時仕時隱的生活中，陶淵明寫作了很多的詩歌和散文，表達了對仕途的厭倦和對田園生活的嚮往。而〈歸去來辭〉則是陶淵明最後與官場訣別的辭賦作品。

陶淵明在〈歸去來辭〉中描繪的「不為五斗米折腰」，影響了以後許多文人的生活取向，很多人在政治抱負無以依託時，都轉而投入自然的懷抱，寄情山水，自得其樂。

從晉安帝義熙二年（公元406年）解官歸田至宋文帝元嘉四年（公元427年）病故，為陶淵明的歸田時期。這期間，是他一生創作最豐富的時期，〈桃花源詩〉便是其中一篇傑作。詩人通過想像，在詩篇中描繪了生活富裕、和平安寧的理想之地——桃花源，成為後世社會落魄文人夢中的寄託。

淵明嗅菊圖　清　張風

桃花源

清靜無為的思想在陶淵明筆下便成了一處「絕聖棄智」、自然和諧的「桃花源」。桃花源成為老莊政治哲學的現實建構，也成為歷代政治家們疲累之餘的棲心之所。圖為中國湖南省桃源縣傳說中的「桃花源」遺址。

陶淵明詩意屏（之一）　清　戴本孝

此屏12條，寫陶淵明詩意，或表現清奇壯麗的崇山峻嶺、飛瀑流泉，或表現疏朗秀致的小橋流水、山林人家。設色清雅芳潤，水墨煙潤巷道，虛實相生，氣韻生動。每條均書陶詩一首，並自題作解。

政權更迭

第三章 南北朝並立

劉裕稱帝

東晉恭帝元熙二年（公元420年）六月，劉裕稱帝，改國號為宋。

劉裕（公元363～422年），字德輿，小名寄奴，原籍彭城（今江蘇徐州）。其曾祖劉混，永嘉之亂時渡江到丹徒的京口（今江蘇鎮江）居住，至劉裕時家境已衰敗。劉裕於北府軍起步，平定桓玄之亂後而官至侍中、車騎將軍，逐漸掌握東晉王朝的軍權。

東晉安帝義熙六年（公元410年），劉裕統率大軍將平定南燕後，升任為太尉、中書監，執掌朝權。此後，劉裕便培植親信，剷除政敵。劉毅、諸葛長民、司馬休之等與劉裕政見不同的大臣紛紛被罷除。然後，他第2次北伐，克復關中，於義熙十四年（公元418年）受封為相國、宋公。這時，劉裕代晉的條件已然成熟。

劉裕像

晉元熙二年（公元420年），手下之人擬好禪位詔，獻上劉裕，他拿到晉恭帝處讓其抄錄，恭帝欣然操筆，書赤紙為「詔」。劉裕築壇於南部，登上皇位，國號宋，是為宋武帝。宋武帝改元永初，定都建康（今江蘇南京），改《秦始曆》為《永初曆》，廢晉恭帝為零陵王。次年六月，劉裕派人將他毒死，開了殺「禪讓」退位者的先例。至此，歷時104年、共11帝的東晉王朝結束，南北朝時期開始。

劉裕執政時較為開明，減輕賦稅，赦免奴客士兵，不失為一位稱職的君主。當了2年皇帝後，劉裕於公元422年病死，終年59歲，後諡武帝。

騎馬武士俑　南北朝

北方鮮卑人原為遊牧民族，對騎兵的建制極為重視。這些陪葬的騎兵群俑，反映北魏貴族尚武的風氣。

西涼滅亡

西涼嘉興四年（公元420年）七月，北涼攻破西涼之都城——酒泉，西涼滅亡。

北涼，是盧水胡人沮渠蒙遜於天興四年（公元401年）所建，都城設於張掖。永興四年（公元412年），蒙遜稱河西王，改元玄始。蒙遜建北涼後，曾多次擊敗西涼李氏，與西涼積怨很深。晉泰常二年（公元417年），西涼李暠病死，其子李歆嗣位。李歆不理政事，大興土木，屢徵民役，並於泰常五年（公元420年）七月，不聽大臣勸阻，親自出兵討伐北涼。而此前北涼也已有滅李氏之心，期盼李歆來攻，有意散布要南征西秦的消息，誘西涼前來。

李歆果然上當，帶兵來攻。蒙遜於是派兵埋伏於邊境，大敗西涼軍隊，並擊殺李歆。蒙遜乘勢西進，占領酒泉。李歆弟敦煌太守李恂知道這個消息後，據守敦煌自稱冠軍將軍、涼州刺史，繼續與北涼對抗。公元421年三月，蒙遜發兵2萬，圍攻敦煌，在城外3面築堤。

胡人俑　南北朝

蒙遜以水灌城。李恂驚慌失措，於敦煌城失陷時自殺身亡。蒙遜占有西涼之地後，號令嚴明，秋毫不犯，西涼舊臣有才能者，一律加以錄用。由於蒙遜安撫有方，西涼地區雖經變亂，但社會穩定，國泰民安。

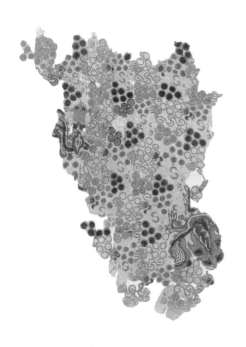

刺繡瑞獸面葡萄紋樣　北涼

陶駱駝俑　南北朝

魏伐柔然

柔然是一個新民族，在4世紀末開始興起，至5世紀時已在今蒙古草原建立一個強大的遊牧政權，控制了東起大興安嶺，西抵焉耆，南臨大漠，北至西伯利亞的廣大地區。柔然統治集團始終將戰爭作為增加財富和奴隸的手段，不斷地掠奪鄰國疆土。

北魏始光元年（公元424年）八月，北魏明元帝病死，柔然可汗大檀見有機可乘，率騎兵6萬攻占雲中盛樂宮，魏太武帝拓跋燾御駕親征前往討伐。大軍至雲中時，被柔然大軍包圍，魏太武帝十分鎮定，分兵將柔然擊退。雖然這次戰爭對北魏來說並沒有多大的損失，但魏太武帝拓跋燾卻以此為恥，發誓要報仇雪恨。

始光四年（公元427年）七月，柔然乘拓跋燾親征夏國、國內空虛的時機，再次出兵進犯雲中。神䴥二年（公元429年）四月，拓跋燾率數萬騎兵，渡過戈壁大沙漠，攻打柔然可汗庭，以報前仇。柔然受此深重打擊，力量從此削弱，逐漸衰落，並於6世紀中葉被突厥和西魏共同剿滅。

彩繪吹角俑　南北朝

文吏俑　南北朝
北魏孝文帝改革時，重定官制，依魏晉南朝制度，官吏著漢服，說漢語。此俑即是北魏官吏的形象，雙手拱立，表情端正。

呼倫貝爾草原
柔然是一個馬上民族，興起於呼倫貝爾草原。

統萬城城牆遺址

統萬城位於今中國陝西省靖邊縣，大夏國君赫連勃勃所築，是十六國時期保存至今的惟一較完整的都城遺跡。

吐谷渾滅夏

夏赫連氏本為匈奴的一支，與漢通婚，很長一段時間從劉姓。傳至赫連勃勃時，他不甘心只當匈奴貴族，野心很大，要立國建邦。

天賜四年（公元407年），赫連勃勃自稱天王、大單于，建元龍升元年，設置百官。他認為匈奴是夏后氏的後代，故國號大夏，又覺得匈奴從母姓姓劉不合理，遂改姓赫連氏。

赫連勃勃稱王後，為了擴大控制範圍，連年攻伐，並於泰常三年（公元418年）進據長安。宋元嘉三年（公元426年），勃勃第5子赫連定於平涼繼位稱帝。宋元嘉八年（公元431年），赫連定侵入西秦，西秦向北魏求援。北魏還沒來得及出兵，西秦王乞伏暮末就被赫連定斬殺。

赫連定滅西秦後，害怕北魏逼侵，便驅使俘獲的西秦民眾十餘萬人，準備渡過黃河襲擊沮渠蒙遜，奪取北涼土地。吐谷渾王慕璝派慕利延、拾虔率3萬騎兵半途埋伏，當赫連定渡到河中央時，吐谷渾發兵襲擊，大敗夏軍，生擒夏王赫連定，並將其押送北魏，大夏滅亡。夏自天賜四年（公元407年）建國，至神䴥四年（公元431年）滅亡，立國25年，共3主。

騎馬俑　南北朝

大夏石馬　南北朝

太武滅佛

中國佛教史上曾經先後有北魏太武帝、北周武帝、唐武宗與後周世宗下詔剷除佛教，史稱「三武一宗滅法」。魏太武帝是始作俑者。

魏太武帝拓跋燾滅北涼後，將北涼數萬戶佛教信徒（包括沮渠氏宗族及吏民）遷到當時魏的都城平城，於是佛教在北魏境內的影響迅速擴大。但拓跋燾和大臣崔浩都崇奉道教，對佛教十分厭惡，因而崔浩便力主滅佛。拓跋燾表示贊同，但實際行動只有在太平真君五年（公元444年）正月十二日，下詔禁止王公庶

寬法生兄弟並坐像　南北朝

民私養沙門、巫覡，違者斬殺沙門、巫覡及主人全家，實際並未大開殺戒。

太平真君七年（公元446年）三月，拓跋燾親率大軍征伐盧水胡蓋吳叛亂，攻入長安後，入佛寺，見室外內有兵器，認為此物非沙門所用，定是與蓋吳通謀，謀反作亂，便命有司屠殺全寺沙門。在清理其財產時，又見寺內有很多州郡官民財物及釀酒之器，密室內還藏有婦女，便對佛教更加厭惡。

崔浩見勢再提出滅佛的建議，拓跋燾終下決心，於本月下詔滅佛。規定：「佛圖形像及胡經，皆擊破焚燒，沙門無少長皆坑之。」「自今以後，敢有事胡神及造形像泥人、銅人者門誅。」

河南登封嵩岳寺塔

菩薩交腳像　南北朝

鍍金如來立像　南北朝　　　　　　　　　　　彩繪貼金釋迦立像　南北朝

雲岡石窟

北魏和平元年（公元460年）起，北魏沙門統曇曜於平城武州塞開鑿雲岡石窟。

雲岡石窟共計開窟53個，小窟龕無計其數，造成石像5萬1千多軀，成為中國規模最大的石窟群。

沙門統曇曜徵得北魏文成帝同意，始於平城（今山西大同）西面的武州塞（即雲岡）開鑿石窟。曇曜開鑿五窟，後世稱為「曇曜五窟」。都是穹隆頂橢圓形平面，仿天竺草廬式。

曇曜一心要開窟造像，並發動許多力量，原因有兩個：一是為了駁斥那些說「胡本無佛」的言論；另一個就是為討好君主，為皇室祈福。所以曇曜五窟的主要題材都是宣揚佛教傳世久長的過去、現在、未來三世佛。

到孝文帝即位時（公元471年），社會變動越來越激烈，而皇室貴族的崇佛風氣也更加盛行，很多人不惜毀家破產

佛堂前室全景　雲岡石窟　南北朝

雲岡石窟的許多重要窟龕都是孝文帝時期雕鑿的，此時，南方的名畫家顧愷之、陸探微宣導的「秀骨清像」的畫風影響石窟造像，佛像面目清臞，眉目開朗，神采飄逸。

以資給佛事。孝文帝的祖母太皇太后馮氏篤信佛法，她專制朝政十餘年，也將建佛風氣吹遍全國。

從此，雲岡石窟再也不限於皇室開鑿，一般的官吏、僧尼、地主，都可出資營建，雲岡石窟成為北魏都城附近佛教徒的重要宗教活動場所。

山西大同雲岡石窟全景

本尊如來坐像　雲岡石窟　南北朝

山水詩派

劉宋初期，謝靈運創作大量的山水詩，並豐富了描寫山水的技巧，使山水描寫從附庸玄言詩到蔚為大觀，演變成山水詩，開拓了中國詩歌史上一個嶄新的題材領域。宋元嘉十年（公元433年），謝靈運在廣州被殺，終年49歲。

山水畫像　南北朝

謝靈運（公元385～433年），小字客兒，陳郡陽夏（今河南太康）人，東晉名將謝玄之孫。謝靈運仕劉宋時為永嘉太守，歷任祕書監、侍中、臨川內史。他自幼好學，博通經史，且胸懷大志。武帝劉裕在位時，謝靈運與皇子劉義真一見如故，肝膽相照，劉義真揚言，若自己得志，必以謝靈運為相。

劉義真因此言而受政敵排擠殺害。文帝義隆即位後，謝靈運沒有得到重用。但他自恃門第高貴，才高過人，對自己未能參預朝政一直憤憤不平，經常稱病不上朝，有時出門遊山玩水，十幾天不歸。文帝愛惜他的文才，不想深究，反而賜謝靈運長假，讓他回家。後來擔任臨川內史時，因事得罪執政彭城

白蓮社圖　南宋　佚名

白蓮社圖描繪的是東晉高僧慧遠與大詩人謝靈運、陶淵明結社講法的故事。

王劉義康，被以謀反罪發配廣州，不久被下令就地正法。

謝靈運詩喜歡描寫山水名勝，善於刻劃自然景物，是山水詩派的創始人。其作品〈山居賦〉頗有名。與鮑照、顏延之並稱為「元嘉三大家」。明人輯有《謝康樂集》。

南山四皓圖　南北朝

這幅南北朝的南山四皓圖（南山又名商山），描繪秦末東園公等四位鬚眉皓白的賢者隱居深山，他們或撫琴，或吹笙。畫面是當時崇尚清談玄學思想的反映，也表現了即使是隱士，同樣對音樂抱有濃厚興趣。

祖沖之

祖沖之（公元409～500年），字文遠，魏晉南北朝時期傑出的天文學家、數學家。祖沖之首先在《大明曆》中引進歲差，成為中國曆法的一大進步。他在數學方面的主要成就則是對圓周率的計算。

南朝宋孝武帝大明六年（公元462年），他創制了《大明曆》，首先把歲差引進曆法，並採用391年加144個閏月的精密的新閏周，雖然他得的歲差值精度不高，但這卻是有開創性的工作，在中國曆法史上是一大進步。

祖沖之對圓周率的推算，則是他一生對後世影響最大的成就。

在圓周率的計算上，中國最早採用周三徑一的方法，但祖沖之認為這樣得出的數字不準確。所以，在前人的基礎上，他進一步算出更精確的圓周率數據。祖沖之得出的圓周率，其盈數為3.1415927，朒數為3.1415926，也是 π 的數字，小於盈數而大於朒數。同時，

祖沖之像

祖沖之還確定了 π 的兩個分數值，其約率為： $\pi = 22/7$ ；密率為： $\pi = 355/113$ 。

祖沖之計算圓周率準確到小數點後第6位，這是當時世界上最先進的成就。從分子分母不超過百位數的分數來說，密率355/113是圓周率值的最佳近分數。為了紀念他這一對數學方面的貢獻，人們把圓周率稱為「祖率」。

齊永元二年（公元500年），祖沖之去世。

《隋書》·〈律曆志〉
關於「祖率」的記載

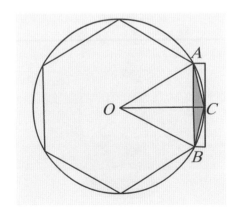

割圓術示意圖

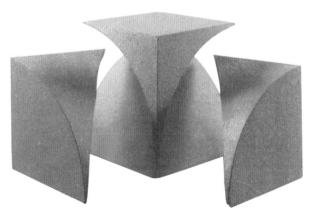

祖沖之兒子祖日恆在開立圓術中設計的立體模型

爭霸圖業

滅宋建齊

南朝宋昇明三年（公元479年）四月二十日，蕭道成逼宋順帝下詔禪位。二十一日，到了臨朝的時間，宋順帝卻不肯出來。太后十分恐慌，親自率宦官在佛蓋之下找到宋順帝，強迫宋順帝行禪讓禮，並把他遷到東邸。

宋司空兼太保褚淵奉璽綬率百官勸蕭道成登位。二十三日，蕭道成即皇帝位，國號齊，史稱南齊或蕭齊，改元建元，是為齊太祖高皇帝。

蕭道成（公元427～482年），字紹白，南陵（今江蘇常州西北）人。即位後，蕭道成改革宋以來的暴政，提倡節儉。他在位期間，注意減免逋租宿債，限制諸王營建私邸。

建元元年（公元479年）四月，蕭道成為了進一步提倡節儉，下令禁止私

齊高帝蕭道成像

募部曲。蕭道成在位4年間，還推行了一項重大措施，就是整頓戶籍。建元四年（公元482年）。蕭道成病死，廟號高帝。蕭齊與劉宋一樣，為了爭奪權力，宗室間經常互相殘殺。在齊宗室互相殘殺中，蕭道成的族弟蕭衍在襄陽起兵，攻進建康稱帝，建立梁朝。

黃釉綠彩長頸瓶　南北朝

黃釉綠彩瓷罐　南北朝

北魏均田

北魏太和九年（公元485年）十月，北魏推行均田制。均田制是北魏政權在奴隸制殘餘的特殊歷史條件下實行的一種土地分配制度，是土地私有制的補充形式。同時，均田制使游離的勞動力重新與土地結合起來，擴大了自耕農的數量和政府的納稅面，推動農業生產的發展和北魏政權集中化的進程。

均田制的具體內容是：一、政府授給均田農民「露田」。露田只能種植五穀，不許栽種樹木，不許買賣，農民年滿70歲或身死後須將田歸還官府，不得私有；二、初授田的男子另給桑田20畝作為世業，並可終身擁有，但須在3年內栽種桑樹50株，棗樹5株，榆樹3株；

北魏重臣崔浩像

三、給予新遷居而來的農民園宅田，每3口1畝，奴婢每5口1畝；四、地方官吏按品級授給公田，刺史15頃，縣令、郡丞6頃，不准買賣；五、老幼殘疾者沒有受田資格。

農耕圖　南北朝

蕭衍建梁

蕭衍字叔達，小名練兒，與南齊蕭氏同為一族，均為僑居南蘭陵（今江蘇常州西北）人。他自幼聰慧，琴棋書畫、星相占卜、經史子集、騎射劍搏，都有所精通。蕭衍剛踏入仕途時，竟陵王蕭子良十分賞識。而且在蕭衍年輕時就與范雲、蕭琛、王融、沈約等並列為「西邸八龍」，成為引人注目的人物。

南齊武帝永明十年（公元492年），蕭衍的父親因對朝廷憂懼而死。從此，蕭衍便對南齊高帝的子孫十分怨恨，曾助南齊高帝的姪子南齊明帝篡位並戮殺南齊高帝、武帝之子孫。後明帝開始對蕭衍產生猜忌，蕭衍很生氣，便企圖取代蕭齊。永泰元年（公元498年），蕭衍為雍州刺史，正值蕭寶卷（東昏侯）當政，大誅朝臣，人心慌亂，蕭衍趁機籌備起事。

永元二年（公元500年）十月，蕭

石雕脅侍菩薩像 南北朝

梁武帝蕭衍像

衍兄蕭懿無罪為蕭寶卷所殺。十一月，蕭衍奉年僅13歲的荊州刺史蕭寶融為主（是為南齊和帝），正式起事。

次年（公元501年）九月，兵臨建康。十二月，蕭寶卷為屬下所殺，蕭衍佔領建康。後蕭衍又逼蕭寶融禪位，齊亡。蕭衍稱帝，國號梁，建元天監，南梁王朝終於建立。

金山寺　東晉

位於中國江蘇省鎮江西北的金山上，始建於東晉，原名澤心寺。傳說唐朝時法海和尚在此開山得金，獻給朝廷，皇帝以之賞賜給法海建寺，始有金山寺的稱謂。金山寺以《白蛇傳》和梁紅玉擂鼓退金兵掌故，為世人所熟悉。

兩 魏 割 據

高歡起兵驅除爾朱氏後，於普泰元年（公元531年）十月初六重立魏帝，他自己任丞相，把持朝綱。

北魏永熙三年（公元534年），孝武帝元修因對高歡的挾制十分怨恨，西奔長安，投靠宇文泰。高歡勃然大怒，於十月十七日另立11歲的清河王世子元善見為帝，即東魏孝靜帝，改永熙三年為天平元年，遷都於鄴。

很早以前，北魏國內因胡太后垂簾聽政，發生了爾朱榮「河陰之變」，此後，當時的中國北部逐漸形成兩大軍事集團：一是佔據晉陽的高歡集團；一是占據長安的宇文泰集團。

永熙三年（公元534年）五月，元修下詔戒嚴，調動河南等州的軍隊，表面上揚言將親率大軍伐梁，實際上是企圖襲擊晉陽。

老奸巨猾的高歡早已看出元修的企圖，於是先發制人，同樣以伐梁為名，調20萬大軍分道南下，直逼洛陽。元修驚慌失措，忙向宇文泰求救。高歡大軍攻下潼關，進駐華陰。元修有宇文泰撐腰，決意不回洛陽。

永熙三年（公元534年）閏十二月，宇文泰將魏孝武帝元修毒殺。隔年（公元535年）正月，宇文泰另立南陽王元寶炬為帝，即西魏文帝，改元大統。

從此以後，北魏遂告分裂。東魏政權在高歡集團的控制之下，西魏政權由宇文泰集團控制。

陶籠冠女俑　南北朝

宇文泰墓　南北朝

宇文泰（公元507～552年），鮮卑族，西魏大丞相，在東魏、西魏之間的戰爭中屢次破亂，創立府兵制，在軍制建設方面頗有建樹。

侯景之亂

侯景在沒有攻下建康之前，曾立蕭衍義子蕭正德為帝，將建康攻陷後，他將與其狼狽為奸的同黨一腳踢開，廢蕭正德，於梁太清三年（公元549年）五月二十七日，立梁太子蕭綱為帝，是為梁簡文帝。不久，侯景殺害蕭正德，自己獨攬大權，為害江南。

次年，侯景為了控制朝政，不斷地封官給自己。大寶元年（公元550年），侯景自封為「宇宙大將軍」，都督「六合」諸軍事。為了樹立威信，侯景不僅濫施酷刑，而且還四處出兵征戰。他派兵攻下吳郡、吳興、三吳等地後，大肆劫掠人口賣到北方，使這些原本安居樂業的人民幾乎死盡散絕，城市破敗。

十一月，侯景廢梁簡文帝，自己稱帝，改國號為漢，年號為太始。大寶三

**陶風帽立俑
南北朝**

此俑面頰豐腴，眉清目秀，戴皮風帽，外拔小袖長袍，是少數民族武士裝扮。

黃玉瑞獸　南北朝

年（公元552年），王僧辯、陳霸先率軍連連擊敗侯景軍隊，進駐建康城下。侯景見勢不妙，與心腹幾十人倉皇東逃。四月，侯景被梁將追及殺死。

侯景之亂對生產有毀滅性的破壞，富庶的江南白骨遍野，十室九空，田地荒蕪，經濟凋敝。

騎兵和步兵戰鬥圖　南北朝

高洋篡魏

東魏武定八年（公元550年）五月初十，齊王高洋篡帝位，改元天保，國號齊，史稱北齊。

東魏高歡把持朝政時，宣布長子高澄為繼承者，又培養次子高洋，進一步鞏固高家權勢。為了不被兄長排擠陷害，高洋很注意韜光養晦。

高歡死後，高澄很快便遇刺身亡，於是高洋取而代之，把持朝政。

武定八年（公元550年）正月十八，太原公高洋晉升為丞相，都督中外各軍事。

三月，高洋又受封為齊王。徐之才、宋景業等人向高洋陳述陰陽卜筮，高德政也經常勸高洋稱帝，這些人宣稱應該在五月受禪接帝位。這一切正中高洋下懷，於是又從晉陽返回鄴地。文武百官因大勢所趨，沒有人敢反對。

五月初八，司空潘樂、侍中張亮、黃門侍郎趙彥深等人要求入朝奏事，東魏孝靜帝在昭陽殿召見。張亮等說：「齊王聖明仁德，深受百姓愛戴，希望陛下效法堯、舜，將帝位禪讓。」孝靜帝沒有辦法，只好說道：「既然這樣，應該先寫好制書。」中書郎崔劼、裴讓之說道：「已經寫好了。」於是侍中楊愔獻上制書，孝靜帝只得同意。

就這樣，高洋篡權奪位的陰謀終於得逞。

從此以後，中國的北部疆土由高洋所建立的北齊和宇文覺所建立的北周分別控制，中國繼續延續南北割據、各國稱雄的局面，直到隋文帝建隋代周，中國才得以重新統一。

天子塚　南北朝
天子塚位於中國河北省磁縣前港鄉，屬華北平原向丘陵過渡的淺山地帶，地勢較高，處於東魏元氏陵區內，被推定為東魏孝靜帝元善見的陵墓。

鄴城金虎臺遺址

武士群俑　南北朝

陳霸先建陳

太平二年（公元557年）十月初十，陳霸先稱帝，國號陳，建元永定。

陳霸先（公元503～559年），字興國，小名法生。原籍潁川，南渡後為吳興長城（今浙江長興）人。自幼家境貧寒，卻好讀兵書。初仕鄉為里司，後到建康為油庫吏，之後又為新喻侯蕭映傳教。當時，蕭映是廣州刺史，於是陳霸先隨蕭映來到廣州，任中直兵參軍。因陳霸先平亂有功，被提任為西江督護，很快又因平交州李賁之亂有功，梁武帝蕭衍親自召見他並授予直閣將軍一職，封號新安子。

侯景發動叛亂時，陳霸先召集士卒3萬人，聯合王僧辯討伐侯景，平定叛亂，又因功受賞，被封為司空，領揚州刺史，鎮京口。西魏攻破江陵，殺蕭繹（梁元帝）。陳霸先與王僧辯迎晉安王蕭方智為帝（梁敬帝）。

就在王僧辯忙著另立皇帝之時，陳霸先悄悄從京口起兵偷襲石頭城，殺死王僧辯，廢掉剛被王僧辯擁立的蕭淵明，重新立蕭方智為帝。自此以後，陳霸先憑自己的文韜武略，擊退北齊的

陳文帝像　唐　閻立本

侵略，剷平王僧辯餘黨的反叛。這一切對外用兵鞏固了他專權的地位，陳霸先矯詔封自己為陳公，後又晉封自己為陳王，最後，陳霸先在太平二年（公元557年）十月初六，逼迫蕭方智讓位，梁朝至此滅亡，共歷4帝56年。

彩繪陶牛車　南北朝

南北朝時期的交通工具，有馬車、牛車等。牛車自東漢晚期以來，已成為貴族和上層人士喜乘的交通工具，在這一時期墓葬中，牛車通常都是墓主人出行行列的中心。

五行大布　南北朝

此幣鑄於北周武帝建德三年（公元574年），為青銅製，鑄工精細，布局細密勻稱，筆劃柔中寓剛，韻味無窮，為「北周三錢」之一。

北 方 統 一

建德六年（公元577年）二月，北周揮師將北齊消滅，統一北方。

建德四年（公元575年）七月、建德五年（公元576年）十月，北周武帝兩次大軍伐齊，佔領北齊重鎮晉陽。北齊武平七年（公元576年）十二月，周武帝親率兵馬攻打鄴城，

北齊後主高緯為推卸責任，於北齊承光元年（公元577年）正月初一禪位給8歲的兒子高恆，改元承光，高緯自為太上皇帝，退隱深宮。

三日，在北周大軍逼壓之下，北齊太皇太后、太上皇后等由鄴都向濟州逃去。九日，北齊幼主高恆也帶親信東逃。十九日，北齊太上皇帝高緯看見鄴城危在旦夕，忙率百騎東逃。二十日北周軍攻下鄴城。二十一日，高緯在濟州與家小會合。

為了抵抗北周大軍，高緯要求高恆把帝位讓給駐守瀛州的任城王高湝，高緯自稱無上皇，稱高恆為守國天王。處理完帝位交接儀式後，高緯帶領全家人等南逃青州欲投奔陳，在路上被北周大將尉遲綱俘獲。二月，高湝在信都(今河北冀縣)集中4萬兵力，企圖恢復失地，被北周齊王宇文憲擊敗，高湝被俘，從此北周統一北方。

即丘令印
南北朝

南北朝國家並立，大部分時期政治混亂。漢代印璽大氣方正的風格，從此徹底淪喪，直至清末方告復興。這些南北朝的官印，粗率糊亂，藝術價值也低。

女雜役俑　南北朝

隋朝興衰・大唐盛世・由盛而衰

隋唐

Suei Dynasty & Tang Dynasty

統一大業

楊堅建隋

北周靜帝大象三年（公元581年），楊堅廢周稱帝，改國號為隋，定都長安，史稱隋文帝。

隋文帝楊堅（公元541～504年），弘農華陰（今陝西省華陰東）人。北周時襲父爵為隋國公。公元577年，北周武帝宇文邕滅掉北齊，統一北方。後在北伐突厥的征途上染上重病，於隔年去世。繼位的宣帝宇文贇（公元559～580年）是楊堅的女婿，胸無大志，並且十分殘暴。他即位未到1年，就傳位給7歲的兒子宇文闡，即靜帝，封自己為天元皇帝並繼續執掌政權。

他不理朝政，大臣不能見到他，有事只能通過宦官上奏。他對大臣的猜忌逐日加深，大臣稍有違犯，重則誅殺，輕則捶打，捶人都以杖一百二十為度，

隋文帝楊堅像

名曰天杖。朝廷內外一片恐慌，統治集團的內部衝突越來越強烈。

大象二年（公元582年）三月，周宣帝死，宇文闡正式臨朝執政，任楊堅為左大丞相，都督軍事，總攬朝政，晉封隋王。後來楊堅利用種種手段推翻了宇文氏集團，終於實現了自己改朝換代的夙願。

第一章 隋朝興衰

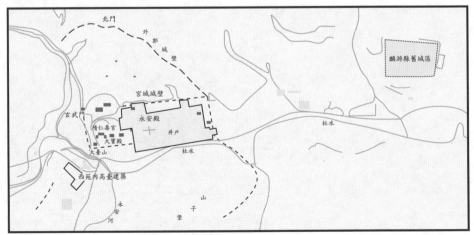

隋仁壽宮平面圖

三省六部

隋文帝即位之後，立即廢除了北周模仿《周禮》所置的六官體制，建立了以三省六部為核心的中央政府新體制。

因為楊堅是以左丞相之職代周建隋，所以重新建立體制時，刻意分化宰相的權力，確立了三省長官合為宰相的體制。尚書省的令、僕射；門下省的納言；內史省的監、令，皆稱宰相。

在隋朝的官僚機構中，官品最高的是所謂「三師」與「三公」。「三師」就是太師、太傅、太保，「三公」就是太尉、司徒、司空，都是正一品。「三師」與「三公」都是名位高而無實權的

五銖錢　隋

隋代手工業發達，經濟繁榮，鑄幣延續漢以來五銖錢的風格，但鑄造工藝更加先進，幣樣規整，結實耐用，充分體現大國風範。

虛職，並不置僚屬。這是皇帝對權重的功臣的一種巧妙安排，或是皇帝選拔最有經驗的親信作輔佐的榮譽職稱。

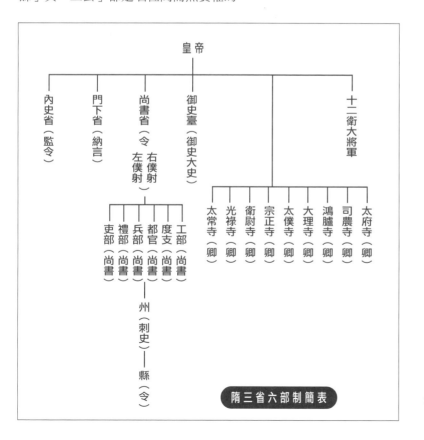

隋三省六部制簡表

金玉鑲嵌獸面紋耳飾　隋

文帝滅陳

隋文帝開皇八年（公元588年），隋發大軍征伐陳國，到開皇九年（公元589年）一月，攻克陳都建康（今南京），滅陳，統一全國。

楊堅在建國之始，便開始謀劃消滅陳國，統一全國。開皇七年（公元587年）十一月，宰相高熲向隋文帝獻策：「每年逢江南收穫時節，我們便四處揚言說將攻打陳，他們必然放棄農事進行駐防，這樣他們的糧食便會減產，財力亦隨之日漸困乏。」「如此再三，他們的防備必將鬆弛，我們便可以趁機過江攻陳。」文帝採納了此計。同月，隋文帝下令大造巨型戰船，準備隨時進攻陳國。隋將梁蕭岩率兵投降陳國，隋朝有了進攻陳國的藉口。

開皇八年（公元588年）十一月初二，隋文帝親自派遣將士

青銅玻璃鑲嵌紋鏡　隋

團花銘帶紋銅鏡　隋
此鏡內飾6朵團花，中間飾忍冬紋。

隋文帝像

50萬人進攻陳國。隋軍所向無敵，很快便順利地攻克了陳都建康。陳後主驚慌失措，從景陽殿出逃，藏在一口枯井中，被隋兵抓獲。後來，楊廣命陳後主下詔令群臣投降。陳朝滅亡。

隋五牙戰船復原模型

土崩瓦解

楊廣弒父

隋開皇二十年（公元600年）十月，晉王楊廣勾結大臣楊素誣陷太子楊勇，隋文帝信以為真，遂廢太子楊勇及其子等為庶人。十一月，隋文帝立晉王楊廣為太子。仁壽四年（公元604年）七月，文帝病危，楊素、柳述、元岩等人都入宮陪侍。文帝召太子楊廣入居大寶殿。

楊廣怕文帝臨死前有新的考量，急不可待地謀畫繼位。他給同謀楊素的回信不幸被宮人誤送到文帝手中，文帝大怒。同時，文帝的寵妾宣華夫人告訴他，太子楊廣要姦污自己，文帝這才下定決心要將太子楊廣廢掉，於是令柳述、元岩緊急召前太子楊勇回宮，準備讓其繼承皇位。

楊素一得知消息，馬上向楊廣報告。楊廣立即偽造聖旨，逮捕柳述和元

隋煬帝像

岩，將自己的心腹派到宮裡，又派親信宇文述等控制宮門，把後宮的人遣住別處。這一切布置妥當後，楊廣派張衡進宮，弒殺文帝。二十一日，楊廣即皇帝位，是為隋煬帝。同時矯稱文帝詔書，賜楊勇死，縊殺之。

銅虎符
隋朝調發府兵的憑證。

橢圓形玻璃瓶　隋

趙州橋

隋煬帝大業年間（公元605～617年），李春等匠師主持建造趙州橋。此橋橫跨在河北省趙縣河之上，又名安濟橋。橋身造型空靈，6條弧線恰到好處，給人以古樸、蒼勁的藝術美感。橋上兩側有42塊石欄板，欄板上雕有龍獸、花草等圖案，刻工精緻，形象逼真，更增加了趙州橋輕盈秀美的風韻。

趙州橋是世界上現存最古老的單孔敞肩式石拱橋，距今1300年，經受了無數次大地震的考驗，被譽為「天下之雄勝」，在建築史上的地位，無可撼搖。

趙州橋是單孔敞肩式，拱圈為半圓弧的一部分，橋身淨跨度是37.37公尺，矢高7.23公尺，平緩坡勢，利於車馬通行。在大拱的兩邊，對稱嵌有4個小拱，這樣在山洪急流時也可以通行無阻，既減輕了洪流對橋的壓力，也減輕橋自身的重量。4個小拱的設計是中國首創。

趙州橋石欄板　隋

趙州橋由平行並列的28道拱圈構成，對於橋臺和橋墩之間略有不同的升降有很大的適應力；而且每個拱合攏後便可以單獨承受重力，方便施工和維修。李春等匠師在此基礎上，又於拱圈面上放置了一層橫向石板做護拱石，各個圈面之間安放了鐵腰，還在護拱石和拱背間加置了9根鐵拉桿和6塊鉤石，並將橋的寬度從兩端向中部遞減，使兩側各道拱圈微微向內收攏後，將整座橋聯成一體，解決了並列拱圈間橫向聯繫不緊密、易於向側面傾散、缺乏整體性的問題。

趙州橋開創了敞肩式拱橋形式以及4個小拱的獨特設計等成就，推動了中國建築技術的發展。

趙州橋　隋

隋末叛軍

大業十二年（公元616年），由於各地叛軍迅速發展，隋煬帝意識到隋王朝危在旦夕，便將注意力放到鎮壓叛亂上來。隋王朝逐漸加強對叛軍的鎮壓，但各路軍經過持久的戰鬥，壯大力量，也開始與之對抗，攻陷許多郡縣，消滅了大量的郡兵和府兵。

在隋王朝集中力量進行鎮壓的情況下，少數最早的叛軍受折。他們吸取分散作戰易於被各個擊破的教訓，在大業十三年（公元617年）初，形成了杜伏威領導的江淮軍、竇建德領導的河北軍與李密、翟讓領導的瓦崗軍3大集團。

大業十三年（公元617年）三月，瓦崗軍圍攻東都；六月，又大敗隋軍。隋煬帝派薛世雄率燕地精兵前去救援，於河間七里井被竇建德擊敗。叛軍占領河北、中原和江淮廣大地區，隋王朝的殘餘勢力被分割包圍在長安、洛陽、太原、幽州、揚州等幾個孤立的據點。至此，隋王朝已陷於土崩瓦解的境地。

持盾步兵俑　隋

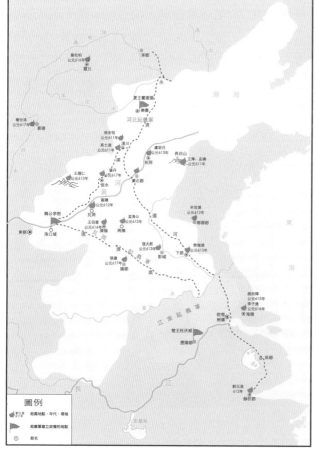

隋末亂事早期示意圖

《隋書》·〈高祖紀〉有關隋文帝改進府兵制的詔令

青瓷葵口高足碗　隋

煬帝亡隋

鑲金珠寶飾　隋

隋煬帝三巡江都後，荒淫無度，令王世充挑選江淮美女，送至宮中。他終日醉酒狂歡，唯恐不足。但是天下危亂，隋王朝岌岌可危，他也憂懼不安，常與蕭后談論叛軍要推翻隋朝的傳聞，還常常攬鏡自照，對蕭后說：「好頭頸，誰當斫之！」此時，隋煬帝已無心北還，想定都丹陽（今南京）。但從駕士兵很多是關中人，久離家鄉，於是私下逃亡不止。

大業十四年（公元618年）三月，虎賁郎將司馬德戡、趙行樞等十餘名近臣，怕受牽連，密謀結黨西逃。宇文智及聽說後獻計：「你們叛逃實自取滅

石棺　隋

隋代官吏制度確定後，喪葬制度應運而生。不同官吏依職位高低訂立葬儀的大小、葬品的多少。這具石棺即當時貴族的葬品，外形依照殿堂樣式設計，宏偉壯觀。

亡，不如趁機圖帝王之業。」於是共推宇文智及兄宇文化及為主，與馬文舉、令狐行達等引兵入宮，縊殺煬帝。煬帝之子趙王杲、蜀王秀、齊王以及隋宗室、外戚等，只留秦王浩活著，隋朝離滅亡不久矣。

樂舞隊　隋

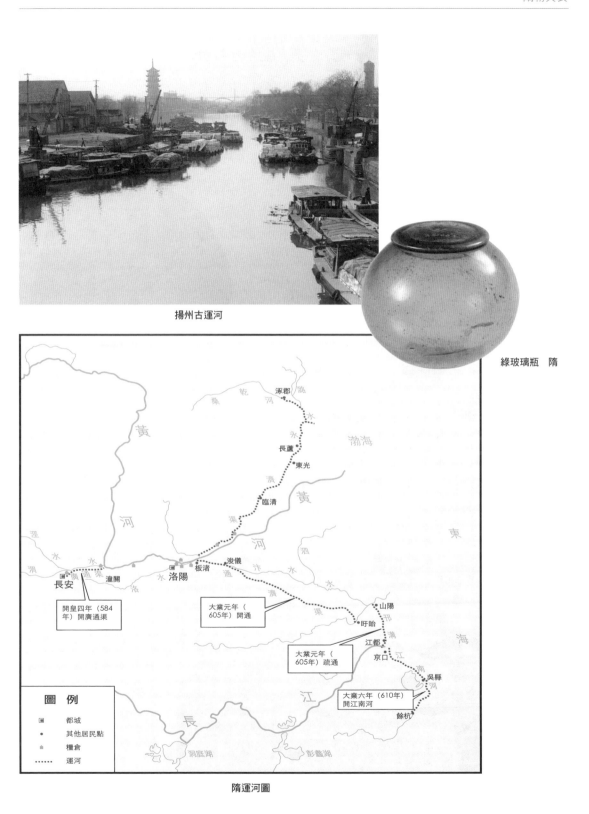

揚州古運河

綠玻璃瓶　隋

隋運河圖

大唐初興

第二章　大唐盛世

李淵建唐

在反隋的割據勢力中，李淵父子集團最終掃滅群雄，統一中國。

李淵出生於關隴一個貴族家庭。其祖父原是西魏八柱國之一，北周剛建國時被追封為唐國公。其父李昞任北周柱國大將軍。李淵生於周天和元年（公元566年），幼年喪父，7歲襲唐國公爵。隋滅北周後，李淵先後任貼身侍衛官、太原留守等職。在隋王朝土崩瓦解之際，李淵眼看隋政權很快就要滅亡，於大業十三年（公元617年）五月，殺死太原副留守王威、高君雅，在太原起兵。李淵大軍所指之處，隋將紛紛投降，在短短的一百二十多天內，李淵便佔據關中，攻陷長安。進入長安後，立煬帝孫代王楊侑為傀儡皇帝（隋恭帝），遙尊在江都的隋煬帝為太上皇，

唐高祖李淵像

李淵自任大丞相、唐王，統領朝政。

大業十四年（公元618年）三月，隋煬帝在江都被叛軍弒殺。同年五月，李淵廢黜楊侑，自立為帝，國號唐，是為唐高祖，建號武德，定都長安。唐王朝從此誕生。

唐朝建立後，一面穩定關中局勢，發展經濟，提高軍事力量；一面四處征伐，擴展勢力。在武德年間（公元618～626年），李淵之子李世民率名將秦叔寶、程知節、尉遲敬德、翟長孫等人，陸續平定各地割據武裝勢力，最終統一中國大唐帝國拉開序幕。

唐長安城

位於今中國陝西省西安市。這段城牆為明代修建，南城牆部分建在唐長安皇城牆基上。

鎏金鋪首　唐

玄武門兵變

　　唐王朝統一中國後，皇室內部爭奪皇位繼承權的鬥爭卻愈演愈烈。武德九年（公元626年），秦王李世民發動政變，殺死太子建成及其弟元吉等人，史稱「玄武門之變」。

　　在唐朝建立的過程中，李世民立下了赫赫戰功，聲名遠播，權勢大增。武德四年（公元621年），李世民率軍一舉擊敗竇建德，逼降王世充，從而揚名天下，威震四海。太子建成見李世民勳業日盛，感到對白己的繼承權威脅越來越大。但因他是太子，又得到小弟元吉的支持，在爭奪皇位中處於優勢，便不把李世民放在眼裡。

　　武德九年（西元626年），李建成、李元吉藉突厥進兵之機會，共謀調出秦王府兵將，藉以削弱李世民的兵力。李世民得知後，與親信房玄齡、長孫無忌等密謀，於六月四日在宮城北門玄武門內設下伏兵。李建成、李元吉上朝時行

至玄武門，發現情況異常，急忙轉身返回。

　　李世民從後面大呼追趕，李元吉倉皇之中轉身張弓，連發3箭，皆未射中李世民。李世民還射，太子李建成中箭身亡。元吉也被李世民部將射死。

　　高祖聽聞此事大驚，與裴寂等臣商議，蕭瑀、陳叔達答道：「建成、元吉本未參與起義，因己無功於天下，而嫉妒秦王功高，狼狽為奸。現在秦王討伐並誅殺他們，陛下可將國事委於秦王。」

唐太宗像

　　高祖只得點頭稱善，六月七日立李世民為皇太子，2個月後又被迫讓位給李世民，自稱太上皇。就這樣，李世民通過「玄武門兵變」而登上帝位。

　　唐太宗李世民即位後，加強中央集權，進一步鞏固國家統一，持續推行均田制和租庸調制，允許以實物代替勞役，從而使萬民歸心，對唐初社會經濟的恢復與發展甚有貢獻。

掐絲菱紋柄金刀　唐

玄奘取經

貞觀三年（公元629年）八月，玄奘為消除佛法分歧，決定西行，前往天竺取經。

玄奘，為唐代高僧、佛教學者、旅行家和翻譯家。13歲出家為僧，俗姓陳，洛州偃師人，出生於儒學世家，從小便接受文化的薰陶。玄奘出家為僧後，為了增長見識，開始遊歷全國，遍訪名師，博讀經論。這段過程中，他了悟各種佛教理論各有其說，為求正道，於是決定西行天竺尋求可以總結諸論的《瑜伽師地論》。

貞觀三年（公元629年）八月，玄奘獨自一人由長安出發，歷經數年艱難跋涉，終於在貞觀十九年（公元645年）從印度攜657部梵文佛經返回長安，受到唐太宗李世民的盛情迎接。後世長篇小說《西遊記》便取材於此段經歷。

玄奘精通梵、漢文，將直譯、意譯相結合，自成一體，共譯經論775部，

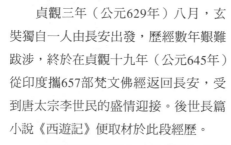

玄奘墓塔
位於今西安城南

玄奘像

1235典，耗時1年，並撰成西行時沿途經過的國家、地區情況的《大唐西域記》，以滿足太宗了解西域及天竺各國情況的急切心情。

玄奘譯《功德經》內頁

玄奘西行求法圖　敦煌石窟

諍臣魏徵

唐太宗初年，增設相位，集思廣益，為「貞觀之治」奠下了基礎。大臣魏徵（公元580～634年），字玄成，館陶（今屬河北）人，唐初政治家。在「玄武門之變」之前，為太子洗馬。太宗即位後，十分欣賞他的才能，拜魏徵為諫議大夫。他便開始參與朝政中的重大決策。後一度拜相任侍中，封鄭國公，成為唐太宗的得力助手。

魏徵不但有卓越的文治武功，而且還有一套系統的政治思想。他歸納歷代治國安邦之道，其功績在中國古代政治史上有特殊地位。

魏徵像

魏徵書法　唐

鎏金葡萄紋鏡　唐

魏徵在唐初的「貞觀之治」中占有舉足輕重的作用。他以諷諫出名，被譽為「前代諍臣一人而已」。他曾多次諫止太宗意氣用事，有時甚至使唐太宗下不了臺。魏徵還注重提醒太宗要防微杜漸，善始善終。貞觀十三年（公元639年），魏徵上〈十漸不克終疏〉，對李世民的施政提出尖銳的批叛。魏徵前後陳諫二百餘事，曾有「兼聽則明，偏聽則暗」；君好比舟，民好比水，「水能載舟，亦能覆舟」等著名的政治諫言。

貞觀十七年（公元643年）正月，魏徵病危，太宗關切問候，並賜以藥餌。魏徵去世，太宗命九品以上官員都去弔喪，並贈給羽葆鼓吹，還允許魏徵陪葬昭陵。對於魏徵的功績，太宗曾說：「人以銅為鏡，可以正衣冠；以古為鏡，可以知興替；以人為鏡，可以明得失；今魏徵歿，朕失一鏡矣！」

貞觀之治

太宗治國

貞觀年間（公元627～649年），唐太宗意識到讓百姓安居樂業的重要性，便採取輕徭薄賦、整飭吏治、健全法制等政策；而他自己也能做到虛心納諫、以古為鏡、知人善任，終於取得重大成效，社會上一度出現「天下大稔，流散咸歸鄉里，來斗不過3、4錢，終歲斷死刑才29人。東至於海，南極五嶺，皆外戶不閉，行旅不齎糧，取給於道路焉」的興旺景象。這就是後人稱讚的「貞觀之治」。

經歷了長達10年的社會動亂和戰爭之後，唐初經濟凋敝，全國呈現出破敗的景象，人民生活困苦，國家財政拮据。為了改善這種狀況，唐太宗實行輕徭薄賦、休養生息之策。為了增加社會勞動力，他獎勵男女及時婚嫁，提倡鰥寡婚配，人口因此迅速增長。

與此同時，唐太宗大力倡導節儉治國，為此採取合併道州縣，精簡吏員，完善府兵制等措施。他放免宮女三千餘人，令其婚配，這不僅節省宮廷費用，也有良好的社會效果。為了壓縮開支，唐太宗盡量避免和減少戰爭，以緊縮軍費支出。這一系列政策保障了人民安居樂業，同時又發展農業生產。

春糧俑　唐

冒雨耕牛圖　唐

松贊干布像 唐卡

文成公主

松贊干布是藏族歷史上的英雄人物，出生於藏河（今雅魯藏布江）中游的雅隆漢谷地區。他統一藏族地區，成為藏族贊普，建立吐蕃王朝。

松贊干布渴慕唐風，希望能和大唐和親。貞觀八年（公元634年），松贊干布遣使入唐進貢並請婚。唐太宗沒答應，派馮德遐前去撫慰。松贊干布又遣使隨馮德遐入朝，「多繼金寶，以奉表求婚」，也未獲准。貞觀十四年（公元640年），松贊干布再遣大相祿東贊至長安，獻金5000兩，珍玩數百請婚。唐太宗感其誠意，讓宗室女文成公主出嫁吐蕃。次年（公元641年）初，文成公主在唐送親使江夏王李道宗和吐蕃迎親專使祿東贊的陪伴下，出長安去邏些拉薩完婚。

據《吐蕃王朝世襲明鑑》等書記載，文成公主出嫁隊伍非常龐大，嫁妝很豐厚。有釋迦佛像、珍寶、金玉書櫥、360卷經典、各種金玉飾物，又有很多烹飪食材，各類飲料，各種花紋圖案的錦緞墊被，卜筮經典300種，用以分別善與惡的明鑑，營造與工技著作60種，治404種病的醫方100種，醫學論著4種，診斷法5種，醫療器械6種。還帶了大量穀物和蕪菁種子等入藏。

松贊干布於河源迎親，對唐行子婿之禮，還專建宮室供文成公主居住。文成公主還帶去了各種工匠，此隊伍成為傳播中原先進的農業、手工業、文化科學技術的使者。

文成公主在吐蕃生活了近40年，一直備受禮遇並深得吐蕃人民愛戴，永隆元年（公元680年）文成公主病故。

松贊干布鑲嵌寶石
的銅冑 吐蕃

步輦圖 唐 閻立本
此圖描繪唐太宗會見吐蕃贊普派來迎娶文成公主的使者祿東贊的情景。

太宗政績

唐太宗李世民，隋末時追隨父親李淵於太原起兵，為唐朝的建立東征西討，立下汗馬功勞。武德九年（公元626年）李世民發動「玄武門之變」，成為太子，遂登上帝位。

在執政期間，太宗李世民推行府兵制、均田制、租庸調制等一系列政策的同時，加強對地方官吏勤政愛民的考核，令人修《氏族志》、《五經正義》並發展科舉制度。他歸納隋朝滅亡的教訓，任人唯賢，知人善任，虛心納諫。唐初出現魏徵等正直諫臣，並起用房玄齡、杜如晦為相。

貞觀年間（公元627～649年）社會繁榮，萬民歸心，被稱為「貞觀之治」。貞觀十五年（公元641年），把文成公主嫁給吐蕃王松贊干布，幫助藏族地區發展經濟、文化，促進漢、藏兩族的友誼。但其施政也有錯誤的時候，晚年為了顯示武力，連年用兵征高麗，並營造宮殿，勞民傷財，造成社會不穩。

朝陽南塔

建於唐代，高42公尺，其形制使人想起雍容雄偉的西安大雁塔。

杜如晦像

貞觀二十三年（公元649年）正月，太宗親撰《帝範》12篇賜與太子李治，承認自己並非完人，也有不當之舉。臨終之際，叮囑喪事從簡，並令長孫無忌、褚遂良等輔佐太子，為唐朝盡心盡力。貞觀二十三年（公元649年）五月，唐太宗病逝於翠微宮。太子李治即位為高宗。因高宗多病，皇后武則天替他處理政事，逐漸掌握大權。

唐太宗昭陵

青釉詩詞盤　唐

初 唐 四 傑

　　唐代社會經濟的繁榮，帶動了文化的發展，詩人王勃、楊炯、盧照鄰、駱賓王等人以詩齊名，並稱「初唐四傑」。在這4個人中間，王勃的文學創作成就最高。

　　王勃（公元649～676年），字子安，絳州龍門（今山西河津）人，出生於書香門第，在家庭的薰陶下，才華早露，未成年時就被譽為「神童」，並被朝廷授朝散郎。其文學主張為崇尚實用，創作「壯而不虛，剛而能潤，雕而不碎，按而彌堅」的詩文，並批評對以上官儀為代表的宮廷詩「爭構纖微、競為雕刻、骨氣都盡、剛健不聞」的風氣。開始自覺革除南朝齊、梁詩文的餘風，促進了唐代詩文創作的轉變。

　　王勃流傳後世的作品有九十多篇，其中有賦、序、碑、表、頌等文體。特別是〈滕王閣序〉在唐代已膾炙人口，被認為是永垂不朽的「天才」之作。

　　駱賓王（約公元626或627～684年），婺州義烏（今浙江義烏）人，才華早露，少時就有「神童」之稱，在四傑中他的詩最多。駱賓王擅長七言歌行，他的名作〈帝京篇〉在當時就已十分流行。光宗元年（公元684年）九月，他助徐敬業討伐武則天，寫下了聞名天下的〈為徐敬業討武曌檄〉。後舉兵失敗，下落不明。

　　楊炯（公元650～？年），弘農華陰（今屬陝西省）人，曾任盈川縣令。在四傑中，他的詩數量最少，成就也最低。但他卻負才自傲，自以為超過王勃。楊炯的詩作以邊塞征戰詩最為著名。他的代表作〈從軍行〉，格調激昂豪邁，充滿愛國激情。楊炯的作品很複雜，既具有宮廷詩的烙印，又與之抗衡，為唐初詩壇吹進一股新風。

　　盧照鄰（約公元635～約689年），字升之，自號幽憂子。自幼家境貧寒，仕途上很不得志，一生只任過一些小官。後因病辭官，在太白山隱居。晚年病勢更重，臥床十餘年，著有〈釋病文〉、〈五悲文〉等，武后執政時曾多次召見他，他都沒有就職。後因不堪忍受病痛折磨，他自投潁水而死，僅活了五十多歲。盧照鄰多寫憂怨愁苦之作。他自號幽憂子，正說明了他的心境。幽憂是他生活的寫照，也是他作品的象徵。他的代表作〈行路難〉和〈長安古意〉被世人稱為唐初傑作。

王勃像

駱賓王像

楊炯像

盧照鄰像

唐定百濟

顯慶五年（公元660年）三月，百濟和高麗聯合，多次對新羅進行掠奪。新羅無奈，只好向唐王朝求援。唐遂派大將蘇定方率水陸大軍10萬攻打百濟。

唐軍大敗百濟，殲滅和招降其軍萬餘人。百濟國王扶餘義慈及太子扶餘隆投降。唐收復百濟後，在百濟之地置熊津等5處都督府，任命百濟的酋長為都督、刺史。

龍朔元年（公元661年），百濟僧人道琛和百濟國舊將福信把故王子扶餘豐從倭國迎回，立為百濟王，再度反叛唐朝，進而圍攻唐守兵。唐政府派劉仁軌與新羅

金銅製五鈷鈴　高麗

銅製蒲柳水禽飾瓶
高麗

兵攻打扶餘豐等部。龍朔二年（公元662年）七月，劉仁軌戰勝百濟軍，占攻真峴等城。龍朔三年（公元663年）八月，劉仁軌大軍在白江口又擊敗倭兵，焚毀倭兵船隻四百餘艘，並攻佔百濟王城周留城。百濟王扶平逃奔高麗，王子忠勝等人投降。

平定百濟後，高宗詔令劉仁軌領兵鎮守百濟。劉仁軌派人前往百濟各地宣布政令，勸課農桑，訓練士卒，以圖攻打高麗。

唐平定百濟，此後倭國幾百年不敢入侵朝鮮半島。後來高麗發生內亂，唐趁機討伐，歷時2年，終於將其平定。

文官圖　唐

唐初多因襲隋制，帝王及文武百官均能戴圖中所示的黑色幘，至貞觀後，則為帝王、內臣所專用。

一代女皇

武后稱帝

天授元年（公元690年）九月，武則天登基稱帝，改國號唐為周。武則天（公元624～705年），并州文水（今山西省文水東）人，唐高宗永徽六年（西元655年）被立為皇后，參與政事，後自立為帝。她通文史，多權謀，開創殿試制度，親自考核貢生，這是對門閥貴族一個重大打擊。她執政期間，對唐代政治、經濟、文化的發展有重要貢獻。

自高宗死後，武后臨朝聽政，並廢中宗李顯，立睿宗李旦為帝。天授元年（公元690年）七月，武后的親信法明、懷義和尚等10人獻呈《大雲經》，內有女主之文，陳符命，說武則天是彌勒下界，應該做人間主。這一切都是為武則天稱帝製造理論根據。

載初元年（公元690年）九月三日，侍御史傅遊藝臆測武則天的心思，率關中百姓900人上表，請改國號為周，賜皇帝武姓。

武則天假裝不許，但升傅遊藝為給事中。百官及帝室宗戚、百姓、四夷酋長、沙門、道士6萬餘人又請改唐為周，睿宗皇帝亦不得不上表請改武姓。於是武則天在九月九日宣布改唐為周，改元天授。十二日，武則天受尊號為聖神皇帝，將睿宗皇帝立為皇嗣，賜姓武，以皇太子為皇太孫。十三日，立武氏七廟於神都洛陽，追尊其父王為始祖文皇帝，周平王少子姬武為睿祖康皇帝，又立武承嗣為魏王，武三思為梁王，武氏諸姑姊為長公主。十月，制天下武氏悉免課役。

武則天改唐為周長達15年。神龍元年（公元705年），武則天被迫讓位給廬陵王李顯，是為唐中宗，武周結束。

武則天像

武則天無字碑

武后步輦圖　唐　張萱

狄公拜相

武后天授二年（公元691年）九月，狄仁傑拜相。狄仁傑（公元607～700年），字懷英，太原人，唐代名臣。青年時他就胸懷大志，刻苦好學，後踏入仕途，歷任大理寺丞、侍御史、刺史及宰相等職。

狄仁傑善處理案件，一生斷案無數，對每個案件都要審核周詳，秉公處理。狄仁傑對朝事直諫也很出名。高宗執政時，大將軍權善才誤砍昭陵柏樹，高宗要殺他，狄仁傑認為權善才罪不該死，據理力爭。高宗終因理屈，將其改為流放。

狄仁傑重民生業，力革弊政，在任

狄仁傑像

寧州刺史時，妥善處理與戎夏的關係，頗受尊敬。在任江南巡撫使時，燒毀淫祠一千七百餘所。武則天執政後，想建造大像，需要費錢數百萬，狄仁傑認為此舉勞民傷財，便直言進諫，於是武則天免了此役。

天授二年（公元691年）九月，狄仁傑拜相。有一次，武則天問狄仁傑：「卿在汝南（豫州），甚有善政，卿欲知譖者名乎？」狄仁傑回答說：「陛下以臣為過，臣請改之；以臣無過，臣之幸也，不願知譖者名。」武則天被他的寬洪大量極其感動，更加重用狄仁傑。

狄仁傑書墓誌　唐
此為大周故相州刺史袁公瑜墓誌，由河北道安撫大使狄仁傑撰寫。狄仁傑為一代名相，書名遂為政名所掩，此志可為佐證。

《唐律疏議》殘卷
此殘卷發現於敦煌石窟，為《唐律疏議》中關於〈盜賊篇〉的文書。

開元盛世

韋后攝政

唐中宗景龍四年（公元710年），韋后與安樂公主毒害中宗。六月二日中宗暴死於神龍殿，時年55歲。

韋后並不急著為中宗發喪，而是把這件事壓下來。第二天，韋后召集諸宰相進宮來，徵調府兵5萬人駐守京城，自己總攬朝政，又派左監門大將軍兼內侍薛思簡等率兵500人速奔均州，以防譙王重福，並提拔刑部尚書裴談、工部尚書張錫同為中書門下三品，仍駐守東京；同時提升吏部尚書張嘉福、吏書侍郎岑羲、吏部侍郎崔同為平章事，料理朝政。

太平公主獲悉中宗駕崩的情況後，與上官昭容密謀草擬遺詔，立溫王重茂為太子（中宗的幼子，非韋后所生），由皇后知政事，相王李旦共參政事。九月四日，中宗的棺木才被移至太極殿。韋后召集文武百官正式發喪，她仿效武后臨朝攝政，立溫王重茂，大赦天下，改元唐隆。五日，皇太子重茂即位，即少帝，尊韋后為皇太后。

韋后臨朝後，親信宗楚客和諸韋齊勸她學習武后，韋溫、武延秀、安樂公主等人也想將相王、太平公主除去，然後廢少帝，以成大事。他們沒有想到的是，韋后攝政僅十幾天，相王李旦的第3個兒子李隆基就聯合禁軍豪士，與太平公主等舉兵入宮，殺死韋后、安樂公主及其黨羽。

青玉花鳥紋釵　唐

大禮服　唐

簪花仕女圖　唐　周昉

始置藩鎮

景雲元年（公元710年）十月二十日，幽州鎮守經略節度大使薛訥（薛仁貴之子）被任命為左武衛大將軍兼幽州都督。從此唐便開始設置節度使。

依照唐朝的規定，任命親王為節度大使。只要親王本人不在職位上處理日常事務，而是仍居京城為官的，都要在所鎮守的地方另外設「副大使」一職。別的節度使下面，亦可以設置節度副使，幫助節度使處理日常事務。

唐代設立節度使一職，一開始有穩定邊疆、加強邊防的功用，但也為後來節度使擁兵自重、不受管調，甚至起兵反叛埋下了禍根。

三彩武士俑　唐

駱駝紋軍用水注　唐

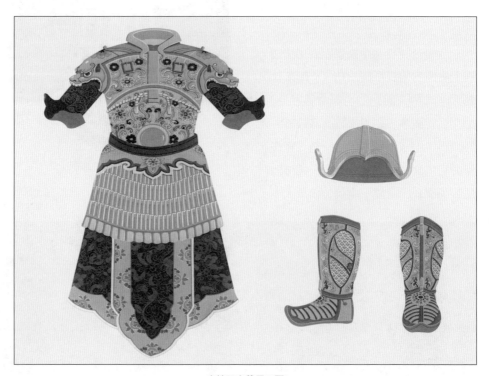

唐鎧甲穿戴展示圖

玄宗即位

李隆基（公元685～762年），為唐睿宗李旦第3子，唐第7代皇帝。他性格果斷，儀容英武，且多才多藝，尤其擅長音律。他初被封為楚王，後改封為臨淄王。

李隆基於景雲元年（公元710年）和姑母太平公主發動政變，將韋后之餘黨消滅，擁其父李旦即位。因李隆基除韋后有功，唐睿宗李旦立其為太子。延和元年（公元712年）七月，西方出現彗星，經軒轅入太微至大角，於是，太平公主遣方士向李旦進言：「彗星是預示當除舊布新之星；彗星一出，帝座也隨之變位，這表明太子要為天子了。」他們向李旦進此言的意思是李隆基將要弒君篡位，希望李旦趕快將其除掉。

李旦不解他們的意圖，說：「傳位於太子就可避災，我已經下了決心，傳位於他。」李隆基知道後，急忙入宮，叩頭道：「我功勞微薄，越諸位兄弟成為太子，已經覺得日夜不安了，如父皇讓位於我，會使我更加不安。」

唐玄宗像

李旦說：「我之所以得天下，都是因為你的緣故。現在帝座有災，傳位於你，為的是轉禍為福，你懷疑什麼？」李隆基仍再三推辭，李旦說：「你是孝子，為什麼非要等我死後在柩前即位呢？」太子只好流淚應之。太平公主和其同黨也力諫皇帝，認為不可讓位，但是李旦主意已決。於是唐睿宗李旦在七月二十五日詔令正式傳位於太子。

八月三日，李隆基（玄宗）即位，尊睿宗李旦為太上皇帝。八月七日，唐玄宗李隆基改元為先天，大赦天下。

銀盒　唐

登科平樂舞圖　唐

金框寶鈿玉帶銙　唐

開元盛世

開元（公元713～741年）為唐玄宗統治前期的年號，這時期唐王朝國勢強盛，各方面皆達到空前的盛世景況，史稱「開元盛世」。

為了增強國力，加大財政收入，唐玄宗先從經濟方面入手。首先，打擊豪門士族，爭奪土地勞力；第二，改革食封制度，以增加政府財政收入，減輕人民負擔；第三，打擊佛教勢力，淘汰僧尼；第四，發展農業。

外交方面，玄宗實行民族和解的政策，改善民族關係，使國家得到進一步統一。同時，開元年間和睦的民族關係對於社會穩定和經濟發展也有積極意義。

莊園生活圖　唐

由於唐玄宗採取了一系列積極的政治經濟措施，加上廣大人民的辛勤勞動，唐王朝在各方面都達到極高的水準，國力空前強盛。社會繁榮促進人口的大幅度增長。

在開元時期，唐代人口增長到5290萬人，商業亦十分發達，國內交通四通八達，城市更為繁華，對外貿易不斷增長，波斯、大食商人紛至沓來，長安、洛陽、廣州等大都市商賈雲集，各種膚色、不同語言的商人身穿不同的服裝來來往往，十分繁榮，中國社會達到了全盛的階段。

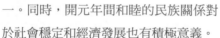

高轉筒車復原圖　唐

宮中行樂圖　唐　佚名

三彩騎馬男俑　唐

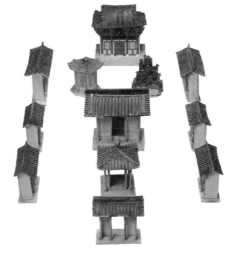

三彩房屋　唐

唐三彩

唐代有種嶄新的作品出現在陶瓷領域，這就是唐三彩。

它是一種低溫鉛釉陶器，顏色有許多種，常見的有黃、綠、白三色，故稱之唐三彩。唐三彩以其富麗堂皇的視覺效果和絢爛多彩的顏色，充分體現盛唐的藝術風格。

唐代統治者生前奢侈浮華，死後亦要講究厚葬，唐三彩正適應這股潮流，產量激增，後來被運用到日常生活中。其造型豐富，成為反映唐代社會生活的百科全書。

唐代時，陶瓷工匠對多類金屬氧化物的呈色原理有了更深的認識，在原有的鉛釉陶中加入鐵、銅、鈷、錳等不同金屬氧化物，燒製出集黃、綠、赭、白、藍等色中的一色或多色於一器的彩陶，這就是唐三彩。由於鉛釉非常容易流動，燒製時施釉用量不同，一種色釉也會產生濃淡長短自然變化的奇妙效果，多種色釉互相浸潤後，更是斑駁離奇，參差變幻。這種釉色特點，使唐三彩在交相輝映中顯示出堂皇富麗的藝術魅力。

唐三彩製品主要分為器皿和俑兩大類。器皿是用於生活用具，包括瓶、罐、缽、盤、杯、碗、爐、硯、枕等。俑是用作陪葬的冥器，有貴婦、侍俑、武士、文官、樂人等人物形象，亦有馬、駱駝、驢、獅、牛、虎、鴨、雞、鴛鴦等飛禽走獸。唐代出土的三彩容器，器形飽滿渾厚，線條圓潤，器身外部色彩斑駁燦爛，充分展現大唐的盛世風範。

三彩陶馬　唐

安史之亂

第三章　由盛而衰

口蜜腹劍

　　李林甫原是吏部侍郎，奸詐狡猾。他善於拉攏宦官和妃嬪，故而對皇帝的一舉一動瞭如指掌。因此，他每次都能揣測到皇帝的心思而去奏旨，深得唐玄宗的賞識。當時唐玄宗對武惠妃甚為寵愛，其子壽王瑁也最得玄宗歡心。李林甫諂附武惠妃，由此得以擢升為黃門侍郎。開元二十二年（公元734年）五月二十八日，李林甫、張九齡、裴耀卿三人分別被唐玄宗任命為禮部尚書、中書令、侍中，同為中書門下三品。後來李林甫逐漸專權。

　　在李林甫為相的19年中，玄宗對他始終非常信任。李林甫是著名的奸相，喜歡玩弄權術，表面上甜言蜜語哄騙，背後卻陰謀暗害。成語「口蜜腹劍」即由此而來。凡被玄宗信任但反對他的人，他總會親往交結，對其阿諛奉承，等他權力在握時，便設計除去此人。即使是再老奸巨滑，也往往敗於李林甫之

彩繪文官俑　唐
公元1972年中國陝西省醴泉縣鄭仁泰墓出土唐彩繪釉陶文吏俑，高69公分，頭戴平巾幘，穿大袖折衣，方帛填胸，大口褲。

手。後來同時為相的張九齡、裴耀卿等都被他排擠而罷相。

　　李林甫任宰相期間，朝中再沒有人敢直言諫上。唐代衰落，由此開始。

狩獵紋高足銀盃　唐

玉雲形杯　唐

金 銀 燦 然

　　大唐盛世政治穩定，經濟繁榮，人
民生活水準有所提高，消費水準也隨之
提高，金銀器開始普及使用，從而大大
促進製作工藝的發展。

　　盛唐金銀器加工技術有銷金、拍
金、鍍金、嵌金、捻金、織金、披金、
泥金、鏤金、圈金、貼金、裹金、砑
金、戧金等14種方法。這些金工技術的
出現，使金銀器製作方法十分複雜。這
時金銀器主要有碗、杯、盤、碟、壺、
罐、鍋、盒、熏爐、熏球、首飾等，形
體精緻美麗，紋樣生動。

　　風格上可分為兩大類型，一類是繼
承傳統，依舊採用中國傳統陶瓷、銅
器、漆器的器形和紋樣，具有中國特
色；另一類在器形和紋樣上都受波斯薩
珊金銀器的影響，出現西方題材的海獸
葡萄紋、打馬球紋等。另外還有一些金
銀器是直接從西方進口，唐朝工匠從中
吸取其長處，融入自己的創作中。

金團花紋把杯　唐

蓮瓣花鳥紋高足銀盃　唐

銀鍍金人物圖香寶子　唐

銀鍍金人物圖香寶子（正面）　唐

香寶子出土於陝西省扶風縣法門寺真身舍利塔地宮，
高24.7公分，口徑12.3公分，現藏在陝西省扶風縣法
門寺博物館。

銀鍍金人物圖香寶子（背面）　唐

鑑真和尚漆像　　　　　　　　　　　鑑真大和尚紀念碑

鑑 真 東 渡

　　唐玄宗天寶十二年（公元753年），鑑真和尚跟隨著日本遣唐使，從揚州登船出發，東渡日本弘揚佛法。第6次東渡終於成功。

　　鑑真和尚（公元688～763年），揚州江陽人，俗姓淳于，少年時便出家為僧。他曾跟隨高僧受中宗禮聘，到東都洛陽和長安，為中宗解經，並在洛陽、長安開壇講道。

　　天寶元年（公元742年），在中國已居10年的日本高僧榮睿、帝照等從洛陽

揚州平山堂鑑真紀念碑
鑑真和尚先後5次東渡日本受挫，第6次才告成功，於天寶十二年（公元753年）抵達，受到隆重歡迎。次年為聖武天皇等授戒，並建唐禪院。

到揚州，訪謁鑑真，恭請鑑真東渡日本弘法。從天寶二年（公元743年）到天寶九年（公元750年），鑑真曾5次東渡或準備東渡，皆因種種原因失敗。

　　鑑真一行先由揚州乘船到蘇州，在蘇州改乘遣唐副使阿倍仲麻呂的船東渡。天寶十二年（公元753年）十二月，鑑真抵達日本，受到隆重歡迎。鑑真到達日本後，次年（公元754年）四月為聖武天皇等授戒。天寶十四年（公元755年），又往東大寺壇院授具足戒。同年，日本建唐禪院，供鑑真居住。聖武天皇去世後，日本以御供大米、鹽等供奉鑑真。代宗廣德元年（公元763年）五月，鑑真於招提寺圓寂。

　　鑑真東渡，不僅對日本佛教，而且對日本的醫藥、建築、雕塑等眾多方面產生了重要影響，為中日文化交流史上的重要事件。

祿山之爪

唐玄宗執政後期，節度使安祿山和史思明發動了長達8年之久的叛亂，史稱「安史之亂」。

節度使一職於睿宗時始設，當時只是統領邊防軍鎮的使職。後來唐玄宗為了便於控制和防禦周邊的少數民族，將節度使增為10個，他們除管軍政外，還兼管本道民政及財政，使其權勢積重。玄宗統治後期，任用奸相李林甫，並因對楊玉環的寵愛而大封楊氏家族，還封楊貴妃的3個妹妹為韓國夫人、虢國夫人、秦國夫人，並稱她們為姨，允許她們自由進出宮廷。3位夫人與楊氏宗親權重勢重，欺壓百姓，奢華之極。

楊氏敗壞朝綱，眾大臣敢怒而不敢言。這些內亂外憂使中央軍備空虛，天寶元年（公元742年），全國兵數有57萬餘，其中邊兵竟佔49萬。

安祿山即在這種外重內輕、節度使權力尾大不掉的局面下起兵叛唐。安祿山於天寶元年（公元742年）任平盧節度使，後來身兼平盧（今遼寧朝陽）、范陽（今北京）、河東（今山西太原西南）三鎮節度使，權力集中，兵力雄厚，唐廷中再也無人可以撼動。

安祿山像

他洞悉長安朝廷腐朽、實力空虛的內情，又因與楊貴妃之宗親楊國忠爭權，心生不滿，遂於天寶十四年（公元755年）十一月，以討伐楊國忠為名，從范陽起兵。

河北州縣望風瓦解，守、令或逃或降，或被擒殺。叛軍來勢兇猛，直逼洛陽（今河南洛陽東），唐玄宗忙派遣大將封常清到洛陽募兵6萬抵抗。這些兵沒有經過正規訓練，很快被叛軍擊敗，洛陽失陷。封常清與駐屯陝州的大將高仙芝一起退守潼關（今陝西潼關東北）。玄宗聽信監軍宦官的誣告，殺死高、封兩人，起用病重在家的大將哥舒翰統兵赴潼關。

第二年（公元756年）正月，安祿山在洛陽稱大燕皇帝，令部將史思明經略河北。

銅軍用水注　唐

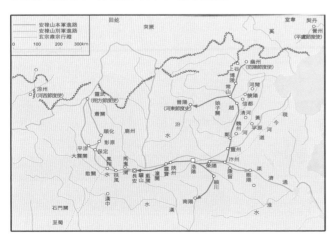

安史之亂示意圖

馬嵬之變

哥舒翰於靈寶兵敗，致使潼關失守，長安危在旦夕。唐玄宗因此大驚，手足無措，急召楊國忠商議對策。楊國忠建議他去蜀地躲避兵禍。唐玄宗予以採納，帶領大批皇親國戚和親信官員倉皇出逃。

天寶十五年（公元756年）六月十四日，玄宗與隨從逃到馬嵬驛（今陝西興平西），禁軍將士飢餓疲勞，怨恨不已，遂發生兵變。軍士將楊國忠殺死，並殺其子戶部侍郎楊暄及韓國、秦國夫人後，還要請殺貴妃。玄宗說：「貴妃常居深宮中，怎知國忠謀反之事呢？」高力士回答說：「貴妃實是無罪，但禁軍將士已殺其兄國忠，貴妃伴陪陛下左右，將士心中不安。願陛下三思，禁軍將士安則陛下安。」無奈，玄宗命高力士引貴妃至佛堂，縊殺之。

楊貴妃（公元719～756年），薄州永樂（今山西永濟）人，小名玉環，自幼喪父，在叔父家長大，後入選壽王

楊貴妃像

貴妃出浴圖　唐

府，被封為壽王妃。

天寶四年（公元745年）八月，唐玄宗冊封楊玉環為貴妃，從此恩寵十餘年，楊門也隨之顯貴。

自從楊玉環被封貴妃後，楊氏家族備受恩寵，聲震天下，各方都來獻物拜見，門庭若市。民間流傳道「生男勿喜女勿悲，願君看女作門楣」，從中足以看到楊氏一族的顯赫程度。

馬嵬驛之變後，李隆基打算繼續西行，老百姓將他攔住，讓他留下來還擊安祿山。李隆基便分3000人給太子，令太子擊破逆賊，收復長安。此後，太子北進至靈武（今寧夏靈武西南），李隆基南入成都。

貴妃醉酒圖　版畫

楊貴妃墓，在今中國陝西省興平縣馬嵬坡。

肅宗光復

　　唐玄宗天寶十五年（公元756年）七月，李亨（肅宗）於靈武即皇帝位，是為肅宗，尊李隆基（玄宗）為太上皇帝，改元至德。

　　李亨，李隆基第3子，天性聰慧，兩歲封王，開元二十六年（公元738年）立為皇太子。天寶十三年（公元754年）正月，安祿山來朝，李亨對父皇說安祿山有反相，應及早將其誅殺。李隆基以為是無稽之談，不聽，後來安祿山果然造反。李隆基倉皇出逃後，留太子李亨抗敵，李亨招募兵馬，軍勢始振。

　　太子即帝位後，為了平定叛亂、收復長安，決定和回紇修好請兵。天寶十五年（公元756年）十一月，回紇可汗派兵支援唐肅宗。大將郭子儀率朔方等軍聯同回紇、西域之眾共15萬，與叛軍展開了大戰。叛軍大敗出逃，失地逐一收復。至德二年（公元757年）十月十九日，唐肅宗從鳳翔起駕進入長安，並派太子太師韋見素入蜀，奉迎玄宗。

迎玄宗圖　唐　佚名

白磁注　唐

明皇幸蜀圖　唐　李昭道

張巡守城

安史之亂爆發後，真源（今河南鹿邑）縣令張巡起兵抗擊叛軍，吏民跟隨者達數千人。至德元年（公元756年）三月、五月，張巡兩次於雍丘（今河南杞縣）大敗叛軍。

蕭宗至德二年（公元757年）七月六日，叛軍大將尹子奇又起兵數萬攻打睢陽。睢陽城被圍多日，糧食已吃盡，將士每人每天只能以米1盒，雜以茶紙、樹皮而食。張巡令部將南霽雲率30騎奮殺突圍，求救於臨淮。但臨淮守將懼怕賊兵，擁兵不救。叛軍知道臨淮守將拒援的消息後，圍攻更急。

城內茶紙被吃光，便殺戰馬而食；馬亦殺光，又羅雀掘鼠而食；雀鼠也盡，張巡忍痛殺己之愛妾，許遠也殺其

張巡像

奴，以供士兵之食；然後盡殺城中婦人食之，繼之以老弱男子。當時城中人知必死，無一叛者，最後只剩下四百餘人。十月九日，叛軍攻上城頭，守城士卒都因病或因餓無力再戰。張巡、南霽雲、雷萬春等36人都被殺害。

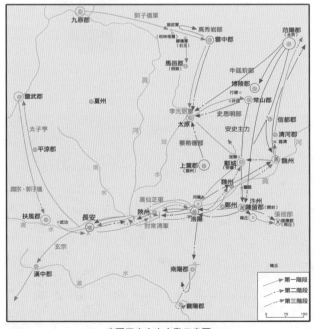

唐軍平定安史之亂示意圖

鐵矛及鐵鏃　唐

專勢爭權

代宗即位

　　上元年間，肅宗皇后張氏和李輔國狼狽為奸，專攬朝政。李輔國掌管禁軍，權傾朝野，宰相、百官臨時奏事，都要通過李輔國通報，再由他傳旨。刑官斷獄，也要先請示李輔國，判刑的輕重並不依據法律，而是隨李輔國的意向來定，沒有一位大臣敢違背其意。

　　皇后張氏在晚年與李輔國之間因權力之爭產生衝突，李輔國又與程元振結黨。寶應元年（公元762年）四月，肅宗病危，張皇后對太子李豫說：「李輔國久領禁兵，皇帝制敕皆從之出……現在皇上已經彌留，李輔國與程元振必會陰謀作亂，應速將其誅殺。」太子答曰：「陛下現在正是病危之時，而這兩人都是陛下舊臣，如不稟告而殺了他們，恐怕陛下受不了這種打擊。」

　　不久，肅宗病逝，享年52歲。李輔國殺死張皇后和越王系，於四月二十日，擁立太子即位，是為代宗。

宮中儀仗隊　唐

彩繪騎兵泥俑　唐

楓橋　唐

在江蘇省蘇州市閶門外的楓橋鎮，單孔石拱橋，始建於唐代。因唐代詩人張繼〈楓橋夜泊〉一詩而聞名。

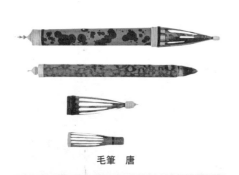

毛筆　唐

詩仙李白

李白像

唐代宗寶應元年（公元762年），唐代大詩人李白逝世，時年62歲。

李白（公元701～762年），字太白，綿州昌隆（今四川江油）人。他是唐詩的代表人物，是中國文學史上繼屈原之後又一偉大的浪漫主義詩人。李白出生在西域碎葉（今前蘇聯托克馬克），5歲時隨父遷居四川彰明縣的青蓮鄉，故號青蓮居士。開元十四年（公元726年），李白出蜀遠遊。

李白在蜀中漫遊時，曾登峨嵋、青城等名山，寫下了〈訪戴天山道士不遇〉和〈峨嵋山月歌〉等詩篇，顯露出李白早年的才華。

開元十三年（公元725年），李白25歲。他懷著對自己才能和政治前途的高度自信，「仗劍去國，辭親遠遊」，開始了首次大漫遊。他在當年秋天出陝，遊歷了洞庭、襄漢、廬山、金陵、揚州等地，歷時三年之久。開元十六年（公元728年）李白娶許圉師的孫女為妻，

太白醉酒圖　清　蘇六朝

並於湖北安陸定居，開始了「酒隱安陸，蹉跎十年」的生涯。

開元十八年（公元730年），李白曾到長安尋求政治出路，但處處碰壁，失意而歸。天寶六年（公元742年），42歲的李白在玉真公主的引薦下，被唐玄宗下詔徵赴長安。

當時八十餘歲的名詩人、太子賓客賀知章在長安與李白相會，遂稱其為「謫仙人」。經過賀知章的褒揚，李白的名聲頓時傳遍京師。唐玄宗隆重地召見他。但玄宗只是十分欣賞他的詩句，將他當作一個點綴「太平盛世」的文學侍從，任命他為「供奉翰林」，卻沒有任何實際職位。李白漸感自己政治理想的破滅。同時，他那種「揄揚九重萬乘主，謔浪赤墀青瑣賢」的傲然態度也令權貴們嫉妒與惱怒。因而權貴們對其百般讒毀，玄宗也逐漸疏遠。

太白醉酒圖　清　改琦

太白酒歌軸　明　宋廣

李白意識到「讒惑英主心，恩疏佞臣計。彷徨庭闕下，嘆息光陰逝」，於是上書請還，玄宗很快賜金放還。

從出蜀東遊到奉詔入京，直至辭官離京，這一時期是李白詩歌創作趨於成熟的時期。李白詩作名篇迭出，代表作有〈長干行〉、〈橫江詞〉、〈烏棲曲〉、〈蜀道難〉、〈子夜吳歌〉、〈古風‧大車揚飛塵〉、〈行路難〉等。

天寶十四年（公元755年），大唐爆發安史之亂，隱居於廬山的李白，目睹國家動亂、生靈塗炭的慘景，內心無比痛苦，希望能有機會為國家平叛立功。不久，玄宗第16子永王李璘由江陵揮師東下，李白應召參加幕府。可是永王卻被肅宗猜忌，擔心他一旦成功，會奪去皇位。至德二年（公元757年），李璘被肅宗追討，死於亂兵中，李白也以從逆罪下潯陽（今九江）獄，後來在流放夜郎（今貴州桐梓一帶）的途中遇大赦，得以東歸。此時李白已59歲。

上元二年（公元761年），李白準備跟著李光弼追擊史朝義，再次討敵，但因病中途返回。第二年（公元762年）他在當塗（今屬安徽）其堂叔家中因飲酒過度醉逝。李白與杜甫等人共同推動詩歌革新運動，影響深遠。現存李白詩九百餘首、散文六十多篇，均收錄在《李太白全集》（30卷）中。

江油太白故里

元載專權

廣德元年（公元763年）十二月，代宗重用元載，將其政敵苗晉任命為太保、裴遵慶為太子少傅，並罷政事。這樣，元載權勢益盛。

元載生性狠毒。肅宗執政時他任租庸使，大肆追徵江淮百姓天寶以來積欠的8年租調，有不服者，就嚴刑威逼，使得百姓家破人亡。元載任相後，先收買宦官董秀，兩人結為一黨；後又送給中書卓英倩大量金帛，兩人來往十分親密。這樣，元載便從他們口中得知代宗的意圖，每次上奏都與代宗不謀而合。代宗大喜，對他更加寵信。華原令顧繇

中書省之印　唐

上疏，說元載子伯和等招權納賄，魚肉百姓，代宗反將顧繇流放錦州。

永泰二年（公元766年）二月，元載害怕再有人揭其私，於是以代宗名義下令：凡百官奏事，必須先告知各部門長官，長官再報告給宰相。如長官、宰相認為有必要，再報告皇帝。刑部尚書顏真卿提出意見，認為這樣皇帝會自掩耳目，也會堵塞人臣的言路。元載把他貶至峽州（今湖北宜昌）。於是元載日益專權。

唐大歷十二年（公元777年），元載被代宗治罪處死。元載伏法後，代宗任命楊綰為中書侍郎、同平章事。下詔之日，朝野相賀。

侍女圖　唐

三彩駱駝及牽馬俑　唐

響銅鍍金香爐　唐

宦官魚朝恩

魚朝恩，瀘州瀘川人。天寶末年以宦官身份入內侍省。他生性狡猾，善宣納詔令。肅宗時期，多次被令監軍事。9位節度使在相州討伐安慶緒時，代宗沒有任命統帥，卻以魚朝恩為觀軍容宣慰處置使。

執茶具女侍圖　唐

廣德元年（公元763年）十月，涇州刺史高暉投降吐蕃，吐蕃率吐谷渾、黨項、代、羌等族二十餘萬人，入侵中原。代宗倉促逃往陝州。當時禁軍大多離散，只有魚朝恩率領神策軍從陝郡奉迎代宗，軍心大振。從此代宗對魚朝恩格外恩寵。十二月，代宗回到長安，任魚朝恩為天下觀軍容宣慰處置使，專領神策軍，恩寵無比，權傾一時。

魚朝恩專掌禁軍，權傾朝野。他侮辱宰相、欺壓大臣，朝廷內外皆惡之，人人欲除之而後快。

魚朝恩仗其恩寵，常與代宗爭執。一次，他為其養子令徽求賜紫衣，代宗還沒有下旨，有司已執紫衣上前，令徽立即穿上，向代宗拜謝。代宗大為生氣，但表面上還是應允了。

大歷五年（公元770年）三月初十，魚朝恩被代宗祕密處死。

三彩宦官俑　唐

詩聖杜甫

唐代宗大歷五年（公元770年），大詩人杜甫病逝於旅途中，時年59歲。杜甫一生以饑寒之身懷濟世之志，處窮困之境而無厭世之念，在創作上集古典詩歌藝術之大成，並加以創新和發展，對後代詩人的詩歌創作有深遠的影響。

杜甫（公元712～770年），字子美，祖籍襄陽（今屬湖北），是唐代最傑出的現實主義詩人。杜甫自幼聰慧，他在〈壯遊〉詩中追憶說：「七齡思即壯，開口詠鳳凰。九齡書大字，有作成一囊。」少年時即在文壇嶄露頭角，受到前輩的賞識。

20歲起，詩人便開始了他長達十餘年的漫遊生涯。開元二十三年（公元735年）參加進士科舉考試落第。次年他又在齊趙一帶開始了第2次漫遊，直至開元二十九年（公元741年）才回到洛陽。天寶三年（公元744年），他在洛陽結識李白，相邀同遊梁宋，同時還有著名詩人高適隨行。

天寶十四年（公元755年）十一月，安史之亂爆發。長安淪陷後，杜甫一家老小加入流亡的難民隊伍。途中他親眼看見叛軍燒殺擄掠的慘象，寫下〈月夜〉、〈悲陳陶〉、〈悲青阪〉、〈春望〉、〈哀江頭〉等詩，深刻地表達自己的悲哀憤恨之情和對親人的深切懷念同時也為後代記錄下當時的情景。

至德二年（公元757年），杜甫從長安逃出，不辭辛苦，千里迢迢投奔至唐軍，肅宗被其忠誠所感動，任他為左拾遺，但很快就被貶為華州司馬參軍。乾元二年（公元759年）春，他前往河南舊居探親，寫下〈新安吏〉、〈潼關吏〉、〈石壕吏〉、〈新婚別〉、〈垂老別〉、〈無家別〉（簡稱「三吏」、「三別」）這兩組名垂千古的詩篇。

乾元二年（公元759年）底，杜甫到達成都，在親友的幫助下在浣花溪畔建起一座草堂，這就是著名的「杜甫草堂」。他和兒女們種菜種藥、養雞養鵝，怡然自得，寫下很多歌詠村居生活和自然風光的作品。

代宗寶應二年（公元763年）春，安史之亂平定，杜甫聞訊欣喜若狂，寫

杜甫像　　　　　　　《杜工部集》書影

下「平生第一快詩」——〈聞官軍收河
南河北〉，真實地表現了詩人渴望祖國
和平統一的熱切心情。

　　廣德二年（公元764年），由於此時
期杜甫一直生活在社會底層，親眼目睹
了勞動人民的艱苦生活，他寫下了〈枯
棕〉、〈病桔〉等詩，對人民的痛苦表
示深切的同情，〈茅屋為秋風所破歌〉
更是為後人所傳誦。

　　杜甫是偉大的現實主義詩人，其詩
作反映唐代社會由盛到衰的過程，再現
了安史之亂前後的重大事件，被尊為
「詩史」，現存詩一千四百餘首，文二十
餘篇。

杜甫草堂
此為杜甫在成都的故居。

杜甫「竹深留客處，荷淨納涼時」詩意圖　南宋　趙葵

力挽頹勢

德宗繼位

唐大歷十四年（公元779年）五月，代宗（李豫）死後，太子李適即位，是為德宗。

唐德宗即位後，勤政愛民，圖謀中興。他首先著手整頓宮中奢侈之風，提倡儉約生活，以減輕朝廷供給負擔。之後他遣散了宮中兩百多名梨園使和樂師，又將剩餘人員歸於太常班管理。同時將代宗時各國所獻的用以遊玩的42頭馴象放逐於荊陽（今陝西富平西南），隨後放逐鬥雞、獵犬等各類動物，並將宮女數百名放還民間，令其自由婚配。

大歷十四年（公元779年）六月，德宗又改革代宗時定下的山陵（帝王所葬曰山陵）制度必須優厚的惡俗，以節省不必要的項目開支。

騎馬仕女俑　唐

青玉飛天　唐

法門寺金銀寶函　唐

郭子儀七子八婿滿床笏版畫

郭子儀像

名 將 子 儀

唐建中二年（公元781年）六月十四日，汾陽王郭子儀去世，時年85歲。

郭子儀為滑州鄭縣人，開元年間以武舉登第。安史之亂爆發時，郭子儀任朔方節度使。他率兵討伐叛軍，一路上將士奮勇作戰，勢如破竹，收復了東都洛陽、西京長安，戰功顯赫，在當時無人能比。

平息安史之亂後，郭子儀兼任關內與河東副元帥之職，負責抵禦回紇的侵擾，並多次擊敗吐蕃。他一人身繫國家安危、社稷存亡長達30年之久。唐代宗對郭子儀非常敬重，對其以誠相待，常不呼其名而稱其為大臣。

郭子儀身為上將，手握重兵，跟隨他征戰的很多部下都成為朝中名臣。雖已同朝為官，郭子儀依舊對他們頤指氣使，而他們對郭子儀仍是畢恭畢敬。田承嗣時任魏博節度使，為人驕橫，連代宗都不放在眼裡。郭子儀曾經派人到該處，田承嗣卻面朝西遙拜郭子儀，說：「我這雙膝蓋已有多年不朝人下跪了！」只這一件小事就足以看出郭子儀在朝臣中的威望。

郭子儀德高望重，聲名遠揚。廣德二年（公元764年），朔方節度使僕固懷恩勾結回紇兵叛亂，郭子儀率兵平亂。回紇人大罵僕固懷恩，說他們聽說郭令公去世才和僕固懷恩起兵，如今郭令公健在，他們不敢戰，很快撤兵。大曆十四年（公元779年）五月，唐德宗李適登基時，尊郭子儀為尚書，加封太尉。

郭子儀功蓋天下而能使天子不起疑心，位極人臣而沒有大臣妒嫉，生活上窮奢極欲卻無人指責，古往今來的名臣名將，像他這樣善始善終的很少。

顏氏書法

唐代書法是中國書法藝術發展史上的頂峰，而顏真卿則是唐代書家的傑出代表之一。顏氏書法跌宕起伏，筆墨淋漓盡致，堪稱登峰造極。

顏真卿（公元709～785年），字清臣，京兆萬年（今陝西西安）人，祖籍琅琊臨沂（今山東臨沂）。開元進士，任殿中侍御史。因其剛正不阿的性格被楊國忠排斥，出任平原（今屬山東）太守。安祿山叛亂，他聯合堂兄抵抗，合兵20萬，使安祿山不敢急攻潼關。後歷任吏部尚書、太子太師等職，封魯郡公，人稱「顏魯公」。唐建中三年（公元782年）十二月，淮西節度使李希烈叛唐。德宗派顏真卿前往勸諭，被李希烈縊死。

顏真卿像

多寶塔碑　唐　顏真卿

顏真卿自幼勤奮好學，有文學才華，後人輯有《顏魯公文集》。

顏真卿書法初學褚遂良，後師事張旭，深得張氏書法之精髓。之後，他又廣學博引，從歷代書法名家的作品中汲取養分，勤學苦練，融會貫通，自成一體，創造了雄偉剛勁、氣勢磅礴的獨特風格的「顏體」，終於成為書法大家。他的楷書端莊雄偉、氣勢開張，用筆橫輕豎重，筆力雄勁且具厚度；行書遒勁郁勃、縱橫跌宕。用筆氣勢充沛、巧妙自然，使書法由此而變通，開創了新風，對後世影響很大。

顏真卿的書法集古今之大成，是中國書法藝術的瑰寶，在中國書法發展史上具有承上啟下的地位，其自成一家，是重要的里程碑。

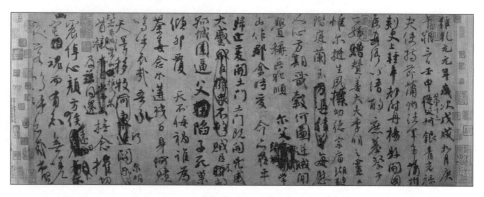

祭侄文稿　唐　顏真卿

太古遺音琴　唐

永貞改革

貞元二十一年（公元805年）正月二十三日，德宗去世，時年64歲。二十六日，太子李誦於太極殿即皇帝位，是為順宗。

順宗即位前，已因中風而不能說話，所以不上朝堂處理國事，一直住在宮裡，大臣則通過簾帷向順宗奏請國家大事。順宗還是太子的時候，翰林待詔王伾、王叔文為太子侍讀，經常與李誦溝通、交流，他們的主張深得李誦的信賴。順宗即位後，當時一批主張打擊宦官勢力、革新政治的中青年官員、士大夫如韋執誼等，均以二王為領袖，形成革新集團。由於順宗中風，不能言語，所以很多詔令都是由二王草擬發布。韋執誼被任命為宰相，頒布一系列明賞罰、停苛徵、除弊害的政令。

永貞元年（公元805年）五月，宦官俱文珍對王叔文要奪其兵權十分痛恨，讓順宗下詔削去王叔文翰林學士之職。六月，韋皋上表誣告王叔文。裴均、嚴緩也都上表。八月，順宗無奈讓位給太子純（憲宗）。

憲宗即位後，先貶王伾為開州（今四川開縣）司馬，不久王伾病死。再貶王叔文為渝州（今四川重慶）司戶，第二年被賜死。其餘的人也被貶或趕出朝廷。王叔文集團掌權僅146天，改革也宣告失敗。

白釉圍棋盤　唐

圍棋子　唐

陝西醴泉建陵武臣　唐

唐寶應元年（公元762年），高245公分，寬76公分。現存陝西醴泉建陵神道西側。

柳宗元

柳宗元是「唐宋八大家」之一，曾與韓愈一起提倡唐代古文運動，在反對駢文、提倡古文方面傾注大量心血。他較為重視作家的道德修養，指出：「文以行為本，在先誠其中。」凡此種種，構成古文運動理論的精華。

柳宗元（公元773～819年），字子厚，唐代文學家、哲學家，河東（今山西永濟）人，故又稱柳河東。他幼承母訓，少年為文即有「奇名」；21歲中進士，後又登博學鴻詞科。在朝為官時他參加了王叔文為首的政治集團，積極從事朝政革新，卻受到貴族大官僚和宦官的反對。革新短期內即告失敗，柳宗元也被長期貶謫。他先被貶為永州（今湖南零陵）司馬，10年後又調任柳州（今廣西）刺史，46歲時病歿。

柳宗元是晚唐最重要的思想家之一，他以政治家的遠見，闡發了中國傳統思想的許多重大問題，對中國思想的

柳宗元像

傳承有巨大貢獻，對當時的社會也產生重大影響。

柳宗元認為世界上所有事物的實質都是自然物質——「元氣」。在原始的渾沌狀態中，惟有「元氣」在自然運動發展，由此衍生出陰陽二氣和天，陰、陽、天三者的結合點，是受「元氣」所支配的觀點。「元氣」緩慢地吹動，形成炎熱及寒冷的天氣，冷熱交錯而促進萬物生長、變化與發展。

同時，柳宗元認為，國家起源於社會競爭。他論證了郡縣制代替分封制是歷史發展的必然趨勢，否定了關於君主根據天意創立分封制的說法，動搖了分封制的理論基礎。

他堅持州縣制度決不能被廢，因為正是州縣制維護了國家統一。柳宗元以後不再有人懷疑郡縣制的優越性，這便是柳宗元〈封建論〉的重要作用。

柳宗元在散文方面成就很高，在詩歌上也卓然自成一家。他的詩大多是貶官永州、柳州時所作。他的詩歌和散文反映出社會生活多方面的內容。

柳宗元山水詩的成就最高，後人把他與陶淵明相提並論，主要是以他的山水詩為參照。如〈秋曉行南谷經荒村〉，表現出超越宦海浮沉、仕途得失的豁達自適；〈漁翁〉一詩表現了漁人自由自在的生活；〈江雪〉一詩描寫寒江獨釣的超然，曲折地反映了作者超脫的人格風貌。這些山水詩情致委婉深沉，流露出被貶漂泊的憂憤，顯示出詩人清逸高潔的性格。

柳宗元〈江雪〉詩意圖　元　柯九思
此是以柳宗元詩「千山鳥飛絕，萬徑人蹤滅」為題的詩意圖

黨爭派鬥

宦官廢立

唐憲宗元和年間，時任左神策中尉的吐突承璀秘密上奏唐憲宗，建議將太子李恆廢掉，改立澧王李惲為太子。憲宗沒有採納其建議，並將其上奏駁回。

元和十五年（公元820年）正月，服用方士金丹後的唐憲宗，性情變得異常焦躁，多次杖責左右宦官侍臣。被打者往往因受刑過重而亡，因此人人自危。在憲宗病危期間，吐突承璀又一次奏請立澧王為太子。太子李恆知道這個消息後，十分害怕，便私下派人與母舅司農卿郭釗商議對策。

郭釗叮囑太子只管對皇帝盡孝，無需理睬其他事情。二十七日，憲宗暴死，宮中傳言憲宗為內常侍陳弘志所殺。但宮中人人皆避而不談此事，都說憲宗是藥性發作而死。這時，神策中尉梁守謙與宦官馬進譚、劉承偕等殺死吐突承璀及澧王李惲，擁立李恆即位。閏月三日，太子李恆在太極殿登基，是為唐穆宗。宦官廢立皇帝的先例由此開始，至唐亡的數十年間，唐朝政治始終籠罩在宦官亂政的陰影下。

丹砂盒　唐

文官俑　唐

宦官騎馬狩獵圖　唐

牛李黨爭

長慶三年（公元823年），穆宗即位後，任命牛僧孺為御史中丞，因其深受穆宗信任，不久又升任戶部侍郎。後來穆宗從宣武節度使韓弘的帳簿上，發現除牛僧孺外，滿朝權貴差不多都接受韓弘的財貨，便認為自己知人不謬，下詔將牛僧孺提升為宰相。

當時，牛僧孺和李德裕都有可能出任宰相。在這之前，李德裕被任命為浙西觀察使已有8年時間，按照道理他出任宰相的希望較大。這次穆宗任命牛僧孺為相，使牛、李兩黨之間的矛盾進一步浮上檯面。縱觀在穆宗、敬宗、文宗三朝時，除了太和九年（公元835年）甘露之變前，兩黨均被當時掌權的李訓、鄭注排斥出朝外，基本上是兩黨交替在朝執政。

牛黨重科舉，他的集團中大多是進士出身的官僚、新興的庶族地主；李黨集團的骨幹是北朝以來山東士族出身的官僚，對科舉制十分抗拒，主張改進，甚至一度建議取消進士科，這代表沒落的門閥士族的要求。牛黨主張對割據的藩鎮姑息妥協，反對用兵；李黨則力主削藩伐叛，強化中央集權。

相州之印　唐

回鶻高髻長裙女　唐

大舞樂奏唱圖　唐

三彩雲紋盤　唐

韓愈〈桃源圖〉詩意圖　明

此是以唐代韓愈詩句「流水盤回山百轉，生綃數幅垂中堂」為題的詩意圖

韓愈像

韓　愈　文　風

韓愈積極推崇儒家孔孟之道，倡導唐代古文運動，並提出了以「文以載道」為核心的一整套文學主張，還身體力行創作了大量詩文，名列「唐宋八大家」之首。

韓愈（公元768～824年），唐代文學家、哲學家，河陽（今河南孟縣）人。他從小遵循古訓，關心政治；25歲登進士第，29歲步入仕途。在任監察御史時，關中大旱，他上疏指斥朝政，請求減免賦稅徭役，被貶為山陽令；在任刑部侍郎時又因諫迎佛骨被貶為潮州刺史；後歷任國子監，京兆尹及兵部、吏部侍郎。

韓愈最重要的文學主張是「文以載道」，這也是古文運動的理論基石。古文運動強調了為文的思想內容，在客觀上突破了純粹聖賢之道的局限，給文學帶來了活躍的生命力。

韓愈同時是司馬遷之後偉大的散文大師之一，有「文起八代之衰」的功績。他不只為散文創作奠定了理論基礎，而且在創作實踐上樹立典範，開創了內容充實、丟棄陳詞俗套、隨自然語勢自由抒寫的一代新文風。

韓愈的散文雄奇奔放，氣勢充沛，曲折變化又明快流暢。

在語言表達上，韓愈堪稱巨匠。他的散文語言簡明、準確、生動，而且推陳出新，從古人語言和當代口語中提煉出精彩的文學語言，如「佶屈聱牙」、「蠅營狗苟」、「貪多務得」、「動輒得咎」等詞彙，至今仍在使用，豐富了中國文學語言。

韓愈不只是在散文方面取得成就，在詩壇上也獨樹一幟。他的詩歌創作與他的散文創作有著共同之處，不僅某些思想內容一以貫之，在表現手法上，也有明顯的散文化傾向。這與他提倡儒學復古、反對駢文是一脈相承的。

韓愈還是一名出色的思想教育家。〈師說〉是韓愈教育思想的重要代表作，也是中國古代首部集中論述教師問題的名作。

甘露之變

唐文宗即位後，企圖懲治宦官，但未成功，反而致使宦官更加專橫，並更加仇恨唐文宗，逼其鬱鬱而終。

太和九年（公元835年）十一月二十一日，紫宸殿早朝時，金吾大將軍韓約奏報左金吾仗院內的石榴樹上夜降甘露。宰相李訓等建議皇帝親往一觀。於是，文宗移駕含元殿，命宰相和中書、門下省官員先去觀看。官員們返回，奏稱可能不是真的甘露。文宗於是再命宦官神策軍左右護軍中尉仇士良、魚志弘等，連同宦官一齊去察看。

仇士良等來到左金吾仗院時，受到韓約、李訓伏兵的攻擊。金吾衛士數十人與京兆府、御史臺吏卒約500人被打死，宦官數十人被打傷。但這時李訓已被宦官打倒在地上。宦官抬著文宗躲進宣政門，緊閉宮門，朝官全部驚散。宦官挾持文宗退進內殿後，立即派遣神策軍500人，持刀出東上閤門，逢人即

泉亭　唐

騎馬仕女俑　唐

砍，砍死數百人；接著關閉宮城各門進行搜捕，又有千餘人被殺。李訓、王涯、韓約等人先後被捕殺。在事發時，鳳翔節度使鄭注正率親兵500人赴長安支援文宗，中途得知事敗重返鳳翔，也被監軍殺死。

經過這次大屠殺，朝官差不多被殺光了。從此宦官更加胡作非為，蔑視朝官，凌逼皇帝，文宗因此而死。

女樂圖　唐

綠釉宦官俑　唐

十二生肖玩具俑　唐

武宗即位

　　開成五年（公元840年）正月，唐文宗李昂病逝，時年33歲。

　　他執政時幾次謀誅宦官，均遭失敗。甘露之變後，文宗幾乎失去自由，朝事皆由宦官做主。他臨死前召樞密使劉弘逸、薛季稜和宰相楊嗣復、李珏進宮商議，想讓太子監國。中尉仇士良、魚弘志不想答應文宗這一要求，假說太子年幼多病，提議改立。李珏則以為文宗已定太子之位，更改不妥。但仇士良、魚弘志不顧他們的反對，秘密率兵迎穎王（穆宗第5個兒子）入宮，詔立穎王為皇太弟，主持國政，因太子成美（敬宗子）尚小，仍封陳王。

　　文宗去世後，仇士良主使穎王賜陳王成美死。穎王聽從其言，殺侄奪位，改名炎，是為武宗。仇士良等人仇恨幫助文宗謀誅宦官的人，凡文宗寵信的樂工、內侍都遭到他們的報復。

彩繪駱駝載樂俑　唐

白 居 易

唐武宗會昌六年（公元846年），晚唐著名詩人白居易病逝，時年75歲。

白居易（公元772～846年），字樂天，祖籍太原，後遷居下邽（今陝西渭南），晚年自號香山居士。白居易年輕時苦讀詩書，高中進士後歷任尚書省校書郎、翰林學士、左拾遺等職，因不懼權貴、仗義上疏而被貶為江州司馬，後屢升屢貶，於文宗太和三年（公元829年）稱病東歸。

元和十年（公元815年），白居易被貶任江州司馬，這是他人生的一個轉折點。江州之貶使白居易拋棄許多政治願望。他自責「三十氣太壯，胸中多是非」，轉而力求達到「面上滅除憂喜色，胸中消盡是非心」。他無心再過問政治，但卻沒有辭官，而是選擇了一條「吏隱」之道：掛一閒職，以詩、酒、禪、游自娛。

白居易的感傷詩最出色的是長篇敘事詩〈長恨歌〉和〈琵琶行〉。前者是憲宗元和元年（公元806年）所作，後者就是外遷階段的作品。這兩首詩均有很高的藝術水準，並傳誦後世。

作為一個寫實主義詩人，白居易始終關心民間疾苦。白居易在杭州時，主持修築湖堤、疏浚水井，造福百姓。因此當他離開蘇州時，人們泣涕相送，依依不捨。

白居易不只是以豐富的寫實主義詩作推動新樂府運動，而且在詩歌理論方面為詩壇有獨特貢獻。他在前人的基礎上，歸納自己的創作經驗，提出了現實主義詩歌的理論綱領，進而形成一套寫實主義詩論。

白氏長慶集 唐
白居易

白居易像

〈琵琶行〉詩意圖
明 仇英

唐朝衰亡

懿宗佞佛

唐懿宗篤信佛教。執政期間廣修寺廟，供奉僧侶，促進晚唐的佛教繁榮，但也加重了人民的負擔，致使後來發生了農民叛變。

咸通十四年（公元873年）三月二十九日，懿宗派遣很多官使到法門寺迎佛骨。朝中群臣力諫懿宗，以勞民傷財和憲宗因迎佛骨而駕崩之由勸阻，懿宗沒有聽從。懿宗聲稱能見到佛骨死而無憾，並下旨大造浮屠、香輦、寶帳、幡花、幢蓋，用金玉、錦繡、珠翠裝飾，耗費許多金錢。

迎佛骨儀式盛況空前，從法門寺到京城的300里路上，人馬車輛往來不絕。四月八日，佛骨到達京城，受到隆重歡迎，由禁軍兵仗儀衛隊作先導，以官場及民間音樂伴之，綵棚夾道數十里，念佛誦經之聲震動天地。

當時的皇帝祭祀天地祖先，乃至憲宗元和迎佛骨的盛況都不能與之相比。懿宗親自到安福門向佛骨頂禮膜拜，按佛教儀式舉行浩大繁雜、勞民傷財的祭祀活動。各州及少數民族地區，還有外國使節等許多人齊來參加。在京城的僧侶和許多曾親眼見到元和迎佛骨盛況的老人都得到豐厚的賞賜。

儀式結束後，懿宗下旨將佛骨迎入宮中，並在3天之後將佛骨移出安置在安國崇化寺。懿宗下旨從銀庫中取出大量金帛賞賜給大小官吏，並特赦一批囚犯。十二月八日，舉行隆重的佛教儀式後，佛骨被送回法門寺。

陝西扶風法門寺

法門寺銀鍍舍利棺　唐

法門寺鎏金銀貫真身菩薩像　唐

黃巢之亂

王仙芝，濮州人（今山東鄄城北），乾符二年（公元875年）在長垣（今河南）策動農民叛亂，黃巢率眾響應。五月，王仙芝戰死沙場，黃巢軍在亳州建立農民政權——大齊，自稱沖天大將軍。

中和四年（公元884年），黃巢兵敗身亡。這次亂事歷時長達9年，是中國古代首次高舉「平均」旗號的叛變。

乾符二年（公元875年）春，王仙芝在長垣起兵，自稱「天補平均大將軍」。叛軍連接攻克曹州、濮州等地，所到之處開倉放糧，百姓歡呼震天。黃巢也起兵響應。叛軍揮師中原，取得節節勝利，逼近沂州、洛陽，唐廷非常恐慌，調遣各路軍隊鎮壓。

二月，黃巢與王仙芝攻下鄂州、鄆州、復州和荊南羅城等地。五月，黃梅兵敗後，王仙芝被殺。王仙芝餘部由尚讓率領與黃巢聯合作戰。乾符五年（西元878年）三月，黃巢率軍攻占亳州，眾人推舉黃巢為黃王，號沖天大將軍。建立官制和政權後，叛軍揮師北上，又一次占領濮州。

朝廷調遣張自勉為東北面行營討使，率兵對叛軍進行圍剿。在不利形勢下叛軍往南轉移，由滑州移至宋、汴。唐軍調集軍隊圍攻。黃巢於是又率軍經淮南轉往長江一帶，在和州與宣州之間橫渡長江，攻佔南陵，殺死唐將王涓。在攻打宣州時，叛軍遭到擊敗，於五、

三彩騎馬樂俑
唐

六月間轉攻潤州（今江蘇鎮江）。唐廷任命高駢為鎮海節度使鎮壓。黃巢未與他正面交鋒，就主

趙懷滿租田契約　唐

動撤出，南下攻打杭州。八月，叛軍攻入杭州城內，燒毀官府文書檔案等，釋放牢中犯人，沒收地主官吏財產，發佈文告，開倉賑濟百姓。

九月，叛軍攻佔越州（今浙江紹興），唐浙東觀察使崔璆逃走。唐廷派張率軍迎戰，黃巢於是轉而攻打福建，開山路700里入閩，破建州，十二月攻佔福州。

乾符六年（公元879年）六月，黃巢攻佔廣州，俘獲嶺南東道節度使李迢。但因黃巢軍中多為北方士兵，不服南方水土，很多人染瘴疫而亡，部將勸黃巢北上以成大業。十月，黃巢率軍從桂州出發北伐。

中和元年（公元881年），黃巢軍攻入長安，建立「大齊」政權，唐僖宗逃往成都，伺機反撲。三月，唐僖宗任用先前因兵敗逃往轄靼部落的李克用父子以攻擊黃巢軍。李克用率沙陀兵5萬討伐叛軍，取得成效，四月，聯合忠武、河中、義武等軍擊潰黃巢軍，收復長安。後來叛軍將領朱溫降唐，黃巢更是連連受挫。中和四年（公元884年），黃巢退至狼虎谷時兵敗自殺，叛亂以失敗告終但唐朝已是元氣大傷。

李唐覆滅

宦官劉季述等人於天復元年（公元901年）發動政變，囚禁唐昭宗，擁立太子李裕繼位。宰相崔胤、左神策軍指揮使孫德昭等將昭宗救出，助其復位，殺劉季述等人。

唐昭宗復位後，宦官仍握有兵權，崔胤等人擔心自己受害，於是秘密結交朱全忠為外援。朱全忠奸詐狡猾，再三權衡後幫助昭宗剷除了宦官勢力，昭宗加封朱全忠為東平王、梁王。朱全忠得勢，為進一步鞏固勢力，獨攬朝政大權，數次奏請遷都洛陽，崔胤均阻攔不許。朱全忠於是十分怨恨崔胤。

天復四年（公元904年）正月，朱全忠向昭宗密奏崔胤專權，圖謀反叛朝廷，使唐昭宗貶謫崔胤，解散其募兵。朱全忠又密使朱友諒將崔胤一家大小及其親信全部處死。隨後朱全忠脅迫昭宗遷都洛陽。長安成為一片廢墟。

天佑元年（公元904年）六月，李茂貞、王建、李繼徽聯合討檄朱全忠。朱全忠怕東都趁機發生事變，於是派遣李振、蔣玄暉、朱友恭及氏叔琮謀殺昭宗，立輝王祚為帝，是為哀帝。

朱全忠擊敗李茂貞等後返回東都，假作震驚，以逆臣之名殺朱友恭、氏叔琮，授張全義為河南尹兼忠武節度使、判六軍諸衛事、領宿衛。朱全忠對唐室諸王大開殺戒，借宴請之機，將昭宗諸子德王李裕等9人全部殺死；同時又大肆貶逐朝臣。

這樣，朱全忠通過殺朝臣諸王，弒昭宗擁立幼主，剷除異己，獨攬大權，為自己稱帝作準備。不久，朱全忠便廢哀帝，建大梁。至此，唐朝徹底結束。

女供養人鳳紋　唐

銀鍍金鴻雁蓮花紋盂　唐

東臨寺　唐

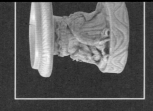

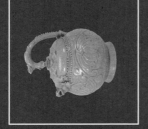

五代十國 · 北宋大業 · 改革和滅亡 · 南宋哀歌

五代 兩宋

Five Dynasties & Sung Dynasty

群雄混戰

朱溫像

第一章　五代十國

朱溫建梁

開平元年（公元907年）四月，梁王朱全忠即帝位，國號大梁，建元開平，是為梁太祖。

大梁的建立，標誌著中國重新分裂，五代十國的混戰從此開始。

朱全忠原名朱溫，全忠之名為唐王朝所賜，他原本是黃巢部將，後見黃巢大勢已去，便舉兵降唐。

唐廷授朱溫任華節度使、右金吾大將軍、河中行營招討副使，賜名全忠，後授為梁王。朱全忠擁兵自重，權欲熏心，企圖篡唐以代之。他先後殺昭宗、立幼主、屠諸王、滅朝士，摧殘唐王朝的統治。當時，他兵力強盛，諸藩如李克用、李茂貞、王建、楊渥、錢鏐、劉仁恭等皆不能與之抗衡。唐哀帝困居洛陽，被朱全忠掌握。

開平元年正月，朱全忠強迫哀帝下詔，定於二月禪位。三月，哀帝正式降下御札，禪位於朱全忠。四月，梁王朱全忠更名朱晃，服袞冕，登上皇帝寶座，史稱後梁太祖。改元開平，國號大梁，以汴州為開封府，稱東都。以唐東都洛陽為西都，廢唐西京長安，改稱大安府，置佑國軍。將哀帝降為濟陰王，遷於曹州，派兵防守，次年將哀帝殺死。將樞密院撤廢，另設崇政院，任命敬翔為使。

至此，自武德以來經21帝、289年的李唐王朝為梁王朱全忠所亡。

五代十國興亡表

朝代和國名	創建人	西元年代	滅於何期何國
後梁	朱溫	907-923	後唐
後唐	李存勗	923-936	後晉
後晉	石敬瑭	936-946	契丹
後漢	劉知遠	947-950	後周
後周	郭威	951-960	宋
南吳	楊行密	902-937	南唐
南唐	徐知誥	937-975	宋
吳越	錢鏐	907-978	宋
南楚	馬殷	927-951	南唐
閩	王審知	909-945	南唐
南漢	劉䶮	917-971	宋
前蜀	王建	907-925	後唐
後蜀	孟知祥	934-965	宋
南平	高季興	924-963	宋
北漢	劉旻	951-979	宋

王建塑像

王建墓浮雕伎樂圖　五代

王建建蜀

　　前蜀天復元年（公元907年）九月，王建得知朱溫廢唐哀帝，建立大梁即帝位的消息後，便不向梁太祖稱臣，於成都自立為帝，國號大蜀。後來又曾稱作漢，史稱「前蜀」。王建冊立皇太子，封爵諸王，設置文武百官，開始臨朝聽政，治理蜀地。

　　王建為許州舞陽人，少時不務正業，以屠牛馬、盜竊、販鹽為生，故有「賊王八」之稱。後來在唐末亂事中時乘機舉兵，佔據川蜀，採取一些有利於農業生產和安撫息平的政策，勢力逐漸增大。當時有不少朝廷官士名族到蜀避亂，王建將其優厚安置，以為己用。蜀境儼然成為繁華安定的經濟文化中心。他共領兩川、山南西道46州之地，置武信、永平、保寧等十多位節度使。

　　王建晚年信任宦官，昏庸無能。於前蜀光天元年（公元918年）六月病逝，享年72歲。其子王衍繼位。

**青銅鍍金佛塔
五代**
此為五代吳越國所造的佛塔，出土於浙江省東陽市南寺塔，現存於中國浙江省杭州市博物館。

王建墓墓室五代

**吳越國官吏俑
五代**

五代時，官吏的
制度、服飾、禮
儀大多沿襲唐
制，只是帽冠稍
有變動，所著衣
裳仍為唐朝的寬
衣博帶式。此俑
為江南地區吳越
國的官吏俑，臉
部豐腴，面含笑
容，為典型的五
代文官形象。

吳越建國

　　吳越王錢鏐為唐代鎮海、鎮東節度
使。後梁滅唐後，於後梁龍德三年（公
元923年）二月，派兵部侍郎崔協等為
使，拉攏錢鏐並冊封其為吳越國王。從
此，吳越開始發展，都城設在杭州。

　　吳越國王錢鏐為杭州臨安人，出身
寒門。年輕時以販私鹽為生，後應募參
軍，慢慢掌握軍權而占據兩浙之地。唐
末時被封為越王和吳王。後梁初立，吳
越為提高自身地位及加強國力，一改別
國的作法而與後梁建立良好的外交關
係，被封為吳越王兼淮南節度使，但他
雖受封卻不對梁稱臣而稱吳越國。

錢鏐像

　　次年改元天寶，是一個表面臣屬而
實際獨立的政權。吳越國的版圖在十國
之中較為狹小，包括杭、越、湖、蘇等
13州。因其國小力弱，孤處東南，所以
一直對北方朝廷示好納貢，以聯絡中原
抗衡周邊政權為國策，自身注意興修水
利，發展商業及海上交通，但國內賦役
繁重，民眾苦不堪言。

　　吳越自後梁開平元年（公元907年）
建國，至宋太平興國三年（公元978年）
降宋，共歷5主，計71年。

錢鏐鐵卷　五代

錢鏐文狀　五代

後 唐 滅 梁

朱溫建立後梁之後，晉成為北方惟一與後梁抗衡的力量。武成元年（公元908年），李存勗於潞州城下大敗梁軍，奠定了其霸業的基礎。永平五年（公元915年）又占據魏州，並以此為根據地，很快地攻下河北大部分地區。後梁龍德三年（公元923年）四月，晉王李存勗於魏州（今河北大名東北）正式稱帝（是為後唐莊宗），國號大唐（史稱後唐），改元同光。

後唐正式建立後，起兵滅梁，基業初成，便開始盡全力治理內政。因其號稱「大唐」，自認為唐朝嫡系，故一切法律均從唐舊制，並於十二月遷都洛陽。次年，滅掉蜀國，國力大增。

這時，李存勗開始沉醉於勝利之中，貪圖淫靡享受，不僅大興宮室，充實後宮，沉溺聲色，並疏遠群臣，聽信讒言，殘害正直之士，引起朝臣和藩鎮的強烈不滿，後唐政權陷入激烈的內部紛爭之中。

同光四年（公元926年），李存勗親率大軍西征，途中被士兵所殺。其後後唐雖又經過3朝皇帝，但內憂外患最後導致了後唐的滅亡，在立國14年後被後晉所滅。

舞女俑　唐

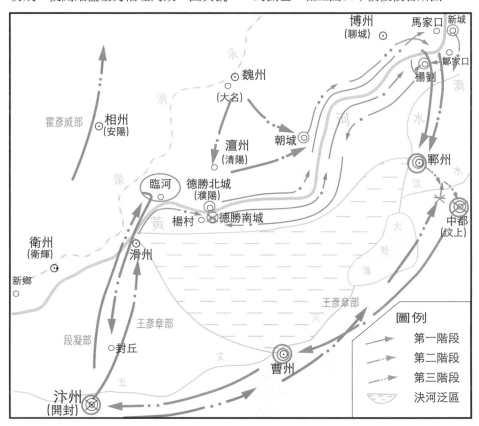

後唐滅後梁示意圖

兼併統一

後晉滅唐

後唐河東節度使石敬瑭是後唐明宗的女婿，早年與唐末帝李從珂一齊追隨明宗，都以能征善戰著稱。後來，石敬瑭與李從珂發生衝突，上奏彈劾李從珂，唐明宗大怒，將其免職。

石敬瑭於康清泰三年（公元936年）五月造反。他向契丹稱臣，並無恥地以

仕女圖　五代
五代時期貴族婦女的服飾趨向華麗繁縟，色澤更加絢爛多彩，衣料更加精工細密。圖中貴婦高貴有氣度。

石敬瑭像

父禮事契丹帝耶律德光，稱其為「父皇帝」，自稱「兒皇帝」，許諾如助其登上帝位之後割幽雲十六州給契丹，並每年進貢，從而爭取契丹的支援。清泰三年（公元936年）十一月，石敬瑭在契丹的扶持下即位，建立後晉。

石敬瑭稱帝後，又借契丹之力大破後唐軍，攻入洛陽，滅後唐。後晉天福七年（公元942年），石敬瑭因病身亡。子石重貴即位，是為晉出帝。天福九年（公元944年），契丹大兵攻晉，並於天福十一年（公元946年）攻入大梁（今開封），生擒晉出帝，用踐踏尊嚴而換來的後晉僅存國11年便滅亡。

北人會宴圖　五代

劉暠建漢

遼大同元年（公元947年）二月，遼滅後晉之後，原後晉河東節度使劉知遠以中原無主為由在太原即皇帝位，但沒有改晉國號，仍以當年為天福十二年。這種情景延續至六月。後改國號為漢，是為後漢高祖。

劉知遠（公元895～948年）即皇帝位後，改名為劉暠。後唐明宗時，在河東節度使石敬瑭部下任押衙一職，石敬瑭密謀河東稱帝時，劉知遠亦為其出謀劃策，但對石敬瑭向契丹稱兒、稱臣、割地、輸財的做法十分反對，但他的建議不為石敬瑭所納。

契丹滅晉後，劉知遠曾派特使祝賀，其實是虛以委蛇，同時固守晉陽

白玉雲龍紋帶　五代

（今山西太原），壯大實力。遼太宗耶律德光稱帝後，因中原人民反抗而北歸，劉知遠便乘虛揮兵攻入大梁（今河南開封），再以汴州為東京，改國號為大漢（史稱後漢），同時立魏國夫人李氏為皇后，文武百官各有安置。

後漢所佔區域與後晉差不多，歷劉知遠、劉承祐（後漢隱帝）2帝，只存4年，為五代十國期間最短命的王朝。

醬黃釉雞冠壺　五代

白瓷象形燭臺　五代

郭威建周

郭威像

乾祐三年（公元950年）十一月，遼軍攻打後漢轄地，後漢隱帝任郭威為天雄節度使，前去抗擊。郭威率軍離去不久，隱帝忽又派使者去殺郭威。郭威大怒，帶兵攻入東京，隱帝為郭威部隊所殺。另立劉祐後，郭威又率大軍前去抗遼，行到澶州時，數千名將士鼓噪起來，將黃旗披在郭威身上，要擁戴郭威為帝，當時四周呼喊萬歲的聲音驚天動地。於是郭威又率大軍返回東京，後漢百官都出城迎接，並勸他登基為帝。

鑲金珠玉筒　五代

郭威接受建議，廢劉陰公，自任監國。次年正月，後漢太后無奈下誥書，授與郭威皇帝玉符，郭威即位（是為後周太祖），國號周，改元為廣順。後漢從此滅亡。

郭威（公元904～954年）字文仲，邢州堯山（今河北隆堯）人，18歲從軍。後晉末，曾協助後漢高祖劉知遠建國，任樞密副使。

後漢隱帝時任樞密使，負責征伐之事，並平定漢中、永興、鳳翔3鎮叛亂。稱帝後於顯德元年（公元954年）正月病逝，在位3年，廟號太祖。

後周太祖即位後生活起居十分儉樸，在位期間屢次改革不合理賦稅、刑法制度。所以周太祖雖在位僅3年，但他革除積弊，與民休息，使後周成為五代之中較強的王朝。

他對外多次擊敗契丹、高麗、回鶻、南漢諸國，使其皆稱臣納貢。北漢、契丹、南唐境內人民紛紛遷入後周境內，這使他初步奠定統一中國的基業。雖然他被舊史家譏有篡位之嫌，但觀其政績，仍不失為英明的君主。

玉獸　遼

周世宗柴榮像

柴榮即位

顯德元年（公元954年）正月，後周太祖郭威病逝，養子柴榮繼位。柴榮是郭威聖穆皇后之侄，其文治武略深受郭威賞識，後收其為養子。廣順三年（公元953年）封晉王。郭威臨死前，罷免一批恃功自傲的大臣，又任命一批新官吏，將朝政委歸柴榮。

柴榮就是後周世宗。即位後，柴榮繼承郭威重農恤民的政策和統一中國的大志，重用王樸等賢能之士，浚通漕運，發展文教，雖然在位僅6年，39歲病逝，但卻是一位有作為的君主。

柴榮重用王樸，他獻「平邊策」，提出先攻南唐，取江北以控制南方諸國，再取後蜀和幽州，最後解決契丹邊患的戰略思想；又提出爭取民心和避實擊虛等建議，柴榮都加以採納，成功地發動一系列兼併戰爭。

後周顯德二年、顯德三年（公元956年）、顯德四年3次征伐南唐，柴榮連戰皆捷，後南唐自去帝號，割地請和。後周平定長江以北，得14州、60縣。後周又謀取蜀鄰地，顯德二年（公元955年）大敗後蜀，取秦、成、階、鳳四州。顯德六年（公元959年），柴榮以契丹沒有徹底離開中原為由，決意北伐。後周多次將遼師擊敗，取燕南之地，柴榮於此役染病班師，很快就病逝，未能完成統一大業。

柴榮在位6年，多施仁政惠民，不只減免苛政，還在大兵過後，淮南大饑時，命發放米糧與淮南饑民。其未竟之志，在他死後由趙匡胤繼續完成。

鎏金銅鋪首
五代

青瓷刻花寶相體
唐草水注　五代

武士立像　五代

南唐二帝

徐知誥（西元937年）創建南唐，他本姓李，名昇。南唐自建國歷李昇、李璟、李煜，開寶八年（西元975年）被宋所滅，享祚38年。南唐傳至李璟、李煜時，父子二人皆有文采，稱為皇帝文學世家。

李璟（公元916～961年），字伯玉，南唐中主，南唐開國主李昇之子。28歲繼位，在位19年。他的詞作僅存四首，藝術成就很高。其中〈浣溪紗〉兩首，最為深沉動人。特別是「細雨夢迴雞塞遠，小樓吹徹玉笙寒」兩句，更是對後世影響頗深。他的詞蘊藉含蓄，耐人尋味，亦影響了其子李煜的創作。

李煜（公元937～978年）為李璟第6子，建隆二年（公元961年）繼位，史稱南唐後主。38歲時，宋軍大軍渡江，圍攻金陵，次年城陷降宋，他先後被封

李煜像

為右千牛衛上將軍、違命侯，後被宋太宗趙光義毒死。

李煜在政治上是昏庸無能的皇帝，在藝術方面卻具有多方面的才能，如書法、繪畫、詩文等，詞的成就尤高，對後世文人創作亦有影響。

廬山李煜讀書臺 五代

李煜少年時代勤學好讀，博覽群書，此臺相傳是李煜讀書之地。

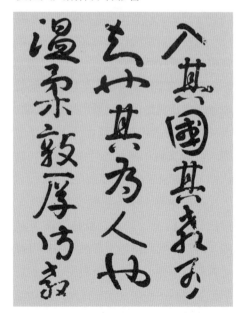

書劄 五代 李煜

李煜不僅是偉大的詞人，還是傑出的書法鑑賞家，曾分評歷代書家，對王右軍極為推崇，其書圓潤流暢，頗有晉賢風采。

韓熙載夜宴圖（局部） 五代 顧閎中

韓熙載夜宴圖

五代南唐畫家顧閎中所作〈韓熙載夜宴圖〉，用勁健優美、柔中帶剛的線條勾勒人物，服飾細入毫髮，衣紋簡練灑脫，代表了五代時期人物畫創作的最高成就，是稀有珍品。

顧閎中，江南人，五代南唐畫家，南唐後主時期（公元943～975年）在南唐畫院任侍詔，擅長人物畫。韓熙載是北方的豪門人士，在後唐為官時受李後主的猜疑，無奈，便沉於聲色，以避不測。李後主想了解他的真實生活狀況，命顧閎中夜入其宅，暗中觀察。正遇韓熙載家宴，顧閎中目識心記，創作了這幅紀實的人物畫作品。

這幅畫以連環畫形式表現了5個互相聯繫又相對獨立的情節，展示了夜宴活動的內容，即聽樂、觀舞、休息、清吹、送別。畫中有十餘個主要人物，在5個情景中反覆出現，多是見於記載的真實歷史人物。

整幅畫雖然大量描繪歌舞場面，卻籠罩著沉鬱的氣氛。顧閎中如神的筆端，將韓熙載有志不得伸、抑鬱苦悶的

神情表達得淋漓盡致，刻畫感情世界，堪稱大手筆。

從內容與形式上看，〈韓熙載夜宴圖〉有極高的水準，為研究中國古代音樂史、舞蹈史、服裝史、工藝史、風俗史提供了重要的資料。

**越州窯出土的青瓷片
五代**

此為五代越窯出土的殘片，多為青瓷製品。五代時期的製瓷工藝依然殘留有唐代的貴風，工藝越於精細，已開宋瓷溫潤雅致的風氣。

韓熙載夜宴圖（局部） 五代 顧閎中

天下歸一

陳橋兵變

建隆元年（公元960年）正月，趙匡胤於陳橋驛發動兵變，奪取後周政權，建立宋朝。

趙匡胤（公元927～976年），涿州（今河北省涿縣）人，原為後周禁軍最高統領，後建立宋朝，建都汴梁。他先後平滅南唐、荊南、後蜀、南漢。在位期間，削藩鎮兵權，務農興學，慎刑薄斂。在位17年，廟號太祖。

後周世宗病逝後，年僅7歲的周恭帝繼位，無法管理政事，國家政局開始動盪不安。

殿前都點檢、歸德軍節度使趙匡胤，和禁軍高級將領石守信、王審琦等曾是結拜兄弟，皆在軍隊中握有實權。隔年元旦，契丹和北漢發兵南下的消息

宋太祖趙匡胤像

陳橋兵變遺址

今中國河南省封丘陳橋鎮，門前立碑，碑文為「宋太祖黃袍加身處」。

268

北宋版圖

遼
渤海
河
河北東京
河北西路
太原府 真定府
河東路
大名府 京東東路
清州
京東西路
應天府
河南府 東京
京西北路
淮南東路
揚州
壽州
秦鳳路 永興軍
秦州 京兆府
興元府 京西南路
利州路 襄州
淮南西路
江寧府
兩
梓州路 變州 江陵府 荊湖北路 江南東路
成都府路 梓州 杭州 浙海
荊 江南西路
夔州路 湖北路 洪州 福建路
荊湖南路 福州
州路 譚州
桂州 廣南西路
廣南東路
廣州
大理
吐蕃
流來
南
路
萬里石塘
南海

傳來，後周宰相范質等人急忙派遣趙匡胤統率諸軍北上抗擊。

大軍行到陳橋驛（今河南封丘東南陳橋鎮）時，趙匡胤弟趙匡義（即宋太宗趙光義）和歸德軍掌書記趙普，授意將士把黃袍強加於趙匡胤身上，歡呼萬歲，擁立他為皇帝。

正月初四，趙匡胤率大軍回師開封，強迫周恭帝禪位。趙匡胤輕易地奪取政權，改國號為「宋」，建立宋朝。

趙匡胤奪取後周政權後，為了防止割據混亂局面再現，採取一系列措施，加強中央集權，建立由皇帝直接控制的龐大軍隊和官僚機構。

河南封丘陳橋鄉「宋太祖黃袍加身處」碑

宋太祖趙匡胤像

填壕車模型　北宋

這是用來填埋城牆周圍護城壕所使用的一種「裝甲車」。填壕時，把填壕物投入壕內，把城壕填平，以便軍隊進攻。

杯酒釋兵權

建隆二年（公元961年）七月，宋太祖趙匡胤宴請禁軍宿將，以溫和的方式解除他們的兵權。這就是歷史上有名的「杯酒釋兵權」。

宋太祖即位不久，就開始設法解除手擁重兵的將領兵權。有天，趙匡胤設宴，將高級將領石守信、高懷德、王審琦、張令鐸、趙彥徽等請入宮中。飯飽酒酣之時，宋太祖說：「我當上皇帝，全靠你們。但是當了皇帝後，晚上卻經常失眠。」石守信等忙問其故。

宋太祖答道：「你們都忠心耿耿，並無異心，我擔心若你們部下有貪圖富貴之人，有朝一日也強將黃袍加身，你們就是不想當皇帝也不行了……」石守信等人急忙請太祖指點生路。

太祖便委婉誘導他們交出兵權，出守藩鎮，多購良田美宅，為子孫創下永久的家業。還可多養些歌兒舞女，每日飲酒取樂，以盡天年。如果能這樣的

盤龍燈蓋臺　北宋

石守信像

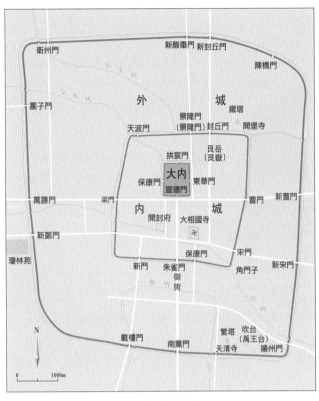

北宋東京城平面圖

話，君臣之間互不猜疑，上下相安。石守信等人大悟，隔天便上表假稱有病，要求解除兵權。太祖欣然同意，罷免他們的軍職。

不久，太祖以同樣的方法罷免各藩鎮節度使。至此，禁軍與藩鎮的兵權都集中在趙匡胤手中。

為了避免「君弱臣強」局面的出現，宋太祖又在宰相之下設參知政事若干，以削弱宰相權力，並改變以前皇帝與宰相共同商討國事的規矩，改為由皇帝批閱，再下旨給宰相處理。

金絲籠式便帽　北宋
這是北宋官員的便帽。

越窯鳥形把杯　北宋

燭影斧聲

「同姓諸侯王子」
印　北宋

宋太祖死於開寶九年（公元976年）10月20日，終年50歲，在位17年。他的弟弟趙光義繼位，即位後改名為炅。

太祖去世的時候，太祖的兒子趙德昭26歲、德芳18歲，但是都沒有繼承父皇的帝位，原因有多種說法，最為流行的兩種說法是「燭影斧聲」之謎和「金匱之盟」。

據傳，當年太祖病重時，趙光義入宮探視並斥退宦官、宮女。太祖身邊近臣在遠處望見：燭影之下，趙光義不斷離開座位，好像有所躲避。一會兒，太祖一邊拿著柱斧戳地板，一邊大聲對光義說：「好自為之。」當天晚上，太祖死於萬歲殿。這就是廣為流傳的「燭影斧聲」之謎。

趙光義繼承皇位，據說也有合法依據，叫做「金匱之盟」。傳說杜太后於建隆二年（公元961年）病危，急詔太祖、趙普入受遺命。杜太后受周世宗使幼兒主天下而亡天下的啟發，令太祖死後，將皇位讓給三弟光義，光義再傳光美，光美後傳德昭（趙匡胤之子）。杜

雪夜訪趙普　明　劉俊

此畫描繪的是宋太祖雪夜私訪宰相趙普，商議統一大計的故事。

太后叫趙普當場寫下誓書，太祖裝入金匱。這便是「金匱之盟」的來由。

這個「金匱之盟」卻是在太祖死後6年，才由已罷相在家、鬱鬱不得志的趙普說出。趙普因此而得到太宗賞識，再度入相。

北宋皇室大駕鹵簿圖（局部）　元　佚名

南征北戰

宋滅北漢

開寶九年（公元976年）十月，宋太祖趙匡胤去世，其弟趙光義即位，是為太宗。宋太宗原名趙匡義，太祖時改名光義，稱帝時又改名炅，他在位22年，廟號太宗。

宋太宗即位後，使用政治壓力，迫使吳越王錢鏐與割據漳、泉2州的陳洪進於太平興國三年（公元978年）納土稱臣。

太平興國四年（公元979年）五月，宋太宗親臨太原城下，督諸將四面攻城，北漢王劉繼元在孤城無援、眾叛親離的情況下，被迫奉表出降，北漢滅亡。宋朝又得到了10州40縣。至此，五代十國分裂割據的局面結束。

為了進一步加強中央集權，宋太宗在位期間盡罷節度使所領之郡，並將各節度使調至開封，解除兵權，使節度使成為一種虛銜，徹底消除擁兵割據之禍。宋太宗曾兩次率軍攻遼，企圖收復燕雲十六州，但均遭失敗，從此對遼採取保守防守之策。

登黃鶴樓　宋太宗書

宋太宗像

北宋冑甲穿戴復原圖

四大部書

《冊府元龜》內頁

《太平御覽》內頁

《太平廣記》內頁

宋太宗太平興國二年（公元977年），宋代拉開四大部書的序幕。

宋朝「四大部書」指的是宋初官纂的四大類書，即百科全書性質的類書《太平御覽》、史學類書《冊府元龜》、文學類書《文苑英華》和小說類書《太平廣記》。它們都是在北宋初期纂修而成的。

《太平御覽》編纂始於宋太宗太平興國二年（公元977年）三月，完成於太平興國八年十月，由翰林學士李昉奉宋太宗命主纂，扈蒙、王克貞、宋白等13人也參與其中。全書1000卷，分55部，5363類，共4784000字。

《冊府元龜》始輯於宋真宗景德二年（公元1005年），成書於真宗大中祥符六年（公元1013年）。由王欽若、楊億、孫大等奉宋真宗命輯，參加者有18人。全書1000卷，分31部，1104門。

《文苑英華》始纂於宋太宗太平興國七年（公元982年），完成於宋太宗雍熙三年（公元986年）。由李昉、徐鉉、宋白、蘇易簡等二十餘人奉宋太宗命共同編纂。全書1000卷，分39類。

《太平廣記》始纂於太宗太平興國二年，次年完成，由李昉、扈蒙、李穆等奉宋太宗命編纂。全書500卷，另有目錄10卷，共92大類、約150小類。

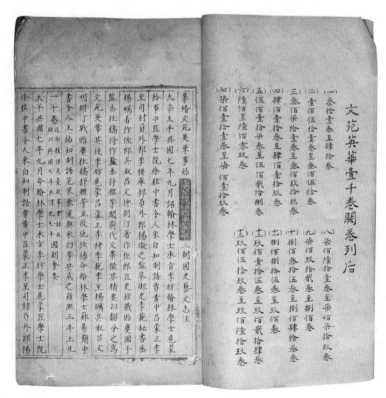

《文苑英華》內頁

雁門關大捷

太平興國五年（公元980年）三月，遼為報滿城兵敗之仇，命西京大同府節度使、駙馬、侍中蕭咄李率大軍10萬殺奔雁門關，再一次大舉攻宋。

宋知代州兼三交駐泊兵馬部署楊業，避其銳氣，率數百精騎繞過遼軍，在敵後迂迴，出其不意，在雁門關北口痛擊遼軍。遼軍攻關受挫，背後又被楊業打得措手不及，頓時潰亂。雁門關守軍趁勢開關掩殺過來，接應楊業，前後夾擊，遼軍大敗潰逃。

雁門關大捷的指揮者楊業，北漢勇將，號稱「無敵」。太平興國四年五月，宋太宗兵臨太原，劉繼元獻城投降後，楊業拒絕降宋，守城苦戰。宋太宗愛其忠勇雙全，很想招降他，於是命劉繼元招撫楊業。

楊業為保全城中百姓，開城受降，迎接宋軍入城。宋太宗授他右領軍衛大將軍。後又任命他為鄭州防禦使。十一月，宋太宗委以知代州兼三交駐泊兵馬部署的要職。

北宋、遼、西夏的主要戰場

雁門關

北宋喪失燕雲十六州的天然屏障，只好加強設關守備，以阻擋北方民族的騎兵，位於今山西代縣的雁門關就是其中之一，楊業曾在這裡打敗遼軍。

山西代縣楊業祠山門

火箭模型　北宋

北宋用以觀察敵情的巢車模型

王小波叛亂

宋太宗淳化四年（公元993年），王小波、李順在官府無情的壓榨和剝削下，生活極度貧困，在忍無可忍的情況下，聚眾叛亂。

四川一帶自晚唐起十分富裕。入宋以後，朝廷對其徵加賦稅，又設置禁止商旅私自買賣布帛的「博買務」之職，官府和既有勢力為了牟取暴利，趁機賤買貴賣，魚肉百姓。使地狹民稠、耕稼不夠供給的四川黎民陷入水深火熱。

淳化四年（公元993年）二月，王小波、李順等在青城縣（今四川灌縣南）揭竿而起。王小波宣稱：「我們都痛恨今世的貧富不均，從今天起，我來改變這個事實，平均財富。」王小波這個均富的口號，得到貧民的擁護，叛軍很快便壯大起來，增加至數萬人。十二月，叛軍於江原縣與官軍激戰，王小波身受重傷戰死，其餘由其妻弟李順為首領繼續行動。由於叛軍紀律嚴明，李順又善於收用人才，隊伍發展到數十萬人。

淳化五年（公元994年）正月，叛軍攻下成都，建立大蜀政權，李順為大蜀王，改元應運。宋太宗急令親信宦官王繼恩領軍攻佔劍門關，經棧道長驅入

「應運元寶」銅錢　北宋

這枚銅錢是李順領導的巴蜀地區叛亂民眾在淳化五年（公元994年）鑄造的。宋朝商品經濟發達，叛軍也用自己鑄造錢幣的方式，籌措軍餉。

川。五月，王繼恩攻破成都，殺死叛軍3萬餘人，李順戰死。十一月，李順餘部被擊潰，此次亂事被鎮壓下去。

石雕武士　北宋

鼎盛時期

宋真宗像

真宗即位

　　北宋至道三年（公元997年），太宗去世，太子趙恆繼位，是為真宗。

　　至道三年（公元997年）二月，太宗彌留之際，宦官王繼恩忌太子英明，與參知政事李昌齡、知制誥胡旦等謀廢太子，另立楚王元佐為帝，被宰相呂端覺察。三月，太宗駕崩，呂端把奉令召他入宮的王繼恩鎖禁，自己單獨入宮，勸與王繼恩勾結在一起的李皇后要深明大義，讓太子趙恆即位。李皇后終為其誠所動，依舊讓趙恆即位。

　　趙恆即帝位後，勤政愛民，重用賢臣寇準，景德元年（公元1004年）閏九月，遼軍大舉攻宋。宋真宗在宰相寇準的極力勸說下，決定親征。十一月，宋真宗來到澶州城，宋軍士氣大振。先前的幾次戰鬥中，遼軍損兵折將，再加上孤軍深入，難以在戰場上逞威，宋朝則急切希望迫遼撤兵，不敢與遼軍決戰，

寇準像

雙方陷入膠著。

　　在這種情況下，宋遼互派使者，加緊議和，經過幾次交涉，雙方於景德元年（公元1004年）十二月立下盟約：宋遼互為兄弟之國，遼主稱真宗為兄，宋尊蕭太后為叔母；宋每年給遼進貢絹20萬匹、銀10萬兩，稱為「歲幣」；雙方各守現有疆界，不得相互侵犯，並互不接納和藏匿越界入境之人。遼撤軍時，宋軍不能沿途進行襲擊。互換誓書後，遼軍撤退，宋真宗也回京師。因該盟約訂立於澶州城下，史稱「澶淵之盟」。

宋陵石像群

　　澶淵之盟締結後，宋遼之間117年內沒有發生大規模的戰事，為雙方的經濟、文化發展及相互交流創造條件。

宋真宗之陵——永定陵全景

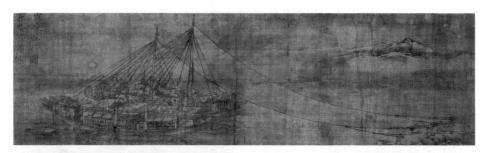

海船圖　宋　郭忠恕

設市舶司

咸平二年（公元999年）九月，真宗詔令在杭州（今浙江杭州）、明州（今浙江寧波）設置市舶司，使外來商客經營得到方便。

宋代社會相對穩定，經濟獲得一定的發展，各類商品交換也活躍起來，對外貿易因此發達，泛海而來的外商日益增多。為了完善對外貿易的管理，咸平二年（公元999年）九月，北宋政府在杭州和明州兩個沿海港口設立市舶司。

白釉孩兒枕　北宋

市舶司，又叫市舶使司、提舉市舶司，它的管理官員有市舶使、市舶判官等。掌管的主要事務有：收購海外運來的貨物，用來專賣或上繳；接待各國貢使，招待外商，並對外國商人的經營進行管理和監督；管理本國商船及海外貿易徵稅等等。

杭州港和明州港是宋朝針對朝鮮、日本等國貿易的主要港口，後隨著海外貿易的不斷發展，北宋政府經常在沿海口岸設置新的市舶司，到北宋末年已經增至6個。

宋代設置市舶司（務），便利外商活動，亦推動本國經濟的發展。而港口則一般選擇在近海受潮汐影響小而又能通航的河口，奠定後來中國沿海通商口岸的基礎。

宋代港口遺址

宋仁宗像

仁宗新政

宋真宗病死於乾興元年（公元1022年）二月，終年55歲，在位25年，先後使用過5個年號，即咸平、景德、大中祥符、天禧、乾興，他的陵墓稱為「永定陵」。

宋真宗的第6個兒子趙禎繼承皇位，即宋仁宗。趙禎原名受益，生於大中祥符三年四月十四日。他的5個哥哥在他出生之前相繼夭折，真宗43歲喜得此子，後繼有人，了卻一大心願，如釋重負。趙禎5歲就被封為慶國公，9歲封為王，並被冊立為皇太子。

他少年老成，舉止端莊，不苟言笑，深受真宗和太子賓客李迪等人的讚揚。真宗去世後，趙禎即位，年僅13歲，真宗劉后臨朝稱制，長達8年。

仁宗親政後，提拔范仲淹、韓琦、富弼等人執掌朝政，經常詢問他們使天下太平的策略。宋慶曆三年（公元1043年）八月，范仲淹等上書陳述10事，主張推行新政。宋仁宗採納建議，並先後頒布一系列詔令，宣布對此前實行的官僚選拔和升遷辦法實行改革。這就是著名的「慶曆新政」。

宋仁宗皇后像

由於新政觸犯了官僚權貴的利益，因而遭到他們強烈反對。慶曆五年（公元1045年）初，范仲淹等人被相繼貶出朝廷，慶曆新政遂以失敗告終。

河南省開封宋代宮城遺址

活字印刷

宋仁宗慶曆年間（公元1041～1048年），畢昇發明活字印刷術。這是人類文明史上的大革命，象徵知識可以被廉價複製，不再只有少數人能擁有，對於文明的散播有極其偉大的貢獻。

畢昇的生卒時間、籍貫及經歷皆不可考。據《夢溪筆談》卷18記載，畢昇用膠泥刻字，字的薄厚如一枚銅錢，每字一印，用火焙燒使之堅硬而為活字。排版時，先在鐵板上塗松脂、臘和紙灰，鐵框排滿活字後，再在火上加熱將藥熔掉，用一塊平板按壓字的表面，使整版字平如砥，就可印刷。

這種印刷方法如果印刷數量少，收效甚微，要是印刷數量巨大的話，則變得十分神速。為了提高效率，一般要準備兩塊鐵板，一塊用來印刷，一塊則可排字。第1塊印完後，第2塊已準備好，這樣就可以交替使用，很快可成。

每個字有幾個字模，尤其像「之」、「也」等字模多達20個，以防同板內重複使用。如果有特殊字，旋刻之，用草火烘烤，很快就能用。

減少反覆雕刻字模的過程是活字印刷最大的優點。雕版印刷時，每種書都要自刻一套印版，用過就作廢，而泥活字印刷便可印刷許多書籍而不會磨損字模，從而提高印刷效益。後代的木活字、銅活字都是從泥活字發展而來的。畢昇發明泥活字，比德國谷騰堡發明鉛活字早四百多年。

泥活字版印刷的《建康實錄》　北宋

泥活字版印刷佛經插圖　北宋

畢昇像

收藏在中國印刷博物館內的畢昇像。畢昇，淮南人，刻版工匠，曾在南京、杭州一帶刻版，發明活字版。

范仲淹像

范仲淹

宋仁宗皇祐四年（公元1052年），北宋著名政治家、文學家、資政殿學士、戶部侍郎范仲淹去世，終年64歲。

范仲淹（公元989～1052年），宋蘇州吳縣（今江蘇蘇州）人。真宗大中祥符年間進士。入仕後，關心民眾疾苦，政績顯著，有「先天下之憂而憂，後天下之樂而樂」的名句。仁宗天聖初，任泰州興化令，主持修築海堰，世稱「范公堤」。

慶曆年間，曾建議宋仁宗實行「慶曆新政」，發展農業，增強武備，但後來新政不幸夭折。他任人惟賢，提拔了許多年輕有為的官僚，因而美名遠揚。去世後，羌人部落幾百名酋長共同在寺院哀悼悲傷，齋戒3日，方才離開。朝廷追贈諡號為「文正」。

岳陽樓，位於今湖南岳陽。

在文學創作上，他亦提出不少新穎的觀點，主張「應於風化」。他傳下來的詩詞僅有6首，其中〈漁家傲〉突破了當時詞限於男女、風月的界線而開創了新的詞風，這首詞是他在西北負責抵抗西夏入侵時所作。詞中表達了作者決心捍衛邊疆的英雄氣概，亦反映作者思念家鄉的情緒與戰士們生活的艱苦，格調蒼涼悲壯，慷慨激昂，與那些靡麗的閨怨詞形成鮮明對比。

范仲淹的文學主張和他政治革新的要求相同，認為「國之文章，應於風化，風化厚薄，見於文章」，反對那種「專事藻飾，破碎大雅，反謂古道不適於用」的浮華文風。他擅長詞賦文章，所作政論趨向古文，著名的〈岳陽樓記〉就是其中的代表。

范文正公政府奏議二卷內頁

《范文正公文集》書影

變法整頓

熙寧變法

治平四年（公元1067年）正月，宋英宗病逝，英宗長子趙頊即皇帝位，是為宋神宗。趙頊於仁宗慶曆八年四月初十生於開封濮王宮，原名仲，英宗即位後封他為光國公，治平元年六月封潁王，三年十二月立為皇太子。他從小勤奮好學，當皇太子時便受人們稱讚。治平四年，只有20歲的神宗即位，改元熙寧，在位19年。

宋神宗即位後，於熙寧二年（公元1069年）啟用王安石為參知政事，開始變法。熙寧二年二月，神宗與王安石共同商討後，為實行變法專門設立了一個機構——「制置三司條例司」，主要工作就是制定新的財政經濟政策，頒行新制，以通天下之利。

鐵犁壁　北宋

宋朝的犁由犁床、犁壁組成，犁壁置於犁床前端，用來耕地翻土。為了減輕翻土的阻力，當時多將犁壁製成桃形。

木蘭陂

木蘭陂位於福建莆田市，屬於陂塘，是古代著名的水利工程。它不僅抵禦海潮，同時又截住永春、仙遊等地的淡水河流，灌溉大片農田。

同年七月，制置三司條例司，建議實行均輸法，宋神宗採納後便下詔實行，在「便轉輸，省勞費，去重斂，寬農民」等方面，收到較好的成效。

九月，王安石主持改革常平倉制度，推行青苗法。青苗法的實施，在限制官僚望族利用高利貸剝削等方面，收到成效，同時為朝廷獲取大量利息。十一月，宋實施農田水利法，也稱農田水利條約或農田水利約束。水利法實行後亦頗見成效，熙寧九年（公元1076年），興修水利10793處，受益民田36萬頃，公田1915頃。後繼續推出募役法、市易法、方田均稅法等。

但是，新法的推行遭到許多臣僚的激烈反對。保守派代表人物司馬光先後3次致信王安石，要求罷去制置三司條例司及常平使者。韓琦、歐陽修等元老也上疏朝廷，反對變法。

在保守派的壓力下，神宗有所動搖，最終還是廢止了新法，罷免了王安石。元豐八年（公元1085年），神宗抑鬱而終，年僅37歲。

王安石像

童子捧經壺　北宋

鐵彎鋤　北宋

這件農具形狀類似現今農民使用的彎鋤，是耕作所必需的主要農具。

資治通鑑

元豐七年（公元1084年），《資治通鑑》成書，歷時19年。由司馬光主纂的《資治通鑑》其中心內容，以政治、軍事和民族關係為主，並對經濟、文化和歷史人物有所評價。目的是要通過回顧國家盛衰、民族興亡的歷程和統治的政策，來警醒世人。

司馬光（公元1019～1086年），北宋大臣、史學家。字君實，陝

司馬光像

州夏縣（今屬山西）人，世稱涑水先生。寶元進士，仁宗末任天章閣待制兼侍講、知諫院，他奉英宗詔令評論歷代名臣事跡，遂編纂《通鑑》，以作為統治的借鑑。

治平三年（公元1066年）四月，司馬光編成編年史《通志》8卷。治平四年十月，司馬光向神宗進讀《通志》，深受讚賞，賜名《資治通鑑》，並由神宗親自賜序。熙寧三年（公元1070年），司馬光反對新政，退居洛陽續纂《通鑑》。哲宗時重入仕途，任尚書左僕射兼門下侍部，主持國政。死後追封溫國公。

《資治通鑑》是一部編年體通史，全書共294卷，另有《目錄》30卷，《考異》30卷。從周威烈王二十三年（公元前403年）開始記事，到周世宗顯德六年（公元959年）結束，前後共1362年。所採史料除17史以外，徵引雜史諸書達三百餘種，剪裁熔鑄成一家之言，為中國史學史上的傑作。

《資治通鑑》通過詳實的歷史記載，說明歷史經驗對於社會政治統治的重要性，在這一點上，《資治通鑑》所提供的歷史教訓，是以往任何一部史書都無法比擬的，對於後來歷代的統治者有較大的約束作用。

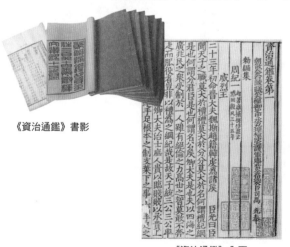

《資治通鑑》書影

《資治通鑑》內頁

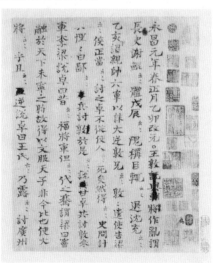

《資治通鑑》手稿

朝政衰落

宋哲宗像

哲宗親政

宋神宗於元豐八年（公元1085年）三月去世。遵照遺詔，其10歲幼子趙煦登基，即宋哲宗。因哲宗年小不能親政，太皇太后垂簾聽政，廢除了王安石的全部新法，同時堅決打擊了變法派人物和奉行新法的各級官僚，這就是歷史上的「元祐更化」。

元祐八年（公元1093年）九月，宋太皇太后高氏病逝，18歲的哲宗趙煦親掌朝政。

趙煦對神宗用王安石變法以圖富國強兵嚮往已久，早已不甘心祖母長期掌權，高太后廢止新法更令他非常不滿。因此，宋哲宗親政不久，便把反對王安石變法的禮部尚書蘇轍貶為知汝州。

於是，朝野一片慌亂，大臣們都清楚，皇帝又要開始實行新法。次年四月，趙煦改元紹聖元年，意思是追隨神宗之政，恢復熙寧、元豐以來的規章制度。改元當年起，趙煦也開始逐步恢復熙寧舊法。隨後，趙煦重用新黨，打擊舊黨。同時採取各項新法，和神宗在位時的模式基本一致，只是對一些可能產生弊端之處略加修改。

宋朝開封鐵塔

宋代婦女形象圖

東坡居士

宋建中靖國元年（公元1101年）七月，一代文豪蘇軾於常州去世。作為一代大師，蘇軾十分重視文學的生活來源和社會功能，認為文學創作需深深扎根在現實生活之中，同時還要注意應用文藝創作的技巧。

蘇軾（公元1037～1101年），宋代文學家、書畫家。字子瞻，號東坡居士，眉州眉山（今屬四川）人。世人將他與父親蘇洵、弟蘇轍合稱「三蘇」，位列「唐宋八大家」之列。

蘇軾仕途坎坷，神宗任用王安石變法時，蘇軾認為改革措施過於激進，由此被朝廷貶到京外任地方官。王安石罷相後，舊黨執政，他又因不同意司馬光廢新法，被舊黨攻擊，排擠。哲宗親政後，新黨重新得勢，蘇軾又成為新黨的打擊對象，被一貶再貶。元符三年（公元1100年），宋徽宗即位，召蘇軾回京，途中，蘇軾染病身亡。

蘇軾詞在北宋詞壇上占有重要地位，他突破晚唐詞的軟玉溫香的套路，自成一派。首先，他開拓詞的取材領

《坡仙集》內頁

蘇軾像

海南儋州東坡書院載酒亭　北宋

蘇軾在北宋的黨爭中，屢遭貶謫，曾因為變法派的攻擊，被流放至今中國海南省儋州市。

**竹石圖卷　北宋
蘇軾**

蘇軾善於繪畫枯木、叢竹，他認為畫竹不能只在竹節、竹葉上下工夫，要胸有成竹，一揮而就，才能氣韻生動。

域，蘇軾認為詞創作沒有具體規定在哪個領域，只要有感覺、創意，都可以寫出好詞。其次，他將寫詩的筆力引入詞的創作中，並開始在詞作中引入序言，開創新的風格，被世人稱為「豪放派」。

蘇軾的文學創作在北宋文學史上占有重要地位。在他的影響下，黃庭堅、晁補之、秦觀、張耒脫穎而出，號稱「蘇門四學士」。

三蘇祠　瑞蓮亭

黃州寒食詩卷　北宋　蘇軾

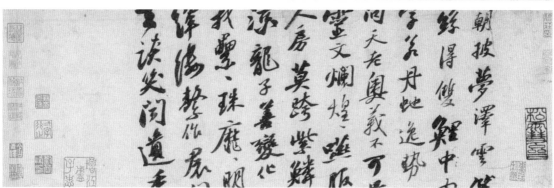

李白詩卷　北宋　蘇軾

蔡京弄權

蔡京像

元符三年（公元1100年）正月初八，哲宗去世，宋神宗之子、哲宗趙煦之弟趙佶即位，是為徽宗。他是北宋第8代皇帝，公元1100～1125年在位。徽宗執政期間，政治腐敗無能，奸臣弄權；他又大興土木，民不聊生。

建中靖國元年（公元1101年），蔡京被正式起用。此後二十多年間，他4次入相，任宰相達17年之久，他把持朝柄，專掌大權，做盡擅權誤國之事。

蔡京（公元1047～1126年），字元長，興化仙遊（今福建省）人，熙寧三年（公元1070年）進士，很會逢迎上司。徽宗即位後，喜歡書法，命宦官童貫去蘇杭蒐訪書畫工藝品，蔡京乘機對童貫百般奉承，深得童貫歡心。

宋徽宗御印印文

蔡京也善於書畫，童貫就把蔡京畫的屏障、扇面帶回京城獻給徽宗，並向徽宗美言推薦蔡京。童貫又讓蔡京買通道士與宮人，在徽宗面前誇獎蔡京的才能，並說非拜蔡京為相不可。

於是，對元祐黨人已心存疑忌的徽宗，就開始重用蔡京。蔡京竊弄權柄，恣為奸利，成為「六賊之首」，在他掌權期間，為了排除異己，曾親筆寫〈元黨籍碑〉，誣陷忠良，為世人痛恨與不恥。儘管如此，蔡京在書法上卻自成一體，字勢豪邁，嚴而不拘，逸不逾矩。

聽琴圖　宋徽宗

芙蓉錦雞圖
宋徽宗

宋徽宗的花鳥畫
注重寫生，他經
常在御花園「艮
嶽」中細心觀察
珍禽異獸的動
作，所以他畫的
花鳥都非常精細
而生動。

靖康之劫

趙佶嗜畫

宋徽宗趙佶不僅擅長繪畫，而且在書法上也有極高的造詣。趙佶書法在學薛曜、褚遂良的基礎上，創造出獨樹一幟的「瘦金體」，瘦挺爽利，側鋒如蘭竹，與其所畫工筆重彩相映成趣。

瘦金書的意思是美其書為金，取富貴義，也以挺勁自詡。

趙佶傳世的書法作品很多，楷、行、草各種書法作品皆流於後世，且筆勢挺勁飄逸，富有鮮明個性。其中筆法犀利、鐵畫銀鉤、飄逸勁特的〈芳依翠萼詩帖〉為大字楷書，是宋徽宗瘦金體的傑作。但宋徽宗的書法也存在著柔媚輕浮的缺點，這也許是時代和他本人的藝術修養所致，但是瘦金體的獨特藝術個性，為後人競相仿效。

宋徽宗趙佶像

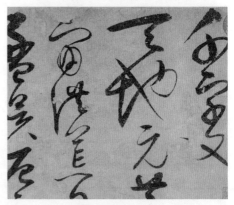

草書千字文　宋徽宗

祥龍石圖　宋徽宗

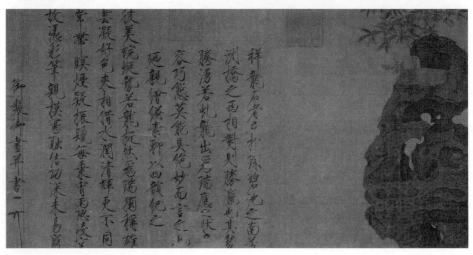

清明上河圖

這是非常有代表性的作品，絹本，長卷，淡設色，卷高24.8公分，長達128.7公分。「清明」指農曆清明節前後，一般認為此圖是描寫北宋京城汴梁和汴河兩岸清明時節的風光。

〈清明上河圖〉是一幅寫實主義的偉大作品，畫面宏偉壯闊，筆法嚴謹精細，把社會風俗畫推進到更高的階段。

張擇端，字正道，東武（今山東諸城）人，特別擅長畫舟車、市橋、郭徑，且自成一家。

〈清明上河圖〉結構共分3段：首段描繪市郊風景，寂靜的原野，嫩柳初放，有上墳來往的馬、轎和人群，說明了清明時節特定的時間和風俗。中段描繪汴河，畫面上巨大的漕船，有的往來於河上，有的停泊在碼頭。

一座宛如飛虹的拱橋橫跨汴河，街市在橋的兩端相望，人們熙熙攘攘往來，車水馬龍，與橋下繁忙的水運相呼應。後段描繪市區街景，以高大的城樓為中心，四周是縱橫交錯的街道，街上行人摩肩接踵，往來不絕，士農工商，無所不有。

〈清明上河圖〉中的木工作坊店鋪

宋朝的木工作坊店鋪多是採用前店後宅的形式。

〈清明上河圖〉中的官員宅第

宋朝對不同階層的人的住宅有不同的等級限制，官園宅第無論在高度、大小、裝飾方面都與民居不同。

作品採用了傳統的手卷形式，從鳥瞰的角度入手，不斷推移視點來攝取景物，段落節奏分明，結構嚴密緊湊，筆墨遒勁老辣。全卷共有人物五百餘，牲畜五十餘，船隻、車轎各二十餘，安排有條不紊，繁而有序。

在藝術手法和處理上，〈清明上河圖〉有極高的價值。在內容上，它真實地表現出當時城市社會各生活面，為後世了解、研究宋朝城市生活提供了重要的歷史資料。

白土鴨墜　北宋

清明上河圖（局部）　北宋　張擇端

叛亂迭起

宋徽宗宣和元年（公元1119年），宋江率先在河北起兵。

宋陵龍形石雕

據說宋江一開始起義時只有36人，以打擊懲罰貪官污吏為主。宣和元年十二月，宋王朝曾下詔招安宋江，但他並未投降，繼續戰鬥。後來東南爆發了方臘之亂，宋朝暫時沒有力量對付宋江，亂軍發展到數百人，轉戰於京東各地，出沒在青（今山東益都）、濟（今山東濟南）、濮（今山東鄄城北）、鄆（今山東東平）一帶，使各地貪官污吏聞風喪膽。宋江的這支部隊對宋朝的統治構成很大威脅。中國古典名著《水滸傳》就是以這事件為藍本寫成。

宣和三年（公元1121年），宋江軍南下，遭到張叔夜伏兵襲擊。宋江及部分亂軍向張叔夜投降，接受招安。

宋代武士復原圖

神臂弓　北宋

方臘（公元？～1121年）又名方十三，睦州青溪（今浙江淳安）人。方臘家有漆園，造作局官員經常去他家敲詐勒索，方臘忍無可忍，於是，他利用包括摩尼教在內的各種祕密宗教活動，組織農民準備反叛。就在這時，方臘的活動被官府的爪牙發覺，向官府告密。方臘聞訊，當即採取果斷措施，於宣和二年（公元1120年）十月九日在他家漆園召集骨幹緊急動員。方臘首先痛斥北宋統治者對內魚肉百姓、對外奴顏卑膝，向遼、夏輸幣納貢投降的罪行，號召大家揭竿而起，打擊貪官污吏，推翻宋朝。當即得到當地人民的熱烈響應。

十一月一日，方臘自稱為「聖公」，建元永樂，設官封將，建立了政權。隊伍迅速從千餘人發展到近萬人，並攻佔了青溪縣城，接著又趁勢攻下睦州州治建德城與睦州所屬壽昌、分水、桐廬、遂安等縣。十二月二十九日佔據了杭州。這時，東南州郡紛紛響應，隊伍迅速發展壯大。

李綱像

武官像

北宋滅亡

北宋靖康二年（公元1127年）四月，金兵擄走徽、欽二帝及宗室、宮人北返，北宋至此滅亡。此事史稱「靖康之恥」。

宋宣和七年（公元1125年），北宋王朝腐敗，金兵大舉南下，消息傳到開封，北宋君臣慌成一團，群臣請求徽宗禪位給皇太子趙桓，以便號召各地官兵和百姓起兵勤王。十二月二十三日，皇太子趙桓即位，是為宋欽宗。

靖康元年（公元1126年）正月初三，金兵渡過黃河，直逼開封。宋欽宗的新朝廷人心慌亂。在李綱的指揮下，宋軍擊退金兵，開封城暫時得以解圍。

靖康元年（公元1126年）十月，金兵又開始對北宋發動進攻，太原、真定很快失守。十一月中旬，西、東兩路金軍相繼渡過黃河。欽宗君臣知道金兵渡河向開封進軍的消息後，嚇得驚慌失措，不知如何應變。十二月初二，欽宗奉上降書，提出向金投降。靖康二年

（公元1127年）三月七日，金人扶植張邦昌建立傀儡政權。

四月一日，金將完顏宗望、完顏宗翰押著被俘而扣留在金營的宋徽宗、宋欽宗和趙氏皇子、皇孫、后妃、宮女等四百餘人回歸金朝，同時滿載掠奪的大量金銀財寶。金軍退兵時，還將宋宮中所有的法駕、鹵簿等儀仗法物和宮中用品，以及祕閣、太清樓、三館所藏圖書連同內侍、內人、伎藝工匠、倡優、府庫蓄積席捲一空。

北宋東京平面圖

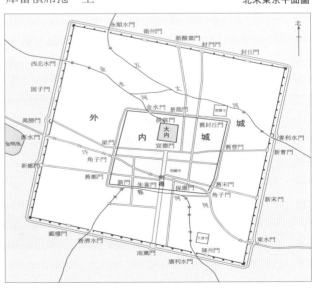

外憂內患

康王即位

靖康二年（公元1127年），金廢宋徽、欽2帝，冊立張邦昌為楚帝，後撤兵北歸。金退兵後，開封軍民和朝廷舊臣就不再擁戴張邦昌，各路勤王兵馬也紛紛開往開封，聲討張邦昌。張邦昌無奈，迎宋元皇后入宮垂簾聽政。四月，宋太后手書至濟州，讓康王趙構即帝位。五月初一，趙構於應天府（今河南商丘）登皇帝位，改元建炎，重建了宋朝，史稱「南宋」。

趙構是宋徽宗第9個兒子，始封康王。在靖康元年（公元1126年），金兵包圍開封城的時候，欽宗派人持蠟書到相州，令康王趙構起兵勤王。十二月初一日，趙構在相州元帥府聚兵萬人，分5路前往開封救援，欽宗自己卻率領大隊兵馬逃至大名府（今屬河北），隨即又逃向東平府（今屬山東），後逃往濟

宋高宗趙構像

州（今山東巨野）。直至金兵北歸才停止逃竄。

趙構建立南宋後，經濟繼續發展，文化也進一步繁榮，但是南宋政權卻在金的威脅下，一直飄搖不定。宋高宗趙構重用奸臣秦檜，一味屈膝求和，只求苟安，導致政治昏暗，不知埋葬了多少仁人志士的報國夢！

臨蕭照瑞應圖　明　仇英
此圖描繪的是趙構由磁州北回，渡河時剛上岸冰即破裂，高宗倖免於難的故事。

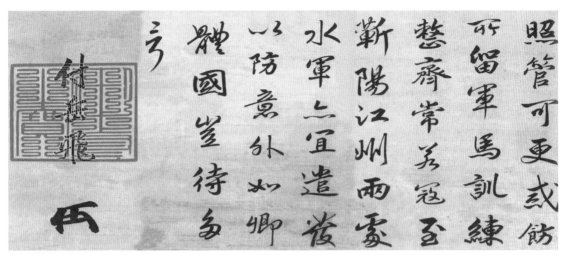

賜手書　南宋　趙構

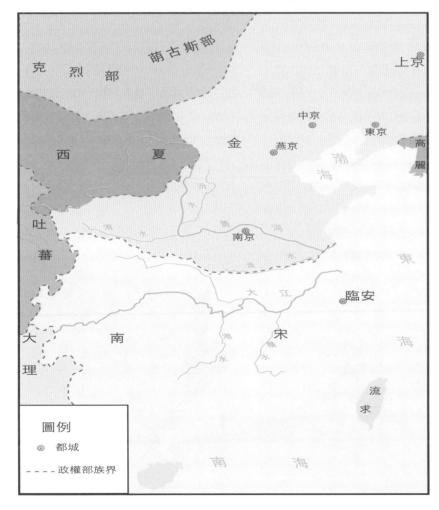

南宋與金分界示意圖

宗澤死憂

宗澤墓，位於今浙江義烏。

建炎元年（公元1127年）六月，李綱向宋高宗推薦宗澤出任東京留守、知開封府（今河南）。宋高宗採納李綱的建議，並責令宗澤一定要將舊都守住。宗澤，字汝霖，婺州義烏（今屬浙江）人，元祐六年（公元1091年）進士。曾被召任為宗正少卿，充議和使，因他反對議和而改任磁州知州。他在磁州時曾擊退金兵。

宗澤到任後，大力增強開封守備，積極募集新軍，加以訓練，同時和河北的忠義民兵，尤其是王彥的「八字軍」、五馬山寨義軍等聯繫密切，使以前散在各地的一些農民軍，如河北的楊進、李貴，河東的王善等都自動投奔到他的旗幟下，由他指揮。

開封的形勢迅速好轉，守備力量加強，多次擊敗金軍進攻。在這種形勢下，宗澤上奏，企圖要求朝廷派大軍北伐、收復失地，並請求高宗速還汴京。

宗澤像

但高宗一直沒有批准他的出兵計劃，他多次奏請高宗還京，都被黃潛善、汪伯彥所阻。

宗澤憂憤成疾，後背生了一個大疽，建炎二年（公元1128年）七月病逝，終年70歲，臨死的前一日，他口吟杜詩中「出師未捷身先死，長使英雄淚滿襟」的名句，並囑咐部將們要繼續抗金。他死前沒有說過一句關於家中一切如何安置的話，只是連呼三聲「過河」，念念不忘抗金大業。汴京失去了宗澤的守衛，不久便落入金軍手中。

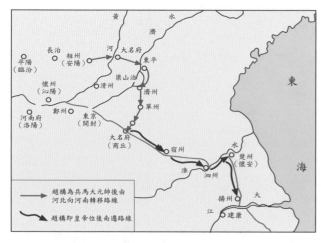

宋高宗第一次南逃示意圖

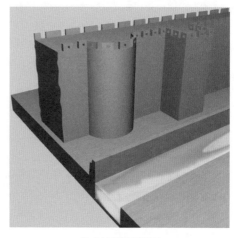

南宋城牆防禦模型

抗金鬥爭

南 方 民 變

　　趙宋朝廷苟安於江南半壁江山，花天酒地，醉生夢死，殘酷地刮搜民脂民膏，使得江南人民處於水深火熱的境地。建炎四年（公元1130年），鍾相領導的農民叛變，率先在湖南洞庭湖地區揭竿而起。

　　鍾相（公元？～1130年），自號鍾老爺、天大聖，武陵（今湖南常德）人。他繼承了北宋農民領袖王小波、李順的口號，即「等貴賤，均貧富」，表達了農民要求政治上平等、經濟上均分財富的強烈願望。

　　建炎四年（公元1130年）二月，鍾相聚眾萬餘，建國號楚，任臣拜將。叛軍勢不可擋，很快攻占了鼎、澧、荊南、潭、峽等州縣。南宋政府大驚，急忙派重兵鎮壓，三月末，宋將孔彥舟偷襲，攻破鍾相營寨，鍾相被俘。

　　鍾相被殺後，楊么被擁為領袖，率眾繼續反抗官兵，紹興三年（公元1134年）四月，叛軍重建楚政權，稱楊么為大聖天王。這時叛軍已經控制了北達公安，西及鼎、澧，東至岳陽，南抵長沙的廣大地區，且多次將宋軍擊敗。紹興五年（公元1136年）春，宋高宗調岳飛前往鎮壓，又派宰相張浚親臨督戰。楊么寡不敵眾，被俘犧牲。其餘的叛軍又堅持了1年多才失敗，這次事變前後長達6年半。

木軍銅印　南宋

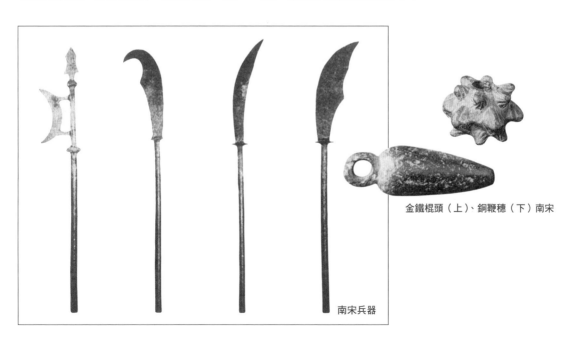

金鐵棍頭（上）、銅鞭穗（下）南宋

南宋兵器

韓世忠像

黃天蕩大捷

　　建炎四年（公元1130年），金兀朮率兵南下，攻打南宋，宋高宗不敵，渡海南逃，金兀朮率軍進臨安城（今浙江杭州），屠殺百姓，掠奪財物後，放火焚燒臨安城。金兀朮率軍北歸，因滿載掠奪輜重不能陸行，便取道秀州、平江、常州，沿運河而行。

　　三月丁巳，金軍到達鎮江，被浙西制置使韓世忠所阻。他指揮官兵與金兵展開激戰。據傳，其妻梁紅玉親自在金山妙高臺擂鼓助威，宋軍士氣大震，奮擊金兵，將金兀朮趕入黃天蕩，不得渡

金山

位於今江蘇鎮江市西北長江南岸。宋將韓世忠阻金軍於長江，其妻梁紅玉在金山妙高臺擂鼓助威。

車船示意圖

南宋水軍曾使用這種車船，在采石磯擊敗金主完顏亮。

江。這就是著名的「黃天蕩大捷」。

黃天蕩（今江蘇南京東北江邊）是條死水港，金軍屢次突圍都沒有成功。後聽說有老鸛河故道可以通秦淮，金兀朮便發兵占領，用了整晚的時間開渠數十里，才得以逃往建康（今江蘇南京），但還是不能過江。四月，福建人王某向金兀朮獻策，在船上載土，上鋪平板，等沒有風浪時出擊。韓世忠的海舟龐大，無風不能動，可以選強弩勁弓，輪番發射火箭，可將韓世忠擊敗。金兀朮依計而行，世忠軍果然大敗，退還鎮江，金兀朮得以渡江北歸。

韓世忠以8000兵馬抗拒金兵10萬之眾，阻擊48日，雖敗猶榮。金軍從此不敢輕易渡江，南宋都城臨安（今浙江杭州）和半壁江山暫時得以保全。

鐵蒺藜　金

梁紅玉擂鼓助威的妙高臺遺址

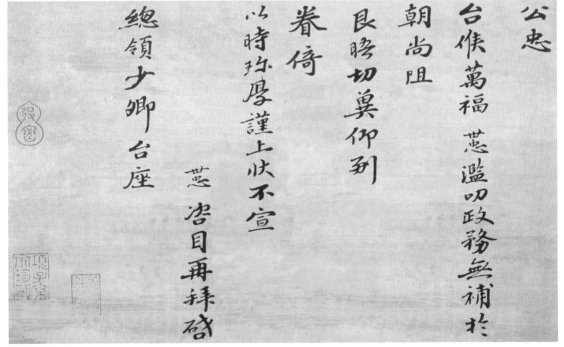

韓世忠書劄

岳飛像

杭州岳王廟秦檜夫婦鐵鑄跪像　南宋

岳飛北伐

宋紹興四年（公元1134年）春，岳飛上書宋廷請求北伐，收復失地。五月，岳家軍從鄂州（今湖北武漢）渡江開始北伐，首戰攻克郢州（今湖北鍾祥），接著兵分兩路，岳飛命部將張憲攻打隨州，自己則率主力逼向襄陽府（今湖北襄樊）。七月，金朝為阻攔岳家軍繼續北上，派援軍與敗將李成合兵數萬，於鄧州西北方向排列三十餘營寨，企圖阻擋宋軍北進之路。岳家軍奮勇衝殺，一舉擊敗金與偽齊聯軍，並乘勝攻佔鄧州。岳飛即又分兵相繼收復唐州（今河南唐河）及信陽。八月，岳飛被宋高宗晉升為靖遠軍節度使。

在以後的抗金戰爭中，岳飛取得更大勝利，但宋高宗趙構和宰相秦檜為徹底實現控制軍隊和壓制主戰派的目的，開始陷害岳飛。

宋紹興十一年（公元1141年），高宗和秦檜竟以「臨軍征討稽期」和「指

浙江杭州岳王廟

這是原有岳飛的墓，後來增建岳王廟，廟內大殿的壁上有「精忠報國」4個大字，是岳飛的母親自小對他的教誨。

斥乘輿」等莫須有的罪名將岳飛毒死於風波亭。岳飛死時，年僅39歲。

岳飛（公元1103～1142年）是文武雙全、智勇兼備的抗金名將，他39歲時被賣國的執政者害死，但其「精忠報國」的愛國精神卻永遠活在後人心中。岳飛字鵬舉，相州湯陰（今屬河南）人。

宣和四年（公元1122年）應募入伍，因作戰勇敢，很快升到留守司統制。建炎三年（公元1129年），金兵南下，岳飛的上司降敵，兵將潰敗，岳飛卻堅持抗敵，屢敗金軍。高宗寫「精忠岳軍」4字製旗褒獎。

岳飛能詩詞，善書法，著有〈滿江紅〉一詞，風格豪邁，氣勢磅礴。並有《岳忠武王文集》傳世，岳飛死後20年，孝宗即位後才以禮改葬，建廟鄂州；37年後賜諡武穆；70年後，寧宗追封其為鄂王。岳王墳位於杭州西湖湖畔。

岳飛塑像

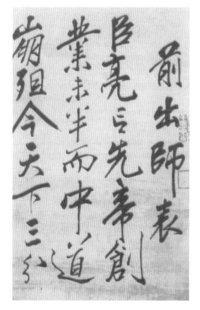

前出師表　岳飛書

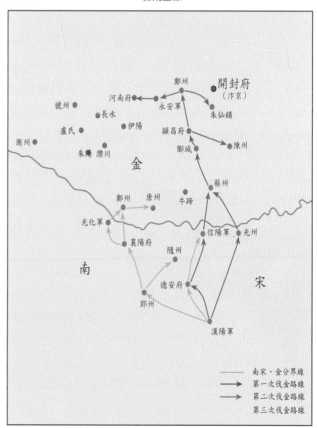

岳飛北伐路線圖

宋孝宗像

孝宗圖興

宋紹興三十二年（公元1162年）初，南宋軍民團結起來共同抗擊金兵，使其損兵折將，同時，金統治集團發生了內訌，金兵撤軍北還。宋軍乘勢追擊，收復許多州縣，各地義軍也紛起響應，打擊金兵，形勢對南宋非常有利。

此時，一心求和的宋高宗趙構既不敢繼續抗金，又難於繼續推行投降政策，處於左右為難的境地，於是有意把重擔交給養子——皇太子趙眘。

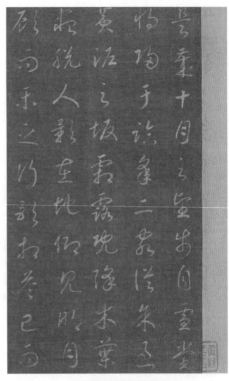

宋孝宗書〈後赤壁賦〉

趙構以前有一子也叫趙眘，「苗劉之變」中被擁立為皇帝，事件平定後，不久便夭折了，而趙構在「維揚之變」時受到驚嚇，喪失生育能力，故此一直沒有後嗣。

紹興二年（公元1132年），趙構選秀王趙稱6歲的兒子伯琮入宮，賜名瑗；紹興三十年（公元1160年），又更名瑋，立為皇子；紹興三十二年，又更名眘，立為皇太子。伯琮是趙匡胤的7世孫，趙德芳後人。六月，高宗自稱太上皇，退居德壽宮，趙眘即位，即宋孝宗。這一年是壬午年，由此被稱為壬午內禪。

孝宗在位27年，對恢復故國念念不忘，即位之初就詔令為因蒙冤的岳飛等人昭雪，大大鼓舞了主戰派的鬥志。

孝宗儘管胸懷大志，但處處受到太上皇趙構的牽制。淳熙十四年（公元1187年），趙構去世後，他已年至花甲，恢復中原的信心已淡薄，於是，在淳熙十六年（公元1189年），當了太上皇。

南宋三弓床弩模型

朝政昏暗

紹熙內禪

淳熙十六年（公元1189年）二月，孝宗禪位於太子趙惇，趙惇即宋光宗。即位後，次年改元紹熙。光宗在位5年，李皇后操縱朝政，宦官、權臣乘機竊弄權柄，政治十分黑暗。

光宗自幼懦弱多病，政事由李皇后控制。有一次，光宗對一位宮女的玉手表示欣賞之意，隔天，李皇后給光宗送上一盒點心，揭開一看，竟是那位宮女的一雙玉手，光宗當場嚇得心臟病發作。已為太上皇的孝宗知道後，送去治療心臟病的藥丸，李后卻說是毒藥，從此，光宗與其父長期失和。

紹熙五年（公元1194年）五月，太上皇病危，六月九日，太上皇去世，光宗始終未去重華宮問疾，也不執喪，朝中對這件事議論紛紛。尚書左選郎官葉適向左丞相留正建議，立皇子嘉王趙擴為監國，以解釋國人對朝廷的懷疑。

留正向光宗提出這個建議，光宗表示想要退位。知樞密院事趙汝愚主張禪位給嘉王，而留正認為建儲詔還沒有下達而談及此事，日後一定難以相處，於是稱病離開。趙汝愚無奈，只得通過知閣門事韓侂冑將內禪之意向太皇太后請示。第二天，趙汝愚請立嘉王為太子，並且說到光宗「念欲退閒」，太皇太后於是應允。

宋寧宗像

七月五日，太皇太后命趙汝愚以旨諭嘉王趙擴即位，皇子堅決推辭，後來被強披黃袍，立為皇帝，這就是宋寧宗。皇后韓氏，父為韓同卿，是韓侂冑兄。光宗被尊為太上皇，李皇后被尊為皇太后，李氏的權勢這時才被削弱。

歷史上稱這次事件為宋光宗內禪，也稱為「紹熙內禪」。

身著窄袖短上衣、長裙、長披肩的女子　北宋

朱子理學

宋慶元六年（公元1200年）三月九日，理學大師朱熹卒於福建建陽考亭家中，終年70歲。他一生以著述講學為主，學生眾多，又廣注典籍，對經史、文學、樂律乃至自然科學都有貢獻。《伊洛淵源錄》、《四書章句集注》、《名臣言行錄》、《資治通鑑綱目》、《楚辭集注》、《詩集傳》、《周易本義》及後人編纂的《朱子語類》、《朱文公集》等是他的主要著作。

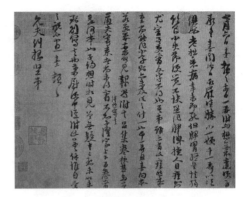

朱熹行書文稿

朱熹（公元1130～1200年）字元晦，號晦庵、紫陽，徽州婺源（今屬江西）人，居建陽（今屬福靈）。紹興十八年（公元1148年）進士，仕途不順遂。

淳熙六年（公元1179年），朱熹出任南康（今江西省星子縣）地方官，重修廬山白鹿洞書院，制訂〈白鹿洞書院學規〉，開始講學授徒，宣揚理學。

白鹿洞書院亦稱白鹿洞書堂，原為唐代李渤和兄長隱居讀書處，朱熹重修白鹿洞書院後自任洞主，並為書院制定條規，對書院的宗旨、為學之序和修身、處事接物之事有系統的規定。他強調為學不是為沽名釣譽，而是講明義理，修己治人。

朱熹創辦白鹿洞書院，培養大批人才，他為書院教育制定一整套教學規章制度，對當時及後世的教育產生很大的影響，並由此創立「閩學」。

朱熹歸納北宋以來理學的所有成就，為理學之集大成者。在朱學思想體系中，熔鑄傳統的儒家思想的同時，還汲取了佛、道思辯哲學的營養，理論色彩變得更加精深豐富。

朱熹創立的「閩學」是理學的成熟形態，對當時及後世的影響很大。朱子之學在宋元之際傳播到朝鮮、日本等國，17世紀歐洲的少數學者開始注意朱學，18世紀初有人翻譯了朱熹的某些作品，並將其與康德（Immanuel Kant，1724～1804）並列。可見，朱子之學的研究已超越國界，成為世界哲學史上的共通題目。

朱熹像

紫陽書院

淳熙三年（公元1176年）朱熹曾到此講學，當時被稱為紫陽講會。

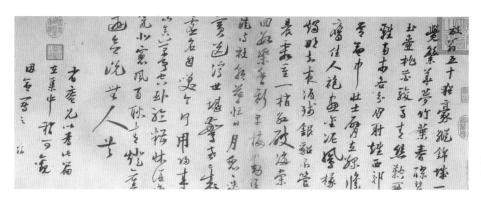

草書成都感懷詩卷
南宋陸游

詩人陸游

嘉定三年（公元1210年），陸游帶著「死前恨不見中原」的遺憾與世長辭，時年85歲。

在南宋文壇上，陸游的詩與辛棄疾的詞一樣，有重要的代表性。陸游詩歌以其卓越的藝術成就，將中國文學的愛國傳統發揚光大，在同時代和後代詩人中都有極高的地位和深遠的影響。

陸游（公元1125～1210年），字務觀，號放翁，越州山陰（今浙江紹興）人，南宋出色的愛國詩人、詞人。他出身於一個有文化傳統的世宦之家，幼年時逢金兵南侵，他隨家人長期奔波，「兒時萬里避胡兵」，留下深刻的逃難印象，所以陸游為官後一直力主北伐，但隨著北伐失敗，陸游被罷官還鄉，直至46歲方復出，遠行入蜀任夔州通判。

陸游任夔州（今四川奉節）通判期滿後，四川宣撫使王炎邀請他到南鄭（今漢中）處理軍務，實現了夢寐以求的從軍報國之願。

金戈鐵馬、意氣風發的軍旅生活和雄奇險峻的山川地勢激發他的才情，其詩歌創作在這一時期走向鼎盛，形成宏麗悲壯的風格。陸游對這一段崢嶸歲月十分珍惜，後來將全部詩作題名為《劍南詩稿》。

陸游晚年才情不減，他75歲時游沈園，回想起早年與前妻唐婉的不幸婚姻，雖然「夢斷香消四十年」，但仍悲從中來，遂作〈沈園〉2首，其中「傷心橋下春波綠，曾是驚鴻照影來」，詩情畫意渾然一體，有感傷之美。

嘉定三年（公元1210年）十二月二十九日，陸游抱憾去世，臨終前賦詩一首，詩云：「死去原知萬事空，但悲不見九州同；王師北定中原日，家祭毋忘告乃翁！」

陸游像

江蘇鎮江焦山陸
遊石刻碑亭

南宋亡國

似道專擅

景定元年（公元1260年），權臣賈似道把持了南宋朝政。此時政治昏暗，南宋已經走到了滅亡的邊緣。

賈似道，字師憲，臺州天臺（今屬浙江）人，嘉定六年生於官宦之家。他少年時整天遊蕩賭博，不思上進，後來靠父親的關係，蔭補為嘉興司倉。

賈似道的姐姐做了宋理宗的貴妃後，賈似道開始官運亨通，兩年內便由正九品籍田令升為正六品軍器監，並於嘉熙二年中進士。

理宗特別召見賈似道，予以勉勵。開宋元年（公元1259年），時拜右丞相的賈似道謊報鄂州大捷，贏得理宗的進一步恩寵，加封少師、魏國公。

賈似道由此進一步掌握大權，隨即

開慶通寶

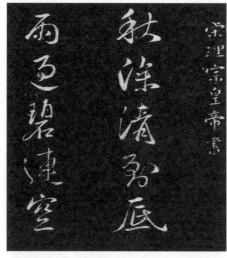

〈楷聊〉　宋理宗

宋理宗像

使人編造左相吳潛罪狀上奏理宗，吳潛被罷相。宦官董宋臣已在吳潛為相時被斥出朝，支持董宋臣的閻妃在同年七月病死。

賈似道進而清除朝中異己，一手把持政權。從此，賈似道在理宗、度宗兩朝獨專朝政長達15年。

賈似道隱瞞求和真相，騙取權位，陸續打擊抗蒙有功的將士。賈似道又實行所謂「打算法」，只要在抗戰中支取官物作軍需的人，一律治罪。賈似道控制御史臺，反對賈似道的官員都被御史臺以各種罪名予以免官。

景定五年（公元1264年），理宗趙昀養子趙禥即皇帝位，即宋度宗。次年，度宗加封賈似道為太師。趙禥認為賈似道有「定策」之功，每逢他朝拜，也定回拜，稱賈似道為「師臣」，而不呼其名。朝廷百官都尊稱賈似道為「周公」朝政相當敗壞。

文天祥

文天祥（公元1236～1283年），字履善，號文山，吉州廬陵（今江西吉安）人，是南宋偉大的民族英雄。

宋寶祐四年（公元1256年），20歲的文天祥中進士，任寧海軍節度使判官。公元1259年，蒙古軍南下攻打鄂州（今湖北武昌），南宋君臣驚慌失措，宦官董宋臣勸理宗趙昀遷都，文天祥上書堅決反對，並提出禦敵之計，但並沒有被採納。

在以後的日子裡，文天祥先後任刑部郎官、右丞相兼樞密使等職。德祐元年（公元1275年），他聽到元兵南下的消息，在贛州組織義兵入衛臨安。第2年，出任右丞相兼樞密使代表元朝到元營議和，他大罵元朝統帥伯顏，被拘至鎮江。後得以逃脫，與陸秀夫等擁立益王趙昰於福州，即宋端宗，後復任右丞相兼樞密使。

景炎二年（公元1277年）進兵江西，收復州縣多處。後因寡不敵眾，敗退廣東，依舊堅持抵抗元兵。景炎三年（公元1278年）十二月，在五坡嶺（今廣東海豐北）被張弘範所俘。元世祖忽必烈多次勸文天祥投降，文天祥寧死不屈，忽必烈勸降不成，遂於至元二十年（公元1283年）一月，於大都殺害文天祥。

他抗元被俘後，在元大都的牢裡作〈正氣歌〉一首，表達了他的堅定立場。

〈正氣歌〉以愛國的精神感召力見長。由於這股浩然正氣貫穿其間，文天祥的詩雖不講究修辭，但仍具有強烈的感染力，千百年來激勵了一代又一代的志士。

文天祥像

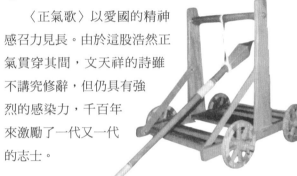

南宋用以毀壞城防設施的撞車　宋

蒙古攻戰圖

趙昺蹈海

德祐二年（公元1276年），宋廷向伯顏投降時，陳宜中、張世傑等大臣帶著益王趙昰、廣王趙昺，從臨安城逃出，到達溫州。五月，趙昰在福州即位，是為端宗，改元景炎。十一月，元大將董文炳率兵攻進福建，趙昰被張世傑和陸秀夫等人護送到海上，到達惠州。十二月，趙昰又坐船下海，途中被元軍襲擊，因驚嚇過度而患病，次年四月病逝，時年11歲。

端宗死後，張世傑又擁立趙昺即位，改元祥興。祥興元年（公元1278年）六月，雷州被元兵攻破，張世傑帶著趙

陸秀夫像

昺撤到崖山（今廣東新會），開始建築工事，企圖憑藉險要地形久守。

祥興二年（公元1279年），元將張弘範、李恆圍攻崖山，用火攻擊敗宋軍。陸秀夫看到大勢已去，背負8歲的小皇帝趙昺跳海而亡。張世傑等人也遇颶風，船翻溺水而死。南宋的最後一支軍隊覆沒，至此宋朝徹底滅亡。

部落雪中狩獵圖　元
萬民皆兵、兵民合一的部落兵制使人口稀少的遊牧民族擁有巨大的軍事實力，既有戰鬥單位，又有生產單位，領兵軍官多為部落首領。蒙古軍隊自成吉思汗後，打破氏族部落紐帶，把全蒙牧民編成數十個千戶，授予功臣貴戚，劃定領地範圍，保障穩定的兵源，壯大了軍隊的實力。

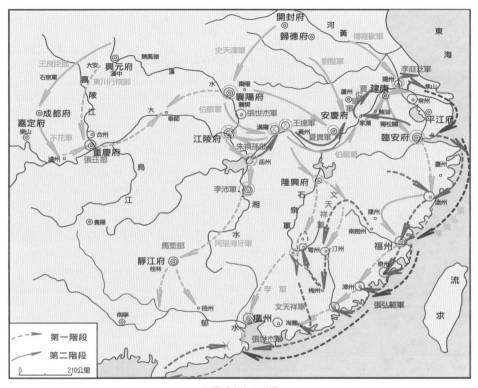

元軍滅南宋示意圖

宋少帝陵

公元1279年，元軍在崖山消滅殘餘宋軍，陸秀夫背負小皇帝投海自盡，南宋滅亡。圖為南宋末代皇帝的陵墓，位於今廣東省深圳市蛇口赤灣。

大遼興衰・西夏王朝・金國滄桑・蒙古帝國・元朝弊政

遼夏金元

Liao, Shia, Jin & Yuan Dynasties

遼國興起

第一章 大遼興衰

阿保機稱帝

遼神冊元年（公元916年）十二月，契丹王耶律阿保機自稱皇帝，國號契丹，建元神冊，國人稱他為天皇帝（即遼太祖）。

契丹本是胡服騎射之族，部落眾多而分散，各部落為疆域、獵物等爭戰不休。阿保機以良策治軍，所領導的迭刺部迅速崛起，終於統併契丹8部，從此各部再無紛爭。塞外物資匱乏，契丹族便開始南下掠奪財物。

而此時的中原之地也是群雄逐鹿之時，中原河北的地方勢力也經常勾引契丹以作外援，契丹便從中取得實惠或好處。在屢入中原，並與中原官僚交易的過程中，中原先進的文化和政治制度使阿保機深受觸動。阿保機是個善於學習的人，於是仿效漢制，以妻述律氏為后，備置百官，又在城南另外建築一座漢城，專門讓漢人居住。阿保機自此之後野心更盛，有佔據中原的意思。

阿保機稱帝後，任用從小一起長大的朋友耶律曷魯為首輔大臣，並封其為阿盧朵里於越，於越是僅次於可汗的尊號，阿盧朵里意為「威信」、「盛名」。耶律曷魯忠心幫助阿保機主持朝政，制定朝儀，完善制度，為遼的強盛盡心盡力，有巨大貢獻。神冊三年（公元918年），耶律曷魯病逝軍中，年僅47歲。阿保機為他的早逝深表痛惜。

家雞圖 壁畫 遼
契丹人從遊牧生活轉入定居生活以後，畜牧業更加發達，不僅牛馬羊成群，而且雞鴨鵝等六畜齊備。這副壁畫繪於契丹貴族墓中，反映了中原漢族風俗對契丹文化的滲透和影響。

祭祀桌案遺物 遼
契丹人推崇厚葬，墓葬輝煌一時，祭祀物品極為豐盛。此為遼墓中墓棺前的祭祀物品，各式精緻的瓷器橫陳於桌上，瓷器內擺放著各種食品。這是研究契丹人葬俗的重要資料。

道宗小字契丹文哀冊

契丹文字

神冊五年（公元920年），由於契丹族政治、經濟、軍事、文化的發展需求，遼太祖耶律阿保機在文臣耶律突呂不和耶律魯不古的參與下，仿照漢字創造了契丹國字，即契丹大字。契丹文字共有兩種，其中一種是遼太祖阿保機主持創造的契丹大字，另一種是遼太祖弟耶律迭刺創制的契丹小字。契丹大小字區別不是字的大小，而是由於創制先後不同而表現出來的拼音程度的不同。

由於受到漢字與契丹語的雙重影響，契丹大字變成表意文字與拼音文字的混合體。其字形結構與簡化的漢字相似，有點、橫、直、撇、捺等筆畫，也全部是橫平豎直拐直角的彎。

有個別字是直接借用漢字的形、音、義，例如「皇帝」、「王」等，這類字全是用來記錄契丹語中的漢語借詞。還有些只是借用了漢字的字形和字義，讀音則依據契丹語。而大部分契丹大字都與漢字字形不同，是自行創制的新字。

契丹大字數量少，筆畫也十分簡單。據《新五代史‧四夷附錄》記載，契丹大字只有一千餘字，而10畫以上的字約百餘，占總字數的1/10。大部分都在10畫以下，這是契丹大字比漢字進步的地方。

契丹小字大約是以一個方體字代表一個音綴，不過不像契丹大字那樣合疊成多音銜的方塊字，而是仿照古回鶻文的辦法，從上至下，連續直寫，所以稱它「數少而該貫」。但因為每個音綴仍然是來自漢字的方法，無法聯合，造成各音綴相互分離，各個多音詞之間不易截斷，運用起來，非常不便。

據推測，契丹的這種大字與小字只是在契丹貴族文人中使用，範圍極有限。遼朝的文化主要依靠漢字作工具進行傳播發展。

宣懿皇后契丹文拓片　遼

太宗北歸

天顯二年（公元927年），耶律德光即帝位，天顯十一年（公元936年）十月，石敬瑭送契丹燕雲十六州圖籍。會同元年（公元938年），遼太宗統治燕雲十六州後，實施了「北南面官制」，即以契丹官制統治契丹人，以漢族官制統治漢族人，一時國力大增，由此，太宗天天想要圖霸中原。

會同九年（公元946年），契丹攻陷開封，滅後晉。契丹滅晉後，原想長久地佔據中原，但因其殘暴的統治激起中原人民的強烈反抗，這個願望沒有實現。契丹見據守艱難，便生北歸之意。

遼太宗大同元年（公元947年）三月，遼太宗耶律德光以中原人不易治理為由，決意撤離開封北返；這時遼準備北運的鎧仗在河陰（今河南州北）被負責押運的武德行等搶走，契丹監軍被殺死。武德行占據河陽（今河南孟縣），公開叛遼。

耶律德光在北歸途中知曉河陽之亂後，嘆息道：「我有3處失策，活該天下叛我：一失為諸道括錢；二失為令契丹人打草穀（即以牧馬為名四處剽掠）；三失為不早遣各節度使還其藩

竹雀雙兔圖　遼　佚名

出於契丹無名畫師之手，上承大唐遺風，構圖對稱，極富裝飾趣味，是罕見的遼代卷軸畫。

東丹王出行圖　遼　李贊華

舊題為李贊華（公元909年～946年）作，卷尾題有「世傳東丹王是也」，描繪東丹王李贊華乘馬出行的威武場面。

龍珠紋鎏金銀王冠　遼

鎮。」四月，遼太宗在北歸途中得病，暴死於殺胡林（今河北欒城西南）。當時正好是盛暑，為防屍腐，隨從們剖開其腹，盛上數斗鹽，載之北去，中原人稱之為「帝耙」。

遼太宗死後，漢人趙延壽自稱受其遺詔，要統掌南朝軍政大事，但很快被耶律兀欲發動政變推翻，兀欲遂在耶律安摶與南、北院大王耶律吼、耶律幹等的擁戴下登上皇位，即為遼世宗，繼續北歸。兀欲即位引起述律皇太后的強烈反對，於是她於六月另立遼太祖之子耶律李胡為帝，發兵攻打遼世宗一行。

遼世宗應用計謀將述律皇太后擊敗，控制大遼的局勢。閏七月，遼世宗返回上京（今內蒙巴林左旗南），述律太后和耶律李胡投降，遼世宗將述律皇太后幽禁在遼太祖陵墓處。同時，自稱天授皇帝，並改元天祿，大赦天下。

契丹武士像　遼

契丹大字銅印　遼

契丹建國後，設官立職，並仿照漢制頒發官印。契丹文字發明後，也用於官印。此印形制寬大厚重，是遼朝國家制度的重要物證。

鞏固皇權

遼時期，為了鞏固皇族權力，耶律氏政府建立了完整的斡魯朵制度。

「斡魯朵」在契丹語中是「宮帳」的意思。早在遼朝建立前，契丹人過的是逐水草而居的遊牧生活，經常是整個部落帳居野外，車馬為家，四處遷徙。遼朝立國後，他們繼承這種傳統，並建立與之相適應的「斡魯朵」制度。遼朝從遼太祖開始，皇帝和皇后等共建立有12個斡魯朵。

各個時期的斡魯朵均有自己的武裝、民戶、奴隸和州縣。斡魯朵的武裝稱為「宮衛騎軍」。宮衛騎軍亦是遼軍中的精銳部隊。遼太祖稱帝後，從各地挑選2000人組成宮衛騎軍，平時擔任皇帝或皇后的警衛，打仗時隨軍出征，主人死後，他們又負責守陵。斡魯朵的民戶叫宮戶，分正戶和蕃漢轉戶兩種，正戶來源於契丹人，蕃漢轉戶來源於別的民族。

斡魯朵制對加強皇權、維護耶律氏的統治有重要作用，對後來蒙古人的斡爾朵、怯薛制度有著極深的影響。

鳴鏑　遼

太后治國

皇族內亂

穆宗繼皇帝位後，契丹皇族之間發生了一系列爭奪皇權的謀反事件，影響了遼朝國力，使遼國在穆宗時出現中衰之勢。

遼穆宗應曆二年（公元952年），世宗弟婁國和林牙耶律敵烈密謀推翻穆宗自立。被穆宗揭穿後，縊死婁國，處死敵烈。遼穆宗應曆三年（公元953年），李胡子宛、郎君嵇干、林牙華割等起兵謀反，被穆宗逮捕，並將華割和嵇干處死。遼穆宗應曆九年（公元959年），穆宗弟敵烈和耶律海思等策劃叛亂，穆宗拘捕敵烈和海思，海思在獄中身亡。遼穆宗耶律應曆十年（西元960年），政事令耶律壽遠、太保楚阿不圖謀奪取穆宗的政權，失敗後，均被處死。這次謀反對穆宗皇朝造成嚴重的威脅。

遼應曆十三年（公元963年）以後，遼穆宗變得更加殘忍，對身邊的服役者大肆殺戮。在遼史中，穆宗被描繪成一個殘暴的統治者，而且每日惟好遊戲，不親國事，每晚飲酒擺宴到天明，上午開始睡覺，日中方起，國人稱為「睡王」。對外關係上，遼穆宗不再進行南下掠奪中原，選擇了與同樣受到後周威脅的北漢及南唐結盟的方針。這一點是符合遼朝利益的。

遼應曆十九年（公元969年），因穆宗多疑殘暴，近侍小哥等怕禍及自己，便密謀將遼穆宗殺死。後來，兀欲之子耶律賢即皇帝位，是為遼景宗。

陳國公主鎏金銀靴　遼

遼墓壁畫殘片

青瓷飛魚形燈　遼

后，是遼國非常出名的有才略、有作為的政治家、軍事家。遼景宗即位後，很快便冊立燕燕為皇后，景宗體弱多病，常不理朝政，朝中軍政大事，多由燕燕決定。遼景宗死後，燕燕被尊為皇太后，即位的聖宗耶律隆緒只有12歲。

燕燕在母寡子弱、族屬雄強、邊防未靖的情況下，以超人的膽略攝政，直到統和二十七年（公元1009年）去世，共掌理朝政27年，使遼步入鼎盛階段。

燕燕太后當政期間，在大力提拔有經國之才的契丹官員之同時，也注重任用漢族官吏，特別信任以漢人宰相韓德讓為首的漢官集團，對遼國制度進行一系列改革，遏制了穆宗以來的中衰之勢。燕燕太后很會駕馭左右大臣，使各位文武官員為國事嘔心瀝血。同時她自己也習知軍事，親自率軍馳騁疆場。燕燕太后在澶淵之役中指揮三軍，賞罰分明，為遼國的勝利立下汗馬功勞。

遼聖宗對母親燕燕太后評價很高，認為遼軍之所向披靡，全都是太后的教訓之功。燕燕太后死後謚為聖神宣獻皇后，遼興宗重熙二十一年（公元1052年），更號為睿智皇后。

蕭綽蕭太后畫像
小字燕燕，契丹族，契丹著名女軍事統帥、政治家。

蕭后掛帥

遼乾亨四年（公元982年）九月，遼景宗耶律賢在焦山去世，他的大兒子梁王耶律隆緒繼位，即遼聖宗。因聖宗年幼，其母承天皇太后攝政。遼太后對遼國進行一系列改革，促進遼朝政治和經濟的發展，使其達到另一個頂峰。

承天皇太后是遼景宗的皇后，姓蕭，名綽，小字燕燕，一般稱為燕燕太

疊勝金牌　遼

金花銀盒　遼
此盒出土於內蒙古自治區哲里木盟奈曼旗遼陳國公主墓，焊接而成。蓋頂浮雕行龍戲珠，蓋的側面飾有鳳凰和折枝牡丹，腹部飾海棠兩周、鳳凰牡丹各一周，華貴典雅。

奉侍圖　壁畫　遼

獨樂寺觀音閣

獨 樂 寺

中國的木構建築起源非常早，到宋代，木構建築已發展到一定的水準。當時和宋對峙的北方遼國，其建築技術因師法中原，也出現了很多建築傑作。遼統和二年（公元984年），獨樂寺建築群建成，成為其中建築傑作之一。

獨樂寺建築群，屬於佛教寺院，位於今天津市薊縣城內。在遼以前就有寺。遼統和二年（公元984年），權力顯赫的遼國節度使韓匡嗣，建了獨樂寺的山門和觀音閣，並對原寺進行修建，使獨樂寺逐漸發展成為建築群。

寺南向，山門三間四架，採用殿堂分心斗底槽結構形式。內部砌上明造，樸實無華，以結構的邏輯性表現出藝術效果。兩次間、中柱間疊牆分為內外間，兩外間各塑金剛像一座，兩內間各繪二天王像，威武壯觀，氣勢逼人。

觀音閣在門內中軸上，低平臺基，

石雕觀音像　遼

分有前出胎，閣外觀2層，但腰簷平座內部是一暗層，故結構實為3層，柱子有側腳和生起，它的整個外形輪廓穩重而又輕靈舒展。觀音閣是中國現存最早的樓閣。

獨樂寺建築群，結構精妙，藝術超群，是中國古代建築中的典範。它的修成與遼朝各代皇帝信仰佛教有關，特別是聖宗、興宗、道宗崇佛更甚，他們不僅常常增建佛寺，撥大量土地、農戶歸寺院所有，而且仿效唐朝，在五都設置僧官職位。這些都大大推動了佛教和建築的發展。

觀音閣內部架構及觀音像

窮兵黷武

遼侵高麗

開泰五年（公元1016年），遼耶律世良、蕭屈烈領兵攻打高麗，破郭州，掠取了許多珠寶財物，致使高麗死亡數萬人。

在兩國還沒有交戰時，遼太祖和遼太宗時與高麗禮尚往來，互不侵犯。契丹太宗天顯九年（公元934年），渤海世子大光顯領兵數萬投靠高麗，高麗賜姓以王氏。從此以後，高麗與遼朝絕交，互相敵視。

統和三年（公元985年），遼朝準備大舉進攻高麗，結果由於遼澤水溢、道路不通而失敗。統和十年（公元992年）十二月，遼命東京留守蕭恆德率兵攻打高麗。次年，攻破高麗蓬山郡，高麗請求和談。遼答應談和，並冊封高麗成宗為高麗國王，將蕭恆德女兒嫁給高麗國王，兩國又重建外交關係。

契丹統和二十八年（公元1010年），貴族康兆謀殺高麗穆宗後，即位為顯宗。遼聖宗親率40萬大兵討伐高麗，高麗康兆率兵30萬阻擊。遼兵連續攻陷郭州、肅州，直抵高麗都城開京。高麗顯宗南逃。遼聖宗進入開京，大肆搶掠，去時，還放火將開京焚毀。

契丹開泰二年（公元1013年），遼聖宗派遣耶律資忠出使高麗，強行索要高麗的興化、通州等6城，高麗拒絕，將耶律資忠扣壓於高麗。

契丹開泰八年（公元1019年），遼朝徵集大兵，準備再次攻打高麗，高麗顯宗知道自己非遼國之對手，於是急忙派遣使臣議和。高麗仍然依照成宗時的制度，繼續向遼繳納貢品。

黃釉細線紋壺
遼

鏤花蓮座注　高麗　　　　　　　　雙龍三口香爐　高麗

房山石經

房山石經在遼代州大防山的雲居寺。這裡原是隋唐以來北方地區的佛教聖地，從隋代僧人靜琬第1次在此刻藏佛經以來，積累了大量石版經文。

遼代契丹貴族十分崇尚佛教，遼聖宗時期，在巴林（今內蒙古巴林左旗林東鎮南）、東京（今遼寧遼陽市）、南京（今北京市）等地的寺院裡大興佛事，編校、刊印大量佛教典籍。

太平七年（公元1027年）遼聖宗應知涿韓紹芳邀請，賜錢命僧人可玄繼續刊刻經版，主要是補刻「大般若經」。遼興宗、遼道宗兩朝亦推崇佛教，繼續以契丹藏經為底本刻造，至清寧三年（公元1057年），共完成「大般若經」、「大寶積經」等經石600塊。以後通理大師弟子普銳等依靠民間資助，又開始進行校勘、刻造石經。

遼寧朝陽北塔　遼

楊貴妃鸚鵡頌經圖　壁畫　遼　佚名
此圖為漆繪墨畫著色，出土於內蒙古自治區熱峰市阿魯科爾沁旗東沙布日臺鄉寶山村2號遼墓石室北壁，是遼國畫家學習唐朝繪畫的代表作。

契丹藏經卷　遼

遼宮內訌

遼聖宗耶律隆緒（公元971～1031年）主持遼政49年，是遼歷朝皇帝中統治最長的一位。這一時期也是遼朝發展鼎盛時期，在承天太后的幫助下，遼聖宗將遼朝推向極盛，號稱遼的盛世，疆域東至於海，西至金山（今阿爾泰山），暨於流沙，北至臚朐漢（今內蒙古克魯倫河），南至白溝（今河北南部的白漢溝），幅員萬里。

遼聖宗自幼受到漢族文化的薰陶，10歲能賦詩，成年後精於射法，通曉音律，喜好繪畫，並經常從經史百家中學習漢族統治經驗。遼聖宗前半期，承天太后臨朝稱制，任用漢人韓德讓為宰相輔政，效法漢人的統治方法實行改革。

承天太后、韓德讓死後，遼聖宗銳意於治，繼續推行改革，促使遼朝政治走向興盛，經濟日益發展，文化逐漸繁榮。遼聖宗還在統和二十二年（公元1004年）與宋締結澶淵之盟，結束雙方的戰爭狀態，釀造了安定和平的環境。遼聖宗去世後，其子耶律宗真繼位，即遼興宗。

遼聖宗嫡妻仁德皇后蕭氏無子，遼興宗是遼聖宗與宮人耨斤所生。仁德皇后很善待遼興宗，視為己出。

遼興宗即位後，其生母耨斤自立為皇太后，史稱欽哀皇后。她臨朝稱制後，誣陷、排擠仁德皇后，故意讓護衛馮家奴、喜孫等誣告北府宰相蕭浞卜、國舅蕭匹敵謀反，並通過此案牽連到仁德皇后。遼興宗那時候還很小，十分孝順仁德皇后，代其求情。欽哀太后不聽，蕭匹敵、蕭浞卜等四十餘人於是處死、籍沒。仁德皇后被遷到上京囚禁，後被迫自殺。

欽哀太后專權，殺害許多有功之臣，其兄弟皆封王加官，朝野上下對她的做法十分不滿。重熙三年（公元1034年），欽哀太后與諸弟密謀廢遼興宗，立其少子重元。興宗知道消息後，先發制人，捕殺諸舅，將欽哀太后遷往慶州，奪回政權。

這時候，遼朝已開始走向衰亡。長期的興盛和平局面在契丹貴族中間增長了腐朽傾向，統治集團窮奢極侈，而興宗本人則更為厲害。興宗時期，社會矛盾已經達到空前尖銳的程度。

遼代北班服飾復原圖

遼代百官服飾有朝服、公服、常服等制，其中又分國服、漢服兩種。朝服，北班戴氈冠、金花為飾，或加珠玉翠毛、額後垂金花，織成夾帶。

侍者圖
壁畫　遼

宴飲準備圖
壁畫　遼

宋 遼 劃 界

熙寧七年（公元1074年）春，遼道宗派遣特使蕭禧到達宋朝，要求兩國重新劃定河東（今山西）、河北（今河北）的蔚（今河北蔚縣）、應（今山西應縣）、朔（今山西朔縣）3州地界。三月，宋朝亦派遣使者前往遼朝，表示宋朝有解決邊界糾紛的誠意。十月，雙方使者於大黃平會談，爭論不已。熙寧八年（公元1075年）三月，遼朝使者蕭禧又一次出使宋朝，要求盡快解決雙方地界問題。

茶道圖　壁畫
遼

宋神宗懼怕遼朝，有意讓步，解除了強硬派呂大忠的職務，委派韓縝、張誠一前往河東，與遼朝面議邊界。曾公亮、文彥博、王安石、韓琦、富弼等元老大臣都反對割讓領土。沈括也據理力爭，堅持拒絕遼朝的無理要求。

談判前後共有6次，在宋朝強硬的要求下，遼放棄了黃嵬山，爭得了西邊

胡人門吏圖　遼　佚名　壁畫

此2圖為河北宣化遼墓10號張匡正墓後室拱門西東兩側的壁畫。人物刻畫栩栩如生，筆觸勁挺而極富彈性，肌膚敷色亦佳，充分顯示作者的精湛技藝。

的天池（今山西神池縣境），宋遼雙方蔚、應、朔3州邊界完全按照水流南北的分水嶺為標準。這樣，宋朝長城以北的領土全都讓給遼朝。

飲茶奏樂圖　壁畫　遼

金兵滅遼

耶律乙辛

大康初年，北樞密院使耶律乙辛權傾朝野。咸雍元年（公元1065年），耶律濬被冊立為太子。大康元年（公元1078年）18歲的太子開始參預朝政，兼領南樞密院使，耶律乙辛地位受到威脅，於是他開始設計陷害宣懿皇后。

遼宣懿皇后蕭觀音是耶律洪基（道宗）的皇后，愛音樂，能自譜歌詞，她曾做〈回心院〉一曲，諸伶官沒有人能奏此曲，只有趙惟一能奏。

耶律乙辛便使人誣告皇后與趙惟一私通。耶律洪基令耶律乙辛查勘此案，於是，耶律乙辛便處死皇后。之後，耶律乙辛又著手陷害皇太子。大康三年（公元1077年）六月，他夥同黨羽誣陷太子謀反，遼道宗沒有辨明是非，廢太子為庶人。後來被耶律乙辛殺害。

耶律乙辛誣陷皇太子成功後，朝廷上下再也無人敢對他的所作所為表示反對，故耶律乙辛權勢益重。他與漢人北府宰相張孝傑勾結，為非作歹，陷害許多不依附自己的忠良之士，收買許多大臣為耳目，權勢日益膨脹。

大康五年（公元1079年）正月，遼道宗準備離開京城，外出狩獵。在打獵中，他發現許多大臣和護衛官都追隨在耶律乙辛之後，遼道宗心中不滿，但不露聲色，回京後立即降旨，任命耶律乙辛為知南院大王事，限期出朝。

大康七年（公元1081年）十二月，由於耶律乙辛犯了把禁品賣給外國之罪，被送移司法機關囚禁。至此，遼道宗才清楚了皇太子耶律濬是被誣陷而死，悔恨不已。耶律乙辛知道自己罪不可恕，便暗中逃跑，準備投靠宋朝。陰謀敗露後，被縊死。

玻璃把手杯　遼

此杯出土於內蒙古哲里木盟的遼陳國公主駙馬合葬墓中，形制為中近東地區（即阿拉伯地區）樣式，具有典型的伊斯蘭風格，是契丹對外交往的重要物證。

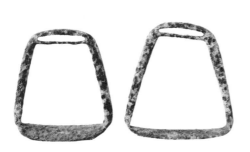

軍用馬蹬　遼

車軸　遼

華嚴古剎

華嚴寺在今山西省大同市內，為遼興宗、道宗時（公元1031～1101年）所建，是遼代佛教彩塑、雕塑的代表作。該寺在金攻陷西京時，遭到嚴重破壞，金熙宗天眷三年（公元1140年）重修大雄寶殿。從此，華嚴寺便分成上、下寺兩組建築，今位於下寺的薄迦教藏殿，位於上寺的大雄寶殿，都是遼金原物。

薄迦教藏殿建於遼重熙七年（公元1038年），是藏經殿。殿內沿壁排列著製作精巧細緻的重樓式壁櫥38間，在後窗處中斷，做成天宮樓閣5間，以圓橋和西邊壁櫥相連。殿內有遼代塑像29身，據金大定二年（公元1162年）碑記稱，系「三世諸佛、十方菩薩、聲聞、羅漢、一切聖賢」。佛像雕塑精美，特別菩薩神形各不相同，或結跏趺坐，或站立，頗具女性風度。這些藝品堪稱遼朝雕塑之代表作。

菩薩立像　遼

遼寧瀋陽淨光舍利塔天王壁畫　遼

山西大同下華嚴寺薄迦教藏殿　遼

金 兵 滅 遼

遼天慶二年（公元1112年），耶律洪基於混同江行宮去世，延禧即位，群臣上尊號為天祚皇帝。天祚帝即位後，女真族的反抗波瀾壯闊。天慶五年（公元1115年），完顏阿骨打稱帝建立金朝。天慶六年（公元1116年）正月，渤海人高永昌據遼東京遼陽府自立，遼宰相張王林徵集了2萬餘饑民討伐。高永昌向金求援，阿骨打乘機派兵攻打遼東，佔領東京。之後，陸續攻下上京、中京、西京、南京，天祚帝一直逃到天德軍（今內蒙古自治區烏梁海以北）與陰山之間。

金攻占遼五京的同時，宋宣和四年、金天輔六年（公元1122年），北宋王黼、童貫按照與金聯合攻遼的協定，大舉攻遼，充當先鋒的是遼叛將郭藥師率領的常勝軍，十月間進兵燕京，交戰時，郭藥師被遼蕭幹擊敗。已處危急存亡的天祚帝這時依然採取孤行寡斷的政策，造成遼國多次分裂。遼保大三年（公元1123年）正月，蕭幹自立，郭藥師又乘機來報前仇，蕭幹戰敗，為其部下所殺。

天祚帝正值上天無路、入地無門之時，恰遇耶律大石率兵來歸，又得陰山室韋的兵馬，自以為得天助，卻不自量力，謀劃出兵收復燕、雲。大石勸阻，天祚帝一意孤行。保大四年（公元1124年）七月，耶律大石與天祚帝分裂，自立為王。次年二月，天祚帝在應州（今山西應縣）新城東60里，被金兵所俘，遼朝滅亡。

軍用鐵鍋　遼

木質彩繪墓門　遼

幾何紋骨灰罐
塔吉克斯坦
8世紀　陶質

浮雕聖火儀式骨灰罐
烏茲別克斯坦
7世紀　陶質

橢圓形骨灰罐
烏茲別克斯坦
7～8世紀　陶質

穹廬式鹿紋骨灰罐
遼　10世紀　灰陶　中國
內蒙古自治區赤峰布巴林
左旗遼上京遺址出土

遼代時北方民族的墓葬文化大致相同，而這些出土的骨灰罐證明火葬為當時的一種墓葬形式。

彩繪雙扇木門　遼
中國內蒙古自治區阿魯科爾沁旗罕蘇木遼耶律羽之墓出土。

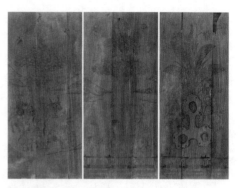

遊牧生活圖　遼　木版畫　彩繪
中國內蒙古自治區林西縣甕鋪鄉哈什吐北溝出土。

遼國餘脈

遼保大五年（公元1125年），遼國被宋金聯兵所敗，遼末代皇帝天祚帝被金人俘虜，遼國滅亡。遼國政權共存在210年，歷9帝。

此後，遼開國皇帝耶律阿保機的8世孫耶律大石建立西遼政權，與南宋、金、西夏並存，蒙古成吉思汗十三年（公元1218年）被蒙古所滅。

耶律大石（公元1094～1143年），遼太祖第8世孫。遼保大二年（公元1122年），在遼南京擁立耶律淳，建北遼，統領北遼軍事。後北遼被金兵擊潰，耶律大石在作戰中被俘。遼保大三年（公元1123年）九月，他領兵逃出，到夾山與天祚帝合兵一處，但他們之間很快發生了間隙，且日益加深。

遼保大四年（公元1124年），耶律大石殺遼北院樞密使蕭乙薛，領兵北走。隔年，他自立為王，在可敦城募集諸部落軍兵1萬多人，穿過回鶻向西而行，到達中亞細亞建立國家。同年稱帝，號天祐皇帝，年號延慶，重建遼朝，史稱西遼。西遼延慶十年（公元1134年），建都於八剌沙袞。

點彩瓷雞冠壺　遼
此壺為晚期雞冠壺中的極品，壺腹渾圓，方耳和繫孔均已消失，上部成為一個提樑，以雞為造型，生動活潑，別具一格，非常罕見。

魚鱗紋湯壺　遼

白釉刻花綠彩草花紋瓶　遼

西遼滅亡

屈出律（公元？～1218年）是乃蠻太陽汗的兒子。西遼天禧二十七年（公元1204年），蒙古成吉思汗將乃蠻部消滅，太陽汗戰死，其子屈出律於西遼天禧三十一年（公元1208年）逃到西遼。屈出律足智多謀，深受西遼皇帝耶律直魯古的喜愛，並將其女兒嫁給他。本來信奉景教的屈出律因此改信佛教。

後來，花剌子模和撒馬爾干等部落策劃反遼，屈出律看到西遼的統治搖搖欲墜，又得知乃蠻殘部散在山中。於是，以收集本部落部眾和人民用來擴充西遼力量為由，請求出走。直魯古被屈出律的甜言蜜語迷惑，放走屈出律。

屈出律離開西遼後，收集乃蠻殘部，組成了富有戰鬥力的隊伍，並且和花剌子模相勾結，雙方暗派使者聯絡，密謀聯兵攻打西遼。花剌子模國王穆罕

藍玻璃瓶　遼

默德率兵從西面進攻西遼，而屈出律從東面進兵。

西遼天禧三十四年（公元1211年），直魯古被花剌子模、撒馬爾干的聯兵擊敗。屈出律乘機進兵，圍困直魯古，他無奈投降，屈出律篡西遼皇位，奉直魯古為太上皇，皇后為皇太后。

2年後，直魯古病逝。屈出律沿襲遼朝制度，仍號西遼，但其版圖不再包括花剌子模和撒馬爾干。蒙古成吉思汗十三年（公元1218年），屈出律被蒙古軍所殺，西遼滅亡。

金蓋鳥形玻璃瓶　遼

草原絲綢之路打通後，中亞波斯的各種器物相繼出現在草原的契丹部族中。此瓶形如一蹲立之鳥，瓶內又黏附一長頸小壺，造型華麗，為玻璃器中的珍品。

青玻璃瓶　遼

慶陵墓室　遼

327

西夏崛起

西夏壁畫〈西夏王供養像〉

第二章 西夏王朝

元昊建夏

夏顯道元年（公元1032年）十月，夏國王趙德明去世，同年十一月，29歲的李元昊繼父位。元昊在繼位之前，即已萌立國之志，曾多次勸父建國，趙德明不答應。李元昊繼位後，立即著手建立西夏國。

顯道二年（公元1033年）五月，李元昊開始改革官制，設立文武官職，效仿宋朝，建立中書、樞密、三司、御史臺、開封府、翊衛司、官計司、受納司、農田司、群牧司、飛龍苑、磨勘司、文思院等，他們的職掌大多與宋朝相同。之後，李元昊又下令製作區別文武官及百姓的服飾式樣。

大慶元年（公元1036年）九月，李李元昊改革兵制，使西夏士兵人數激增。李元昊將士兵分成左右廂，設立十二監軍司，各監軍司駐紮在固定地區，每監軍司設有都統軍、副統軍、監軍使各1人。最後，李元昊對西夏的傳統習俗進行徹底改革，首先在髮式上與宋朝區別，後又創立文字。大慶二年（公元

1037年）七月，李元昊下令重新製作禮樂制度，並將此制度頒行全國，嚴令執行。

在建立各種制度和改革傳統風俗的同時，李元昊不斷攻城掠地，擴大疆土。大慶元年七月，李元昊出兵四處征戰，疆土日益擴張，最後確立了西夏的版圖，即「東至黃河，西界玉門，南接蕭關，北控大漠，地方萬餘里」。

天授禮法延祚元年（公元1038年）十一月，李元昊在大臣野利仁榮、楊守素等人的擁戴下，正式即位，建國號為大夏，改年號為天授禮法延祚。

李元昊任命野利仁榮、嵬名守全、張陟、張降、徐敏、張文顯等分別為中書、樞密、侍中等官職，專門負責為元昊出謀畫策；委任楊守素、鐘鼎臣、嵬名聿榮、張延壽等人為官計、受納等諸司官員，專門負責文祕工作；野利旺榮、野利遇乞、成逋克成等人分別駐紮於十二監軍司所管轄的地區，負責軍事工作。

李元昊還任命其他各級官僚。隨後，向宋朝上表，要求正式承認皇帝稱號。

西夏陵石刻

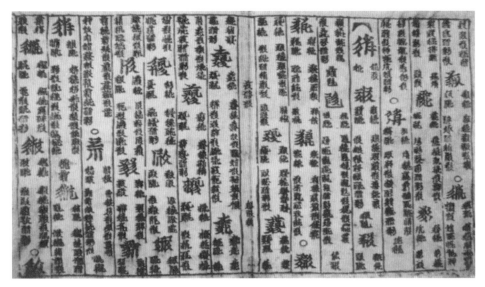

《金剛經》　西夏

參依宋制

西夏開國皇帝李元昊深受漢族儒家
文化的薰陶，建國後，他建立更完備的
中央官制和地方官制。依照宋朝官制設
立中央政府機構，由中書省和樞密院分
別掌管文武兩班官員。樞密院是西夏最
高的軍事統御機構，下設同知、副使、
僉書、承制等官；中央行政機構包括：
中書省、樞密院、三司、御史臺、開封
府、翊衛司、官計司、受納司、農田
司、群牧司、飛龍苑、磨勘司、文思
院、蕃學、漢學等。

西夏這一套中央機構官制與宋朝相
差無幾，各官職和部門的權限也類似，
只是開封府為仿宋都開封地方政府而設
置，實際管轄的是西夏國都城興慶府。
「蕃學」、「漢學」則是皇室設立的學習
文化、培養官吏的教育機構。

西夏天授禮法延祚二年（公元1039

西夏之敕牌
西夏驛站傳遞文書時使用的敕牌。

年），李元昊進一步改革官制，仿照宋
朝設立尚書省，設尚書令，用以掌管考
核百官和庶府之事，並把依宋制設立的
24司減少為16司，隸屬於尚書省，分別
管理六曹。毅宗李諒祚即位後，又廢除
「蕃禮」，用宋「漢儀」，並改官制，又
設立各種尚書、侍郎、南北宣徽使、中
書、學士管官職。到了仁宗李仁孝主持
朝政時中央官制更加完備，並詳細列定
中央各官職的品秩高低。

西夏武士像
壁畫

西夏文字

西夏陵區出土的印

大慶元年（公元1036年），西夏王朝開國皇帝李元昊為增強民族意識，命令大臣野利仁榮效仿漢文，主持創制並推廣使用西夏文字。總共創制六千餘字，編纂成書，分12卷，稱作「國書」。上至佛經詔令，下到民間書信，都用西夏文書寫。為了方便人們學習西夏文，李元昊還下令刻印字典。

西夏文字是党項族的寶貴財富，西夏文字的創立和推行，對西夏政治、經濟、文化的發展有極大的作用，它增強西夏人的民族意識，為西夏邁向先進文明提供條件。

西夏文字的創制受漢文的影響很深，文字的形體結構，大體上脫胎於漢字，但仍具有十分鮮明的民族特色與創新內涵。

從文字結構上來看，西夏文字可分為單純與合體兩大類字體。其中單純字是組成西夏文字的最基本單位。單純字可分為表意和表音兩種，表意字一般常用於調整，有固定字義、多用以構成新字。表音單純字多為介詞、地、人名或佛經用語注音，也具有構成新字的功能。合體字又可分為合成字、互換字和對稱字3類。合成字是西夏文字構造的主要特徵，西夏文字中絕大部分為合成字。合成字是由2個字、3個字或4個字中的一部分、大部分或全體互相組合成的新字。

西夏文字共有六千多字，大慶元年（公元1036年）李元昊下令頒行，尊西夏文為「國字」，並於延祚二年（公元1039年），建「蕃學」教授西夏文，培養官員。又設「蕃學院」，管理公文來往中的西夏文本。因為有他的大力推動，西夏文字慢慢應用於西夏人社會生活的各方面。

西夏文字創制後，党項族西夏文字與漢字並用，西夏國滅亡後，其後裔仍有人使用，元代和明代中葉均有西夏文，可惜，並沒有流傳到現代，已成為死亡文字。

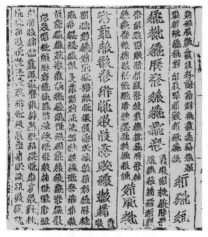

西夏文刻《孫子兵法》

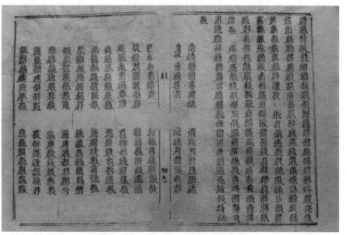

西夏文木活字印本《大方廣佛華嚴經》

延 州 之 圍

寶元二年（公元1039年），夏景宗李元昊派遣官員出使宋朝，宣告西夏建國，希望得到宋王朝承認。可是宋朝大多數官員主張興師問罪。仁宗就在當年六月下詔削去李元昊官爵，並懸賞捉拿。

李元昊大怒，起兵犯宋，於三川口與宋軍展開了一場大戰，大敗宋軍。

李元昊自從進攻金明寨（今陝西安塞南）得手後，立即派人下書給宋朝延州（今陝西延安）知州范雍，表示同意與宋和談以麻痹范雍。范雍被其蒙騙，即上書朝廷，並弛懈延州的防禦。康定元年（公元1040年）正月，李元昊派大軍將延州城團團圍住。劉平、石元孫急忙調派保安軍向延州進發。

劉、石大軍到達三川口（今陝西延安市西北）西10里的地方駐紮，距離延州城僅30里之遙。劉平為爭取時間，迅速派兵向延州靠攏。但劉、石部隊被西夏軍隊圍攻打擊，劉平、石元孫等人拚死苦戰，宋夏雙方傷亡都十分慘重。

正當危急之時，延路都監黃德和率所部兵馬臨陣退卻，劉平急派其子劉宜孫到黃軍中，對黃曉以利害，勸其顧全大局，拚死一戰，但黃德和害怕西夏，自率大軍撤離戰場。宋軍軍心動搖，許多士兵棄甲潰逃，劉平下令軍官用劍攔住千餘士兵，退守三川口附近山坡。李元昊派人屢次勸降劉平，但劉平寧死不屈。於是西夏軍隊向宋軍駐守山坡發動攻勢，宋軍寡不敵眾，很快就被擊潰，劉平、石元孫被擒。

三川口之戰後，延州也危在旦夕，范雍束手無策，恰在此時，宋將許懷德遣其副將率兵一千餘人偷襲李元昊，大敗夏軍。而且天氣轉寒，下起大雪，西夏軍隊無奈撤離，延州之圍始解。

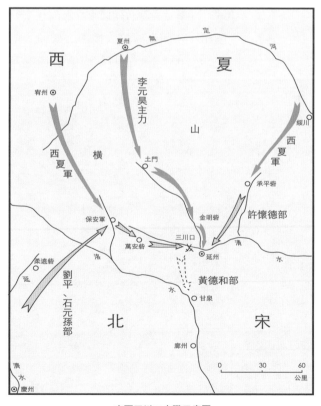

西夏武士復原圖

宋夏三川口之戰示意圖

西夏覆滅

宋夏議和

　　西夏連續對宋發動了3次大規模戰事，西夏雖屢勝，但戰爭中的消耗卻大於擄掠所獲的財物，與先前依照和約及通過榷場貿易所得物資相比，實在是得不償失。此外，戰爭將夏宋之間的民間貿易中斷，使得西夏百姓「飲無茶，衣昂貴」，怨聲載道；再加上西夏與遼之間又出現矛盾，所以西夏也願意與宋朝議和。

　　夏天授禮法延祚五年（公元1042年）六月，李元昊派教練使李文貴前往宋朝議和。宋朝政府於天授禮法延祚六年（公元1043年）正月讓李文貴遣返西

銀鍍金花紋六稜形杯　南宋

夏，同時宋仁宗還命令龐籍接受西夏的議和建議，並將交涉全權交給龐籍。夏天授禮法延祚七年（公元1044年），宋朝與西夏最終達成協議。

　　和約規定：夏取消帝號，名義上向宋稱臣；宋夏戰爭中雙方所擄掠的將校、士兵、民戶不再歸還對方；從此以後，如雙方邊境之民逃往對方領土，都不得派兵追擊，雙方互相歸還逃人；宋夏戰爭中西夏所占領的宋朝領土栲栳、鐮刀、南安、承平等地和其他邊境蕃漢居住區全部從中間劃界，雙方在本國領土上可以自由建立城堡。

　　宋朝每年賜給西夏銀5萬兩，絹13萬匹，茶2萬斤；另外，每年還在各種節日賜西夏銀2萬2千兩，絹2萬3千匹，茶1萬斤。宋仁宗同意了李元昊所提要求，於是宋夏正式達成和議。

　　和議達成後，李元昊屢次派遣使者到宋朝，請求宋朝開放邊境互市。宋朝政府決定在保安軍（今陝西志丹）和鎮戎軍（今寧夏固原）的安平皆設置兩處榷場，恢復雙方貿易往來。

遼

大定府

高梁河

瓦橋關　崎溝關

西　夏

興慶府　黃　雁門　滿城

河　潼州

好水川　開封府

北　宋

長

江

◉　都城
✕　宋與西夏的戰場
✕　宋與遼的戰場

北宋、遼、西夏的主要戰場

西夏滅亡

　　宋開禧元年（公元1205年）三月，成吉思汗於蒙古建國前即率軍攻入西夏，掠走許多牲畜財物，從此，西夏開始走向衰落，以至滅亡。

　　蒙古成吉思汗二年（公元1207年）秋，西夏人不向蒙古納貢，引起成吉思汗不滿，率士軍攻到斡羅孩城（兀剌海城），由於西夏軍民的奮力反抗，頑強不從，使成吉思汗不敢深入腹地，乃於次年春退回。

　　蒙古成吉思汗四年（公元1209年）秋，成吉思汗再征西夏。西夏太子李承槙、大都督府令公高逸率軍5萬抗擊失敗，高逸被俘處死。

　　蒙古軍進攻西夏首都中興府（今寧夏銀川）外要塞克夷門，夏王朝派5萬西夏兵與之相持2個月。後蒙古設伏擒西夏軍主帥，先攻克夷門，接而引河水灌城，卻因外堤決口而淹自軍，只好撤回議和。西夏承諾納貢，送公主和親，以後還屢次助蒙攻金。

　　成吉思汗十三年（公元1218年），成吉思汗復以西夏拒絕發兵隨蒙軍西征為藉口，遣軍攻入西夏，包圍中興府，西夏國主神宗李遵頊逃命西涼（今甘肅武威），並派使者告之蒙古西夏願稱臣，奉蒙古為主。

　　成吉思汗十九年（公元1224年）秋，成吉思汗以西夏私下與金朝議和而派木華黎之子孛魯率大軍第5次入侵西夏，大敗西夏軍。

成吉思汗像

　　成吉思汗二十年（公元1225年），成吉思汗從西域返蒙古，次年又以西夏曾納任人亦剌合・桑昆和不遣質子為由而親率大軍侵西夏。自此攻城掠地，連戰皆捷。

蒙古武士像　元

　　成吉思汗二十二年（公元1227年）正月，成吉思汗分兵圍困中興府，自己則率軍進攻金朝。七月，成吉思汗於六盤山（今甘肅清水）病逝。3日後，西夏末帝出降，西夏滅亡。

青銅鍍金牛　西夏

金國崛起

第三章　金國滄桑

阿骨打建金

遼天慶三年（公元1113年）十月，女真聯盟長烏雅束去世，其弟阿骨打嗣位，稱為都勃極烈。女真族一直在中國東北地區「白山黑水」（今長白山區、黑龍江流域）間繁衍生息，戰國時期被稱作「肅慎」，後來名稱經過歷代多次變化，在遼朝統治下，確定其名稱為「女真」。

遼剛建國時，女真有72個部落，過著遊牧打獵生活。後來，其中的完顏部強大起來，烏古為首領時，收服整個女真族。阿骨打繼位後，繼承前輩基業的同時，大力招兵買馬，擴大疆土，勢力日益強盛。在他的領導下，女真族的歷史進入一個嶄新的發展階段。

耶律延禧（遼天祚帝）即位之後，契丹貴族愈來愈殘暴地壓榨勒索女真族，並且常常對女真人加以侮辱，稱為「打女真」。天慶四年（公元1114年）九月，完顏阿骨打起兵反遼。

天慶五年（公元1115年）正月，完顏阿骨打建立金國，即為金太祖。七月，他組織諸部轄兵2500人，發動對遼戰爭。十月，首先攻下遼朝東北邊防重鎮黃龍府，又於河店大敗遼軍，所向無敵，最後終於滅遼。

天輔七年（公元1123年）六月初一，金太祖在追擊遼天祚帝的時候，身染重病，於當年八月病逝於行軍途中，得年56歲，廟號太祖，諡武元皇帝，墓名睿陵。

金代銅虎符

金太祖阿骨打陵

大金得勝陀頌碑
金大定二十五年（公元1185年），金世宗為追述先帝創業功績，建築此碑。

薩滿教腰鈴
此為薩滿法師作法時腰部圍掛的串鈴，跳起舞來叮噹作響。

金慕漢風

金天會三年（公元1125年），金將遼朝消滅後，進入黃河流域，加快其漢化的步伐。金國接納了現成的唐宋禮樂典章器具，模仿唐宋禮制，建立起國家宗教祭祀制度，原先的薩滿巫教從宗教活動的中心退出，成為民間宗教。金朝形成了一種混合型的宗教體制。

過去，女真族一直崇奉薩滿教，懂得跳舞娛神的薩滿，成為主導宗教活動的中心人物。無論祭神禳福，還是豐收祭祖，都要通過「薩滿」（即巫師）的跳神活動來完成。女真貴族建立王權後，自覺要求皇室應該成為祭祀活動的中心人物，在國家宗教大典中，皇室首領應該是主祭者。

他們便依照中原禮制制訂國家祭典，象徵禮典齊備的是金章宗明昌初年（公元1190年）編成的《金纂修雜錄》。從此，女真貴族的國家宗教正式建立，而薩滿巫教則成為帶氏族性質的民間宗教，從宗教活動的中心地位退居輔助性的司儀地位，在民間發揮其傳統功用。

歷代金主對中原禮制慕敬已久，並在詔書中明確規定要依循中原舊禮，也是為了表明金朝已經繼承華夏的正統，繼承中原傳統的國家宗教祀典便是有力的證明。從金太宗起直到金宣宗時，金朝官方宗教逐步走上制度化軌道。

他們依循唐宋舊儀，進行郊祀祭天大禮，祭祀社稷，祭祀天地、日月、四王諸神，只要是唐宋國家祭祀的諸神，他們一應俱全。金朝自熙宗時開始尊孔崇儒，因而也參照唐禮定釋奠儀數，並且追建皇室宗廟，定期祭祀。

與此同時，女真族原有民族宗教習俗依然得到適當的延續，除薩滿教外，如拜天、祭山、祭江等都各有女真特色。長白山是女真發源地，祭長白山成為一項特殊禮儀。這類祭祀活動中也有較濃的民族特色。

河南洛陽齊雲塔
金

定窯白瓷蓮花紋洗　金
定窯為宋代5大名窯之一，從唐代時就開始燒製白瓷，至宋後期白瓷更是著稱於世。金滅宋後，定窯成為金朝最大的窯場之一。

強克開封

窩忒忽達葛謀克印　金

　　金天鋪七年（公元1123年）金太祖病逝後，其弟吳乞買即皇帝位，是為金太宗。宋靖康元年（公元1126年）、金天會三年閏十一月中旬，金太宗分東西兩路大軍分別渡過黃河攻宋。二十五日，東路金軍來到開封城下。幾天後，西路金軍也到達，兩路金軍包圍開封，十二月初二日，欽宗奉上降表，正式向金投降。

　　金軍攻占開封城後，要求太上皇宋徽宗到金營商議投降條件，徽宗不敢前往，宋欽宗被迫代理，只要是金朝提出的條件，宋欽宗全部答應，這才於十二月初被釋回。靖康二年（公元1127

年）、金天會五年一月上旬，金又以向宋索取的犒軍金銀未能及時交納為理由，要欽宗再返金營。

　　欽宗一至金營，就被扣留，住處有全副武裝的金兵守衛，甚至圍以鐵繩，有時一日三餐也不予供給。夜裡，金兵燃起火炬，呼聲不絕，北宋君臣大驚失色，欽宗毫無辦法，只能痛哭流涕。隔天，金軍又逼迫宋徽宗及太后至金營，並下令凡是北宋皇室全部進金營。三月七日，金人扶植的張邦昌傀儡政權成立，四月一日，金才將二帝歸還。

　　金太宗執政期間，勵精圖治，改革勃極烈制度，實行科舉制度，在燕雲地區實行漢官制，使金朝的統治得到鞏固，經濟得到發展。

河南省開封龍亭　宋

自唐德宗建中年間，此地即為永平軍衙署，五代時改建為永昌宮，自後晉、後漢、後周均在此建築宮苑，自北宋時，由宋徽宗趙佶擴充與經營，成為規模宏大的宮苑，達到龍亭歷史上的極盛時期。後金、元、明等均居此為宮苑。

守墓武官像　金

改制圖強

熙宗改制

金天會十三年（公元1135年），金太宗去世，16歲的完顏亶即皇帝位，是為金熙宗。金熙宗從小跟隨漢人韓昉學習漢文化，能書寫漢字，擅作詩賦。

在漢文化的薰陶下，金熙宗即位後的第一個重大改革，就是廢除女真「勃」極烈制度，在金朝統治的內地和漢地統一實行漢官制度。

主要改革內容就是形成中央官制，皇帝以下設「三太」（三師），即太師、太傅、太保；尚書省設尚書令，下設左、右丞相和左、右丞（副相）。原勃極烈宗磐、宗幹、宗翰改授為太師、太傅、太保銜，並領三省事。宗磐擔任一個榮譽職銜，即尚書令，完顏希尹為左丞相，韓企先為右丞相，高慶裔任左丞，遼降臣蕭慶為右丞。實權則掌握在宗翰和宗幹手中。

後來在天眷元年（公元1138年），金熙宗對中央制度又有進一步改革。

這次改革更大大加強了中央集權的皇權統治，同時也鞏固女真改革派與漢人官員在金朝的地位，這促使金朝盛世出現。

鹿乳俸親磚雕　金

加彩文官俑　金　　　　加彩文官坐俑　金

文字頒行

天眷元年（公元1138年），金熙宗完顏亶（公元1135～1148年）鑑於契丹文字有大字和小字之制，在原有女真文字的基礎上，重新創造另一種文字，完善了女真的文字體系。較早的為女真大字，後創的為女真小字，二者在各自頒布日起便在金國境內通行，並且直到明代早期，女真族聚居的中國東北地區依然通行該種文字。

參照模仿漢字和契丹文字而創建起的女真文字，筆劃很少，字形結構既像簡體漢字，又像契丹大字和契丹小字的原字。它的筆畫橫平、豎直、拐直、角彎，有橫、直、點、撇、捺之分，與漢字相似。在字體和書寫格式上，女真文字也是仿學漢字，字體有篆、楷、行、草之分，最常用的是楷體；格式通常也是由上往下，從右向左換行，如果見最後一個字是多音符拼合成的多音節單詞，而且寫不下，就將餘下的音節寫在下一行的開頭。

但是書寫格式上也有特例，俄國賽金古城出土的「國誠」銀牌上的女真字，即有把組成一個單詞的兩個女真字，按先左後右的方式排列一起，與契丹小字的排列法一樣。女真文字共有九百餘字。現有女真文字資料，有金代的〈大金得勝陀頌碑〉、〈女真進士題名碑〉碑刻等。

金朝創制並迅速推行女真文字，對提高女真民族的素質，促進本族的文化發展和社會進步有很大功用。由於女真族有自己的文字，從而使它在中國文化史裡有一席之地。

《女真譯語》內頁

此書為金代女真文翻譯的漢文書，今存「雜字」、「來文」兩部份。「雜字」部分是辭彙，包括女真字、漢義和漢字注音。「來文」收錄女真官吏進貢的表文，用女真語彙依漢文文法堆砌而成。

完顏亮政變

金皇統九年（公元1149年）十二月九日晚上，完顏亮發動宮廷政變，親手將金熙宗完顏亶殺死，奪取帝位，是為海陵王。

金熙宗老年後，金朝政權由貴族完顏宗弼（兀朮）執掌，政局比較穩定。

皇統八年（公元1148年）兀朮去世，朝廷內部權力紛爭又再度開始，金熙宗無法控制政局，遂遷怒大臣，不僅殺左司郎中三合、杖平章政事秉德，還懷疑其弟胙王與河南叛軍有關，而將胙王元、弟查剌和左衛將軍特思殺死，後又因不滿裴滿皇后干預朝政而殺皇后及妃嬪多人。因此朝中大臣們惶惶不安，人人自危。

完顏亮是完顏宗幹之子，太祖之孫，從小通曉漢文化，皇統九年初完顏亮任都元帥，三月為太師，領三省事。他與權貴完顏勗及完顏憲、完顏秉德等人聯合，攬持權柄。五月，完顏亮因被告發指使翰林學士張鈞誹謗皇帝而被貶斥，行至北京（今內蒙古寧城縣）時，就想起兵謀反，適逢奉召回朝復任平章政事而暫且將此事放後。

同年十二月九日夜，完顏亮聯合左丞相完顏秉德、大理卿完顏言和金熙宗的一些護衛，發動政變，完顏亮率眾闖入寢宮，執刀刺死金熙宗之後，又假傳熙宗聖旨召完顏宗賢等入殿議事，乘機襲殺他們。完顏亮篡位後，廢前主為東昏王，大封功臣，大赦天下，改皇統九年為天德元年。

完顏亮於天德五年（公元1153年）三月，將都城遷到燕京（今北京），次年改為中都大興府。從此，金朝的統治中心南移到中都。

金「撒土渾謀克印」

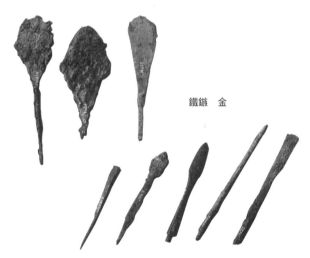

鐵鏃　金

三彩釉劃水草魚紋盤　金

盤裡內壁施綠釉，盤底施釉之前先畫出雙弦紋及水草游魚，再施褐、綠釉。其中雙弦紋內及魚紋為黃褐釉，水草為綠釉，刻畫出池塘中水草飄浮、魚兒游戲的畫面。

世宗勤政

金代帝陵

金大定二十九年（公元1189年）正月，世宗完顏雍去世。

完顏雍是一個十分賢明的治世君主。他博覽經史，崇尚儒學，熟悉並應用了漢族帝王的統治思想和方法。他勤政愛民，虛心納諫，生活節儉，任人唯賢。世宗主張以仁政、寬政治理國家。稱帝後，拒絕女真舊貴族遷回上京建都之議，決意重新建都於中都，而且原則上繼承熙宗、海陵王時期的官制，繼續任用海陵王時期的文武百官，還極力取得女真貴族的支持。

大定四年（公元1164年）冬天，他和南宋重訂和議。此後30年內，宋金兩國之間都沒有發生重大的戰事。

為了發展生產，他制定一些新的經濟政策，其中有：實行通檢推排，平均賦稅徭役；將二稅戶放為良民；不允許出賣奴隸，對淪為奴隸的良民採取除贖的方法，放寬變更奴婢身分的限制；取消金銀礦稅，讓人民隨便開採等。他還將流亡的人召回復業，將海陵王時期許多弊政廢除。

耕牧磚雕　金

犁耕取代鋤耕是農業生產和農業技術的重大革命，在金代，上京諸路已大致完成此過程，並形成一套適合這種耕作方式需要的農具，這些成套的農具使許多地區擺脫粗放的耕種方式，進入精耕細作的時代。

經過世宗一朝如此治理整頓，金朝君臣盡職盡責，上下相安，家給人足，犯罪減少，社會治安穩定。金朝的政治局面穩定，經濟、文化都非常繁榮。

但是，金世宗在實行任用漢人制度的同時，又推行民族歧視政策，為維護女真族的利益，一再將漢人的土地分配給女真人，還努力維護女真的某些舊俗，使得國內族群分化問題相當嚴重。

但大體上來說，金世宗統治時期是金朝社會經濟最為穩定繁榮的時期，史稱「小堯舜」。

賣子孝父母磚雕　金

金代的人物磚雕

「承安寶貨」銀錠　金

此錠鑄於金承安二年，發現於中國黑龍江省哈爾濱市，長4.6公分，重58.5公克。呈「亞」形，正面鑄「承安寶貨壹兩半庫一部同」。以前未發現過這種銀錠實物，此銀錠的發現為文物辨偽提供重要的依據。

楷書女史箴　金　完顏璟

完顏璟即為金章宗，他酷愛書法，喜好趙佶瘦金書體，極為逼真。

章 宗 幣 制

金大定二十九年（公元1189年）正月，世宗逝世，其皇太孫完顏璟即位，是為章宗。在章宗執政期間，政治腐敗，權力鬥爭日甚一日，黃河3次決堤，財政困難，濫發紙幣和鑄造銀錠，人民貧困交加，再加上蒙古族不斷從北方滋擾，金朝國勢日衰。

金章宗初時以紙幣作為流通貨幣大量發行，加上貨幣屢次更改，市民怨恨，金代幣制開始陷入極度混亂之中。為了改變金朝經濟混亂的局面，開始鑄造「承安寶貨」，從此成為法定貨幣。

金章宗承安三年（公元1198年）鑄造「承安寶貨」，是中國貨幣史上第一次使用白銀作為法幣，成為中國古代幣制的一次重要變革，影響了元朝及以後中國近代幣制。

銅錢　金

金朝初期，沿用遼、宋舊幣。海陵王貞元二年才開始印刷交鈔。到後期，政府發行交鈔來愚弄百姓，結果交鈔貶值，難以流通，這加速了金朝滅亡的步伐。

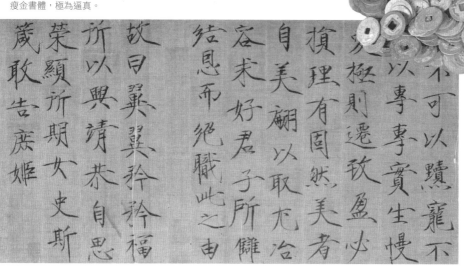

金朝滅亡

蒙金交惡

金大安元年（公元1209年），金帝完顏永濟派遣使者到蒙古傳送詔書，宣布自己為金國皇帝。宣詔時，使者要求成吉思汗跪拜受詔。成吉思汗得知是完顏永濟做了金朝國主，十分輕蔑地向南面唾了一口，接著說道：「這樣的懦夫，也配做皇帝？拜他做什麼！」完顏永濟從此懷恨在心，企圖攻打蒙古。

副元帥印　金

完顏永濟命令邊將加築烏沙堡，為征伐蒙古作準備；同時還策畫等成吉思汗再次入朝納貢之時，將其殺死。成吉思汗知道了這些消息後，勃然大怒，快速地與金朝絕交，並且布下精兵，隨時準備迎戰金軍。

大安三年（公元1211年）二月，蒙古出兵攻打野狐嶺，大獲全勝。金主聞訊，派西北路招討使黏合合打到蒙古請求議和，成吉思汗一口回絕。此後，金朝開始抵禦。七月，哲別所率蒙古前鋒軍襲擊烏沙堡，將金軍三十餘萬擊潰。

金代佛塔

同年八月，成吉思汗用精騎3000人突破野狐嶺天險，金軍40萬主力全線崩潰。金統帥完顏承裕孤身逃入宣德（今河北宣化）。

九月，成吉思汗大軍進逼居庸關。十二月，蒙軍攻打金中都失敗，解圍撤軍。至此，蒙古伐金暫告一段落。

高平大曲舞石刻　金

宣宗遷都

金貞二年（公元1214年）五月十一日，金宣宗詔令文武大臣遷都南京（今河南開封）。於十七日開始搬遷，以3000匹駱駝載著珠寶、3萬輛車運著文書先行。第2次，宣宗啟程南行。

遷都之前，金廷內部就此事有激烈的辯論，最後主遷的意見佔了上風。於是宣宗讓平章政事、都元帥完顏承暉、尚書左丞抹捻盡忠和太子完顏守忠留守中都，自己則與六宮動身南下。

行到良鄉（今北京房山縣良鄉鎮）時，金朝擔心以契丹人組成的扈衛乣軍謀反，令他們繳還鎧馬，此舉動引起乣軍怨恨。他氣憤之下，乣軍將主帥素溫殺掉，推舉契丹人斫答、北涉兒、札剌兒代之為帥，並北上攻打中都，向蒙古乞降。

蒙古乘機派石抹明安等率軍攻擊中都。公元1215年五月，石抹明安等所率領蒙古軍攻陷中都。此時，金朝滅亡的喪鐘已經敲響。

鏤花天鵝玉雕　金

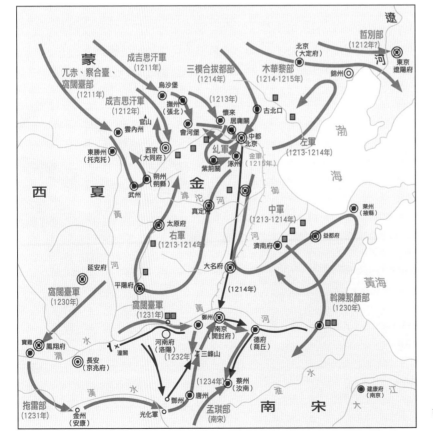

玉「秋山」飾　金

蒙金戰爭形勢圖

宋蒙滅金

金宣宗完顏珣病故後，太子完顏守緒於元光二年（公元1224年）十二月即皇帝位，改元正大，是為哀宗。金哀宗即位後，採取一系列新措施，任用抗蒙將相，與西夏議和，停止侵南宋戰爭，招撫武仙等豪強武裝，集中所有力量，進行抗蒙戰爭。

於正大三年（公元1226年）秋至正大四年初，金哀宗先後收復山西的曲沃、絳州、平陽、太原。在正大九年（公元1232年）三峰山之戰和鐵嶺之戰中，金軍大敗，都城汴京（今河南開封）被圍。

金哀宗告別皇太后和后妃，逃出都城汴京，來到蔡州。在此危急之時，他依然不思國事，反而還想修宮室，大選宮女。很快，蒙古軍和南宋軍聯合開始圍攻蔡州。

金天興二年（公元1233年）秋，哀宗深感危在旦夕，大臣完顏阿虎帶建議搶在蒙古之前結好南宋，並向南宋乞糧稱臣，達到離間宋蒙、延緩腹背受敵之目的。

金主在給宋帝的信中，認為金宋有唇亡齒寒的關係，希望宋能與金聯合，但南宋見金朝大勢已去，拒絕金的乞和求糧。天興三年（公元1234年）正月，蔡州城內糧盡兵疲，元旦夜，哀宗傳位給東面元帥完顏承麟。

翌日早晨，承麟受詔即皇帝位。正在行禮的時候，城南已經樹起了南宋的旗幟。諸將趕忙作戰，宋軍迅速攻下南城。哀宗見金朝敗不可挽，在軒中自縊而死，宰相完顏仲德投汝水自殺，大臣孛術魯婁室、元志、王山兒、紇石烈柏壽等及軍士五百餘人皆投河自殺。末帝承麟被亂兵殺死，金朝滅亡。

金朝政權共存120年，歷10帝。

首飾 金

北方民族大都喜好裝飾，女真族馬上征戰，更加偏愛各種金銀飾物，這件首飾即是一位女真騎兵的殉葬品。

蒙古人坐飲像

蒙古騎兵用的箭袋

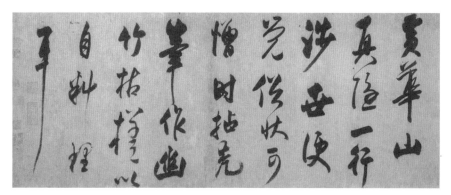

草書題辭　金　王庭筠

王庭筠，字子端，號黃華老人，熊岳人，米芾的外甥。金大定十六年進士，與元好問相善。在文學、詩畫方面都有突出成就。繪畫師承任淘，書法受米芾父子的影響頗深，在金代書法家中稱得上是傑出代表。

中州集

金哀宗天興二年（公元1233年），詩人元好問輯成《中州集》10卷。

《中州集》是一部詩作、詩論、史傳相結合的著作，內容有詩論、文論、史論3大部分，其中雖以史論突出，但3者往往相互關聯，形成整體的評述。元好問的描寫，對後人認識金代的道德習氣、文人學識都有很大啟發。他還為金代文士排次，在人物小傳中穿插一些重要掌故。

元好問（公元1190～1257年），字裕之，號遺山，秀容（山西忻州市）人，祖先為北魏拓跋氏。他博學經傳，貫匯百家，是金代非常有名望的大學子，人們叫他為元才子。金時，曾官至尚書省左司員外郎。晚年開始著書立說，在史學和文學上都有重大貢獻。

《中州集》彙集金代249人，所著詩詞2259首，對每個作者都撰有小傳，講述他們的主要事跡，有時元好問還對他們的詩進行評論。元好問為各個詩作者撰寫的小傳貫穿整個金代歷史，亦可作為一部傳記體的金史總匯流世。這些小傳中有很多被元修《金史》所採用，有的略作刪削移用，有的甚至原文照錄，直到今天，《中州集》仍是一部重要反映金代歷史的傳記體史書，為金史的研究提供寶貴的資料。

元好問同時也是金代優秀詩人，他繼承了建安以來中國古典詩歌的現實主義傳統，詩作深刻反映了金元之際的社會現實，使之具有「詩史」的價值。其詩今存一千三百多首，內容廣泛。

四美圖　年畫　金

🐎 一代天驕

第四章　蒙古帝國

成吉思汗

12世紀至13世紀初，蒙古部落在蒙古草原上的勢力開始強大起來。宋淳熙十六年（公元1189年），其首領鐵木真稱汗後，通過向周圍鄰近部落進行一場連著一場的戰爭，使本部逐漸壯大。

宋嘉泰三年至四年（公元1203～1204年），鐵木真先後擊敗王罕和乃蠻部，終於掃平漠北，統一蒙古。宋開禧二年（公元1206年），鐵木真在斡難河的源頭召集諸部首領舉行選汗會議。參加會議的人們推舉鐵木真為大汗，尊「成吉思汗」，建立大蒙古國。

成吉思汗（公元1162～1227年），名鐵木真，其意為「鋼鐵」，蒙古乞顏部人，於孛兒只斤貴族世家出生。少年時正處於蒙古高原「天下擾攘、互相攻劫、人不安生」的戰亂中。

鐵木真像

歷時18年，鐵木真統一蒙古草原，他於斡難河源頭召開大會，樹起了最威嚴聖潔的九旒白旗，被推舉為大汗，被尊為成吉思汗（意為像海一樣廣大的皇帝），創立了聲威赫赫的蒙古汗國。

成吉思汗陵
位於今內蒙古伊克昭盟境內。

遠征西域

　　蒙古騎兵在成吉思汗的率領下，對外進行大規模的軍事擴張。蒙古軍的正規作戰軍總兵力不足20萬，但皆精銳無比。蒙古軍在征戰時都不帶輜重，只配備乾糧、多匹戰馬和隨身武器，經常就地補給，故而能來如星墜，去似閃電。

　　蒙古太祖十四年（公元1219年）六月，成吉思汗率軍西征中亞古國花剌子模（在阿姆河下游）。蒙軍連續攻占訛答剌、不花剌、新都撒馬爾罕（今烏茲別克布哈拉）以及舊都玉龍傑赤（今土庫曼共和國庫尼亞烏爾根奇）等城。

　　花剌子模國君摩訶末戰敗逃去，在逃遁中病死，其子札蘭丁奉遺詔即位，組織軍隊奮力抗擊，但在蒙古戰無不勝

蒙古軍西征作戰圖

的軍隊面前，終無法挽回敗局，於成吉思汗十六年（公元1221年）底全軍覆沒，花剌子模成為蒙古帝國的領土。成吉思汗勝利班師，於成吉思汗二十年（公元1225年）返回蒙古。

　　成吉思汗西征回歸後，將其所轄地分給4個兒子，其次子察合臺分得西遼全境，並逐漸形成了汗國，後稱為察合臺汗國。

蒙古人攻城圖　伊朗　志費尼

志費尼所著《世界征服者史》中收錄多幅繪畫，反映蒙古人即位、朝覲、征戰等情形。圖為其中的《蒙古軍攻城圖》，描繪蒙古軍在中亞進攻城市的情形。

元太宗窩闊臺像

耶律楚材像

窩闊臺繼位

成吉思汗去世後，依照「幼子守灶」的蒙古習俗，拖雷監國攝政。窩闊臺汗元年（公元1229年），拖雷召集王室成員和重要大臣，利用忽里勒臺大會（編按：「忽里勒臺」即為蒙語的「會議」之意，後專指選舉大汗的代表大會）的機會，商議推舉蒙古國大汗。

根據蒙古習俗，幼子有繼承父業的權利，所以，宗王大臣都覺得應該推舉拖雷做可汗。以耶律楚材為首的一些大臣說服各蒙古宗王，堅持按成吉思汗的遺詔辦事，擁立成吉思汗的第3子窩闊臺登上蒙古汗位。拖雷為了避免可能發生的蒙古分裂，也大力支持窩闊臺。八月二十四日，窩闊臺大汗登基。耶律楚材又重新制定禮儀，皇族大臣都列班對大汗跪拜，藉以鞏固大汗的權威。

窩闊臺即位後，重用耶律楚材等一批謀臣勇將，展開改革，並出兵四處征伐，拓展疆土，為元帝國的形成奠定堅實的基礎。

耶律楚材（公元1190～1244年），字晉卿，道號湛然居士，契丹人，系遼太祖耶律阿保機9世孫。後遼滅亡，耶律楚材歸屬蒙古，輔佐成吉思汗南征北戰。窩闊臺汗三年（公元1231年），窩闊臺任命他為「必蓬赤」，漢人稱之為中書令。在政治、經濟、軍事、文化多方面給太宗許多建議，促進蒙古民族從遊牧經營過渡到中原的農業統治制度，促使窩闊臺接受中國傳統文化。耶律楚材死後追封為廣寧王，謚文正。

耶律楚材墓

長子西征

太宗七年（公元1235年）夏，窩闊臺召開忽里勒臺大會，決定遵從成吉思汗遺訓，擴展疆土。他命令由各族宗王長子或長孫率兵西征，萬戶以下各級那顏也派長子出征。窩闊臺又以大將速不臺為先鋒，長子兀赤拔都為統帥，率領全軍西征。

窩闊臺汗八年（公元1236年），蒙古軍進至伏爾加河（舊稱也的里河）中游，將欽察諸部征服，欽察酋長八赤蠻被蒙哥擒獲。次年冬，西征軍沿伏爾加河北上，先後征服了斡羅思本土和基輔。至此，蒙古遠征軍統治了斡羅思全境。隨著，蒙古軍又開始征伐波蘭，攻打捷克（舊名波希米亞）、匈牙利（舊名馬札兒），直至奧地利與德國邊境。

宋淳二年（公元1242年）冬，窩闊臺死訊傳至遠征軍，拔都於是統領全軍東返，蒙古乃馬真皇后稱制二年（公元1243年）春，來到伏爾加河營帳。拔都在這次西征基礎上，於伏爾加河下游建薩萊城（俄羅斯阿斯特拉罕附近），定為國都，正式建立欽察汗國（也稱金帳汗國）。西征到此結束。

銀水注　元

蒙古騎兵圖　伊朗　志費尼

蒙古騎兵牽馬玉雕　元

鐵騎縱橫

蒙哥繼位

蒙古貴由汗元年（公元1246年），窩闊臺長子貴由繼大汗位後，採取強硬手段來掃除所有阻止他親政和樹立權威的阻礙。貴由於貴由汗三年（公元1248年）初統領大軍離開和林，假說回封地葉密立（今新疆額敏南），實際上是向西征伐拔都。

三月，貴由在行軍途中暴死，其妻斡兀立海迷失攝政。蒙古蒙哥汗元年（公元1251年），召開忽里勒臺大會，到會諸王按拔都的提議，共奉拖雷之子蒙哥為大汗。蒙古大汗之位從此由窩闊臺系轉移到拖雷系。

蒙哥即汗位標誌著窩闊臺系統治的結束，這引起窩闊臺系諸王的不滿。蒙哥嚴厲鎮壓異己勢力，將失烈門、腦忽、也孫脫等預謀發動政變的三王逮捕入獄，溺死斡兀立海迷失，鞏固權位。從此，窩闊臺和察合臺兩派力量受到打擊，開始衰敗。

胡琴 元
蒙古騎兵遠征各地，思鄉心切，往往引吭高歌，音調雄壯。他們的樂器有箏、琵琶、胡琴、笛子和鼓等，形制與中原樂器略有不同，富有特色。

觀見蒙古可汗圖 波斯 拉施特丁

銀鍍金花枝紋葵花形奩 元
蒙古軍隊中，金銀器應用的十分普遍。元朝的金銀器加工業包括官營作坊和民間私營作坊兩大部門。

雲南大理國麗江古城

征 服 大 理

　　蒙哥汗三年（公元1253年），忽必烈受命統軍遠征大理。他從六盤山出發，借道吐蕃，從甙剌（今四川松潘）兵分3路前進，爬過雪山，渡過金沙河，不斷於沿途攻城略地。同年冬，到達大理境內。

　　大理相國高祥率兵固守大理城。十二月，在3路遠征軍的猛烈進攻下，大理城失守，國王段興智逃至善闡（今昆明市），高祥在逃往統矢邏（今雲南姚安）時被追殺。忽必烈迅即指揮蒙古軍四出略地，除段興智堅守的善闡城外，大理國所有的土地歸蒙古所有。

　　蒙哥汗四年（公元1254年）春，忽必烈班師北歸，留下兀良合臺率軍戍守大理，並繼續征討那些尚未歸附的部落。同年秋，兀良合臺攻破善闡城，將大理國王段興智俘獲。建國316年的大理至此滅亡。

元世祖忽必烈像

大理國梵像圖
南宋　張勝溫

西征大食

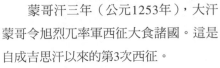

蒙哥汗三年（公元1253年），大汗蒙哥令旭烈兀率軍西征大食諸國。這是自成吉思汗以來的第3次西征。

諸王從所屬軍隊中每10人簽調2人組成西征軍。西征目標有兩個：一個是據有一些堅固要塞的「木剌夷」；另一個是以報達（巴格達）為都城的黑衣大食（阿拔斯王朝）的回教共主哈里發。

蒙哥汗六年（公元1256年），旭烈兀領西征軍渡阿姆河，進入波斯境內。十一月，將木剌夷平定。接著，蒙軍開始攻打報達，至蒙哥汗八年（公元1258年）二月，報達城破，哈里發及其長子被殺，阿拔斯朝第37代至此亡國。這時，因蒙哥去世後忽必烈與阿里不哥爭汗位，旭烈兀決定不回蒙古，開始經營自己所征服的土地，建立起一個新的蒙古汗國——伊兒汗國。這次西征也因此而結束。

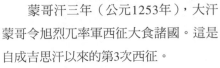
鳥形硯　元

蒙古西征武士像

蒙古西征後形成的各汗國疆域圖

玉虎鈕押　元

押是古代文書契約上簽字或代替簽字的符號，此押呈青色，有黃色浸斑，方形面上雕刻一伏臥的虎，底部有陽文畫押，雕工嫻熟，形象生動，是元代玉押中的佳作。

蒙哥之死

蒙哥汗六年（公元1256年），蒙哥召集忽里勒臺大會，與諸王百官，商議大舉攻宋之計。他制定了以進攻臨安、消滅南宋政權為目標的計畫。

蒙哥汗七年（公元1257年），蒙哥親自率大軍征伐南宋，以幼弟阿里不哥留守蒙古本土。蒙哥汗八年（公元1258年）夏，大兵駐至六盤山，聚兵攻川。年底進逼合州，合州北面的合州釣魚城阻擋了蒙古軍的行程。

蒙哥汗九年正月，蒙哥分兵攻下釣魚城周圍的城池要塞，致使釣魚城孤懸一隅。但由於釣魚城地勢險要，防禦堅固，蒙軍還是無法擊破。夏季到來，蜀中炎熱，瘟疫流行，蒙古大軍許多將士死亡，致使士氣低沉。七月，蒙哥在督師攻城時被傷，死在釣魚城下，征蜀的蒙古大軍無奈退出四川，進攻荊鄂的忽必烈也於年底北還。

蒙哥之死，將滅亡南宋的計畫中斷，南宋統治得以苟延。

南宋、金、蒙古的主要戰場

釣魚城
蒙哥汗於進攻南宋途中在此被宋軍射中數箭，暴病身亡。

大元帝國

世祖建元

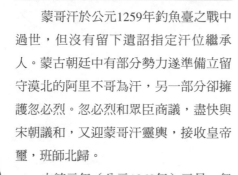

劉秉忠像

蒙哥汗於公元1259年釣魚臺之戰中過世，但沒有留下遺詔指定汗位繼承人。蒙古朝廷中有部分勢力遂準備立留守漠北的阿里不哥為汗，另一部分卻擁護忽必烈。忽必烈和眾臣商議，盡快與宋朝議和，又迎蒙哥汗靈輿，接收皇帝璽，班師北歸。

中統元年（公元1260年）三月，忽必烈於其漠南基地開平召集了一次突破傳統的忽里勒臺會議，到會的諸王一致推舉忽必烈為「合罕」（編按：「合罕」即蒙古語「皇帝」的漢字標音，亦可譯作「可汗」）。忽必烈頒布即位詔稱汗，建元中統，是為元世祖。

元世祖出獵圖　元　佚名

元世祖忽必烈像

至元八年（公元1271年）十一月，忽必烈根據劉秉忠、王鶚等儒臣的建議，取《易經》「乾元」的意思，正式建國號為大元，並頒布建國號詔。

成吉思汗建國後，一直用族名充作國名，稱大蒙古國，未正式建立國號。

忽必烈登上蒙古汗位，建元「中統」，依然沒有立國號。隨著征宋戰爭的順利進行，實際上蒙古政權已成為效法中原漢族統治的政權，特別是忽必烈統治日益鞏固，於是他決定在「附會漢法」方面再邁進一步，將自己的王朝建成承漢族王朝正統的朝代。忽必烈建國號大元，意思是向世人說明，自己所統治的國家中不只是蒙古一個民族，而是中國歷代王朝的延續。

至元九年（公元1272年）二月，忽必烈採納劉秉忠遷都的建議，將中都改稱為大都，正式定為元朝首都。

　　蒙古國時期，和林（今蒙古境內）為統治中心，忽必烈即位後，元朝的統治中心開始南移，遠在漠北的和林不再適合做都城，忽必烈開始尋找新的建都地點。

　　一開始，他以開平來取代和林，接著又遷往更理想的首都燕京（今北京），定名為中都。

　　中都改為大都後，忽必烈於至元十一年（公元1274年）正月於大都正殿接受文武百官的朝賀，大都從此成為元朝的政治中心。

　　忽必烈（公元1215～1294年），成吉思汗之孫。忽必烈後於至元十六年（公元1279年）滅南宋，統一中國。他在位期間主張「遵用漢法」，以漢族傳統法制治理國家，制定法律和各項制度，在地方設置行省，注意興修水利，以農桑為急務，還統一貨幣，疏浚運河，設立驛站，開拓漕運。他強化中央對偏遠地區的控制，對西藏直接管制，加強了國家的統一。

元大都城遺址

此為薊門煙樹，人稱燕京8景之一。元大都是中國傳統社會最後一座按照都市規劃興建的都城，也是13世紀到14世紀世界上最宏偉壯麗的城市之一。其嚴整的規劃布局、建築技術、藝術水準都是世間罕見。

龍泉窯青釉龍紋大盤　元

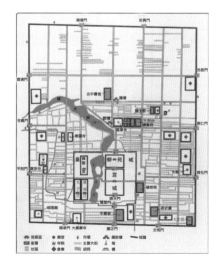

元大都平面復原圖

元大都採用以宮城之長、寬為整個城市設計基數，加強宮城在城市中的地位，這種設計是皇帝「化家為國」觀念在城市建設中的具體呈現。

八思巴像

八思巴一生，不但將西藏的建築技術、雕塑藝術和大量的佛教典籍傳入內地和蒙古地區，還把內地的印刷術，戲劇藝術等傳入西藏，促進地區間的文化交流。

帝師制度

忽必烈創建的帝師制度是佛教史上的一個特例，是出於對治藏的政治需要。元朝政府任命的帝師首先是藏族的軍政首腦，管轄藏區的一切事務，其次他也是全國最高的宗教領袖。

元代第一位帝師八思巴（公元1239～1280年），是藏傳佛教薩迦派的主要領袖。蒙哥汗八年（公元1258年），忽必烈召集佛道兩教高士針對《老子化胡經》的真偽展開辯論。18歲的八思巴作

為佛教首席代表舌戰眾道士，17名道士服輸後被迫削髮為僧，一些道觀被改為佛寺。

中統元年（公元1260年），忽必烈即大汗位。當時蒙古境內「釋教大盛」，忽必烈便封八思巴為國師，賜玉印，統管蒙藏地區的佛教事務。至元元年（公元1264年），忽必烈遷都北京，設立了總制院，這是一個全國性的宗教管理機構，八思巴以國師的身份兼領總制院事。此後，八思巴被升為帝師、大寶法王，賜玉印，受到很高的禮遇。至元十一年（公元1274年），八思巴還鄉，其弟亦憐真接帝師位。

八思巴死後，翰林學士王磐奉命撰〈帝師行狀〉頌其功德，為了紀念他，京城還建了一座「八思巴寺」。

八思巴以後，元代又任命了13位帝師，歷代帝師都出於薩斯迦昆氏家族，採用叔侄相承、兄終弟及的傳承制度。惟一的例外是薩迦系非昆氏家族的膽巴（公元1230～1303年），他生前深受元世祖、元成宗、元仁宗的賞識和重用，死後被追諡帝師號。元代後，帝師制也隨之消失。

八思巴見忽必烈　壁畫　元

國師之印　元

中統元年（公元1260年），元世祖忽必烈即皇帝位，尊八思巴為國師，授玉印。這方玉印為八思巴文，是「國師之印」的藏文譯音。

八思巴像

字母分為正體和篆體兩種，篆體通常用於官方印章。行款從左至右直寫，與藏文自左至右橫寫並不一樣。書寫單位是音節，不是詞，和藏文相同。因為書寫單位不是詞，而且也不使用標點符號，所以閱讀時只能靠上下文判斷詞和句子的界限。拼寫漢語時不標聲調，若原文沒有漢字對照或沒有其他參考材料的話，往往難以確定所代表的漢字。

八思巴字作為元朝官方文字，作用是「譯寫一切文字」。據現存資料記載，它所譯寫的語言不單是蒙古語，還有漢、藏、梵、維等各種語言。因此，這個文字與其他文字並不一樣。

八思巴字行款的設計，顯然也考慮了非同類語言的對象，並且在各種語言之間有所平衡、折衷，在內容上進行一定的照顧。它採用自左往右、自上而下的行款格式，是來自於蒙文的習慣，而以音節為書寫單位卻是繼承了藏文傳統。寫法問題，亦是這種文字的獨特之處。但是八思巴字之所以無法競爭過其它原有文字，即因為它在各民族中沒有基礎，當時蒙、漢、藏等民族都擁有自己的文字，沒有創制新文字的需要。

薩迦萬戶長給夏魯寺封告書　元

「薩」字印　元
這枚玉印兩側無邊。上下各有一條粗線，刻有藏文「薩」字，代表薩迦。薩字上方刻3個圓圈，象徵佛教威嚴、財寶和圓滿的「三寶」。在印面的另一側，則刻有蒙古新字，漢譯為「慧幢」，是八思巴出家時的法名。

八思巴文

至元六年（公元1269年），忽必烈正式頒詔在全國推行國師八思巴制定的文字，把它稱為「蒙古新字」，次年，又改稱為「蒙古字」。後世又有人直稱「元國字」或「元國書」。元王朝滅亡後，這種文字逐漸廢棄。

八思巴字以音素為表音單位，字母有元音和輔音兩種，元音a不設專門字母，用依附於輔音字母的零形式表示。字母表主要由藏文字母組成，也有幾個為數不多的梵文字母，還有幾個新造字母。字母大都呈方形。字母數目最初為41個，後陸續增加。據現存資料歸納，包括各種變體有57個。

「薩」字印　元
這是元代薩迦官員的印章。在此印的印面上，將「薩」字置一龕形圖案中，龕外滿飾雲氣紋，雲氣之中刻有象徵佛教威嚴、財寶和圓滿的「三寶」及日、月圖案。

元　曲　大　師

關漢卿是元代偉大的戲曲作家，在中國戲曲史上占有舉足輕重的地位，被後人列為「元曲四大家」之首。他的《竇娥冤》為元代雜劇傑出的代表作。

關漢卿，名不詳，號己齋，又號一齋，大都（今北京市）人。關於他的籍貫，還有祁州、解州等不同的說法。

關漢卿大約生於金末或元太宗時（公元1210年左右），卒於公元1300年。在元代雜劇四大家中，關漢卿居首，藝術成就和歷史地位很高。關漢卿多與當時大都一帶的著名雜劇、散曲家及藝人來往，商酌文辭，評改作品，有時候還會親自登臺演出，在創作之餘，過著「躬踐排場、面敷粉墨」的生活。

關漢卿一生創作雜劇67部，現僅存

《竇娥冤》書影

關漢卿像

18部，其中《竇娥冤》為代表作。《竇娥冤》是關漢卿晚年所作。其題材源於《漢書·于定國傳》和干寶《搜神記》的「東海孝婦」故事。

關漢卿在創作時結合元代生活的實況，成功地塑造了竇娥形象，深刻描寫了其悲慘遭遇。

關漢卿的雜劇有相當強的現實性。關漢卿所處的時代，政治腐敗，社會動盪，人民生活在水深火熱中。關漢卿的雜劇有濃郁的時代氣息，深刻地展現元代的現實社會。關漢卿非常重視舞臺上的實踐，故其優秀作品的舞臺生命力極長，他的作品中，情節自然而有層次，人物、事件的安排十分符合舞臺演出的需要，甚至連劇中次要人物的出場也極力要求。關漢卿努力吸收和提煉人民的口頭語言，豐富自己的藝術再現力，在文學語言方面開一代風氣之先。

《竇娥冤》內頁

忽必烈去世

至元二十一年（公元1294年）四月，元世祖忽必烈去世，終年80歲。

忽必烈是元朝的開創者，父親拖雷，兄為憲宗蒙哥，有旭烈兀、阿里不哥兩個弟弟。蒙哥即汗位後，忽必烈統領漠南漢地軍國庶事。蒙哥汗三年（公元1253年），忽必烈受京兆封地；同年，受蒙哥詔令遠征消滅大理國。在蒙哥汗八年（公元1258年）蒙古發兵伐南宋時，忽必烈統領東路軍。隔年九月，蒙哥於合州（今四川合川）病死。

忽必烈知道留守漠北的幼弟阿里不哥欲圖謀自立，採納謀士的建議，率輕騎返燕京。中統元年（公元1260年）三月，他於開平即汗位，建元中統。後來，為了鞏固自己的統治，忽必烈根據《易經》「大哉乾元」的意思，建國號為大元，定都大都。至元十六年（公元1279年），他攻滅南宋，統一全國。

忽必烈之死，雖然留下規模宏大、四海昇平的基業，但是卻在皇位的繼承上帶來新的困擾。他在至元十年（公元1273年）冊立的皇太子真金早在至元二十二年（公元1285年）就已去世。在他去世的前半年，他又將真金的「皇太子寶」授予了真金的第3子鐵穆爾，但卻沒有確定其嗣君的資格。就這樣，他的皇子皇孫開始為爭奪帝位展開了勾心鬥角的奪位之爭。

元世祖后像

元世祖夫婦像

蒙古射獵圖　元

此圖是反映元代蒙古人圍獵活動佳作，也展示了蒙古人的服裝。

大都天文臺

至元十三年（公元1276年），元世祖忽必烈詔命改制新曆，命王恂、郭守敬率領許多南北日官負責測驗和推算，並任命能推明曆理的許衡主管這項大工程。郭守敬認為：「曆之本在於測驗，而測驗之器莫先儀表。」他的建議得到大家的贊同。於是，郭守敬為新曆的編成研製出許多新穎的天文儀器。

郭守敬（公元1231～1316年），字若思，順德邢臺（今河北邢臺市）人，元代著名的天文學家、儀器製造家、數學家和水利專家。至元十六年（公元1279年），他奉命主持大都天文臺工作。

大都天文臺規模極大。當時太史院牆長約123公尺，寬約92公尺，院內建成的天文臺高達7丈，分3層。第1層大部分住的是工作人員，當時僅推算、測驗、漏刻3局就有70個工作人員；第2層按離、巽、坤、震、兌、坎、乾、艮8方分成8個房間。這裡為各類資料室；最上層為觀測臺，置放了許多天文儀器與觀測裝置。

大都天文臺不但以其規模和功能設計聞名於世，更令人注目的是該臺擁有的觀測儀器，都是當時世界上最先進的。《元史》記載，郭守敬為該臺設計製作的儀器有13件。其中，郭守敬所創

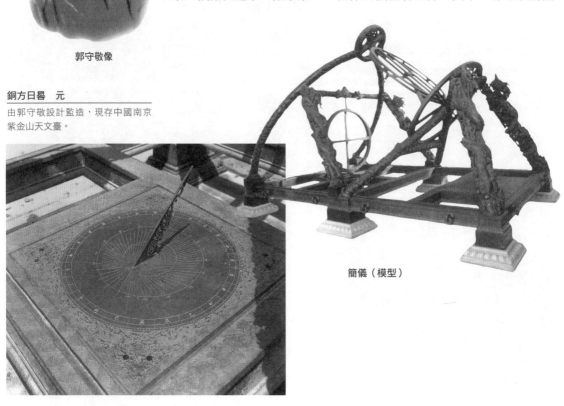

郭守敬像

銅方日晷　元
由郭守敬設計監造，現存中國南京紫金山天文臺。

簡儀（模型）

製的簡儀，是世界上首臺用一高一低兩個支架支撐起極軸的赤道儀，亦是世界上首座將測赤道坐標和地平坐標置放於一儀的多功能綜合測量儀，開創了在儀器上同時設置使用附加設備的先例。該儀亦是世界上首次採用滾珠軸承的機械。

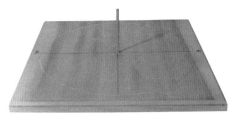

土晷　元

列在第2位的天文儀器是仰儀，它是世界上首架太陽投影的觀測儀。它從儀器上讀出太陽的去極度、時角和地方真太陽時，尤其有日食發生時，其過程以及各階段的位置和時刻都可連續記錄下來。

其它的還有玲瓏儀，但《元史》對此記載不多。從有關記載和學者考證看，玲瓏儀是渾儀的可能性較大。

大都天文臺上的主要觀測儀器除上述3種外，還有位於臺西的圭表。至於渾象、漏刻等儀器則放在第2層臺上。

《頒授時曆詔》書影

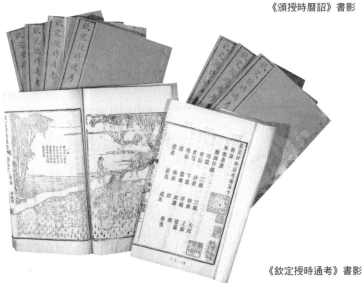

《欽定授時通考》書影

元代觀星臺和石圭，位於今河南登封。

郭守敬紀念館

銅壺滴漏　元

我國現存最完整的階梯式漏壺,鑄造
於元延佑三年(公元1316年)。全套共
4壺,各壺大小不一,容量由上面下逐
個縮小,分為日壺、月壺、星壺、受
水壺。日壺外側鑄有元延佑銘文。

渾儀　元

原由郭守敬設計監造,明代仿製,現在中國南京紫金山天文臺。

元 代 雜 劇

元代在前朝戲曲藝術——雜劇和金院本的基礎上，發展成為一種新雜劇的戲劇樣式，並逐漸走向繁榮。它最早出現約在金末元初，蒙古王朝建元後，雜劇體制開始完備、成熟並逐漸興盛。特別是成宗元貞、大德年間，雜劇的創作和演出進入鼎盛時期。

雜劇最初以大都（今北京）為中心，流行於北方，遍布河南、河北。受方言的影響，它有各種聲腔流派。其中有中州調、冀州調和小冀州調。這種北

青瓷戲臺　元

陶雜劇戲枕　元

聖姑廟戲臺　元

方聲腔的劇種，很快在全國流行。元代前期城鎮經濟的繁榮為元雜劇的興盛提供了物質條件和群眾基礎。

元雜劇在結構體制上，通常是一本4折演一完整的故事，只有極少數是一本5、6折。每折大都包括幾個場次。有的雜劇還有「楔子」，篇幅短小，往往放在劇前。雜劇劇本包括唱詞與賓白兩大部分。

唱詞為劇本的主體；賓白，大體可分為兩類，一是有韻的詩白，一是無韻的散白。除此以外，劇本還規定了主要動作表情和舞臺效果，稱作科範，簡稱為「科」。在音樂體制上，雜劇每折只用同一宮調的曲牌組成的一套曲子。演出時一本4折全部由正末或正旦獨唱，別的角色只有說白，分別稱為「末本」或「旦本」。

雜劇內的角色通常分為4類：一是「旦」，即扮演婦女的角色，女主角叫正旦，別的為外旦、老旦、小旦、貼旦、花旦等；二是「末」，就是扮演男子的角色，男主角叫正末，其餘如外末、付末、沖末、小末等；三是「淨」，就是扮演反面人物或滑稽人物的角色，有副淨、淨、丑等；四是「雜」，指除去以上三類之外的登場角色。

元代雜劇所反映的社會生活比以前的雜劇更為廣泛深入，特別突出的是它反映出社會地位低下的人民的生活，而且還成為主要的正面人物形象，拓展了宋代話本的範疇。

戲班圖　元
元代以前的民間戲班，通常多是家庭性質，即以血緣關係為紐帶而進行組合。這在當時是一種普遍的形式。

雜劇壁畫　元
此圖中的掛髯始見於北宋雜劇雕磚。其髯鬚從人中至耳邊拉一道弧線，腮部卻露出鬢髮，嘴周圍則留有一個圓圈便於說話和「做鬼臉」，代表了元雜劇髯口藝術的水準。

元朝轉衰

第五章 元朝弊政

成宗繼位

元朝至元三十一年（公元1294年）四月，鐵穆爾即皇帝位於上都，是為元成宗。

忽必烈死後，其皇室內部為了汗位展開爭執，但是新汗的產生必須召開忽里勒臺大會來確定。鐵穆爾在軍國重臣伯顏、御史大夫玉昔帖木兒的幫助下，於世祖去世後的第82天，終於召開忽里勒臺大會，並擊敗他的兩位兄長而得以即位。至此，他也成為蒙古入元以來第1個即位的皇帝。

鐵穆爾（公元1266～1307年），忽必烈之孫，真金幼子。23歲時，他為了協助忽必烈征遼東而率偏師出征漠北。至元三十年（公元1293年），他先後拉攏了伯顏和玉昔帖木兒兩位軍國重臣，對他們尊禮優待，最後在他們的策劃下登上汗位。

鐵穆爾共執政13年，先後改用元貞（公元1295～1297年）、大德（公元1297

元成宗像

掐絲琺瑯纏枝蓮紋象首足爐　元
此爐由不同時期的器物組成，只有腹外壁的蓮花枝葉豐滿舒展，花朵碩大，釉色光澤亮麗，為元代器物。此爐是研究早期琺瑯工藝的珍貴實物。

～1307年）兩個年號。鐵穆爾即位後無多大政績，除了平定西北，完成忽必烈的遺願外，就別無建樹。到了晚年，由於蒙古政權格局的痼疾，政治弊端逐漸暴露出來。

元上都遺址

大 都 政 變

大德十一年（公元1307年）正月，成宗鐵穆爾於玉德殿去世，年僅42歲。因皇太子德壽早已死去，皇位空懸，因此，成宗之死引發了一連串宮廷流血衝突。

鐵穆爾兄答剌麻八剌的次子愛育黎拔力八達和母親知道成宗去世的消息後，於二月到達京師，並和其親信中書省右丞相哈剌哈孫聯繫。準備在三月三

元武宗像

日卜魯罕皇后稱制前舉事，篡奪皇位。他們在三月二日率兵入宮，發動政變，將支持立世祖之孫阿難答為帝的左丞相阿忽臺殺死，擒阿難答，愛育黎拔力八達稱監國。

這個時候，其兄海山正揮軍南下，愛育黎拔力八達與母親迎接海山，於上都會合，決議擁海山為帝，並將阿難答誅殺，廢卜魯罕皇后。二十一日，海山在大安閣即位，是為武宗。

元武帝於公元1307～1311年在位，為成宗兄答剌麻八剌的長子，多年統兵北方，封懷寧王，成宗駕崩後回大都即位。他在位期間欲創新法，開始濫封王爵，朝廷分成好幾個政派，再加上財政危機日益嚴重，其統治秩序開始惡化。從此，元朝統治走上衰敗之路。

忠翊侍衛印　元

掐絲琺瑯纏枝蓮紋獸耳三環尊　元

琺瑯器始於元，興於明清。元代琺瑯器釉色與高加索、君士坦丁堡生產的掐絲琺瑯器相近，釉色光潔，色彩豐富，質地細膩晶瑩，製作精良大方。這些元代琺瑯器，剔除阿拉伯文化因素的影響，是完全民族化的首批銅胎掐絲琺瑯器，對明清的琺瑯器發展有深遠的影響。

紡織革新

黃道婆為松江府烏泥涇（今上海舊城西南九里）人。年輕時她為了生活，曾流落崖州（海南島最南的崖縣）一帶，在那裡學到若干先進的紡織技術和棉花加工法。元成帝貞元年間（公元1295～1297年），黃道婆返回故鄉，將在崖州學到的技藝傳授給家鄉人民，並在長江流域流傳開來，使得這一地區棉紡織技術有突飛猛進的發展。

起初，長江下游地區沒有踏車、椎弓這樣的紡織工具，全部是用手除去棉籽，效率低落，黃道婆就把自己學到的彈、紡、織等一整套工具的製作方法和織布中使用的顏色搭配、綜線挈花等技藝悉心傳授給家鄉的農民。

用她教的方法織成的被、帶、褥等的不同紋樣、圖案，如花草、棋局、鳥獸、字樣等，色彩鮮艷，和畫上去的一樣。以此方法製作的棉被，十分出名，被譽為「烏泥涇被」。這說明她對印染技術，至少對染紗已經相當熟練。

紡織圖　元　王禎

黃道婆石像

龍紋花絹　元

關於黃道婆所傳授的紡織工具，文獻沒有詳細記載，可能是木棉攪車、木棉彈弓和木棉卷筵3種。

黃道婆的革新促進了棉紡織生產力的提高，同時也間接地推動了棉花種植業的發展，松江一度成為全國的棉紡織業中心。從此以後，棉織品開始普及，成為一般人民的服裝材料。

黃道婆對元代紡織業的大力發展、棉紡織業技術的革新和普及功不可沒。大體來說，黃道婆為中國棉紡織業的發展有重要貢獻，她的功績被人們世代傳頌，永遠銘記。

繰絲圖　元
根據王禎《農書》中的〈耕織圖〉所繪。

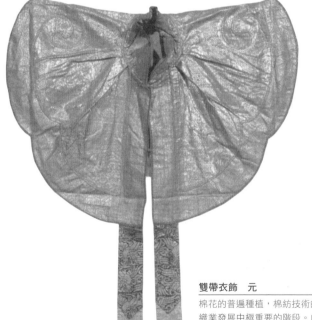

千佛紋織　元

雙帶衣飾　元
棉花的普遍種植，棉紡技術的提高，使元朝成為中國紡織業發展中極重要的階段。此時不僅發明整套創新的設備，而且設立織造局，開創元、明、清3朝在江南設置織造局的先例。紡織品裝飾得五彩繽紛、富麗堂皇，製作的工法細緻。

緙絲儀鳳圖　元

儀鳳圖畫幅長5公尺有餘，
原來可能是一個大屏風，織
百鳥朝鳳，其間鳥語花香，
一派吉祥景象，描繪十分精
緻，色彩也極為華麗，完整
地體現了大元帝國的氣勢，
展示其藝術風貌。

黑地獅子唐草紋緙絲　元

緙絲工藝在我國的南宋時代
已經日臻完善，元朝繼承並
光大此技術，融合了西域的
織金技術，將金絲用於緙絲
品的織造，使這一技術進一
步向前發展。元代的緙絲與
宋代相比較，用金量增多，
畫幅增大，用數軸拼合。

儀鳳圖　元

五彩縫合錦　元

西廂記

元成宗元貞、大德年間，雜劇作家王實甫完成《西廂記》。王實甫，大都（今北京市）人，名德信，為元曲4大家之一。他創作的雜劇有14種，今存《西廂記》、《麗春堂》。

《西廂記》最早的來源是唐代元稹所著的傳奇小說《鶯鶯傳》，不過它是以金代董解元的《西廂記諸宮調》為基礎改編而成。它和《董西廂》在情節上相差無幾，但在每個方面都進一步加工和發展，使戲劇衝突更加激烈，人物性格也更為鮮明，特別在心理描寫上，細緻、精確，引人入勝。《西廂記》是中國古典戲曲中一顆璀璨的明星。

《西廂記》講述的是張生和鶯鶯戀愛的故事。張生、鶯鶯都出身貴族門第，但情感經歷坎坷。張生懷才不遇，漂泊江湖；鶯鶯閒愁萬種，無可傾訴。在這種情形下兩人相遇後一見傾心，情意纏綿，難分難解。但當時鶯鶯早已許

《西廂記》插圖

配鄭恆，所以特別小心謹慎、處處提防老夫人的嚴酷家法。

劇中鶯鶯的性格表現為聰明機警和深藏不露兩方面，這和張生的憨厚、紅娘的心直口快形成鮮明的對照。老夫人是一個貫串全劇的人物，為了嚴防鶯鶯有越軌行為，她不僅不許鶯鶯跨出閨門，還要紅娘行監坐守，為典型的大家長作風。王實甫在〈寺警〉、〈賴婚〉、〈拷紅〉幾場戲裡，逐漸撕下她莊嚴、華貴的面紗，將她冷酷、虛偽的真面目揭露出來。

《西廂記》是部抒情詩劇，劇中張生的唱詞爽朗、充滿激情；鶯鶯的唱詞則表現出聰慧而又深沉、優雅的風度；紅娘的唱詞爽快、潑辣，體現了她勇敢而機智的性格特徵。王實甫在描摹環境、醞釀氣氛方面，是元人雜劇作者中的高手。往往在劇情初現，他就把讀者帶進作品的環境中，予人美的享受。

青銅爵　元

《西廂記》插圖

元仁宗像

仁宗尊儒

武宗即位之初，便冊立同母弟愛育黎拔力八達為「皇太子」，從而確定其皇儲地位。至大四年（公元1311年）正月，年僅31歲的武宗海山於玉德殿去世。愛育黎拔力八達順理成章地以監國者身份總攬朝政，等候即位登基。愛育黎拔力八達早就對吏弊深惡痛絕，主張以儒學「治天下」，「振紀綱，重名器」，等不及登上帝位，便開始親政。

愛育黎拔力八達以「變亂舊章，流毒百姓」的罪名剷除了武宗朝尚書省「蠹國亂政」的主要勢力，並且組織自己的施政班子，著手清理被武宗朝搞亂的措施和機構。愛育黎拔力八達完成這些步驟後，於三月正式即皇帝位，是為元仁宗。仁宗是元史上首位在無人爭奪皇位的情況下順利登基的皇帝。

元仁宗（公元1311～1320年）在位，武宗海山之弟。他在位期間曾先後使用皇慶（公元1312～1313年）、延祐

（公元1314～1320年）2個年號。

仁宗為元代第4代皇帝，即位後努力改變武宗施政時的混亂局面。他本人亦精通儒術，所以於持政期間大力推行科舉，任用儒家人士為朝中大臣，頗有儒家風範。他再尊儒術的做法受到儒臣和後世史家的高度讚揚，故《元史》中讚他：「其孜孜為治，一遵世祖誠憲云」。但由於他縱容太后干政，不僅給本朝帶來嚴重的政治危害，而且亦給英宗朝留下無窮的後患。

永樂宮壁畫　元

宮樂圖　元

書畫祭酒

趙孟頫是元代畫壇的領袖人物，是元代文人畫的主要奠基人。趙孟頫的審美思想核心是：作畫貴在有境。他提出崇尚唐人的藝術思想，實際上是否定宋代刻意求形的寫實畫風。借崇古以創新，強調畫人物要描繪出其性情為佳，他畫山水也重師法造化。

趙孟頫（公元1254～1322年），字子昂，號松雪，又號水精宮道人，湖州人。宋朝宗室，曾以父蔭補官，任真州司戶參軍。元代他被推薦入朝為官，歷任同知濟南路總管府事、江浙行省儒學提舉、翰林侍讀學士；延祐年間，改任集賢學士、翰林學士承旨、榮祿大夫，去世後被封為魏國公，謚文敏。

趙孟頫深受元世祖和元仁宗的寵信，特別是仁宗非常敬重他的才華，將其比作李白和蘇軾。他博學多才，工古文詩詞，音律、鑑賞也十分精通。著有

浴馬圖　元　趙子昂

〈尚書注〉、〈琴原〉、〈樂原〉各一篇，詩文著作有《松雪齋文集》傳世。

趙孟頫還將書法與繪畫用筆結合，找到書畫的內在聯繫。趙孟頫身體力行，擅長山水、花鳥、人物、鞍馬和竹石墨戲，同時亦精通工筆、寫意、設色、水墨，對元代文人畫的理論、技法、風格的興盛有開創性的功勞。他轉移一代畫風，在中國繪畫歷史上的地位舉足輕重。同時，他還是一名傑出的書法家，可謂全能的藝術家。

浴馬圖　元　趙子昂

帝國覆滅

順帝即位

至順三年（公元1332年），元寧宗懿質班即位後不足兩個月便去世。當時執掌元朝廷大權的燕鐵木爾請立文宗之子燕帖古思，文宗后卜答失里不答應，於是派遣中書右丞闊里吉思到靜江迎接寧宗之兄妥歡帖睦爾。妥歡帖睦爾至良鄉（今北京西南良鄉鎮），燕鐵木爾具體陳述迎立之意，年齡尚幼的妥歡帖睦爾十分害怕，便一句話也不敢說。燕鐵木爾以為妥歡帖睦爾知道當年自己參與謀害明宗之事，深恐若他即位，會對己不利，故拖延不使妥歡帖睦爾即位。

很快，燕鐵木爾去世，文宗后卜答失里才和大臣們商定立妥歡帖睦爾，並仿照「武宗、文宗故事」，協定妥歡帖睦爾去世後，傳位給燕帖古思。至順四年（公元1333年）六月，妥歡帖睦爾即位於上都，是為順帝，改年號元統。

元順帝即位後，命伯顏為中書右丞相，燕鐵木爾之弟撒郭為左丞相，後伯顏與燕鐵木爾家族發生權力之爭。元統三年（公元1335年）三月，燕鐵木爾的兒子唐其勢勾結撒郭弟知樞密院答里諸王晃火帖木兒密謀發動政變，擁立文宗之子燕帖古思為帝。伯顏設計捕擒唐其勢，並盡誅燕鐵木爾家族及其黨羽，朝政由伯顏一人把持。

伯顏像

伯顏（公元1276～1340年），蔑兒乞氏，歷事數代君王，特別在元順帝時，伯顏專權自恣，尤其是推行罷科舉和「請殺張、王、劉、李、趙姓漢人」，更讓世人痛恨。後在眾臣的反抗下，順帝沒實行殺漢人張、王等姓的政策。至元六年（公元1340年），順帝貶黜伯顏為河南行省左丞相。伯顏在路途中死去。

大元國寶　元

輕便銅火器　元

紅巾起義

元順帝至正十一年（公元1351年），韓山童、劉福通利用白蓮教發動叛變，後來韓山童被殺，劉福通領兵繼續戰鬥，隊伍也擴大到10萬人。各地響應者也都頭包紅巾，故稱紅巾軍。隨著紅巾軍的不斷擴張，各地的反元武裝開始據地稱王，建號改元。

這時候，元王朝已無力控制局勢，形成了群雄並立局面。其中，最重要的反元力量有以下幾支：一是劉福通、韓林兒部，也就是紅巾軍的主要勢力。

至正十五年（公元1355年）二月，劉福通擁立韓山童的兒子韓林兒為帝，號小明王，建都亳州，國號宋，改元龍鳳。劉福通任太保、丞相統領全軍向四面發展。

張士誠像

二是芝麻李、趙均用、郭子興等部。至正十一年（公元1351年）八月，芝麻李、趙均用等聚眾起義，佔領徐州。次年（公元1352年）芝麻李敗死，趙均用、老彭投奔在濠州建立據點的郭子興。

至正十三年冬，彭、趙稱王，後來二人自相吞併，老彭死，趙均用獨掌兵柄。而這時郭子興部將朱元璋已攻下滁州，郭遂移駐滁州。至正十五年（公元1355年），郭子興父子相繼死，其部遂盡歸於朱元璋。隔年二月，朱元璋攻克集慶，改為應天府，並以此作為他事業

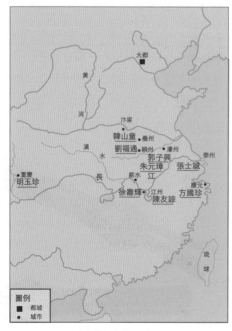

元末農民起義示意圖

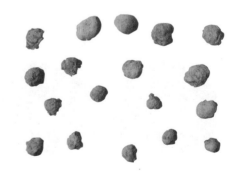

元末起義軍用的石彈

元皮冑

進一步壯大的基地。

三是徐壽輝、陳友諒、明玉珍部。至正十一年（公元1351年）八月，徐壽輝舉兵，十月，據蘄水為都，自稱皇帝，國號天完，改元治平。至正二十年（公元1360年）陳友諒殺徐壽輝，自稱皇帝，國號大漢，改元大義。

徐壽輝的另一部將明玉珍，此時已佔領重慶、成都，聽說徐壽輝被弒，遂自立為隴蜀王，準備派兵征討陳友諒。後於至正二十一年（公元1361年）即國位於重慶，不易國號，不改元。至正十三年（公元1363年），明玉珍「受皇帝璽綬，國號大夏，改元天統」。

四是張士誠部。至正十三年（公元1353年）五月，張士誠及其弟聚眾反元，攻佔泰州，並據高郵。次年（公元1354年）正月，張士誠建國號大周，自稱誠王，改元天祐；五是方國珍部。

至正十年（公元1350年），世代以販鹽浮海為業的臺州人方國珍兄弟「殺巡檢入海為亂」，很快便聚眾數千人，進攻沿海州郡。其中，方國珍陰持兩端，叛降無常，曾一度佔據慶元、溫、臺之地。

武士俑　元

紅巾軍的沉重打擊和元朝統治的嚴重內耗，終於使元朝走到了末路。至正二十八年（公元1368年），明軍北伐，攻佔大都，元朝大體上滅亡。元順帝北逃上都後，仍保持其政權，幻想捲土重來，但敗局已定。明軍於洪武二年（公元1369年）攻占上都，元順帝又北上應昌，第2年死。至此，元王朝的統治大廈徹底倒塌。

陳友諒墓

元四大家

元四家分別為黃公望、倪瓚、王蒙和吳鎮，他們都生活在江浙一帶，且都活動於元代中後期，是醉心於山水畫創作並卓有成就的文人畫家。

四家以黃公望為首，在思想上遠離元代貴族統治階層，在藝術上倡導「自娛」和「山氣」，實踐文人畫詩、書、畫相融的理論，標誌著文人畫的進一步成熟。

黃公望（公元1269～1354年），字子久，號一峰，江蘇常熟人。本姓陸，名堅，幼時承嗣黃家，有「黃公望子久矣」之語，因名公望。他精通書畫、音律和散曲，尤以山水畫冠絕一時，取董源、巨然的「平淡天真」，又得趙孟頫之「古意」，並且經常細心留意自然的變化，常「袖攜紙筆，凡遇景物，輒即模寫」，在他的刻苦學習下，於晚年卓然成一大家，成為元山水畫最負盛名的一位。黃公望的畫豪邁蒼秀，疏鬆蒼逸，代表作有〈富春山居圖〉。

倪瓚（公元1301～1374年），對疏

雙松圖　元　吳鎮

簡畫法十分崇尚，以天真幽淡為趣，能脫出古法，別開蹊徑；以太湖一帶景色為創作題材，疏林遠岫，淺水遙岑，偶作涼亭，卻杳無人跡。章法極簡，墨色淡簡卻未有纖細浮薄之感，力求神似。他「簡中寓繁」的風格對明清兩代文人

畫影響極大，明代江南人家以有無倪畫來區分清濁和雅俗。其主要傳世作品有〈雨後空林圖〉等。

王蒙（公元1308～1385年），趙孟頫外孫，家學淵源，繪畫工人物，山水更為擅長，得外祖父點撥，更參酌唐宋諸家，師法造化獨具一格。他的山水布局滿而不臃，密而不塞，用筆繁複而富有層次感和空間感，善於表現江南山川的溫潤感，營造出蓊鬱深秀、蒼茫幽致的境界，作品有〈青卞隱居圖〉、〈夏日山居圖〉。

青卞隱居圖　元　王蒙

吳鎮（公元1280～1354年），出身寒門，為人孤潔，畫風則沉鬱清峻。他擅畫水墨山水和墨竹，善於用濕筆表現山川林木的鬱茂景色，筆力雄勁。技法中有南宋骨體，但又將剛勁捨棄而趨於溫潤，獨樹一幟，明代沈周、文徵明等人多以他為師，傳世作品主要有〈秋江漁隱圖〉。

容膝齋圖　元　倪瓚

快雪時晴圖　元　黃公望

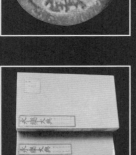

明朝興替 · 由盛轉衰 · 王朝末日

明

Ming Dynasty

洪武大帝

第一章　明朝興替

大明初建

元至正二十八年（公元1368年）正月初四，朱元璋於應天（今南京）即皇帝位，定國號為「明」，建元洪武，立馬氏為皇后，朱標為太子，設官分職，正式建立明朝。

同年閏七月，徐達率明軍沿運河北上，下長蘆，克青州、通州，元將聞風而逃。二十八日，元順帝帶著后妃、太子由居庸關逃至上都。八月初二，徐達大軍攻陷大都，元朝滅亡。

朱元璋建立明朝之後，開始著手整頓吏治，同時改革全國的經濟與文化。洪武元年（公元1368年）八月，中書省奏請設吏、戶、禮、兵、刑、工六部，部設尚書（正三品）、侍郎（正四品）、

明太祖朱元璋坐像

郎中（正五品）、員外郎（正六品）、主事（正七品），明太祖准其奏，並於奉天殿召見了六部官員，為六部規定其所

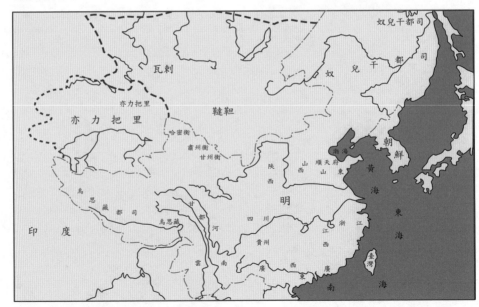

明代疆域圖

應掌管的事情，設中書總領六部。明帝國初步建立並逐漸發展。

朱元璋一方面整飭吏治，恢復經濟生產，一方面繼續完成統一全國的大業。當時，各地割據政權依然散存，朱元璋雖然已掌握河南、江浙和閩廣地區，但統一全國的任務仍然艱巨。

秦晉還有待平定，四川、雲南等地還有地方武力割據，東北有元丞相納哈出擁兵駐金山，而且逃奔上都的元順帝仍擁有政治機構和軍事力量。朱元璋採取先征討西北、再取西南的策略。

洪武元年（公元1368年）八月西征山西，將元將擴廓帖木兒擊潰。次年二月，攻下陝西，建西安府。洪武四年（公元1371年）正月，兵分兩路攻陷四川，收復領土。洪武十五年（公元1382年）平定雲南。洪武二十一年（公元1388年）四月，明大將藍玉把元嗣君脫古思帖木兒統領的十餘萬精兵擊潰。從此，明朝收復東北各地。朱元璋稱帝後，歷時二十餘年，終於統一全國。

明太祖之妻馬皇后像

馬后自幼聰明賢慧，心地仁慈，性格堅強，是朱元璋的得力助手。馬后一生保持儉樸之風，待人寬厚，且常諫於太祖。洪武十五年病逝，太祖心痛不已，未再立后。

徐達像

省心樓

始建於明洪武年間，位於今陝西省西安市化覺巷，是明代建築的典範。

立校興學

洪武二年（公元1369年）十月三十日，朱元璋下詔命令全國各地郡縣設立學校。

為了使地方貫徹執行立校興學政策，明政府明確規定：府學設教授1人，訓導4人，生員40人；縣學設教諭1人，訓導2人，生員20人。學官月俸按實際情況而立。學生學習，專治一經，以禮、樂、射、御、書、數設科分教，務使學生具有真才實學。

學校也規定了教學規章等一些相應的教學措施。地方學校培養出來的學生，達到一定水準，可以定期保送到京師國子監繼續學習，亦可參加科舉考試，獲取功名；入學10年以上還沒出路的，學校有權推薦或保送到吏部，充任下級官吏。

青玉硯

當時，北方的一些學校教育特別落後，遠遠趕不上南方。為了改變這種局面，朱元璋於洪武二十年（公元1387年），命令吏部在南方挑選很多教學經驗豐富的學官充實北方學校，以提高北方的教學水準。

明代前期，地方社學也聘請儒士教授民間子弟，兼讀「御制大誥」和本朝律令；地方武學也請武師專教武臣子弟學習武藝。

《御制大誥》內頁

科舉考室

觀榜圖　明　仇英

朱元璋像

即午門，是傳達聖旨的地方，也是對大臣施廷杖的地方，原有城樓已毀。

錦衣衛

　　明洪武十五年（公元1382年）四月，朱元璋將儀鸞司廢除，改立錦衣衛，為皇帝侍從軍事機構。

　　明朝初期朱元璋設置拱衛司，統領校尉，隸屬都督府，為皇帝侍從軍事機構，後改拱衛司為拱衛指揮使司。洪武二年（公元1369年），拱衛指揮使司又重新更名為親軍都尉府，另設儀鸞司歸其統領。後又將儀鸞司改為錦衣衛，下設指揮使、指揮同知、指揮僉事、南北鎮撫司鎮撫、千戶等職，皇帝任命自己心腹出任指揮使。

　　錦衣衛建立前的儀鸞司只是替皇帝管理儀仗的普通侍衛機構，改為錦衣衛後，權力增添許多。除擁有侍衛職權外，還有權巡察緝捕和審理詔獄。錦衣衛屬下的鎮撫司承辦由皇帝命令查辦的案件。他們用刑十分殘酷。廷杖為其中之一，初期杖滿即停刑，後期直到打死為止。

　　還有一種是用300斤重的立枷，很快就可將犯人壓死。這種對犯人嚴刑逼供、非法淩虐的做法，致使民情激憤、怨聲載道。洪武二十年（公元1387年），朱元璋不得不下令焚毀錦衣衛刑具，所押囚犯轉交刑部審理；同時下令內外獄全部歸三法司審理，將錦衣衛廢除。後來在明成祖時期，錦衣衛又得以恢復，並由北鎮司專門處理詔獄。

　　錦衣衛除擁有眾多特權外，還擁有大量田地。直到成化年間，他們的權勢地位才逐漸削弱。

錦衣衛印

掐絲琺瑯纏枝蓮紋出戟觚　明
此器掐絲細致流暢，釉色純正，但做工較粗，具有宣德時期掐絲琺瑯器的典型特徵。

水滸英雄

《水滸傳》是一部章回小說，由明朝文學家施耐庵所著。它是中國英雄傳奇小說中的代表作，內容豐富多彩，人物形象逼真，主要描寫北宋末年宋江等人於梁山泊起義的故事，通過施耐庵的想像和藝術手法的誇張表現，這群英雄人物成為後世行俠仗義之輩的代表。

皇玉雁墜

施耐庵，生平不詳，通常皆認為是元末明初人。

在《水滸傳》成書前，宋江等人的事跡便在民間廣泛流傳。元代雜劇家也創造了許多水滸戲。施耐庵通過蒐集、查訪，將這些簡單、零散的人物彙集於一書，並進行了藝術描寫，完成這部規模宏大的長篇小說。

施耐庵故居，位於今江蘇興化縣內。

《水滸傳》故事版畫 ──〈三打祝家莊〉

　　《水滸傳》以藝術的形式真實地反映了社會的腐朽、黑暗，揭示官逼民反的社會現實。小說的結局充滿著悲劇氣氛，把作品「自古權奸害善良，不容忠義立家邦」的思想表現得淋漓盡致。

　　《水滸傳》用許多筆墨描寫英雄主義，作者往往集中幾回刻畫一個或數個主要人物，尤其是對宋江形象內心矛盾的細緻描寫，把他內心中正與邪、言與行、行與思、悲與喜、真與假等重要矛盾表現得出神入化，從而塑造了中國文學史上少見的具有複雜性格的人物。

仿陳老蓮水滸人物圖

《水滸傳》書影

木刻版畫《水滸傳》── 單身劫法場

木刻版畫《水滸傳》── 壽張喬坐衙

營建南京

明太祖朱元璋定都應天（今南京）後，開始大規模營建都城，從公元1366年至1386年，在原來城市基礎上建成皇城、府城和外城三重。在規劃布局上，反映出明代突破傳統都城建設的觀念，獨具特色。

洪武十九年（公元1386年），南京城修建工程宣布竣工。為了利用險要地勢進行防衛，南京城平面呈南北長、東西窄的不規則形狀。城周約67公里，城垣高度大多為14到21公尺，基寬14公尺，頂寬4至9公尺。城基全部用石頭砌成，上砌特製的大磚，垜口13616個，開有13個城門，尤其是聚寶門最為宏偉壯觀。城牆內有藏兵洞23個，可供3000名士兵駐守。

後又於都城外圍建外廓城，長120公里，多依天然地勢形成土壘城，外廓城牆早已被毀，都城城牆則保留至今。皇城在城東，平面呈方形，內有宮城。皇城以南北中軸線為主幹，自洪武門至

南京城垣

承天門築有大街，東側有禮、戶、吏、兵、工五部，西側的則是五軍都督府。

宮城內依中軸線建奉天、華蓋、謹身3殿與乾清、乾寧2宮，為皇帝舉行大典、處理朝政及居住的場所。城中心建有鐘樓、鼓樓，在雞籠山和聚寶山各自設有觀象臺。鼓樓東南為當時全國最高學府國子監。

南京的宗教建築亦很多，著名的有靈穀寺、報恩寺、天寧寺等，尤其是報恩寺內有一座9級玻璃寶塔，白天在陽光下熠熠生輝，夜晚點燈百餘盞，成為一大奇觀。

南京鐘、鼓樓
現存鐘、鼓樓是明南京城中心重要的標誌性建築，在江蘇南京市人民廣場的旁邊。鼓樓建於明洪武十五年（公元1382年），於山丘之上建磚石臺座。
臺上建重簷歇山頂高樓，原來在樓上有報時的大鼓小鼓、雲版和計時的「銅壺滴漏」等儀器，現已不存。

中華門

中華門

永樂盛世

建文改制

洪武三十一年（公元1398年）閏五月初十，明太祖朱元璋去世。朱元璋在位31年，死時71歲，同月十六日葬於孝陵，謚號高皇帝，廟號太祖。同日，皇太孫朱允炆即帝位，以隔年（公元1399年）為建文元年。

建文帝即位後，推行一系列新政，並取得很大成效。建文帝首先調整中樞權力機構。他任命兵部侍郎齊泰為兵部尚書，翰林修撰黃子澄為太常卿。他欣賞方孝孺的才能，特將其提任為翰林侍講。將中樞權力機構調整完畢，他又陸續推出許多改革措施，其主要內容有：省刑減獄、均江浙田賦、調整政府官僚機構。

特別在調整官僚機構上，建文帝在位期間一直沒有間斷過，調整涉及到官制的許多方面，其中非常重要的有兩項：首先，省併州縣，革除冗官冗員；其次，更定內外官制，將尚書的品秩由正二品提高到正一品。如此一來就緩和了最高權力機構的畸形特徵和內部的不平衡現象。

建文改制雖僅進行了4年，但依然取得十分顯著的成績。明朝史學家朱鷺稱之為「四載寬政解嚴霜」。

石像生中的文臣

石像生中的武將

建文元年應天府銅權　明

「權」俗稱「稱砣」，是衡器的一部分，經濟生活中不可缺少的工具。這只銅權是建文帝元年（公元1399年）應天（今南京市）製造的。

明孝陵神道

明仁孝文皇后像

明成祖仁孝文皇后徐氏，開國勳臣徐達之女，天姿聰穎，博聞強識，人稱「女諸生」。太祖聞其賢淑之名，於洪武九年冊封為燕妃。侍人處事，體貼謹慎，深受太祖及馬后贊許，永樂元年被冊封為皇后，為成祖治國安邦獻計獻策。

天子寶璽是皇權的象徵

明成祖像

朱棣篡位

建文帝覺得諸位皇叔的權力過重，決定削藩，並用不到1年的時間，解除周、湘、齊、代、岷5王之權。建文元年（公元1399年）七月，當建文帝準備削奪燕王時，燕王朱棣便舉兵反叛。

初五，燕王召集將士，誓師起兵，以「清君側」、「誅奸臣」為名，自稱「奉天靖難」。建文帝聽到朱棣在北平舉兵反叛的消息後，急任年過古稀的老將耿炳文為大將軍，率領大軍30萬伐燕。從此開始了明朝史上長達4年之久的「靖難之役」。公元1402年，「靖難之役」以燕王勝利而告終。建文帝下落不明，有多種關於建文帝去向的傳說，皆缺乏證據。

明建文四年（公元1402年）六月，燕軍攻入京城，燕王朱棣即皇帝位，是為明成祖文皇帝，改元永樂。七月初一，朱棣於南郊大祀天地後，回到奉天殿，詔令當年六月以後，仍以洪武三十五年為紀，次年（公元1403年）為永樂元年。建文帝所改易的祖宗成法，一律恢復舊制。

七月初三，又詔令把建文時更定的官制改回洪武舊制。九月初四及次年五月，朱棣先後兩次賜封靖難功臣。建文四年（公元1402年）十一月十三日，朱棣冊立妃徐氏為皇后。

朱棣即帝位後，為了鞏固自己的皇位，又進行大量的血腥屠殺活動。他將建文帝身邊的親信大臣五十餘人列為奸臣，懸賞捉拿。捉住後，不僅將其本人殺害，而且還株連九族。其中株連最廣的是方孝孺案。朱棣誅殺方孝孺及其九族，連同朋友、門生873人，發配充軍者兩千餘人。這次血腥鎮壓，史稱「瓜蔓抄」。

故宮全景圖

遷 都 北 京

　　北京宮殿、郊廟的大規模營建開始於永樂十四年（公元1416年），歷經4年完成。皇城位於元都舊址，只是稍微東移，有奉天、華蓋、謹身3殿，乾清、坤寧2宮及午門、西華、東華、玄武4門等，完全與金陵舊制相同，只是比其更為壯麗。

　　永樂十八年（公元1420年）十一月，北京宮殿修建已到了最後階段，欽天監奏明年五月初一為吉日，應御新殿受朝賀。朱棣開始正式遷都北京，詔示天下，並遣戶部尚書夏原吉詔皇太子及皇太孫，限期十二月底到北京。後又下詔，從次年正月起，北京為京師，去行在之稱，設六部，並取南京各印信給京師諸衙門，另鑄南京諸衙門印信，全部加「南京」兩字。十二月，北京郊廟、宮殿落成。

　　永樂十九年（公元1421年）正月初一，遷都基本完成，十一日大祀南郊，十五日大赦天下。從此，北京就成為明王朝的都城。

午門

它是故宮4座城門中最壯觀的，歷來是宮廷禁地，只有少數人在特定的情況下才能通過。特別是正中的門洞，為皇帝專用的御道。只有皇帝大婚時，皇后的喜轎可以由此進宮，或殿試傳臚狀元、榜眼、探花由此出宮。今天，午門已成為從南邊進入故宮參觀的入口。

天壇是明清皇帝祭天和祈穀的壇廟

鄭和下西洋

　　明成祖朱棣即位後，為了鞏固海內，耀威異邦，撫剿逃亡海外的臣民，獲取異國珍寶奇貨，從永樂三年（公元1405年）六月起派鄭和數次下西洋。

　　鄭和（公元1371～1435年），本姓馬，小字三保，回族。祖父與父親都從海路到過伊斯蘭教聖地天房（今麥加），鄭和自幼受到家庭探險精神的薰陶，為他日後出海遠洋打下基礎。明初，鄭和入宮做宦官，因靖難立戰功，賜姓鄭名和，人稱「三保太監」。

　　永樂三年（公元1405年）六月十五日，明成祖詔令鄭和與副使王景弘第1次出使西洋。其船隊總共27800人，分乘大船62艘，小船200餘艘。船隊滿載絲綢瓷器等物從蘇州劉家河（今江蘇劉

鄭和像

明代羅盤

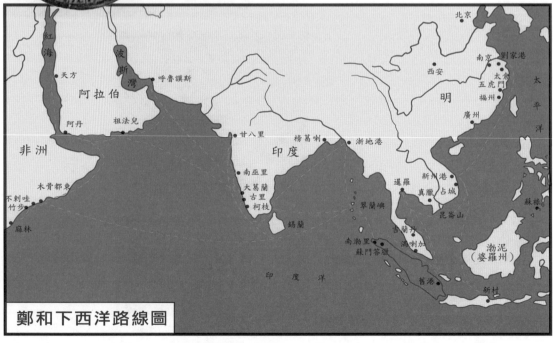

鄭和下西洋路線圖

家港）渡海至福建，又從福州五虎門揚帆啟航。船隊先抵占城，再南航至爪哇，經過蘇門答臘、錫蘭（今斯里蘭卡），到達古里（今印度科澤科德）為止。鄭和於此地立碑紀念後，率領龐大的船隊開始返航，於九月回到國內。

永樂五年（公元1407年）冬天，鄭和奉命第2次出使西洋，船隊經占城、暹羅、爪哇、錫蘭，到達印度半島西岸的柯枝（今印度柯欽）、古里，依舊立碑紀念。永樂七年（公元1409年）夏季回國。

鄭和後來又5次出使西洋，28年間總計七下西洋。鄭和在途中與所到各國交換貨物，他們用中國的絲綢和青瓷碗盤換回大量珠寶、香料和藥材等特產，促進中國與亞非各國的交流。

印尼爪哇島三保廟

鄭和下西洋海船復原圖

鄭和船從最大的海船長44丈4尺、寬18丈，9桅，掛12帆，是當時世界上最大的木帆船。短寬形船體的設計，表現了先進的造船技術，行駛起來平穩安全。船從航行中兼用天文與水羅盤導航。

永 樂 大 典

《永樂大典》修於永樂五年（公元
1407年）十一月，明成祖朱棣親自為此
書寫序。

解縉像

早在永樂元年（公元1403年）七
月，明成祖便詔令翰林侍讀學士解縉等，
以《韻府群玉》、《回溪史韻》2書為例，
採集各書所載事物，按類編排，而統之
以韻。解縉等人奉命編纂，在次年十一
月完成進呈，明成祖賜名《文獻大成》。

《永樂大典》內頁

後來，朱棣認為此書所收錄事物多
有遺漏，又責令姚廣孝、劉季篪與解縉
等重新編輯，並專門任命王景、王達等
5人為總裁；鄒輯、梁潛等20人為副總
裁；陳濟等為都總裁；徵調中外史官和
各方文學之士為纂修；選書法頗好的國
子監及郡縣生員為繕寫；由光祿寺供飲
食，共9669人。同時，又分別派官員前
往全國各地，蒐求遺書，以備收錄。歷
時5年修成，改名《永樂大典》，全書共
22937卷，11095冊。

《永樂大典》是中國歷史上規模最
大的一部類書，亦是為世界所公認的一
部大型百科全書。

《永樂大典》書影

北京皇史宬外貌
皇史宬是現存最
古老、最大的存
放文化典籍的檔
案庫，修建於嘉
靖年間，整個建
築由皇史宬門、
主殿、東西配殿
和御碑亭組成，
四周其以紅色高
牆主殿為磚石仿
木建築。

《三國演義》故事年畫──長江奪阿斗

三國演義

《三國演義》由元末明初小說家羅貫中以史實和傳說相結合的形式創作而成，全稱《三國志通俗演義》，簡稱《三國演義》。

羅貫中（約公元1330～1400年），名本，字貫中，號湖海散人，山西太原人，一說錢塘（今杭州）或廬陵（今江西吉安）人。《三國演義》共120回，約75萬字，為其主要代表作，描寫東漢靈帝建寧二年（公元169年）至西晉武帝太康元年（公元280年）百餘年的歷史。《三國演義》是以一些傳說、話本和戲曲為基礎而創作的。

《三國演義》對後世影響深遠，它的出現使長篇小說創作不再僅是說書藝人的專利，它成功地再現歷史，在中國文學史上有舉足輕重的地位。

《三國演義》為閱聽者提供一幅色彩斑斕的歷史人物群像，尤其是諸葛亮的形象最為深入人心。諸葛亮在人們心目中是智慧的象徵，這即是小說濃墨重彩加以渲染的魅力。關羽、張飛亦是家喻戶曉，小說對他們與劉備名為君臣、情似骨肉、生死不渝的義氣十分讚揚。

此外對大義凜然的趙雲及忠於蜀漢的龐統、黃忠、姜維等英雄也有熱情讚揚，同時對曹魏、孫吳集團的文武大臣也予以充分描寫和不同程度的肯定。

《三國英雄志傳》刻本

《三國演義》有卓越的藝術成就。文中涉及許多大小戰爭，變化多端，各具特色，展現戰爭的多樣性和複雜性。在描述戰爭的過程裡，羅貫中善於抓住重點，突出人物，將軍事、政治、外交融為一體，描繪出戰爭勝負原因和各方將帥的性格、氣度和智謀。

《三國演義》故事年畫──東吳招親

仁宣之治

成祖去世

明永樂二十二年（公元1424年）正月初七，蒙古阿魯臺又一次兵犯大同、開平一帶。明成祖於四月初四出師，開始第5次北征。當大軍進至隰寧時，阿魯臺早已逃走，其部下也四散離去。成祖不願意再一次無功而返，於是命令士兵追擊。這時天降大雨，天氣惡劣，士卒中有許多人病死。六月，成祖下令大軍分成數路窮搜山谷，還是沒有發現阿魯臺蹤跡。此時，因遠征耗時頗久，糧草不足，成祖無奈退兵。

同年七月十八日，成祖回師至榆木川（今內蒙烏珠穆沁東南）時，因病去世。當時，隨軍大臣怕大軍嘩變，祕不發喪。八月初十，靈柩運至京城，才將成祖的去世宣告天下。九月初十，成祖被尊諡為「體天弘道高明廣運聖武神功

柹葛剌進麒麟圖

碗石銃　明

明成祖像

純仁至孝文皇帝」，廟號太宗，葬於長陵。後又於嘉靖十七年（公元1538年）改諡號為「啟天弘道高明肇運聖武神功純仁至孝文皇帝」，廟號成祖。

明成祖在位22年，先後5次親征漠北，成功打擊蒙古內部的割據勢力，還曾6次派遣鄭和下西洋，溝通中國與亞、非各國的政治、貿易、文化上的往來。他詔令編撰的《永樂大典》對保存中國古代文化典籍具有重要歷史意義。

成祖逝世後，皇太子朱高熾即帝位，是為仁宗。第2年改年號為洪熙。阿魯臺知道成祖已死、仁宗即位後，即派使者前來貢馬謝罪。仁宗下詔免去阿魯臺所犯之罪。從此，阿魯臺每年都遣使朝貢。

大鐘寺
因收藏明永樂大鐘而得名，此鐘據說是明成祖遷都北京之後的三大工程之一。

永 樂 大 鐘

　　明永樂年間（公元1403～1424年）鑄成的永樂大鐘為中國發現的最大的青銅鐘，亦為世界上著名的大鐘之一。

　　永樂大鐘是用泥範鑄造的，合金成分為：銅80.54％、錫16.40％、鉛1.12％。鐘身用圈形外範分7層，逐層與範芯套合，到鐘頂部，將先鑄成的鐘紐嵌入，澆鑄後連成一體。

永樂大鐘局部
上面載明大鐘鑄造的時間

　　永樂大鐘通高約6.75公尺，肩外徑2.4公尺，口沿外徑3.3公尺。鐘壁最薄處在鐘腰部，厚94公厘；最厚處是鐘唇部，厚185公厘。全重約46公噸。鐘體內外遍鑄端正清晰的經文，共227000字，相傳為明代書法家沈度所書寫。鐘聲和諧而宏亮。

　　永樂大鐘由北京德勝門鑄造廠鑄成，後移置城內漢經廠。明萬曆年間（公元1573～1620年）移置西郊萬壽寺。清雍正十一年（公元1733年）又移置覺生寺（今俗稱大鐘寺）。

永樂大鐘

仁 宣 當 政

朱棣去世後，太子朱高熾即帝位，改元洪熙，是為仁宗。

朱高熾經歷了坎坷的道路才得以繼承大統。他生於洪武十一年（公元1378年），為朱棣的嫡長子，洪武二十八年（公元1395年）被明太祖朱元璋冊封為燕世子。他身體十分肥胖，而且有足疾，不善騎射，行走不便，但為人寬厚仁慈。

不過朱棣不大喜歡他的這個以寬厚仁孝出名的長子，他比較欣賞次子朱高煦。但朱棣異常喜歡朱高熾的兒子，即自己的孫子朱瞻基，所以最終還是於永樂二年（公元1404年）四月立朱高熾為太子，又於永樂九年（公元1411年）立14歲的朱瞻基為皇太孫，表示要將皇位傳給朱高熾的意向。他在皇位爭奪戰中屢遇風險，小心謹慎，可是最終只在位近9個月，便

大明譜系匣　明

明仁宗像

於洪熙元年五月突然病逝，其子朱瞻基繼位，是為宣宗。

明宣宗即位後，朱高煦十分不滿，整日悶悶不樂，圖謀篡奪皇位。他曾多次伏擊宣宗，皆失敗。明宣德元年（公元1426年）八月初一，朱高煦乘北京地震之機，在樂安（今山東廣饒東北）舉兵造反。明宣宗親率大軍征伐，很快將其擊潰，並把他囚禁入獄，後殺之。

宣德通寶

明成祖朱棣陵墓 —— 長陵

明宣宗坐像

武侯高臥圖　明宣宗朱瞻基

宣宗紀農

宣德五年（公元1430年）三月初十，宣宗朱瞻基陪同皇太后拜謁長陵回宮後，作〈紀農〉一篇於文武大臣傳閱，勉勵群臣要明白世事的艱難，吏治之得失，體恤百姓之疾苦。

〈紀農〉一文中的題材來自於宣宗從長陵歸來時的所見所聞，以與農夫對答的形式，表現農民四季勞作的艱辛。

如問：你們每天辛勤勞作，連抬頭休息的時間也沒有，你們為什麼要這樣呢？答：勤勞是我的本職；問：有休息的時候嗎？答：農民耕田，春、夏、秋、冬各有所忙，啥時也不能疏忽大意而休息，稍有怠懈，1年內就有可能要受饑寒之苦。冬天是有農暇，但又要去做縣衙的勞役，是少有休息時間的；問：為何不更換職業？為士為工為商或許能得到休息。答：我家世代為農，從沒有變過職業。從士從工的，我不明白他們是否有休息的時日，但從商的，我知道他們與我們一樣非常辛勞；問農夫平日見聞，農夫說起自己見過的兩任縣官，一任盡心民事，勤勞不懈，後雖升遷而去，百姓仍念念不忘；一任不問民之勞苦，百姓視其為陌生人。

傳說宣宗聽完這位農夫的一席話後，深受感動，除作〈紀農〉一文外，還厚賞農夫。

《歷代臣鑑》
明宣宗朱瞻基撰

明宣德刻本，有宣德元年四月御制序。此書起春秋迄金元人臣事蹟，分〈善可為法〉、〈惡可為戒〉兩類。

耕織圖中的耙耨

宦官專政

第二章　由盛轉衰

楊榮像

楊士奇像

明英宗即位

宣德十年（公元1435年）正月初三，明宣宗朱瞻基去世，大學士楊士奇、楊榮等擁朱祁鎮為帝，即為英宗。

朱祁鎮是宣宗朱瞻基長子，母親是孫貴妃。宣宗卒時，朱祁鎮僅9歲，朝臣有人欲立襄王為帝。在大學士楊士奇、楊榮等人力爭下，終使朱祁鎮於正月初十即皇位，以次年為正統元年。二月，尊皇太后為太皇太后。太皇太后主持國家的軍政大事，下令停辦所有不急之務，勉勵幼小的皇帝好學上進。

這一做法致使仁宣時期政治較好的狀況得以延續，「海內富庶，朝野清晏」、「綱紀未弛」。同時，楊士奇、楊

榮、楊溥等元老重臣依然在朝中發揮重大作用。他們遵從宣宗遺囑，在太皇太后的領導下盡心盡力輔佐幼主，對穩定明王朝政局、保持良好的局面，發揮了重要作用。

當時，侍奉朱祁鎮讀書的太監便是王振，他善於迎合朱祁鎮的心理，深受朱祁鎮賞識。朱祁鎮即位後不久，升任他為司禮監太監。他倚仗英宗的寵信，多次私自作決定，干預朝政，壓制百官。正統二年（公元1437年）正月末，太皇太后準備誅殺王振，英宗帶著5位輔政大臣為其求情方免一死。此後，王振雖有收斂，但太皇太后及「三楊」死後，他開始飛揚跋扈，開明宦官把持朝綱之先例。

法華堆貼菊花耳瓶　明

土木堡之變

元末明初，蒙古分裂為兀良哈部、韃靼部、瓦剌部3部。其中，瓦剌經過長期發展，勢力增強，瓦剌首領也先統一蒙古，並有吞併中原之心。

正統十四年（公元1449年）七月，也先分東、西、中3路大軍攻打中原，北疆告急。宦官王振慫恿明英宗率兵親征，以建君威，英宗應之。然而倉促出兵，軍隊不整，糧餉不齊，士卒情緒十分低落。

八月初一明軍抵達大同，也先詐敗，誘明軍深入。明軍先頭部隊中伏大敗，王振聽到前方連打敗仗的消息，驚慌失措，揮師急退。歸途中，王振不聽大同總兵讓英宗速入紫荊關的建議，反邀英宗至蔚州（今河北蔚縣）其家，以耀鄉里。行40里後，又怕大軍過境損壞家中莊稼，急令軍隊轉道宣府。十四日停駐在土木堡，被也先部隊包圍。

明軍無水可喝，陷入困境，英宗遣使請和。也先佯許，當明軍移營出城

滑膛炮　明

時，瓦剌軍乘機四面圍攻。明軍倉促間人馬蹈藉，死者無數。明英宗被俘。戰鬥中，護衛將軍樊忠義憤填膺，將太監王振一錘擊死。

此一戰役，明軍死傷數十萬，文武官員亦死傷五十餘人。英宗被俘消息傳來，京城大亂。廷臣為應急，聯合奏請皇太后立郕王朱祁鈺即皇帝位。皇太后同意眾議，但郕王卻推辭不就。

文武大臣及皇太后正在左右為難之時，英宗祕派使者，傳口諭命郕王速即帝位。郕王於九月初六登基，是為景帝，以隔年為景泰元年，奉英宗為太上皇。瓦剌自俘虜英宗，便大舉入侵中原，並以送太上皇為名，令明朝各邊關開啟城門，乘機攻占城池。十月，攻陷白羊口、紫荊關、居庸關，直逼北京。

明彩塑太監像

居庸關防禦工程　明

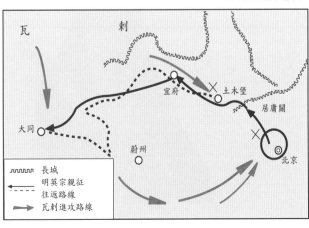
土木堡之役示意圖

于謙
〈題公中塔圖贊〉

**穿罩甲的提督
明**

隨著火器的廣泛
使用，明朝的軍
服質料和設計也
隨之變化。為了
便於操作火器，
笨重的鐵甲被輕
便鎧甲取代。

于謙鎮後方

也先大兵逼近北京城，勢不可擋，明朝廷惶惶不安，有大臣提出南遷都城。兵部侍郎于謙極力反對遷都，要求堅守京師，並詔令各地武裝力量勤王救駕。隨後，調河南、山東等地軍隊進京防衛，于謙主持調通州倉庫的糧食入京，京師兵精糧足，人心稍安。正統十四年（公元1449年）十月初六，也先挾持明英宗入犯北京，京城告急，北京保衛戰開始。

景帝讓于謙全權負責守戰之事。于謙分遣諸將率兵22萬，於京城九門之外列陣，並親自與石亨在德勝門設陣，以阻敵人前鋒。十三日，于謙派騎兵引誘也先，也先率數萬部隊至德勝門時，明朝伏兵衝出，神機營火器齊發，將也先兵馬擊潰。也先又轉攻西直門，城上守軍發箭炮反擊，也先又大敗。京師之圍解除。

于謙（公元1397～1457年），字廷益，浙江錢塘人。為永樂十九年進士，曾任監察御史、兵部侍郎、大理寺少卿、山西、河南巡撫、兵部尚書等職。土木堡之變後率重兵痛擊瓦刺軍，迫使瓦刺於景泰元年釋放英宗，並說服景帝迎英宗歸國。

他改革親軍舊制，創立團營，整肅軍紀，加強訓練，毫不鬆懈。他本人才識過人，憂國憂民，深受景帝器重。天順元年（公元1457年）正月，于謙被陷害致死。他曾有的「粉身碎骨全不怕，要留清白在人間」的著名詞句，不幸竟成為他自身的寫照。後人輯這位民族英雄的詩文為《于忠肅集》流世。

憲宗即位後，為于謙平反，恢復官銜。孝宗即位後，又追贈其為太傅，諡肅湣，為他建「旌功祠」。後神宗改諡為「忠肅」。

于謙像

明英宗朱祁鎮像

奪門之變

也先率領瓦剌軍在北京城下慘遭失敗後，依然野心勃勃地企圖捲土重來。景泰元年（西元1450年），也先又開始與明朝展開激戰，都被明朝軍隊挫敗。軍事上的屢次敗退導致也先進犯明朝的實力大大減弱，加上明朝已另立皇帝，挾持英宗也已失去當初的意義。也先於是改變對明朝的策略，送回英宗，與明朝議和。

景泰元年（公元1450年）八月十五日，英宗返回北京，做了太上皇。景帝害怕英宗對自己的地位產生不良影響，便把迎回的哥哥送往南宮閒居，並派人專門守備，不准群臣朝見，也不准英宗和大臣交往，以防止他們復辟。

後來，朱祁鈺身患重病，原皇太子朱見濟已死，皇位繼承成為朝中大臣們急於解決之事，欲新立皇太子，大臣們又開始爭論，意見無法一致。武清侯石亨深知明景帝病體難以康復，便與同黨太監曹吉祥、太常卿許彬、副都御史徐有貞等商量重新擁立朱祁鎮復位。

明孝莊睿皇后像

明英宗孝莊睿皇后，錢氏，海州人。正統七年（公元1442年）被立為皇后，極為賢德，英宗欲封其族人，每每遜謝。

正月十七日凌晨，石亨、徐有貞等以四方邊警為藉口，急命手下帶兵入城加強防備。隨即便前往南宮迎接朱祁鎮至奉天殿升帝座。這時候，徐有貞向等待上朝的大臣們宣告太上皇已經復位。

景泰八年（公元1457年）正月，朱祁鎮正式復位，改年號為天順。朱祁鎮命徐有貞掌管機務，次日加封其為兵部尚書，將于謙、王文等逮捕入獄，全部殺害。

二十一日，明英宗宣布改景泰八年為天順元年，封石亨為忠國公。朱祁鎮復辟帝位終於成功。歷史上稱這件事為「奪門之變」。

明裕陵

明英宗朱祁鎮之墓，位於天壽山西峰石門山南麓，皇后錢氏、周氏與其合葬。

力挽頹勢

憲宗即位

天順八年（公元1464年）正月初七，明英宗朱祁鎮去世，享年38歲。正月二十一日，長子朱見深即皇帝位，是為明憲宗。即位後，大赦天下，以翌年為成化元年。

憲宗正式登基後，命令群臣議兩宮尊號。中官夏時承周貴妃旨意說：錢皇后久病，不應該稱太后，而貴妃是皇上的生母，宜援以宣德年間為例，尊貴妃為太后。

閣臣李賢、彭時持不同意見，力言說：「今日事和宣德時有所不同。當年胡后上表讓位，故正統初不加尊號，今錢后名分依然存在，怎麼能那樣做呢？」彭時說：「先帝（英宗）健在時已經確定皇后，今誰敢革！朝廷能夠治理天下的原因，關鍵在正綱常。不正綱

明憲宗像

常、不正禮制，有損聖德。人臣屈意順從，是萬世罪人。」李賢亦附和其言，議遂定，將上冊寶。彭時又說：「兩宮同稱就沒有差別，錢皇后宜再加二字以便稱謂。」

天順八年（公元1464年）三月初一，尊錢皇后為「慈懿」皇太后，貴妃周氏為皇太后。議兩宮尊號之爭結束。

明憲宗在位期間，任用宦官汪直，國政日壞，國庫空虛。他又好游逸，喜女色，不理朝事，加上連年的饑荒以及苛重賦役，流民漸多。成化元年（公元1465年）三月，劉通、石龍、馮子龍等人策劃反叛，召集流民於房縣大石廳立黃旗叛變，聚眾占據梅溪寺，劉通自稱漢王，國號漢，建元德勝，並置文武官職。流民們建起的政權於隔年三月被明軍推翻，劉通被俘，叛變以失敗告終。

累絲嵌寶石金冠
明

憲宗調禽圖
明朝時期，宮廷及民間的遊樂形式多樣，風箏、陀螺、捶丸、秋千、雜技、角觚、武術表演等都是人們喜聞樂見的娛樂形式。

設 置 西 廠

明朝皇帝為鞏固集權統治，先前永樂十八年（公元1420年）成祖遷都北京時，便設置了由宦官統領的特務機構東廠，專門刺探官僚百姓的隱私，並濫用酷刑，擾民不淺。

成化十三年（公元1477年）正月，憲宗為進一步加強特務統治，設置西廠，由大太監汪直任提督。汪直趁機陷害朝中的正直之士，培植同黨，並用錦衣衛百戶韋瑛為心腹，屢興大獄。汪直每次外出，皆前呼後擁，隨從眾多，公卿大夫都要繞道迴避。三品以上的京官大臣，汪直都敢擅自抄家審問。後因大臣反對，西廠暫撤。

成化十三年（公元1477年）六月十五日，憲宗下詔恢復西廠，任命錦衣衛副千戶吳綬為鎮撫。汪直從此更為囂張，手下緹騎人數超過東廠1倍，勢力遠在東廠之上。從前彈劾汪直的兵部尚書項忠被革官為民後，大學士商輅害怕

商輅像

皇帝密旨印璽明

西廠打擊報復，請求告老還鄉，憲宗准予其請。從此，西廠的勢力更大，緹騎校尉遍布大江南北，連民間鬥雞罵狗之瑣碎小事，也常被牽連重罰，弄得民心惶惶，連皇親國戚都不敢得罪西廠。

成化十八年（公元1782年）三月，憲宗以東西二廠不宜並立為由，關閉西廠。但東廠仍在，廠禍始終不能停息。

憲宗遊樂圖

弘治中興

成化二十三年（公元1487年）八月，憲宗朱見深去世。九月六日，明憲宗第3子朱祐樘即皇帝位，是為明孝宗，大赦天下，以第2年為弘治元年，廟號孝宗。

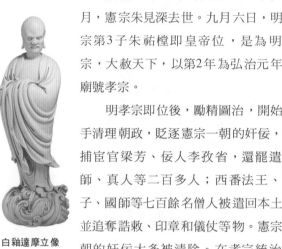

白釉達摩立像

明孝宗即位後，勵精圖治，開始著手清理朝政，貶逐憲宗一朝的奸佞，逮捕宦官梁芳、佞人李孜省，還罷遣禪師、真人等二百多人；西番法王、佛子、國師等七百餘名僧人被遣回本土，並追奪誥敕、印章和儀仗等物。憲宗一朝的奸佞大多被清除。在孝宗統治時

明孝宗朱祐樘像

期，由於他本人任用賢能，廣開言路，勤於朝政，恭儉愛民，明朝出現了「弘治中興」的興盛局面。

後來，到了晚年，明孝宗卻熱衷於齋醮祭祀，不理朝事，大臣亦難見其面，所以朝政日衰。

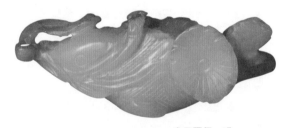

白玉腰佩　明

南都繁會圖

圖卷描繪明中期南京城市商業繁榮的景象。

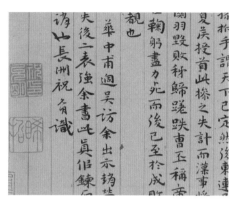

祝允明墨蹟

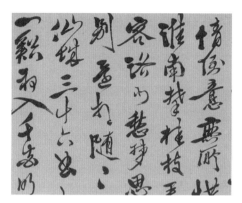

王寵墨蹟

吳 中 三 家

明代中葉，臺閣體書法開始衰弱。以繪畫著名的江南吳門地區的書法家，成為一股新生力量，脫穎而出。他們或為文友，或為畫友，相互切磋，書法風格表現出卓然獨立的文人特色。

吳門書法占據明代中期書壇主導地位，其中以號稱「吳中三家」的祝允明、文徵明和王寵最為出名。

祝允明（公元1460～1526年），字希哲，號枝山，因為手上長有六指，故又自號「枝指生」，長洲（今江蘇蘇州）人。他博採眾家之長，字體於端莊中寓修美流麗的意趣，形成自己獨特的風格。他於26歲時所寫的小行楷〈自書詩文〉卷，28歲時書寫的行楷〈唐宋人四

記〉卷，已經是上追鍾繇、王羲之楷書風範了。

文徵明（公元1470～1559年），初名壁，字徵明，後更字徵仲，號衡山居士。文徵明擅長楷、行、草、隸多種書體，尤其是小楷，法度謹嚴，字體俊秀淳和，最為人稱道。據說他年近90歲時還能寫蠅頭小楷，見者皆十分驚訝。

王寵（公元1494～1533年），字履吉，號雅宜山人，江蘇吳縣人。他善於楷、行、草書等字體。他書時講究運筆的變化，返筆、複筆、圓折筆、方折筆不斷地加以靈活運用。他的小楷書疏宕蕭散，好像拙於點畫安排，卻又和諧巧妙。運筆遒美而圓渾，頗得晉唐書法的閑雅韻趣。

楷書《離騷》經卷（部分） 明 文徵明

林榭煎茶圖 明 文徵明

此畫表現了文人悠柔、恬淡的生活情趣。

昏君當道

武宗怠政

弘治十八年（公元1505年）五月，明孝宗朱祐樘去世，其長子朱厚照即帝位，以第2年為正德元年，大赦天下，是為武宗。

明武宗統治時期的政治狀況，與弘治時期恰恰相反，非常腐敗。朱厚照即位後，重用宦官劉瑾、馬永成、谷大用、魏彬、張永、丘聚、高鳳、羅祥等8人，時稱「八虎」。這8名宦官每天引誘武宗耽於聲色犬馬之間。武宗縱情聲色，不理政事，將批復奏章之事都交由劉瑾等人處理。劉瑾把持朝政之後，欺壓百官，大發淫威，仁人志士紛紛辭職歸鄉。明王朝統治日趨腐朽。

正德二年（公元1507年）八月，明武宗在劉瑾等宦官引導蠱惑下，開始修建「豹房」。武宗即位初，曾讓宦官依照京師店鋪在宮中設店，自己穿上賣貨人的衣服出售貨物，碰到爭議就叫宦官充當市正調解。在酒店中又有所謂當壚婦，供武宗淫樂。此次修建的豹房也是為他享樂而用，位於西華門側。

武宗日夜居於豹房，命教坊樂工陪侍左右，縱情享樂。此後，武宗連宮殿也不去了。那些教坊樂工因得皇帝寵幸，皆不可一世，劉瑾等人更為囂張。

正德三年（公元1508年）正月，劉瑾於退朝時發現了揭露自己罪行的匿名

豹房勇士銅牌
（正背）　明

明武宗朱厚照像

金壺　明

書，大怒，矯旨令百官跪在奉天門下受
訓，從正午到日暮，曝曬於烈日之下，
不得隨便移動。當時，有十餘人當場昏
倒，且渴死3人，之後又逮捕300人下錦
衣衛獄。

　　劉瑾生性凶殘，殺官吏、老百姓無
數，致使京城之中人人自危，無安寧之
日。正德五年，因其預謀叛亂被武宗捉
拿入獄，從其家中收出的黃金、白銀、
元寶無以計數，而且還有大量的謀反證
據。同年八月，劉瑾被磔天市，同族、
同黨亦誅。

　　正德七年，武宗又令擴建豹房二百
多間，耗銀數萬兩。武宗的怠政加之大
肆揮霍，致使國庫虛空。正德十六年
（公元1521年），明武宗暴死於豹房。

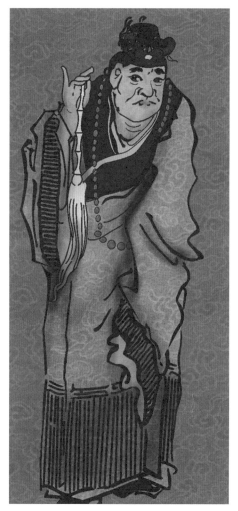

劉瑾像

九旒冕　明

太和殿

寧 王 謀 反

朱宸濠於弘治十年（公元1497年）嗣寧王，早已心蓄異謀，不安王位，加之術士的教唆，野心逐漸增長。先後行賄劉瑾，拉攏兵部尚書陸完，向權臣獻金獻寶，又投朱厚照（武宗）所好，貢上特別奇巧的四時燈數百個。

朱宸濠為實現篡位的願望，竟想出以子入嗣的辦法，拜託錢寧、臧賢等設法使其子「司香太廟」。可是，就在這時，朱厚照近臣江彬、張忠與錢寧、臧賢相互傾軋；張忠多次向朱厚照稱讚朱宸濠既賢且勤，意思是說武宗反而不賢不勤。朱厚照即下旨收寧王護衛，歸還所奪民田。

朱宸濠知道這一消息，於正德十四

王守仁像

年（公元1519年）六月十四日自立，且以致仕都御史李士實、舉人劉養正為丞相，參政王綸為兵部尚書總督軍務大元帥職，糾集兵馬10萬，出鄱陽湖，下九江、南康等地，攻下南京後正式即位。

這一企圖遭到南贛巡撫王守仁、吉安知府伍文定的遏制。次月，朱宸濠進攻安慶時遭到知府伍文定的打擊。次月，朱宸濠進攻安慶又敗。王守仁此時已集各地軍馬8萬，號稱30萬，以伍文定為先鋒，直攻朱宸濠。

兩軍交戰，朱宸濠大敗，隨後亦屢戰屢敗。二十六日，官軍以火攻，宸濠潰不成軍，妃嬪全都跳水身亡，將士死者3萬餘人。朱宸濠、世子、郡主、儀賓及李士實、劉養正、王綸等皆被擒獲。朱宸濠叛亂前後43天，以失敗而告終。次年十二月，朱厚照下詔將朱宸濠處死，並焚屍揚灰。

宸濠之亂形勢圖

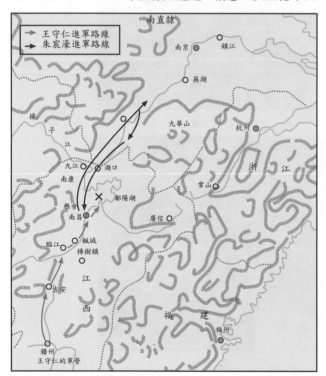

明世宗朱厚熜像

明孝潔肅皇后像

《大明集禮》
書衣 明
嘉靖刻本

世宗佞道

　　正德十六年三月，武宗病逝，因其無子，故未立儲君，皇太后張氏命太監張永、谷大用等與內閣和大學士們共同商議繼承帝位的人選。首輔楊廷和早有準備，從袖中摸出《皇明祖訓》說：「兄終弟及，誰能瀆焉。興獻王長子，憲宗之孫，孝宗之從子，大行皇帝之從弟，序當立。」皇太后張氏予以批准。於是，朱厚熜便得入繼帝位。

　　正德十六年（公元1521年），朱厚熜自安陸至京師，即帝位，以次年為嘉靖元年，是為明世宗。朱厚熜為憲宗之孫，興獻王之子，從族氏關係來看，他是明武宗的堂弟，血緣關係最近，所以得以即帝位。世宗執政初期任用楊廷和為首輔，銳意改革，重振朝綱。

　　他罷免各地鎮守宦官，免除額外徵斂，頗多善政，但很快就轉變作風，並挑起「大禮議之爭」，朝中的正直大臣紛紛被殺或辭職。從此，他任用奸相嚴嵩，國政日壞。另外，明世宗還十分迷信方術，崇信道教，他於嘉靖十五年（公元1536年）五月大肆銷毀金銀佛像，引起民眾不滿。

　　嘉靖二十一年（公元1542年）十月，明世宗在京師內外廣選8歲至14歲的女子入宮淫樂。以楊金英等為首的16名宮女不堪虐待，乘明世宗熟睡於乾清宮之際用繩子企圖將其勒死。由於宮女們將繩子打成死結，無法勒緊，使明世宗免於一死。隔天，明世宗移至西苑萬壽宮，從此再不臨朝聽政。

　　後來，明世宗因服食方士進獻的丹藥而死，在位45年。

太和殿中的貼金罩漆蟠龍寶座

邊防鬆弛

庚戌之變

　　嚴嵩當權時，邊患嚴重。明世宗嘉靖二十九年（公元1550年）六月，韃靼部俺答率兵進犯大同，將總兵張達和副總兵林椿殺死。咸寧侯仇鸞賄賂嚴嵩之子嚴世藩，被任命為大同總兵。八月，俺答又率兵逼近大同，仇鸞惶恐害怕，竟採納幕僚時義、侯榮的建議，賄賂俺答，求其去攻打別的藩鎮，不要入侵大同。

俺答汗像

俺答汗（公元1507～1582年），原名土默特萬戶，公元1542年成為蒙古右翼三萬戶領袖，公元1550年率軍進逼北京城下，迫明朝開互市，公元1571年被明朝封為順義王。

一窩蜂（模型）

這是一種明代的筒形火箭架。它把幾十隻火箭放在一個大木筒裡，引線連在一起，用時點總線，幾十隻箭齊發，宛如群蜂螫人，故稱「一窩蜂」。

職貢圖卷（部分）　明　仇英

俺答受重賂後東犯薊州。兵部尚書丁汝夔一時措手不及，忙調派邊兵1萬2千騎和京營兵2萬4千騎分守宣、薊等關隘。八月十六日，俺答軍從潮河川南下攻打古北口，明軍無力抵抗，一敗塗地，撤進關內。

韃靼兵大肆掠奪懷柔，攻下順義，並長驅南下至通州，駐白河東孤山，分掠昌平、三河，劫掠財物無數，並直抵北京城下，侵犯諸帝陵寢，搜掠附近村落居民，焚燒房舍。後來又自通州渡河西向擄掠西山、黃村等地。九月，俺答兵剽掠眾多金銀財物、牲畜和人口後從白羊口（今北京延慶西南）轉張家口、古北等地從容出塞。由於這年是庚戌年，史稱「庚戌之變」。

明長城

九邊圖

明朝防禦的重心之一是北方塞防。已退出中原的元朝殘餘勢力在明初不時南下攻擾，這股來自北方遊牧民族的軍事力量始終是明朝的心腹之患，相伴明朝始終。

駕火戰車（模型）

這是一種獨輪車裝載火箭的戰車，前有綿簾，需要時可放下擋鉛彈，車兩側設置6筒火箭，計160支，火銃2支，長槍2支，此車由2人操作。

戚家軍抗倭

明朝中期，倭寇禍殃沿海，危及漕運。從嘉靖二十八年（公元1549年）起，倭寇之患日烈，連年劫掠東南沿海，生靈塗炭。明政府腐敗無能，軍備不修，對倭患束手無策。鑑於這種局勢，戚繼光組織了一支冷熱兵器配合、步兵騎兵與火器部隊協同的新編制部隊，開始與倭患對抗。

戚繼光（公元1528～1587年），字元敬，號南塘，山東蓬萊人，祖輩皆為行伍出身。初於山東專事防倭，任登州衛指揮僉事。嘉靖三十四年（公元1555年）秋改調浙江都司僉書，翌年任參將，負責寧波、紹興、臺州、金華等地防守，置身於抗倭最前線。

針對明軍兵惰將驕、紀律鬆弛、戰鬥力低等弱點，戚繼光兩上〈練兵議〉，並以「殺賊保民」為號召，在嘉靖三十八年（公元1559年）九月親自往義烏、金華招募素質良好的礦工和農民入伍，經過數月的精心編制

戚繼光在抗倭戰爭期間寫成的《紀效新書》

戚繼光像

與嚴格訓練，組成了三千多人的新軍。

新軍在戚繼光領導下，紀律嚴明，作戰英勇，對百姓秋毫無犯，多次建立戰功，戰鬥力非常強，被人們譽為「戚家軍」。

嘉靖三十九年（公元1660年）二月初八，戚繼光擒獲與倭寇勾結的海盜汪直，轟動朝野。此後，戚家軍於東南沿海抗倭戰爭中英勇善戰，師出必勝，享譽天下。

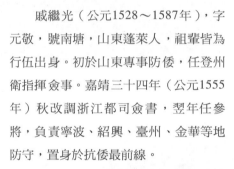

明水底龍王炮模型

蓬萊水城

嚴嵩像

嚴嵩遭貶

嘉靖四十一年（公元1562年）五月，明世宗勒令內閣首輔嚴嵩辭官，其子嚴世藩也同樣被捕入獄。朝野上下歡呼聲一片。

嚴氏父子當權後，對世宗一味獻媚，恃寵專權，殘害忠良，並害死夏言、曾銑、張經、楊繼盛等人。同時賣官受賄，培植同黨，致使四方官員爭相行賄，且貪得無厭，在南京購置大量土地。尤其是在執政後期，由於侵吞軍餉，使戰備鬆弛，東南倭禍和北方邊患十分嚴重，而賦役日增，災害頻繁，天人怨恨。

自嘉靖三十七年（公元1558年）之後，世宗對嚴嵩逐漸不滿，而對大學士徐階更為信任。方士藍道行與嚴嵩有衝突，利用扶乩的機會，藉仙人之口指出嚴嵩父子是奸臣，明世宗便產生罷免嚴嵩的想法。御史鄒應龍探知明世宗意圖，在徐階授意下，於嘉靖四十一年（公元1562年）五月十九日上疏彈劾嚴嵩父子索取賄銀、賣官鬻爵、廣置田宅，奏請斬殺嚴世藩，罷免嚴嵩。明世宗遂以嚴嵩放縱嚴世藩有負國恩為由，令其辭官還鄉，並捉拿嚴世藩及家奴嚴年入獄。

嘉靖四十四年（公元1565年）三月，嚴世藩被斬。嚴嵩被罷黜為民，寄食墓舍，於隆慶元年（西元1567年）死去。江西巡撫成守節奉令抄沒嚴嵩江西的家產，查得黃金3萬多兩，白銀200萬兩，府第房屋6600間，田地山塘2萬7千餘畝，珍珠寶石更是不計其數，嚴氏的豪奢，可見一斑。

徐階像

嚴嵩（公元1480～1567年），字惟中，號介溪，江西分宜人，弘治進士。嘉靖二十一年（公元1542年）任武英殿大學士，入閣參預機務，兼禮部尚書。他對明世宗一味諂媚，竊權奪利，誅殺異己。嚴嵩善於撰寫一些焚化祭天的「青詞」（編按：道士祭祀天地神明的祝詞，用朱筆寫在青籐紙上。後成為一種文體），從而受到皇帝的寵幸。

他於嘉靖二十三年（公元1544年）八月唆使言官彈劾翟鑾父子在考進士時作弊，使翟鑾削職為民。九月，嚴嵩升任首輔，獨攬國政，被稱為「青詞宰相」。他年過花甲，整天在西苑值廬，未曾歸家洗沐，明世宗被其勤奮感動，更為信任於他。嚴嵩以兒子嚴世藩和義子趙文華為爪牙，拉攏錦衣衛都指揮陸炳，操縱朝政十多年，權傾朝野，收禮納賄，為所欲為，使明王朝政治極為黑暗，邊防鬆弛不堪。

《鈐山詩選》
書頁　明　嚴嵩

蕩平倭寇

戚繼光所著
《練兵實紀》

戚繼光像

明代倭患早在太祖洪武二年便已開始。當時日本處於南北分裂時期，在內戰中失敗的武士和一部分浪人，在一些諸侯與大寺院主的資助下，常常駕駛海船到中國境內掠奪騷擾，史稱「倭寇」。

嘉靖四十一年（公元1562年）十一月，倭寇洗劫興化府，隔年二月又攻陷福建平海衛（今莆田縣平海），四出騷擾，成為福建禍患。朝廷任命俞大猷、戚繼光分別為剿倭總兵官和副總兵官，會同廣東總兵劉顯剿倭。

嘉靖四十二年（公元1563年）四月，俞大猷、劉顯合兵一處，將駐守在福清的倭寇殲滅。同時，戚繼光率戚家軍由浙江進入福建，與俞、劉分兵3路攻平海衛。戚家軍從中路首先攻入，劉、俞左右夾擊，殺敵近2300人，將興化收復。戚繼光立功升為都督同知，代俞大猷任總兵官。兩廣總督兼巡撫推薦俞大猷為廣東總兵官，負責剿倭。

嘉靖四十三年（公元1564年）二月，戚繼光再次於仙游、同安、漳浦等地大敗倭寇，倭寇逃往海上，福建倭患漸漸平定。同年六月，俞大猷在惠州海豐，斬殺倭寇一千餘人，取得「海豐大捷」，與倭寇勾結的潮州大盜吳軍及其黨羽藍松山、葉丹樓等人無奈投降。

十二月，廣東勾結倭寇的盜首丘萬里等被擒。至此，重創倭寇，使其遠逃海外，侵擾浙閩粵等沿海一帶二十餘年的倭寇之患漸告平息。

抗倭圖 局部
此圖描繪倭寇船侵入浙江沿海，登陸、探查地形、掠奪、放火、百姓避難、明軍出戰、獲勝的全過程。這段是明軍與倭寇激戰的情況。

穆宗即位

世宗到了晚年，對道家法術更是痴迷，渴求長生、壯陽之藥的心情尤為急切。一些奸邪之徒為求封賞便進獻大量符祕書及金石之藥來迎合世宗，朝中忠直大臣對此進行勸諫，但無濟於事，世宗繼續服用方士的金石丹藥，終於因此而喪命。

世宗服用的這些丹藥，據說藥性燥烈，雖能夠一時強身壯陽，但長期大量服用會淤積腹中，導致心悶腹脹，時間久了腹中便漸漸結成塊狀硬物，硬物逐漸擴大，最終便會置人於死。世宗後期病情日益加重，其症狀與此正好吻合。

嘉靖四十五年（公元1566年）十二月，世宗生命垂危。他命令太監將自己抬回已離開二十多年的乾清宮，當天，明世宗便腹脹而亡，終年60歲。次年，謚號定為孝肅皇帝，廟號定為世宗，葬入永陵。

世宗病逝後，其第3子朱載垕因他

明穆宗朱載垕像

兩個哥哥先後死去，以次序得以繼承皇位，是為穆宗，改元隆慶，在位6年。

穆宗即位後，首先宣告天下，將嘉靖朝所有的弊政廢除，一時朝廷內外都希望新君能有所作為。但是，穆宗很快便寵信太監滕祥等群小，並開始揮霍無度，縱情聲色，荒廢朝政。

鎏金銅鼎　明

葛仙吐火圖　明　郭詡
此圖描繪明朝方士玩弄騙術的場景。

改革朝政

第三章 王朝末日

神宗即位

隆慶六年（公元1572年）五月，僅僅執掌朝政6年的明穆宗病危，他詔令大學士高拱、張居正、高儀為顧命大臣，令他們輔佐幼帝。二十六日，穆宗於乾清宮病逝，享年36歲，葬於昭陵。六月初十，皇太子朱翊鈞遵遺詔繼承帝位，改次年為萬曆元年，是為明神宗。

明神宗即位時年僅10歲。由於其年幼不能處理朝政，便由兩宮皇太后輔政。兩宮皇太后宮內重用掌司禮監督領東廠太監馮保，外由內閣首輔張居正處理朝務，開創了萬曆初年的良好政治局面，一時之間掃盡沉痾，呈現四海昇平之象。

明神宗朱翊鈞像

明神宗為明代在位時間最長的皇帝，初年因張居正輔政，國政為之一新。張居正死後，削其官秩，抄沒其家。之後，明神宗沉溺酒色，搜刮天下，20年不見廷臣，朝政大壞，邊防不備，民變屢起。在位48年，年號萬曆，廟號神宗。

冕　明神宗的禮帽

萬曆通寶　明

《帝鑑圖說》　明　張居正
這是張居正專門為皇帝編著的一部書。

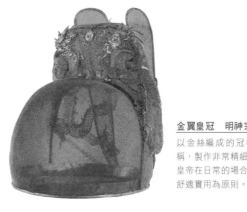

金翼皇冠　明神宗的冠帽
以金絲編成的冠帽孔眼勻稱，製作非常精細。冠帽是皇帝在日常的場合穿戴，以舒適實用為原則。

萬曆革新

大學士張居正（公元1525～1582年），湖廣江陵縣（今湖北江陵）人，字叔大，號太岳。明世宗嘉靖二十六年（公元1547年）進士，歷任編修、禮部侍郎兼翰林院學士、吏部左侍郎兼東閣大學士、禮部尚書兼武英殿大學士，加少保兼太子太保等職，是明代名政治家。

隆慶六年（公元1572年）七月，他與宦官馮保的私交很好，且兩人共同輔助幼年明神宗執掌朝政。神宗即位只過了1個月，大學士張居正即利用宦官馮保將高拱排擠掉，代之為首輔，並推薦禮部尚書呂調陽兼文淵閣大學士，參預機務。至此，張居正、馮保兩人執掌明王朝政權。

馮、張掌權後，馮保主管內廷、張居正主管外朝，朝政大權落在張的手中。張居正忠心耿耿，進行了一系列扶君舉措。十二月十七日，張居正率講官向明神宗進呈《帝鑑圖說》，以圖解形式對幼君進行教育。同時為扭轉嘉靖、隆慶以來軍政腐敗、財政空虛、民不聊生的局面，以除舊布新、振綱除弊和富國強兵為宗旨，在整頓吏治、整飭邊防、整頓經濟、興修水利等眾多方面進行了一系列的改革。

經過張居正10年的努力，他的改革措施多數得以實施並取得顯著成效，「海內肅清，四夷服，太倉粟可支數年」，「天下晏然」。

但是他的改革卻與朝廷貴族、官僚、大地主等有所衝突，並受到他們的反對與抵制。萬曆十年（公元1582年）張居正去世後，改革也隨之終止。

張居正像

本草綱目

明神宗萬曆六年（公元1578年），傑出醫藥學家李時珍，編成集本草學之大成的《本草綱目》，為這一時期中藥學的最高成就，豐富了中國乃至於世界的醫藥學寶庫。

李時珍（公元1518～1593年），湖北蘄州（今湖北蘄春）人，字東壁，號瀕湖，晚號瀕湖山人，父輩亦為當世名醫，在醫學世家的薰陶下，李時珍從小便喜愛醫藥。

李時珍從34歲便開始編纂《本草綱目》，60歲時完成，時間長達27年。他十分刻苦，在宋代唐慎微所著的《經史證類備急本草》的基礎上，參閱了八百多種文獻資料，終於在萬曆六年（公元1578年）完成了這部具有劃時代意義的藥物學巨著，成為中國藥學史上的一個重要里程碑。

《本草綱目》共52卷，卷1、2概述了本草歷史與藥性理論；卷3、4以藥原為張目羅列了不同類型草藥的主治病，比前代以病名為綱的做法更為重要；其餘48卷，按水、火、土、金石、草、

李時珍像

穀、菜、果、木、服器、蟲、鱗、介、禽、獸、人等把1892種藥物分成16部，各列若干類展開論述。

例如草部又分為山草、芳草、隰草、毒草、蔓草、水草、石草、苔、雜草、有名未用等60類，每種藥皆標正名為綱，綱下列目，非常清晰，並對各種藥進行釋名、集解、辨疑、解說其修治（炮炙）、氣味、主治、發明及附方，內容非常豐富，包含動、植、礦物等各個方面的內容，可謂關於自然知識的博物學著作。

傳統製藥工具
——金鏟、銀鍋

傳統中藥都是以草本植物研製。這些製藥工具是杭州胡慶餘堂所用的。

御藥房金罐

明朝皇帝患病時煎服藥，有嚴格的制度規定，經御醫診治後，計藥開方，用金罐煎煮。

《本草綱目》書影　明萬曆

西遊記

吳承恩（約公元1500～約1582年），明代小說家，字汝忠，號射陽山人。吳承恩一生創作的詩、詞、文章很多，可惜大部分不存世。後經人遍索遺稿，彙編為《射陽先生存稿》4卷。他喜愛野史奇聞，曾仿唐傳奇創作《禹鼎志》，是一部有鑑戒意義的短篇志怪小說。他一生中最著名、最有影響的著作為長篇神話小說《西遊記》。

《西遊記》是明代小說中的「四大奇書」之一，其中的故事有許多早在民間流傳，吳承恩在說書藝人和無名氏創作的基礎上，進行再創作，融入對現實生活的感覺，撰寫了這部偉大的、具有現實意義的長篇小說。

《西遊記》圖冊
清　陳奕禧

《西遊記》的藝術成就非常高，它應用神性、人性和物性（自然性）三者合一的方式來塑造人物。孫悟空的形象在中國文學史上更是獨具特色，有神的威力卻閃現著現實社會中人與動物的習性，在同類小說中十分罕見。

小說通過豐富大膽的藝術想像，創造了充滿神奇色彩的神話世界，故事情節曲折生動，精彩緊湊，有濃厚的藝術魅力。小說的語言是在口語的基礎上加工提煉而成，生動而流暢，極富表現力。人物語言個性鮮明，有很強的生活氣息，具有幽默詼諧性。在結構上，小說以取經人物的活動為主線，逐次展開情節，枝幹分明，頗具匠心。

五彩蟠龍紋筆管
明萬曆

《西遊記》作者吳承恩墨蹟

海瑞罷官

首輔張居正死後，明神宗開始起用被他排擠出朝的官員。萬曆十三年（公元1585年），海瑞在賦閒16年後，以72歲的高齡被召為南京右都御史。他作風不改，依舊是一心為民，兩袖清風。萬曆十五年（公元1587年），海瑞病歿任上。海瑞去世後，身無分文，連為其辦理喪事的錢也是大家捐集而成。發喪時，農輟耕，商罷市，號哭相送數百里不絕。後來賜諡「忠介」，百姓稱他為「海青天」。

海瑞像

海瑞（公元1514～1587年），自號剛峰，生性峭直嚴厲，不肯阿上，又清苦自律，力摧豪強，厚撫窮弱，所以深受百姓擁護，而經常觸忤當道，曾經3次丟官。一度入獄。任淳安知縣時，因不肯阿附嚴嵩黨羽罷官。

任戶部主事時，冒死上疏，切中時弊，直指世宗，又被罷官下獄。神宗即位後，他任右僉都御史巡撫應天知府，

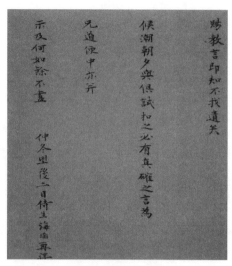

海瑞〈奉別帖〉墨蹟

打擊豪強，平反冤獄，大修水利，推行一條鞭法，深受百姓愛戴。但海瑞不肯迎合上官，一貫恃才傲物的宰相張居正亦不免暗懷嫉恨，終於把海瑞第3次排擠出朝。海瑞罷職歸鄉閒居16年。他復出後不久，便在任上逝世了。

海瑞一生剛直無私，他自言「不畏死，不愛錢，不立黨」，潔身愛民，砥節礪行，其志節始終為後人景仰。著作輯為《海瑞集》。

海南省海口市海瑞墓

東林黨議

神宗久未立儲，成為朝臣爭執的開始，無意中也成為東林黨議之肇始。

萬曆二十二年（公元1594年），神宗準備立鄭貴妃所生子常洵為太子，多數大臣卻認為應該立皇長子常洛為太子，故而朝廷出現「國本」之爭。吏部侍郎顧憲成力爭「無嫡立長」，觸犯神宗。首輔王錫爵辭官，顧憲成推舉王家屏代為首輔。王家屏亦是立長派，顧憲成因此再次觸怒神宗，被革職還鄉。

顧憲成（公元1550～1612年），無錫人，家鄉有東林書院，原為宋代楊時講道之處。被革職後，顧憲成與其弟允成將東林書院重新整修，集合志同道合的朋友高攀龍、錢一本、薛敷教、史孟麟、于孔兼等在這裡講學，「每歲一大會，每月一小會」。

當時一些被謫黜的士大夫，或世不能容而退居山野者，知道這個消息後，全都來響應歸附。他們諷議時政，裁量人物。朝內官員也遙相應和。東林書院漸漸自成一黨，後來遂稱「東林黨」，顧憲成也被尊稱為「東林先生」。

顧憲成曾言：「字輦轂，志不在君文；官封疆，志不在民生；居水邊林下，志不在世道；君子無取焉。」所以雖然是在書院講學，卻還經常諷議時政。其後，孫丕揚、鄒元標、趙南星等正直君子，被朝廷所黜，亦赴東林相繼講學。他們自負氣節，與朝廷相抗，這便是東林黨議的開始。

顧憲成像

東林書院講學綱領──〈東林合約〉書影

東林黨的根據地──「東林舊址」舊跡

東林書院位於江蘇無錫。萬曆三十二年（公元1604年），被革職還鄉的顧憲成與高攀龍等人獲地方官員支持，於宋朝楊時講學遺址上創建東林書院。天啟六年（公元1626年）書院被閹黨強行拆毀。思宗即位後，東林之獄得到平反，思宗下詔復建。

明「火龍出水」火箭（模型）

中日戰爭

明神宗萬曆二十年（公元1592年）五月，日本關白（宰相）豐臣秀吉派20萬水陸軍，任小西行長為先鋒，偷渡朝鮮海峽，很快將釜山、王京（漢城）等城拿下，直逼平壤。朝鮮國王李昖向明朝求援。明朝召集文武大臣商議，一致認為，日本入侵朝鮮，根本意義是企圖攻占中國，於是派祖承訓為副總兵，率

釜山城戰鬥圖

師援助朝鮮。此後，中日雙方進行了長達7年的戰爭。

萬曆二十六年（公元1598年）七月，豐臣秀吉因病去世，日軍軍心開始動搖，皆有歸志。十一月，日將小西行長、加藤清正準備從海上逃歸。明軍水師提督陳璘派戰艦封鎖海路，又遣副將鄧子龍聯同朝鮮將領李舜臣追擊日軍。

鄧子龍年已70，仍率戰船300艘為前鋒，追趕到釜山南海，率領300名勇士奮勇殺敵，後戰船中炮，鄧、李二人壯烈犧牲。這時，副將陳蠶、季金等率軍趕到，前後夾擊，焚毀日舟，日軍死傷不計其數。陳璘與劉綎亦會師擊日軍於曳橋寨，又燒毀日軍戰船百餘艘。此次釜山南海大戰，明軍共擊沉日船九百餘艘，日本軍死傷萬餘人。明軍的抗倭戰役以勝利告終。

明龜船模型

朝鮮名將李舜臣改製，可4面發射火炮，防護力、機動性較強。明朝與朝鮮聯軍在露梁海戰中，曾以這種船參戰，打敗日軍。

朝政昏暗

紅丸案

萬曆四十八年（公元1620年）七月，明神宗朱翊鈞卒，葬於定陵。八月，朱常洛即位，改元泰昌，是為明光宗。但光宗僅僅執政1個月，就因病服用鴻臚寺丞李可灼所進紅丸而亡，史稱「紅丸案」。

泰昌元年（公元1620年）八月，光宗病重，太監崔文升進呈瀉藥，光宗服後病情更為加重，一晝夜大便數十次，廷臣紛紛指責崔文升不知醫，妄進藥，亦有人懷疑是神宗的鄭貴妃所指使。八月二十九，光宗病情更為加劇，鴻臚寺丞李可灼又進「紅丸」，光宗服後於九月初一死去，朝廷內外開始議論紛紛。

御史王安舜首先上疏，請求重罰李可灼。南京太常寺少卿曹珍，還上疏請究治崔、李奸黨。結果，朝廷將崔文升發遣南京，李可灼發配遠方充軍。後來，魏忠賢執政翻「紅丸案」，李可灼免戍，崔文升被任命為總督漕運。直到魏忠賢失勢時，崔文升才被捕下獄。

魯王皮弁　明
藩王在禮儀場合所戴的帽式，出土於山東的鄒城市魯王墓。

剔紅雲龍紋蓋托　明
這件蓋托托口外壁雕刻2條向左飛騰的龍，盤上面雕刻3條向左飛騰的龍，每條龍都有黑漆點睛，盤的背面雕刻靈芝形的雲紋。此器通體紅色，製作精美，是明朝內府所用。

剔紅花卉長方几　明
這件紅色長方几是傳世之寶，幾面製作極其精美，內雕牡丹、茶花、菊花、石榴花等多種花卉，牙板和几腿都雕有桃花、蓮花等。造形敦實，線條圓厚，磨製精美光亮，別具一格。

移宮案

泰昌元年（公元1620年）九月初一，光宗病逝，年僅16歲的皇長子朱由校繼承帝位。

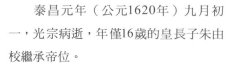

天啟通寶

當時光宗選侍李氏仍然居住在乾清宮，朱由校居住慈慶宮。李氏和宦官魏忠賢互相勾結，企圖利用朱由校年幼，獨攬大權，所以不肯移出。九月初二，都給事中楊漣道首先發難，上疏反對李氏繼續居於乾清宮；劾其對皇長子無禮，不能將皇長子託付給她。御史左光斗也上疏，說內廷的乾清宮，就像外廷皇極殿，只有皇帝和皇后才能居住，請

乾清宮封記　明

明熹宗朱由校像

李選侍移居於仁壽宮內的噦鸞宮養老。

李選侍見到奏疏後大怒，多次遣使召之，左光斗卻拒絕赴見。李選侍益怒，要朱由校議處。朱由校認為左光斗所言極對，催促選擇吉日良辰移宮。

經過楊、左等人力爭，九月初五李選侍移居噦鸞宮，皇太子朱由校復還乾清宮。九月初六，朱由校正式即帝位，下詔改元天啟，是為明熹宗。

乾清宮　明

《金瓶梅》書影

《金瓶梅詞話》的版本

金瓶梅

長篇小說《金瓶梅》為明代小說中的「四大奇書」之一，約成書於明隆慶至萬曆年間。作者真實姓名不可考。從所署「蘭陵笑笑生」一名來看，作者應該是山東人。因蘭陵今屬山東嶧縣，且書中使用很多山東方言來演繹情節。

《金瓶梅》借用《水滸傳》中的一個小故事即西門慶與潘金蓮的關係，由此展開，鋪陳為一部藉宋代的人物與故事展示明中葉社會現實的百回長篇。全書以富商、惡霸、官僚西門慶家族的興衰榮枯為中心，描繪了上到朝廷中專權的奸臣、下至地方官僚惡霸乃至市井無賴、地痞幫閒所構成的罪惡世界，深刻地展示世態炎涼，揭露現實黑暗。

《金瓶梅》的藝術成就大都具有開創性的意義。

首先，《金瓶梅》注重人物性格描寫，使之複雜化，具有立體感。關鍵人物西門慶既狠毒又陰險，謀財害命時毫不手軟，詭計多端。潘金蓮淫蕩、好妒，同樣心狠手辣。一些配角也讓人留下鮮明印象，人物性格躍然紙上。

其次，《金瓶梅》以日常口語敘事狀物，生動傳神，風格平實樸素又潑辣爽朗，人物語言亦充分個性化。

再之，《金瓶梅》將《西遊記》的單線式結構和《三國演義》、《水滸傳》的組合式結構相結合，形成一種網狀結構，把分散的世相人情通過西門慶全家的興衰史聯繫起來，形成意脈相連、渾然一體的廣闊社會生活圖景。

《金瓶梅》內頁插圖

除此以外，《金瓶梅》描寫日常生活場面眾多，對當時的飲食、服飾、器玩以至於西門慶一家的日常起居都有細緻描寫，這些細節的真實使小說具有濃厚的生活氣息。

《金瓶梅》是中國文學史上第一部由文人獨創的長篇小說。此前，長篇小說全部是由作家以民間講說故事的基礎上加工提煉而成。《金瓶梅》之後，文人創作漸漸取代了由上代傳誦處理的宋元話本而成為小說創作的主流。

東廠閹患

魏忠賢，原名李進忠，後又姓魏，皇帝賜名忠賢。原來是河間肅寧無賴，因逃避賭博輸錢自宮為閹，巴結太監魏朝而被推薦給王安，被李選侍視為心腹。熹宗即位後，魏忠賢開始平步青雲，專擅弄權。

天啟三年（公元1623年）十二月，魏忠賢受命提督東廠，拉開中國歷史上最昏暗的宦官專權的序幕，一時廠衛之毒流滿天下。一大批不滿魏忠賢的官員士子慘死獄中；成群無恥之徒都先後阿附於他，其中有「五虎」、「五彪」、「十孩兒」、「四十孫」之號；更有某些阿諛之臣到處為他修建生祠，耗費民財數千萬。他自稱「九千歲」，排除異己，專斷國政，以致人們「只知有忠賢，而不知有皇上」。

天啟七年（公元1627年），思宗朱由檢繼位後，打擊懲治閹黨，治魏忠賢10大罪，命逮捕法辦。魏忠賢知道這個消息後自縊而亡。至崇禎二年（公元1629年），其餘黨亦被徹底肅清。

五彩人物紋蓋罐
明嘉靖

魏忠賢像

魏大中絕命書　明

魏大中，萬曆進士，官至刑科給事中，為官清正廉明，是東林黨重要成員。受魏忠賢誣枉，慘死獄中。魏大中被捕後知已然無倖，遂寫下這份絕命書。書中稱自己沒有辜負國家，但毀了自己的家，上對不起前輩，下對不起兒女。望子女「一概安心守窮」，「安貧、讀書、積德」。

努爾哈赤像

擊斃不少後金士兵。後金軍連續攻城兩日，都不能將城攻陷，加之努爾哈赤也被炮火擊傷，最後被迫解圍而去。寧遠之戰是明金交戰以來明軍所獲得的首次大勝仗。它遏止了後金對關內的進攻，挫傷其銳氣，穩固了明朝寧錦防線。

袁崇煥（公元1584～1630年），字元素。廣東東莞人。神宗萬曆四十七年進士。曆兵部主事、監軍僉事、寧前兵備僉事。天啟三年（公元1623年）九月奉命築寧遠城，進升為右參政，按察使職，駐守寧遠。寧遠大捷後，他升任遼東巡撫。其後他積極調兵遣將，修繕城池，有力地遏制了後金的軍鋒。崇禎三年（公元1630年），明思宗中了皇太極的反間計，自毀長城，將袁崇煥屈殺。

寧遠大捷

明熹宗天啟六年（公元1626年）正月，努爾哈赤率兵13萬攻明，連續攻克錦州、松山、大小淩河、杏山、連山和塔山7城，繼而圍攻寧遠，致書袁崇煥要他投降。當時袁崇煥官任寧前參政，在大兵壓境、外無援兵的危急關頭，袁崇煥大義凜然，毫不害怕。他和總兵滿桂、副將朱梅、參將祖大壽等集將士歃血誓師，堅守寧遠。

他們將城外民眾遷入城內，所遺住房全部燒毀，堅壁清野以待。努爾哈赤見袁崇煥不降，勃然大怒，便指揮軍隊猛攻寧遠，但明軍槍炮雷石齊下，死戰不退。袁崇煥下令士兵施放紅夷大炮，

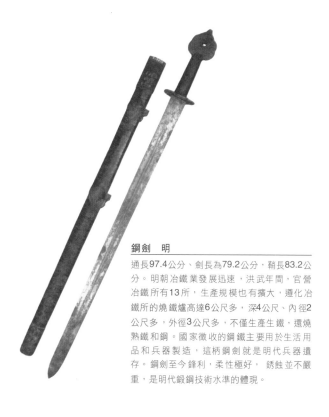

鋼劍　明

通長97.4公分、劍長為79.2公分，鞘長83.2公分。明朝冶鐵業發展迅速，洪武年間，官營冶鐵所有13所，生產規模也有擴大，遵化冶鐵所的燒鐵爐爐高達6公尺多，深4公尺、內徑2公尺多，外徑3公尺多，不僅生產生鐵，還燒熟鐵和鋼。國家徵收的鋼鐵主要用於生活用品和兵器製造，這柄鋼劍就是明代兵器遺存。鋼劍至今鋒利，柔性極好，銹蝕並不嚴重，是明代鍛鋼技術水準的體現。

明朝滅亡

剷除魏黨

崇禎通寶

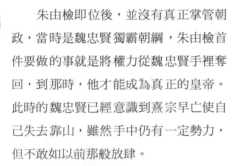

五彩雲龍紋蓋灌
明萬曆

崇禎皇帝像

天啟七年（公元1627年）八月，明熹宗於乾清宮病逝，年僅23歲，臨終遺詔：「以皇五弟、信王由檢嗣皇帝位。」朱由檢為明光宗的第五子，神宗萬曆三十八年（公元1610年）生。他於明熹宗死的那天晚上進宮，第3天即皇帝位，詔次年為崇禎元年，這就是莊烈帝，歷史上稱他為思宗、毅宗、懷宗等。

朱由檢即位後，並沒有真正掌管朝政，當時是魏忠賢獨霸朝綱，朱由檢首件要做的事就是將權力從魏忠賢手裡奪回，到那時，他才能成為真正的皇帝。此時的魏忠賢已經意識到熹宗早亡使自己失去靠山，雖然手中仍有一定勢力，但不敢如以前那般放肆。

九月，魏忠賢請辭東廠職，朱由檢未批准；他又「乞止生祠」，但只被允止少許。十月以後，魏忠賢集團自身發生內鬥，有人彈劾魏忠賢之罪。朱由檢趁機向魏忠賢開刀，他先是下令將魏忠賢安置於鳳陽，繼而又下令逮捕。魏忠賢知道這個消息後自縊而死。由此，朱由檢真正掌握國家大權。

崇禎皇帝御押及押文　明

天 工 開 物

《天工開物》是宋應星在分宜教諭任上著成。崇禎十年（公元1637年），宋應星的朋友涂伯聚為他刊行，是為初刻本；明末由楊素卿又一次刊印。《天工開物》之名，是借用《尚書‧皋陶謨》中的「天工人其代之」及《易‧擊辭》中的「開物成務」二詞而成。主張自然界靠人工技巧開發有用之物。

宋應星（公元1587～1661年），字長庚，江西奉新人。神宗萬曆四十三年（公元1615年）中舉。先後出任江西分宜縣教諭、福建汀州推官、安徽亳州（今亳縣）知州等職。任官期間，留心觀察學習大眾的生產技術，注意蒐集與積累科技資料。

宋應星親自參與生產實踐和調查研究，也對功名利祿十分鄙視，〈天工開物序〉有「此書於功名進取毫不相關也」之語。主要著作有《天工開物》、《卮言十種》、《畫音歸正》、《美利箋》、《觀象》、《樂律》等十餘種。除《天工開物》外，都已失傳。近年陸續發現其四篇佚著的明刻本：《野議》、《論氣》、《談天》和《思憐詩》。

《天工開物》全書根據「貴五穀而賤金玉」的原則，分為18個類目，分別為：乃粒（穀類）、乃服（衣類）、彰施（染色）、粹精（糧食加工）、作鹹（製鹽）、甘嗜（製糖）、陶埏（製陶）、冶鑄（鑄造）、舟車、錘鍛、燔石（燒煉礦石）、膏液（製油）、殺青（造紙）、五金（金屬冶煉）、佳兵（兵器）、丹青（朱墨）、曲糵（釀造）、珠玉。差不多涵蓋了古代中國工農業生產不同部門的所有生產技術。

全書共分為3卷，書中附有作者自繪的插圖約120幅，畫面生動而逼真、線條清晰、比例適當、有立體感，直接反映古代各類器物的形狀、結構及其原理，以及各工藝的生產工序或生產過程，是中國古代科技史的傑出作品。

《天工開物》
之鑄鼎圖

《天工開物》
之南方挖煤圖

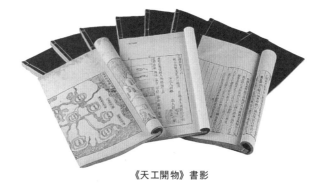

《天工開物》書影

李自成佩用的軍刀

闖王滅明

李自成大順政權，「工政府屯田清吏司契」銅印

李自成於崇禎十七年（公元1644年）春節，正式宣布建國。將西安改名為西京，國號「大順」，建元「永昌」。他在西安進一步調整農民政權的中央機構，實施各項新措施。

中央機構的最高行政機關是天佑殿，六政府各任尚書1人，之後建立弘文館、文瑜院、直指使、諫議從政、統會、尚契司、驗馬司、知政使、書寫房等政府機構。同時，依舊推行「均田免賦」「割富濟貧」等政策，安置流民，穩定物價，廢除八股，頒布新曆等等。又敕令各營增強練兵，積極備戰。

經過採取一系列軍政措施以後，農民革命政權根基逐漸穩固，各營部隊兵精糧足。於是叛軍在李自成親自率領下，浩浩蕩蕩開始東征，一路勢不可擋，向明王朝都城北京攻去。

李自成，原名李鴻基，萬曆三十四年（公元1606年）出生於陝北延安府米脂縣。曾應募為銀川驛卒，有一身騎馬射箭的好本領。崇禎二年（公元1629年），朝廷撤銷驛站，李自成失去工作，到甘州充任邊兵。

崇禎三年（公元1630年），李自成跟隨「闖王」高迎祥起兵，稱為「闖將」。崇禎九年（公元1636年）八月，高迎祥於戰鬥中被明軍殺死，李自成被推為闖王。經過9年多來的南征北戰，李自成成為一個膽略兼備、頗有威望的領袖。他率領的部隊武器精良，戰鬥力非常強，逐漸成為各路叛軍中的領導隊伍，稱王後攻入北京城，推翻明朝，後敗於清軍，於九宮山自殺身亡。

北京故宮武英殿
李自成率軍攻入北京後，曾在此處理日常政務。

李自成雕像

崇 禎 自 縊

崇禎十七年（公元1644年）三月，大順軍隊於北京城下會師。十七日，李自成親率大軍環攻9門。十八日，大順軍將士架雲梯奮力攻城，越牆而入，攻破外城。與此同時，明太監曹化淳獻彰義門出降。

崇禎帝朱由檢聽到大兵進城的消息，立即命其3個兒子更衣出逃，逼周皇后自縊，拔劍將長女長平公主手臂斬斷，又殺妃嬪數人，然後換上便服，攜太監王承恩等數十人，出東華門，企圖出逃，未成功，又返回宮內。十九日清晨，李自成軍攻破內城。崇禎親自響鐘召集百官，竟無1人響應。崇禎見已無力挽回敗局，便與太監王承恩入內苑，於煤山（今景山）壽皇亭樹下自縊。

明朝至此宣告滅亡。在其後的日子裡，南明殘餘政權不斷與清廷抗爭，最終被全部消滅。

金束髮冠
碧玉簪　明

景山全景

景山為明清皇家的御園，明代稱煤山，山體為明永樂年間營建紫禁城時所堆築，主峰高43公尺。清乾隆年間於山上建5亭，明清兩代，每逢重陽節，皇帝由親信大臣陪同到景山登高賦詩。

康雍乾盛世 · 嘉道漸衰 · 帝國斜陽

清

Ching Dynasty

清朝建立

清兵入關

崇德八年（公元1643年），福臨即帝位後，年號順治。多爾袞逐漸掌握朝廷重權。為了鞏固自己的地位，多爾袞決定領兵入關，從而占領中原。順治元年（西元1644年）四月初七，清廷祭祖誓師攻明。初八，順治親自召見多爾袞，特授予奉命大將軍印，掌管軍中全部賞罰大事。

初九，多爾袞統領滿洲、蒙、漢軍兵總計約14萬人，鳴炮起行，征伐明朝。十一日，大軍到達遼河。十四日，到達翁后（今廣寧附近）。十五日，鎮守山海關的明軍統帥平西伯吳三桂突然派人前來洽降，這為清兵入關提供了出乎意料的條件。

二十二日，在吳三桂和李自成激戰之時，清兵突然衝出，擊敗李自成。隨後吳清聯軍越關西入中原，對李自成軍緊追不休。五月初二，攝政王多爾袞在

第一章 康雍乾盛世

順治帝朝服像

清鐵炮

皇極門
舉行重大典禮的皇極殿（順治二年改稱太和殿）當時尚在火後重建中，所以清朝入主中原的登極大典就改址在皇極門（順治二年改稱太和門）。

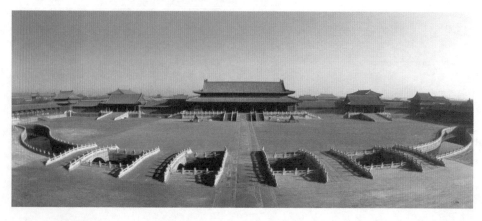

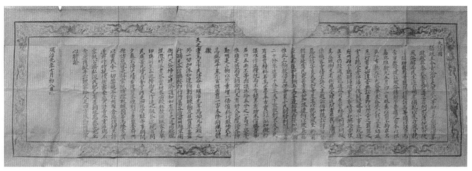

攝政王諭官吏軍民人等令旨

順治通寶

數萬名親兵的簇擁下進入北京,並在武英殿稱制,清政府開始統治中國。

清太祖高皇帝努爾哈赤早在明萬曆四十四年(公元1616年)正月初一稱汗,年號天命,國號金,史稱後金。努爾哈赤(公元1559～1626年),姓愛新覺羅。明永樂十年(公元1412年),其先祖猛哥帖木耳受明冊封為建州左衛指揮,世代為受明封爵的地方官。

萬曆十一年(公元1583年),年僅25歲的努爾哈赤憑其先祖所遺13副盔甲,起兵討伐尼堪外蘭,開始了統一女真各部的征程。他驍勇善戰,而且是一位軍事天才。他率領的鐵騎奔馳於北陲大漠南疆高原,擴土萬里,為建立帝國奠定紮實的基礎。

天啟六年(公元1626年)正月,在寧遠之役中,努爾哈赤負傷敗回瀋陽。八月,因癰疽發作,治療無效而死。九月初一,皇太極即後金汗位,改次年為天聰元年。皇太極即位以後,面對寧遠新敗、滿明已成相持局面的形勢,採取了一系列重振威風的措施。

他重新任命八旗大臣,並規定其權限,將自己的統治地位擴大。他調整滿漢關係,使治下的漢人各安本業。皇太極取消大汗的稱呼,而依漢制改後金為大清,不久,於崇德元年(公元1636年)東征朝鮮,既消除了對明戰爭的後顧之憂,又擴充實力。皇太極採取的這些措施,使滿清的統治得到進一步鞏固。

崇德八年(公元1643年)八月,皇太極病逝,皇9子福臨即帝位,年號順治,清廷一度發生了激烈的權力之爭,最後多爾袞勝利。

頂子 清

涼帽 清

鄭 氏 抗 清

　　清兵入關後，建都北京，將李自成、張獻忠的農民軍徹底消滅，並於順治二年五月，將殘存的南明福王政權剷除。這時候，與清政府對抗的明朝部隊只剩下鄭成功這支部隊。順治四年（公元1647年），鄭成功統領海上義師，於福建南澳出兵，僅用了3年的時間便連破同安、海澄和泉州等閩南沿海眾多地方，進據金門、廈門，掀起了清初抗清戰爭的高潮。

　　鄭成功（公元1624～1662年），原名森，字大木，南明唐王隆武政權重臣鄭芝龍之子。南明隆武帝對他十分賞識，並封鄭成功為延平郡王，賜姓朱，改名成功，因此亦稱「國姓爺」。鄭芝龍降清時，鄭成功苦勸其父不成，便率師拒降，「不受詔，不剃頭」，打出「背父救國」的旗號，與清政府抗爭到底。

　　鄭成功以金門、廈門為基地，曾屢次進行北伐與南征。清廷為了對付鄭成

鄭成功像

鄭成功部鑄的「漳州軍餉」幣

明治海炮臺遺址

荷蘭殖民者投降圖

鄭軍用過的大刀

功，將沿海居民內遷30里，同時，禁止
舟船出海，以切斷東南人民與鄭成功的
聯繫。

　　這給鄭成功造成許多困難。為了扭
轉被動局面，鄭成功欲收復被荷蘭侵占
的領土臺灣，用作抗清的最後根據地。

　　順治十八年（公元1661年）二月，
鄭成功召集全部將領於廈門，決定立即
出兵臺灣。三月，鄭成功的安排好全面
的軍事準備，並將大軍從廈門移駐金

門。四月三十日，鄭成功的軍隊抵達臺
灣海面，在何斌的引導下避開荷軍的炮
火，利用漲潮，於荷軍疏於防守的北航
道淤淺地帶（即今台南的鹿耳門）順
利地登陸。很快，鄭成功指揮軍隊從海
陸兩方面向荷軍展開猛烈攻擊。在鄭軍
強大的攻勢下，荷軍統帥被迫在投降書
上簽字。至此，將占據了臺灣38年之久
的荷蘭侵略者驅逐，臺灣進入鄭成功統
治。

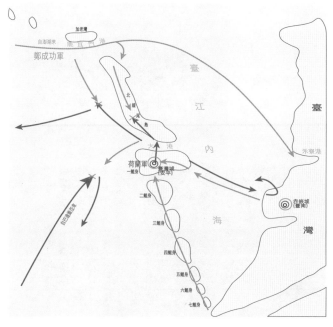

鄭成功收復臺灣路線圖

鄭軍用過的藤盾牌

順治帝書「正大光明」匾

順治親政

順治七年（公元1650年）十二月，攝政王多爾袞因狩獵墜馬，膝蓋受傷，竟不治死於喀喇城，終年39歲。

順治帝福臨親政於順治八年（公元1651年）正月十二日，御臨太和殿，接受了諸王、貝勒、大臣慶賀表文，並頒詔大赦。此後，順治在波瀾起伏、紛繁駁雜的10年親政中，採取一系列改革措施，進一步鞏固自己的統治。

順治親政後，採取的第1個措施就是削奪大臣的權勢，實施集權制。在任用朝廷官員方面，順治改變了多爾袞時期對漢官猜疑、壓制的態度，非常注意籠絡與依靠漢官，大刀闊斧地整頓吏治，啟用許多有才能的漢人為官。

此外，順治又命兵部整頓驛政，以保障驛路暢通；實行恤刑條例，安定民心；始行武舉殿試，為朝廷選拔文武全才；制訂行軍律例，以整頓軍紀等等。這一系列改革措施的制定與推行，充分體現出順治的政治才幹，使他成為清朝開國時期一位刻意求治、有作為的年輕皇帝。

順治帝半身朝服像

清順治皇后像

順治帝親政詔書

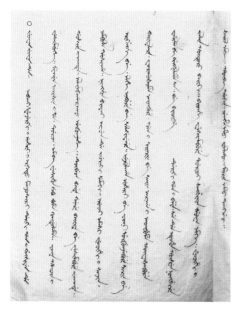

順治帝頒給四世班禪的諭旨

五世達賴喇嘛像

順治帝賜五世達
賴喇嘛金印

冊　封　達　賴

　　順治十年（公元1653年）四月二十
二日，為了加強對西藏的統治，清世祖
正式冊封五世達賴為「達賴喇嘛」，承
認了達賴在西藏的政治、宗教地位。

　　達賴五世羅卜藏嘉木錯於明崇禎十
年（公元1637年）嗣位，當時即遣人到
清盛京進書獻方物，清也遣使通聘。清
入關後，屢次派人前往西藏，延請達
賴。順治九年（公元1652年）十二月十
五日，達賴五世至京師，在南苑謁見順
治帝，清廷以隆重禮遇接見達賴。次年
正月十一日和十六日，順治帝先後兩次
在太和殿宴請達賴五世，並賜予大量的
金器、彩緞、鞍馬等物。二月二十日，
達賴五世辭清返回西藏。

　　四月二十二日，順治帝派禮部尚書
覺羅郎球、理藩院侍郎席達禮等將封達

賴五世為達賴喇嘛的金冊、金印（文用
滿、藏、漢文）送給達賴，封為「西天
大善自在佛，所領天下釋教普通瓦赫喇
怛喇達賴喇嘛」。

　　從此，達賴正式得到「達賴喇嘛」
的稱號。

五世達賴喇嘛覲見順治帝

康熙削藩

康熙即位

孝莊皇后便服像

順治十八年（公元1661年）正月初七夜，順治帝福臨病逝。當月初九，其子玄燁即位，時年八歲。以隔年（公元1662年）為康熙元年。

順治十七年（公元1660年）八月，順治寵愛的董鄂貴妃病逝後，他雄心漸消，不理朝政，並沉迷於釋道，幾度產生出家的念頭。是年年底，順治染上天花。順治十八年（公元1661年）正月初六，順治自知自己時日不多，急忙召見親信、禮部侍郎兼翰林院掌院學士王熙入養心殿，命他草撰詔書。遺詔命第3子玄燁即帝位，由四大臣索尼、蘇克薩哈、遏必隆、鰲拜輔政。

康熙即位後，輔政大臣鰲拜獨持權柄，於朝廷中培植私黨，排斥異己，一時權傾天下。他不將康熙放在眼裡，多次對其屬聲叱喝，康熙怒而不敢言。

康熙六年（公元1667年）春，康熙早就有親政的想法，卻苦無時機。有大

塞宴四事圖（局部）清郎世寧

康熙帝便裝讀書像

臣奏請康熙帝親政。太皇太后（孝莊文皇后）順水推舟，同意奏請，令康熙擇日親政。初七，康熙親御太和殿行親政禮。康熙親政後，鰲拜竟絲毫不肯放權，依然專制朝政，而且變本加厲。

康熙帝親政以後，一方面經常加官晉爵於輔政大臣，從而穩住局勢，一面在群臣中直接樹立自己的威信，並暗中策劃降伏鰲拜事宜。康熙八年（公元1669年）五月十六日，鰲拜覲見，康熙帝一聲令下，擒獲鰲拜。

同時，康熙帝命逮捕鰲拜的13名黨羽及另一輔政大臣遏必隆等有關官員。將鰲拜拘禁入獄後，抄沒其家產，鰲拜的不少黨羽也受到不同程度的懲處，眾多遭受鰲拜打擊的官員得以平反昭雪。收拾鰲拜，康熙帝才得以實現親政，從此揭開「康雍乾盛世」的序幕。

開 國 儒 師

康熙二十一年（公元1682年）正月初八，著名學者顧炎武卒。

顧炎武是著名經學家、史地學家、音韻學家。他一生輾轉，行萬里路，讀萬卷書，創立了一種新的治學方法，成為清初繼往開來的一代宗師，被譽為清朝「開國儒師」、清學「開山始祖」。

顧炎武不僅「博學於文」，而且還廣泛接觸了社會實際，理論和實踐的結合，產生清初嶄新的學風。

顧炎武（公元1613～1682年），字寧人，本名絳，清兵攻占南京後改名炎武。江蘇昆山人，因故居旁有亭林湖，人們稱他為亭林先生。他出身於「江東望族」，從小過繼給叔母，嗣母和嗣祖經常用民族氣節和社會現實薰陶他。他14歲時就參加復社活動，與復社名士議論學術和國家大事。

鄉試失敗後，毅然擺脫科舉考試的約束，發憤鑽研「經世致用」之學。他輯錄歷代文書、方志中有關全國各地山川地勢、農田、水利、兵防、物產、賦稅、交通等眾多資料，撰寫了《天下郡國利病書》和《肇域志》。

清兵占據南京後，他侍奉嗣母遷居於常熟，因感激明朝旌表之恩，其母絕食7日而死，並遺囑顧炎武讀書隱居，不仕二朝。顧炎武深受感動，積極投入昆山人民的抗清武裝革命。抗清失敗後，他開始了漫長的逃亡生涯，頻繁地奔走於江蘇、浙江、山東、河北、河南、山西、陝西各地。隨行的騾馬馱著書籍，行萬里路，讀萬卷書。一路風塵，顛沛流離，與各地遺民和抗清志士緊密聯絡，企圖發動抗清戰爭。當清朝廷徵召他赴博學鴻詞和參修國史時，他一口拒絕，說人人都可以入仕，惟他一人不能，並以一死來抗命。

顧炎武廣泛地與社會接觸，蒐集了大量的一手資料，與眾多知名學者深入探討學術和各方面的問題。他實地考察西北山川地理，遇到與典籍不符的，立即進行校勘，在非常艱苦的條件下，以嚴謹的作風，創作出傳世之作 ——《日知錄》。

顧炎武像

《日知錄》清　顧炎武著

文華殿寶印及印文

文華殿在明時便是皇帝舉行經筵之地，清初廢置，康熙九年（公元1670年）重開文華殿經筵，學習傳統治國之術及儒學。

三藩之亂

康熙十二年（西元1673年），康熙
帝下令撤藩，將吳三桂、耿精忠、尚可
喜三藩撤除。他們的軍權、財政權及用
人權由朝廷接收，結束其各擁重兵、獨
霸封地、尾大不掉的局面。

清廷下達撤藩令後，吳三桂十分生
氣，便密謀叛清。十一月二十一日，他
將雲南巡撫朱國治殺害後，以所擁兵力
起兵反叛，自稱天下都招討兵馬大元
帥，建國號為周，以次年為周王昭武元
年，鑄錢「利用通寶」，命部屬全部剪
辮蓄髮，改換漢裝，親自祭奠被他殺害

康熙帝半身像

尚可喜印

平定三藩之亂要圖
（公元1673～1681年）

的明朝永曆帝。軍隊旗色全用白色，步
騎也以白氈為帽。

　　吳三桂起兵初期兵勢極盛，攻陷大
城多座，清軍則因準備不足而連連敗
退。在吳三桂的影響下，康熙十三年
（公元1674年）三月，靖南十五年（公
元1676年）二月，平南王尚可喜之子尚
之信於廣州起兵響應，至此，形成影響
清初政局的重大亂事 ——「三藩之亂」。

　　吳三桂的兵勢強大，給清政府造成
極大的威脅，但是吳三桂的目光短淺，
沒有乘勢追擊，貽誤軍機，給清廷喘息
的機會。康熙帝從容迎敵，任命圖海、
賴塔、杰書、岳樂、趙良棟、蔡毓榮等
滿漢將帥，統領七軍三十餘萬，奮勇廝
殺，連敗敵軍，將失地收復。

　　康熙二十年（公元1681年），三藩
之亂平定，結束了滇、黔、閩、粵嚴重
割據分裂的局面。

吳三桂像

昆明太和宮金殿

康熙龍紋刀　清

鐵火銃　清

康熙大帝

康熙六十一年（公元1722年）十一月十三日，康熙帝病逝，享年69歲。

康熙帝在位61年，執政時殫精竭慮，勤於政事；用兵臨戎，從無畏懼，曾平定三藩、收復臺灣、親征噶爾丹、進軍西藏，業績輝煌；平日力戒驕奢，節用愛民，不尚虛文，推行實政。

康熙在位期間，社會經濟發展繁榮，文化政策以懷柔為主，提倡程朱理學，兼容西方科技，整理文化遺產，對清代文化影響很深。康熙帝自康熙四十七年（公元1708年）始，疾病纏身。

康熙五十六年（公元1717年）十一月起，已經患病近80天不癒。康熙六十一年十一月十三日病危時面諭胤禛繼承皇位。戌時駕崩，隔天被追封為「合天弘運文武睿哲恭儉寬裕孝敬誠信功德大成仁皇帝」，廟號聖祖。次年（公元1723年）九月初一，葬於景陵。

康熙帝大閱兵之盔甲

康熙帝朝服像

康熙皇帝全名愛新覺羅玄燁，為清世祖順治皇帝第3子。順治十八年（公元1661年），年僅8歲的康熙即位，是清代的第4位君主。康熙皇帝是中國史上

《康熙南巡圖》局部

在位時間最長的皇帝，也是最有作為的皇帝之一。他在位期間，創下中國古代社會最繁榮的局面。他的文治武功為後人所讚嘆。

康熙帝在位61年，經濟發展，社會安定，政治清明，為清代「康雍乾盛世」奠定良好的基礎。

康熙二十三年（公元1684年）九月二十八日，康熙帝從北京出發，第1次南巡河務。康熙帝率眾沿永定河經順天府、河間府，來到桃源縣。他親自視察黃河北岸各項重要工程，又與河道總督靳輔討論方案，命靳輔對險要地勢詳加籌畫，採取有效措施，使黃河順勢東下，從此不再發生決堤的危險。

康熙在位時期，是清代中西文化交流最活躍的時期。親政之後，他任命南懷仁為欽天監副，主持推行新曆和改鑄天文儀器。南懷仁在公元1674至1680年間，為康熙平定三藩之亂監造了西洋鐵炮120門、神武炮320門及威力強大的神威炮250門用以武裝清軍，使其實力大大增強。

曆法改革和西洋大炮的成功，使康熙帝對西方科學的發展極為關切，並且親自學習和了解西方科學知識，康熙帝拜精通天文曆算的傳教士恩理格、閔明我、徐日升等為師，學習天文數學與樂理知識。康熙亦十分愛好數學，白晉、張誠曾為他講解幾何學，並奉命編寫《實用幾何學》和《幾何學綱要》；安多則奉命完成了一本包含歐洲和中國的最有趣的算術和幾何運算綱要。這些著作的出版，推動歐洲科學在中國知識階層的推廣。

地球儀

康熙帝亦十分相信西醫，並在臣僚中推廣，白晉、巴多明用滿文譯出《人體血液循環剖析和但尼斯的新發現》一書，並於18世紀初在宮廷中傳播，這是中國最早獲得的近代實驗生理學的訊息。北京的法國教士還為康熙帝寫過哲學教本。

御用雙筒火槍　清

清聖祖康熙書法

空前繁榮

雍正治國

軍機處

　　康熙去世後，他的第4個兒子胤禛於康熙六十一年（公元1722年）十一月二十日在太和殿即位，史稱「雍正帝」。隨後，他祭告天地、宗廟、社稷，公告天下，以次年為雍正元年。

　　在康熙晚年爭奪儲位的鬥爭中，胤禛已秘密結集了很多黨羽，形成一派勢力。他們是13皇子允祥、康熙帝內弟兼近臣隆科多、大學士馬齊、川陝總督年羹堯等人。

　　這一派實力堅強，活動詭祕，從沒有受到過康熙帝的懷疑和指責。此外，胤禛即位的優勢還在於他從小由康熙帝撫育，在康熙帝身邊長大成人，而不是像其他皇子那樣由別人撫育，遠離聖駕。所以，胤禛更能夠體察聖意，關心體貼，殷勤有加，深得康熙好感。

　　胤禛雖然私下與諸皇子爭鬥，在康熙帝面前卻從不表露，相反，還常對諸皇子譽以美言。由於胤禛工於心計、手腕高明，因此康熙帝對他十分賞識，稱讚他膽量過人、深明大義、居心行事有偉人氣魄，並屢次委以重任。

兢兢業業璽　清

雍正帝朝服像

　　由於胤禛和康熙帝感情親近，且在執行重任時亦把握機會展現辦事才幹和忠孝特質，所以，康熙帝很早就十分信任他。於是，康熙帝就在病危時刻召集諸皇子到御榻前，面諭皇4子胤禛繼承皇位。

　　雍正即位後，鑑於自己奪嫡的教訓，於雍正五年（公元1723年）八月十七日，召集文武大臣，建立秘密立儲制度。他將選立的繼承人之名親筆書寫後，密封藏於匣內。為防不測，置於乾清宮正中由順治帝親筆所寫「正大光明」匾之後。另外，雍正帝又寫一內容相同的詔令放於圓明園內。雍正帝這一做法有穩固人心的政治效果，避免歷代皇子為爭儲位與皇帝爭權，以致儲君驕縱，皇帝身心憂瘁等弊端。這一做法一直沿續到清朝末年。

平 準 噶 爾

雍正七年（公元1729年），清軍與準噶爾部的利益有所矛盾，導致大規模的武裝衝突。雍正九年（公元1731年）七月，噶爾丹部進軍途中被清軍的伏兵圍攻，大敗。清廷授順承郡王錫保為靖邊大將軍。九月，於鄂登楚勒大勝，噶爾丹策零倉皇逃走。但他不甘罷休，還是想侵占喀爾喀，擴大其勢力。

雍正十年（公元1732年）六月，清軍及喀爾喀蒙古騎兵聯兵於光顯寺大敗噶爾丹策零。光顯寺之戰，準噶爾部遭受很大的損失。由於形勢所逼，噶爾丹策零於雍正十一年（公元1733年）年底向清政府求和。

次年，清政府派使者赴準噶爾，希望其部能與喀爾喀劃清游牧界，永遠不再發生戰爭。經多次談判，於乾隆四年

（公元1739年），清廷始同噶爾丹策零訂議，以阿爾泰山為界，準噶爾部於阿爾泰山以放牧，喀爾喀部在阿爾泰山以東放牧，各占其地。清政府與準噶爾部割據勢力之間的矛盾暫時得到緩和，並維持了20年的和平局面。

雍正帝御筆之寶印

雍正帝御筆之寶
印文 清

雍正帝銀馬鞍

皇帝鹵簿中的杏黃雲緞繡蓮花傘和雙龍團扇

雍正暴卒

雍正十三年（公元1735年）八月二十三日子時，雍正帝於圓明園突然去世，死因不明。

八月二十日，雍正帝仍然召見軍機大臣，商議國家大事。二十一日，身體不適。二十二日夜，病情突然加重，雍正帝覺得自己的大限已到，忙詔寶親王弘曆嗣位，莊親王允祿、果親王允禮、大學士鄂爾泰、張廷玉4人輔政。二十三日病故，終年58歲，後諡憲皇帝，廟號世宗。

雍正帝暴卒，死因成謎，他自患病到辭世只有2天時間，甚至在患病前的一天還在處理政務。關於他的死亡有3種說法：一說因中風而死；一說被劍客所刺，割去首級；還有說是服用丹藥中毒而致命。九月份，靈柩於雍和宮安放。乾隆二年（公元1737年）三月，葬於易州泰陵地宮。

胤禛去世之後，內侍取出雍正元年

乾隆帝朝服像

（公元1723年）所封詔書，待允祿、允禮、鄂爾泰、張廷玉4人到齊時才啟封。於是，弘曆靠秘密立儲和傳位遺詔順利即位。

弘曆為胤禛第4子，康熙五十年（公元1711年）生於雍親王府邸，雍正十一年被封為和碩寶親王。雍正十三年九月初三，弘曆進太和殿，禱告天地、宗廟、社稷，布告天下，次年改元乾隆。

乾隆皇帝禮冠上的頂珠

乾隆通寶

乾隆威弓射鹿圖

進士登科錄

御製文津閣作歌扇
清

儒林外史

在「乾隆盛世」時，吳敬梓創作《儒林外史》。這是一部長篇諷刺小說，語言詼諧，結構緊湊，以其思想藝術成就奠定中國古典諷刺小說的基礎。它對晚清譴責小說及現代諷刺文學都有深遠影響。

吳敬梓（公元1701～1754年），安徽全椒縣人，字繁軒，清代著名文學家。出身於科甲鼎盛的縉紳世家，祖上多顯達，33歲時遷居南京，家境已非常窘迫，靠賣文為生。36歲時曾被薦應博學鴻詞考試，卻以病辭，54歲時（公元1754年）於揚州去世，終生窮困潦倒。

大約在40歲到50歲之間，憤世嫉俗的吳敬梓創作了不朽名著《儒林外史》。該書以明代為背景，以揭露科舉制度下士大夫的生活和精神狀態為重點，採用多重手法諷刺和抨擊當時的官僚制度、人倫關係以及社會風尚的異化，是中國小說史上的少見作品。

《儒林外史》主要批判科舉制度對士人靈魂的腐蝕毒化。吳敬梓以相當高的思想高度，俯視整個科舉文化，深刻地剖析儒林眾生的心態和生活態度。在他筆下，大致有3類士人：一類是以科舉仕進為人生惟一目標的科舉迷。他們在科舉中跋涉大半生，飽嘗世態炎涼、人情冷暖，沉重的心理壓力扭曲他們的性格，在功名富貴的利誘下，一個原本純樸善良的人變得庸俗墮落；再一類是已經考取功名的士人，他們出仕後成為貪官污吏。

第三類是科場名落孫山、功名失意卻又不甘寂寞、以風流名士自居的人物。作品通過這些人附庸風雅、招搖撞騙的行徑，從側面反映科舉對士人精神的毒害和帶來的不良後果。

粉彩人物故事圖筆筒
清　乾隆

紅樓夢斷

曹雪芹（公元1715～1763年），清代偉大的小說作家，名霑，字夢阮，號雪芹，又號芹圃、芹溪，祖籍遼陽。

曹雪芹像

曹雪芹的曾祖、祖父、父親3人都曾擔任江寧織造一職。祖父曹寅時家世鼎盛。康熙南巡6次，其中曹寅接駕4次，而且康熙還以曹家為行宮。曹氏不僅為「鐘鳴鼎食之家」，同時還是「詩書簪纓之族」。在這種家世環境中成長的曹雪芹，認識了多方面的生活情趣和藝術才華。

在雍正初年統治階級的內部政爭中，曹雪芹之父也遭受牽連，被革職下獄，抄沒家產，家道從此敗落，後來舉家北返，在北京過著貧困的生活。

從錦衣玉食的顯貴到「舉家食粥」的貧民，曹雪芹感受頗多，對社會上的黑暗和罪惡有全面而深刻的認識，在此基礎上，他「披閱十載，增刪五次」，創作了不朽的巨著《紅樓夢》。其生前

《脂硯齋重評石頭記》書影

基本定稿的《紅樓夢》只有前80回，原題名為《石頭記》，以手抄本形式在民間流傳。現在通行的《紅樓夢》120回本中的後40回經考證認定是高鶚續補、加工而成。

《紅樓夢》以賈寶玉和林黛玉的愛情悲劇及賈寶玉與薛寶釵的婚姻悲劇為主線，剖析造成悲劇的深刻社會根源；同時以賈府的興衰為背景，展示了由大量人物構成的宏觀社會生活環境，從而

大觀園全景圖　清

金陵十二釵仕女圖·林黛玉

怡紅夜宴圖　清

揭露了後傳統社會期的種種罪惡及其不
可克服的內在矛盾。

　　在表現現實生活方面，《紅樓夢》
有如百科全書般地博大精深，它的敘
述、描寫就像生活本身一樣自然逼真、
豐富深厚，對當時貴族家庭的飲食起居
等生活細節描繪精細，從中可以看出作
者在烹調、醫藥、琴棋書畫、建築、戲
曲等多方面的才華，這得歸功於曹雪芹
年輕時的豪門生命體驗。

　　在繼承傳統文化的基礎上，《紅樓
夢》進行了巨大創造和發展，成為中國
古典小說寫實主義的一座高峰，為後代
作家提供了豐富藝術經驗。後世對《紅
樓夢》進行了大量的研究，並形成一種
專門學問──「紅學」。

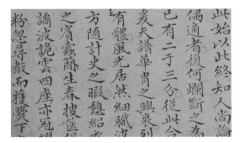

乾隆年間刊印的《紅樓夢》殘本　清　曹雪芹

大觀園圖（局部）清

頹象叢生

第二章 嘉道漸衰

回民叛變

新疆烏什回民於乾隆三十年（公元1765年）二月起事，清廷大驚，忙派兵鎮壓，經過多次交鋒，烏什回民叛變於八月失敗。

事情的起因與清廷派駐烏什辦事大臣、副都統素誠有關。他上任後作威作福，魚肉回民。回民與官府的矛盾逐漸加深。乾隆三十年（公元1765年）二月，素誠強徵當地回民240人運送沙棗樹，但回民卻不清楚運送地點。運送夫役去向其詢問，反遭鞭打。回民氣憤難忍，推舉賴和木圖拉為首領，於乾隆三十年二月十四日夜發動叛變，組織軍隊攻打駐守烏什的清軍。

素誠和阿布都拉登山抗擊，被叛軍包圍擊潰。回民將素誠殺死，並生擒阿布都拉。清廷阿克蘇辦事大臣卞塔海、喀什噶爾參贊大臣納世道先後派兵攻打

天藍地粉彩開光鏤空轉心瓶　清乾隆

回民，全部大敗而歸。清廷無奈，派伊犁將軍明瑞統兵抵烏什，分兵從城東、西南面夾攻烏什回民。八月十五日，明瑞督兵豎雲梯強行登城，經過激戰，終將城攻陷。清兵入城，將烏什回民中的青壯年男子全部殺死，並將幼童及婦女流放於伊犁，叛變遂告失敗。

烏什首領獻城投降圖

龍池三浴羲駿々空拖馳驅報坐心牽向

朱門問高價何人一顧值千金

七十五叟杭郡金農畫詩書

牽馬圖　清　金農

揚州八怪

　　清代中葉，有一批書畫家活躍在揚州一帶，其作品風格獨特，人們將其稱為揚州畫派。其中以羅聘、李方膺、李鱓、金農、黃慎、鄭燮、高翔和汪士慎8人為代表，時稱「揚州八怪」。其實不止8人，且人名亦不固定，統稱「揚州畫派」。

　　他們是由一群在理想上不甘人下而在現實中卻又落拓失意的中下層知識分子所組成。他們多以寄情筆墨描寫梅、蘭、竹、松、石，表現自己的清高、孤傲、脫俗，並運用象徵、比擬、隱喻等多種藝術手法，賦予作品深刻的社會內容和獨特的形式。

　　同時，揚州八怪對人民的疾苦、官場的腐敗、富商的巧取豪奪感受至深。加之自身經歷坎坷，於是往往將這些經驗藉作品表現出來，因而作品少了士大夫的精細，多了不流於俗的狂野。他們在筆墨上擺脫成法的約束，直抒胸臆。

　　揚州八怪發展了中國傳統水墨寫意畫的技巧和意境，尤其在思想上有更進一步的突破，在畫壇上獨樹一幟。

竹石蘭花圖　清　鄭燮

自畫蓑笠像軸　清　羅聘

金瓶掣籤

清政府將西藏平定後，制定了一系列制度，強化對西藏的管理。

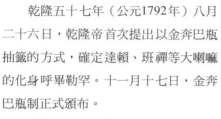

大昭寺金奔巴瓶
清

乾隆五十七年（公元1792年）八月二十六日，乾隆帝首次提出以金奔巴瓶抽籤的方式，確定達賴、班禪等大喇嘛的化身呼畢勒罕。十一月十七日，金奔巴瓶制正式頒布。

金奔巴瓶制的做法就是設金奔巴瓶於拉薩大昭寺，裡面裝有象牙籤數枚，遇呼畢勒罕出世上報有所差異時，將所有報出孩童的出生年月日及姓名各寫一

桑結嘉措「壽」字印　清

籤，放進瓶內，焚香誦經7日，由駐藏大臣會同大喇嘛等在眾人面前抽籤決定。金奔巴瓶制度的頒定，使清政府完全掌握了選定西藏、青海以及蒙古的呼圖克圖和呼畢勒罕的權力。這對清朝中央政府加強對蒙藏地區的管轄，有很大的作用。

乾隆五十八年（公元1793年）正月，清廷頒布《欽定西藏章程》，用以作為管理西藏地區之最高法律。清廷經會商共提出102項條款。清政府經重新修訂最後定為29條，正式頒布，這就是著名的《欽定西藏章程》。

《章程》確定了駐藏大臣和達賴、班禪的職權和地位。駐藏大臣督辦藏內事務，與達賴喇嘛、班禪額爾德尼的權力一樣大，噶倫以下所有西藏政教官員都是駐藏大臣之屬員，事無大小，均稟明駐藏大臣辦理。

駐藏大臣還有揀選地方官吏之權力。駐藏大臣另有兩項重要的權力，就是監視採用金奔巴瓶決定呼畢勒罕和為新的達賴、班禪主持「坐床」典禮。

福康安等奏報金奔巴瓶安放大昭寺摺

巨貪和珅

乾隆四十七年（公元1782年）春天，御史錢灃上疏彈劾山東巡撫國泰與布政使于易簡貪贓枉法，魚肉百姓，致使吏治廢弛，國家錢財大量流失。四月四日，乾隆帝接到奏表後大怒，即命尚書和珅、左都御史劉墉和御史錢灃前往查辦。

和珅和國泰的私交很好，所以對國泰極力袒護。錢灃清楚和珅與國泰的關係，便提前數日微服至良鄉，見和珅僕役騎馬往山東送信，便記下送信人的特徵，等他返回時，將其捉拿，令左右搜其身，果然得到國泰寫給和珅的私信，言及已借銀填庫備查等內情。

錢灃迅速將書信上奏。和珅知預謀敗露，查辦時不敢再顧及情面。七月初八，乾隆帝以國泰、于易簡虧空庫銀兩百餘萬兩的罪行命他們在獄中自盡。和珅從此便對錢灃十分痛恨，並於乾隆六十年（公元1795年）毒死錢灃。和珅便大權在握，清廷政紀開始廢弛。

和珅像

嘉慶四年（公元1799年）正月初八，嘉慶帝頒布諭旨，將大學士和珅捉拿入獄，革職查辦。十五日，嘉慶帝宣布和珅有大罪20條，和珅聞知，自知無望，於十八日在嘉慶帝的詔令下自殺身亡。在抄和珅的家時，財產折合白銀多達8億兩。自此民間有俗諺云：「和珅跌倒，嘉慶吃飽。」

玉如意　清

和珅宅花園湖心亭舊址　清

鴉片戰爭

道光即位

　　嘉慶二十五年（公元1820年）七月，嘉慶帝巡幸木蘭圍場。十七日，於避暑山莊住宿。次日，突然發病，醫治無效，宣告駕崩，享年61歲，在位25年。八月，移梓宮回京師。十月，尊謚為睿皇帝，廟號仁宗。翌年（公元1821年）三月，葬於昌陵。

　　嘉慶二十五年（公元1820年）八月，次子旻寧御太和殿，即皇帝位，是為道光帝，以次年為道光元年。道光帝是嘉慶帝的第2子，乾隆四十七年（公元1782年）八月初十出生於皇宮擷芳殿中。

　　旻寧年幼時勤奮好學，童年時代經常練習騎馬射箭，9歲時他曾隨從祖父乾隆帝外出打獵，並親自射中了1隻鹿，得到了乾隆帝讚賞，並賞賜他黃馬褂、花翎。嘉慶十八年（公元1813年）九月，天理教徒攻入皇宮內右門，已經

道光通寶　清

道光帝朝服像

到了養心殿的前面。旻寧正在書房看書，聽到喧鬧聲，提著鳥銃和弓箭走出來，親手打死兩個天理教徒。這一事件後，他被封為智親王，並於嘉慶四年（公元1799年）四月初十被祕密立儲。

　　道光帝即位時，清政府已經非常腐敗，武備廢馳，國內叛亂不斷，而國外的鴉片走私亦十分猖獗，西方殖民主義者對中國虎視眈眈。鴉片戰爭爆發後，他成為首位割讓領土的清朝皇帝。

銀鍍金鑲嵌時計形鼻煙壺

龔自珍雕像

《定盦全集》　清　龔自珍著

詩人龔自珍

龔自珍，字璱人號定盦，浙江人，19世紀時清代著名的思想家、文學家和學者。他從青年時代起就關心清朝的許多重大問題，對當時社會的內政及時事不斷提出批判和建議。

龔自珍的詩文和他思想上的叛逆性相連，極富創造性。他認為文學必須有用，文章、詩歌都與史學有源流的關係，詩和史的功用是對社會歷史進行批評。因此，他將自己的詩視為「清議」或「評論」。

龔自珍的詩體現了其文學主張，現實性很強，絕少單純寫景之作，而是抒發感慨，議論縱橫，打破清中葉以來詩壇吟風弄月的沉寂局面。

他從15歲開始至45歲這段時間寫下大量作品，共有27卷。著名的《己亥雜詩》315首作於道光十九年（公元1839年），為龔自珍後期的作品，內容廣泛，體現龔詩的思想藝術特色。

目前龔自珍詩僅存六百多首，絕大多數是他30歲以後的作品，揭露批判黑暗的社會和腐朽的政治現實是龔詩的一個重要內容。

青釉剔花雲龍缸　清

虎門銷煙

林則徐像

從乾隆三十八年（公元1773年）起，英國就開始對華輸入鴉片，致使中國的白銀大量外流。嘉慶五年（公元1800年），清政府下詔嚴禁鴉片輸入，但實際上鴉片每年輸入量仍然很大。鴉片泛濫，中國人民健康受到威脅，清政府的政權亦不再穩固。

《南京條約》
抄件　清

道光十八年（公元1838年），道光帝特詔林則徐為欽差大臣，赴廣州禁煙。林則徐在廣東省內大力禁煙，頒布《禁煙章程十條》，嚴懲販賣、吸食者1600名，收繳煙土、煙膏近50萬兩，煙槍4萬餘支。林則徐廣東禁煙，共收繳外商鴉片20283箱、2119麻袋，合計2376254斤。道光十九年（公元1839年）四月，林則徐在虎門要塞主持銷煙。

虎門位於廣州東南珠江入海口，戰略位置重要，被稱為「廣州南大門」。

道光十九年（西元1839年）四月二十二日，林則徐在虎門開始銷煙，在場群眾成千上萬，爭相觀看這一次焚煙活動。林則徐先讓兵士在海灘上挖成2個15丈見方的池子，池底鋪上石條、四壁欄樁釘板，防止滲漏。又在前面設一涵洞，後面通一水溝。

吸食鴉片用具　清

之後，將水車從溝道推入池子，將鹽撒進，又把鴉片切成小塊投入鹵水中，浸泡半小時後再將石灰投入，池中立刻水湯滾沸，圍觀群眾歡呼聲震天動地。退潮時，兵士啟放涵洞，池中水湯隨浪潮鼓動送入大海。然後再用清水洗刷池底，不留下半滴煙灰。在連續二十多天的時間裡，收繳的鴉片全部被銷毀，一箱不剩。

道光十九年（公元1839年）七月二十八日，英國人義律（Sir Charles Elliot，1801～1875）率兵艦在九龍口向廣東水師發炮。次年五月二十九日，英國軍艦封鎖廣州珠江口，第一次鴉片戰爭正式爆發。

道光二十年（公元1841年）正月八日，清政府對英宣戰。二月三日，虎門之戰爆發，廣東水師提督關天培率部奮力反抗。在激戰中，老將關天培壯烈犧牲，清軍四百多名將士全部戰死，虎門要塞落入敵手。此後，戰事不斷擴大，英軍艦駛至南京下關江面，陳兵南京城下，清廷被迫簽訂城下之盟。

道光二十二年（公元1842年）七月，中、英雙方代表在英艦「皋華麗」號（Cornwallis）上簽訂《南京條約》，這是中國近代史上帝國主義強加給中國人民頭上的第一個不平等條約。

咸豐皇帝朝服像

道光帝立奕詝為皇太子,封奕訢為恭
親王的密旨　清

咸豐圖存

鴉片戰爭之後,英、法兩國又對清
政府進行軍事恫嚇,迫使清政府先後簽
訂了中英《望廈條約》和中法《黃埔條
約》,這又是兩個不平等條約。從此,
美、法、英對中國橫加勒索,中國淪入
各列強的勢力範圍。

道光帝日益憂患,終於道光三十年
(公元1850年)正月去世。

道光帝一生節儉,逝世時外恥未
雪,內憂未除,飽含一腔恨和憂,因其
在位時清王朝喪權割地,他認為自己不
能與祖宗同列。寧死後謚號為「成」,
廟號宣宗,葬地在河北易縣北寧山陵
墓。三月二十九日,皇太子奕詝即位,
年號咸豐,以次年為咸豐元年。

咸豐帝名叫愛新覺羅奕詝,是道光

帝的第4子,清入關後的第7位皇帝,廟
號文宗。他即位之後,就遇上了太平軍
之亂,這場亂事幾乎葬送了清王朝。同
時,英法又發動第2次英法聯軍戰爭,
使咸豐帝困辱萬分,竭力掙扎,勉強地
將清王朝的江山維持下去。他在位期
間,清王朝內憂外患,搖搖欲墜,中國
的危機進一步加深。

咸豐重寶(當十)　清

敬佛匾額　清咸豐帝書

內外交困

太平天國

道光二十三年（公元1843年）夏，洪秀全與馮雲山於廣東花縣創立「拜上帝會」，亦稱「拜上帝教」、「太平基督教」。道光二十四年洪秀全、馮雲山赴廣西傳教。後來，馮雲山來到桂平紫荊山聚集會眾三千多人。道光二十九年，洪秀全、馮雲山、楊秀清、蕭朝貴、韋昌輝、石達開相識，肝膽相照，結為異姓兄弟，組成拜上帝會的領導核心。

道光三十年（公元1850年）十二月初十，正是洪秀全38歲之時，洪秀全決定領導拜上帝會的成員在廣西桂平金田村起事。這天，拜上帝會的骨幹領導成員為洪秀全舉行了熱烈的祝壽盛典。之後，於金田村內韋氏大宗祠，舉行全體拜上帝儀式，宣布國號為「太平天國」，以次年（公元1851年）為太平天國元年，正式舉事。

金田舉事後，太平軍於咸豐元年

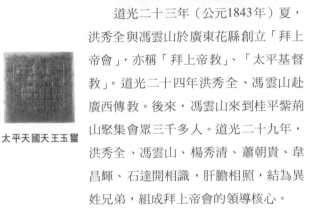

太平天國天王玉璽

洪秀全像

（公元1851年）九月攻克永安，並進行了一系列的政權建設，史稱「永安建制」。十月二十五日，洪秀全下詔，封賞有功人員，跟隨他的拜上帝會骨幹，也就是他的結義兄弟們全部封王，太平天國的中央政權組織初步形成。

咸豐三年（公元1853年）二月初十，太平軍攻占南京。同年定都南京，將南京改名「天京」。這時候，太平天

銅炮　清

國的領袖們生活上逐漸走向奢侈腐化。咸豐六年（公元1856年），清軍江北、江南大營被擊破後，東王楊秀清竟然逼洪秀全親到東王府封他為萬歲。

洪秀全一面答應這個要求，一面密令北王韋昌輝和翼王石達開回京處理此事。北王韋昌輝對楊秀清不滿已久，接密令後，立即率軍回天京，於八月初三深夜包圍東王府，第2天清晨將楊秀清及其眷屬、家丁、部屬全部殺死。八月中旬，石達開從湖北趕回天京，對韋昌輝濫殺的行為有所微詞，韋又殺了石達開全家，幸好石達開逃脫。

韋昌輝還想趁機謀害天王洪秀全，但終未成功。韋昌輝的濫殺，激起天京太平軍將士的憤怒，將士們面見天王洪秀全，請求處死韋昌輝，洪秀全答應了這個請求，於十月將韋昌輝問斬。十月底，石達開回到天京，受命處理政務。但楊、韋事件後，洪秀全對石達開也懷有疑心，石達開被迫出走，與清軍進行游擊作戰。同治二年（公元1863年）二月，於四川大渡河畔全軍覆沒。天京事變破壞了太平天國的內部團結，削弱了

軍隊戰鬥力，給太平天國帶來了不可彌補的損失。

雖然洪秀全為了彌補太平王國的損失，培養李秀成等新生力量，並取得一些成就，但還是未能改變太平天國滅亡的命運。同治三年（公元1864年）正月，李秀成率部進攻曾國藩大營時，反被湘軍攻陷天保城，湘軍進而逼向天京東北部太平門及神策門外，將天京團團圍住，太平軍糧源斷絕。同年四月二十七日，洪秀全病死。五月初三，洪秀全長子洪天貴福繼位，為幼天王。

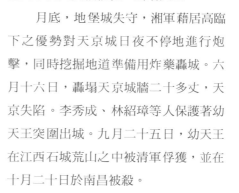

曾國藩像

月底，地堡城失守，湘軍藉居高臨下之優勢對天京城日夜不停地進行炮擊，同時挖掘地道準備用炸藥轟城。六月十六日，轟塌天京城牆二十多丈，天京失陷。李秀成、林紹璋等人保護著幼天王突圍出城。九月二十五日，幼天王在江西石城荒山之中被清軍俘獲，並在十月二十日於南昌被殺。

太平天國歷時14年，戰火波及18省，最終在中外勢力的聯合下失敗，但也使已經內外窘迫的清廷元氣大傷。

太平軍號衣圖

太平天國　聖寶

英法聯軍

　　咸豐十年（公元1860年）七月，英法聯軍1萬多人從北塘登陸，塘沽、大沽炮臺先後失陷，無險可守的天津也迅速淪陷。清政府大驚，慌忙派大學士桂良等人與敵議和。侵略者提出不合理的條件，談判破裂。

　　八月，英法聯軍逼近通州，清軍在八里橋一帶與其展開激戰。清軍英勇阻擊，戰鬥持續了4個小時。最後清軍潰敗，英法聯軍進至北京城下。瘋狂的英法侵略軍繞道至西北郊的圓明園，大肆搶掠園內的金銀財寶，並將所有能搬得動的珍貴文物劫走。

　　最後，英使額爾金下令焚毀圓明園。八月二十二日至二十五日，英法聯軍火燒圓明園。這個凝聚了中國人民一百多年的血汗、綜合中西建築藝術、聚集古今藝術品的壯麗宮殿和皇家園林霎時成為廢墟。而膽小無能的咸豐皇帝早在英法聯軍還未進入北京之前就逃往熱河行宮——「避暑山莊」。

英法聯軍占領大沽炮臺

通州八里橋　清

圓明園遺址

同治皇帝朝服像

煙波致爽殿

同治中興

咸豐十一年（公元1861年）8月，咸豐帝於熱河避暑山莊病死，其子愛新覺羅載淳即位。

咸豐十年（公元1860年）八月，英法侵略軍快要打到通州時，協辦大學士兼步軍統領肅順，與滿族貴族治親王載垣、鄭親王端華等人，一齊勸咸豐帝前往熱河，以避其鋒。咸豐帝體弱多病，逃至灤陽時就開始生病，但堅持到承德行宮。

咸豐帝出逃時詔令恭親王奕訢為欽差大臣，與英法聯軍議和，簽訂了不平等的《北京條約》。聯軍從北京撤退回國。奕訢等留京親王大臣敦請咸豐帝回北京主持大局。

但咸豐帝被英法聯軍嚇怕了，決定當年暫不回京。咸豐十一年（公元1861年）正月，咸豐帝生病，回鑾的事也就又一次暫時放下。七月十六日咸豐帝病危。次日，召見御前諸臣，立皇長子載淳為皇太子，命載垣、端華、景壽、肅順、穆蔭、匡源、杜翰、焦佑瀛贊襄政務，稱為「贊襄政務大臣」。咸豐帝很快病逝於行宮，年31歲。

載淳即位，以次年為祺祥元年。十月，又改次年為同治元年。

同治帝繼位之後，西太后「垂簾聽政」。清政府以屈辱投降政策取得外國勢力的支持，開始共同對付國內的叛亂。同治帝即位之時，先後平息了太平天國運動、捻亂、回亂，同時又開展了「洋務運動」，清王朝的政權表面上穩固許多，這段時間被人們稱為「同治中興」。與此同時，日本開始偷窺中國領土，並於同治最後一年，也就是同治十三年（公元1874年）出兵臺灣。

「御賞」、「同道堂」璽及璽匣
清

變法革新

第三章　帝國斜陽

垂簾聽政

　　咸豐十一年（公元1861年）九月三十日，葉赫那拉氏發動政變，將清政府的統治權牢牢掌握在自己手中。

　　咸豐帝生前曾口授遺詔，立6歲的載淳為皇太子，繼承帝位，並任命載垣、端華、肅順等8人為「贊襄政務大臣」，輔佐朝政，主持國家大事。載淳即位後，以祺祥為年號。載淳的生母葉赫那拉氏就是慈禧太后，權力慾非常強，她一心想得到最高統治權，與肅順等輔佐朝政的大臣們產生衝突。

　　慈禧與咸豐帝異母弟恭親王奕訢相互勾結，密謀政變。政變從九月二十三日咸豐帝靈柩自承德運回京城開始醞釀。三十日，那拉氏發動政變。十月初一，奕訢被封為議政王。初五，改年號祺祥為同治。初六，賜載垣、端華自盡，將肅順斬首示眾，景壽等5人有的革職，有的遣戍。十一月初一，葉赫那拉氏與紐祜祿氏正式在養心殿垂簾聽政。從此，葉赫那拉氏便掌握了清朝的

慈禧太后油畫像

政權，直到光緒三十四年（公元1908年）慈禧去世，清朝最末40年的命運全部掌握在慈禧太后手中。

　　慈禧太后掌握實權後，重用漢族官員曾國藩、李鴻章，清王朝出現暫時的安定局面。到清朝後期，慈禧太后對外國勢力極力妥協，而且還說出「量中華之物力，結與國之歡心」之類的話。她的這種態度，加快了清朝的滅亡。

養心殿東暖閣——垂簾聽政處

奕訢舊照

自 強 運 動

19世紀60年代至90年代這幾十年中，清政府一些洋務派官，以「自強」和「求富」為口號，在軍事、政治、經濟、教育及外交等方面進行一系列的革新運動，史稱為「自強運動」（洋務運動）。

辱國的《北京條約》簽訂後，國門又一次被打開，恭親王奕訢、大學士桂良、戶部左侍郎文祥聯名奏請設立總理衙門，以適應列強對華外交的需要。

清政府採納此議。奕訢和文祥是洋務運動的代表人物。之後，清政府又設立了管理南北各通商口岸的商務和處理各類對外事務的南、北洋通商大臣，洋務派地方大臣的代表是曾國藩、左宗棠、李鴻章及張之洞。

洋務運動開始時，以自強運動為中心，開始在天津、上海、廣州、福州、武昌等地聘用外國教官、購買槍炮、訓練洋槍隊。洋務派官僚同時在各地創辦兵工廠，製造槍炮和船艦。

最早的是咸豐十一年（公元1861年）曾國藩在安慶設立的內軍械所。他還在蘇州設立洋炮局。同治四年（公元1865年），李鴻章創立江南製造總局，專門製造槍炮和輪船。同年，李鴻章又把蘇州的洋炮局遷至南京，擴充為金陵製造局。同治五年（公元1866年），左宗棠在福州創設專造輪船的福州船政局。同治六年（公元1867年），崇厚在天津設立機器局，後由李鴻章接辦。70年代

李鴻章像

後，西安、蘭州、福州、廣州，北京等地都相繼設立了中小型軍火工廠。

設立兵工廠對改造清軍的軍事裝備和促進中國軍事科技的發展有了重要作用。光緒元年（公元1875年），清政府又委派李鴻章、沈葆楨分別籌建北洋、南洋海軍。洋務派在建立大批軍事工業以後，出現了資金缺少、材料、燃料和運輸等方面的困難。這時候，他們又提出了「求富」的口號。這樣，全國掀起了開辦洋務的高潮。

洋務的開展使中國在軍事、經濟、科技、文化和教育等方面取得一定的發展，使中華文明開始進入到一場學習西方文明的運動中，將中華文明幾千年來的封閉的格局打破，並將它推到世界文明的大潮裡，但它卻沒有觸及社會制度的根本，只能在最表面的技術層面打轉，沒有根本的效益。

總理各國事務衙門 清

購自德國的大炮 清

光緒繼位

同治十三年（公元1874年）十二月，同治帝因病去世，慈禧太后指定醇親王奕譞之子4歲的載湉即位，即為光緒帝。

同治帝18歲時開始親政，但這只是個虛名而已，所有軍政大權仍掌握在慈禧太后的手中。一開始，兩宮皇太后為同治帝擇后，東宮看上了戶部尚書崇綺女阿魯特氏，西宮卻對鳳秀之女富察氏滿意，而同治帝挑選了東宮所擬定的阿魯特氏，慈禧太后十分生氣。

同治十一年（公元1872年）九月，冊立阿魯特氏為皇后，富察氏為慧妃。慈禧太后告誡同治帝不要與皇后多接近，而要移愛於慧妃，並派內監進行監視。同治帝對慈禧太后的限制非常不滿，獨居乾清宮，成天與小太監游戲打鬧，有時在內侍的引導下逛酒館妓院。

他不僅學業荒廢，而且身體也垮下來了。同治十三年（公元1874年）底，病逝於養心殿，時年19歲。同治帝之

對聯
清德宗光緒書

含和履中駕福乘喜
年豐歲熟政樂民仁

光緒帝朝服像

死，有許多種說法，最為流行的有兩種：一說為天花致死，一說為染梅毒不治而亡。同治帝皇后阿魯特氏因慈禧太后待之甚虐，很快亦吞金而亡。

光緒帝名叫愛新覺羅載湉，是醇親王奕譞的兒子，慈禧太后的外甥、內侄。他當皇帝時只有4歲，政權仍由東、西太后把持。雖然在光緒十五年（公元1889年）親政，但實權依然操於西太后慈禧手中。光緒二十年（公元1894年）中日甲午戰爭時，光緒帝極力主戰，但戰爭以清軍戰敗告終。這一結果讓光緒帝悲憤萬分。

中日甲午戰爭後，面臨列強瓜分，光緒帝不甘成為亡國之君，勵志變法，於光緒二十四年（公元1898年）六月進行了戊戌維新。戊戌維新很快便失敗，他自己也被慈禧囚於瀛臺。光緒二十六年（公元1900年）十一月，聯軍入侵北京，他隨太后逃往西安。光緒三十四年（公元1908年），病逝，在位34年。

慈禧皇太后之寶及寶文　清

甲午海戰

　　光緒二十年（公元1894年）八月十三日，招商局用輪船五艘運兵12營，在李鴻章的命令下前往增援平壤清軍，北洋海軍提督丁汝昌率「定遠號」等16艘北洋艦艇護航。於十八日上午返航途中，被日本海軍中將伊東祐亨率領的「松島號」等12艘日艦襲擊。丁汝昌果斷地下令迎戰。

　　在戰鬥中，日艦利用航速快、炮位多的優勢，在新式戰艦「吉野號」的帶領下，避開北洋艦隊「定遠」、「鎮遠」兩主力艦，繞到後側攻擊兩翼小艦，以首炮狂轟定、鎮兩艦背面，將北洋艦隊的戰略隊形打亂，使其陷於被動。丁汝昌負傷後，依舊堅持指揮旗艦「定遠號」炮擊敵船；「致遠號」管帶鄧世昌看見軍艦重創，失去戰鬥力，下令開足馬力向「吉野號」撞去，要與之同歸於盡，不幸被魚雷擊沉，全艦官兵兩百五十餘人壯烈犧牲。

　　這場戰鬥共持續約五個小時。北洋艦隊戰艦損失五艘，死傷官兵千餘人，日艦損失戰艦數艘，死傷六百餘人。此役之後，大批菁英葬身大海，北洋海軍再也無法振興；而日本帝國海軍則蒸蒸日上，埋下日後發動第二次世界大戰的遠因。

鄧世昌舊照

「濟遠號」主炮　清

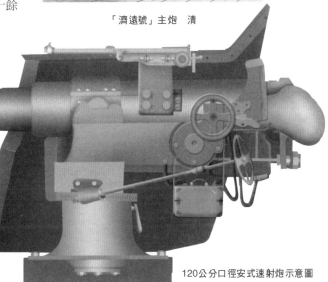

120公分口徑安式速射炮示意圖

戊戌變法

甲午戰爭結束後，中日簽訂《馬關條約》，外國資本主義對中國的侵略進一步加深，中國的半殖民地化和民族危機也進一步加深。光緒帝對這一情況十分擔憂。

光緒二十四年（公元1898年）四月，光緒帝根據楊深秀、徐致靖、康有為等人的奏章和條陳，決定變法。四月二十八日，光緒帝召見康有為，商討和確定變法的具體步驟和措施。不久，又允許康有為專摺奏事，並有權在總理衙門章京上行走。

康有為利用專摺奏事的特殊待遇，經常上摺、遞條陳，提出許多新政建議。在維新期間，光緒帝根據康有為等人的建議，相繼頒布了一百多道除舊布新的改革詔令。新政遭到守舊勢力的一致反對。從表面上看，六月上旬以前，光緒皇帝在經濟、軍事、文教方面的改革上面頒布許多新政。

六月上旬以後，新政由經濟、文教、軍事方面延伸到政治方面。主要的改革措施有：刪改舊例，裁汰冗員，撤

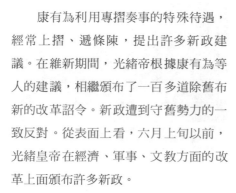

光緒帝像

銷閒散重疊的機構；准許大小臣民上書言事，官吏不得阻撓……等。

事實上，光緒帝頒布的新法詔令，除了湖南巡撫陳寶箴較為認真執行之外，別的地方督撫大多置若罔聞。在中央，有些新政機關形式上好像有所建立，但基本上被舊派所把持。因此，變法詔書幾乎是一紙空文。

但是，維新派的政治制度改革觸怒慈禧太后，讓她感覺到自己的權威被動搖，便開始對光緒帝率領的維新派發動反擊。手無實權的維新派有些驚慌，他們想拉攏掌握新建陸軍的袁世凱，作為與慈禧對抗的力量。

光緒二十四年（公元1898年）八月初一，光緒帝召見袁世凱，密令其舉兵消滅慈禧太后。善玩兩面手段的袁世凱出賣了維新派，幫助慈禧太后發動政變，將光緒帝囚禁於中南海的瀛臺，而維新派的代表人物譚嗣同等6人被殺於北京菜市口，史稱「戊戌六君子」。

中南海瀛臺

日薄西山

義和拳亂

光緒二十五年（公元1899年），山東清平縣義和拳改名為義和團。同年夏季，清政府轉變了對義和拳圍剿打擊的政策，改為撫剿兼施。

毓賢接任山東巡撫後，建議朝廷承認義和拳為合法民間團練，將義和拳正式改名為義和團。從此以後，義和團掙得合法地位，各地義和拳也先後改稱義和團。毓賢對義和團的寬容招撫政策，使山東義和團很快擴展壯大，團眾四處攻打教堂，驅逐教士，與和教士狼狽為奸的地方官員作對。光緒二十五年九月，朱紅燈在平原縣杠子李莊率先樹起「興清滅洋」的大旗。此後「順清滅洋」、「保清滅洋」、「扶清滅洋」等口號都逐漸出現，後來大都統一為「扶清滅洋」。

同時，日趨高漲的義和團運動也發展至直隸、天津。袁世凱任山東巡撫後，對義和團殘酷鎮壓。山東的義和團轉向華北、京津等地發展，進一步推動義和團運動的高漲。

義和團在北京摧毀的天主教堂舊址

義和團

「扶清滅洋」是義和團的主要口號

義和團坎字團防總局牌子

八國聯軍

光緒二十六年（公元1900年）五月一日晚，義和團焚燒豐臺火車站的消息與京津鐵路軌道被拆毀的謠言傳到外國公使居住的東交民巷。各國公使感到形勢緊急，立即舉行會議，全體同意調軍隊保護各國使館。次日，駛抵大沽口外的外國艦隊先後接到進京的電報，並很快地派出陸戰隊，由海河乘船抵達天津，準備向北京進犯。

五月上旬，進入天津租界的各國軍隊已達2000人。五月十三日，各國駐津領事和海軍統帥在英國領事賈禮士（William Richard Carles，1848～1928）的提議下舉行會議。在美國領事的鼓動下，會議決定將在津的8國現有兵力組成聯軍進攻北京，由在津軍隊中級別最高的英國人西摩爾中將為統帥，美國人

向北京進犯的八國聯軍

八國聯軍軍官在先農壇合影

麥卡加拉上校為副統帥，八國聯軍正式組成。光緒二十六年（公元1900年）五月二十一日，八國聯軍攻打大沽炮臺，當天義和團和清軍就聯合攻打紫竹林租界，天津戰役爆發。五月二十五日，清政府宣布對各國開戰。

六月一日，義和團著名首領張德成率「天下第一團」五千多人支援天津，參加戰鬥。當時駐津清軍只有聶士成部武衛前軍10營，勢單力薄，於是清政府急調馬玉昆、宋慶這些駐山海關的軍隊到天津增援。義和團和清軍攻打紫竹林的戰鬥持續了1個月。聶士成部是清軍中戰鬥力最強的新軍，與8國軍隊進行惡戰十多次，斬殺敵軍多人。

但各國聯軍從大沽源源進入天津，力量逐漸增強。六月十三日，聶士成戰死，天津防禦力量迅速減弱。宋慶接手天津防務後，又夥同馬玉昆大肆屠殺義和團，致使天津於十八日失陷。八國聯軍開始向北京進攻。

光緒二十六年（公元1900年）七月二十日，八國聯軍侵入北京。淩晨，俄國從東便門攻入城中，清軍占據制高點阻擊敵人。激戰持續到下午，俄軍才占領建國門並由此開始洗劫北京城。

西摩爾

克林德牌坊

革命軍興

八國聯軍侵華後，中國完全淪為一個半殖民地、半專制的社會，政府愈加腐敗無能，百姓生活苦不堪言。這時候，孫中山於光緒三十年（公元1905年）八月成立了同盟會。

公元1905年7月30日，孫中山等人在日本東京召開了籌備組黨的會議。在會上，孫中山提議建立革命同盟，與會人員商議定名為中國同盟會。8月20日，同盟會正式舉行成立大會，這次會議通過由黃興等人起草的會章，選舉孫中山為總理，黃興為執行部庶務。

同盟會成立後，採用三權分立制設執行部、評議部和司法部；同盟會的革命綱領為「驅除韃虜，恢復中華，創立民國，平均地權」；提出「民族、民權、民生」的三民主義學說；制訂《軍政府宣言》、《中國同盟會總章》；辦機關報《民報》來宣傳革命；分別於國內外各地建立起支部。

同盟會將原來分屬各地的革命組織統一起來，使革命派有了一個核心組

鄒容像與《革命軍》封面

織，推動了民主革命運動的發展。

同盟會的成立強烈動搖了清朝的統治地位。在後來的黃花崗起義中，同盟會骨幹等72位烈士壯烈犧牲，他們的遺骸最後合葬於廣州黃花崗。這次起義雖然失敗，但烈士們的鮮血喚醒了數萬中國人民，他們前仆後繼地為推翻清朝作奮鬥。

黃花崗七十二烈士墓

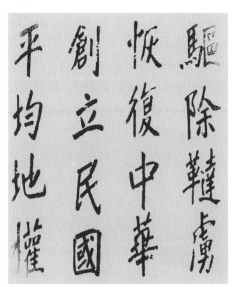

同盟會革命綱領

攝政王載灃像

末代皇帝

光緒三十四年（公元1908年）三月，光緒帝病危。十月，清廷下詔，命載灃為攝政王。十月二十一日，光緒帝因病身亡，慈禧太后便頒旨立載灃之子溥儀為嗣皇帝。

十月二十二日，慈禧太后亦病死於中南海儀鸞殿。二十五日，載灃等決定建元年號為「宣統」。十一月初九，溥儀舉行登基大典。先由載灃抱著溥儀在中和殿接受侍衛大臣們叩拜，然後在太和殿龍椅上接受文武百官朝賀，並定翌年（公元1909年）為宣統元年。

溥儀是清王朝末代皇帝，也是中國王朝最後的一位皇帝。他的全名為愛新覺羅溥儀。即位後因其年幼，由父親攝政王載灃監國。公元1911年辛亥革命爆發後，起用袁世凱。公元1912年退位。

監國攝政王寶璽　清

宣統皇帝朝服像

公元1917年發生張勳復辟事件，扶持溥儀復位，但只有12天便又滅亡。北方軍閥馮玉祥於公元1924年將他趕出北京，後來日本人於公元1934年扶植溥儀為「偽滿洲國」皇帝。第二次世界大戰結束後，他被蘇聯俘虜，於公元1950年回到中國。

公元1967年，溥儀病逝於北京，終年61歲。

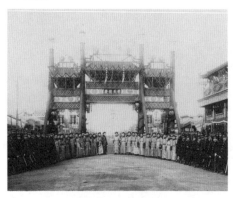

巡警部慶祝宣統帝登基

辛亥革命

宣統三年（公元1911年）八月十九日，湖北革命黨發動武昌起義，全國響應，各省紛紛宣布獨立。

宣統三年（公元1911年）八月初三，湖北革命團體共進會與當地新軍中的秘密革命組織文學社聯合，建立領導起義的機構。文學社首領蔣翊武任總指揮，共進會首領之一孫武為參謀長。

八月十九日（新曆10月10日）武昌新軍因情況發生變化提前起義。二十日清晨，攻克總督衙門，起義軍占領武昌城。二十一日，漢陽、漢口均告光復。新軍協統黎元洪被推為都督，組織湖北軍政府，向全國宣告獨立。

繼武昌起義之後，湖南、陝西、山西、雲南、江西、貴州、江蘇、廣西、安徽、福建、廣東、四川等省先後宣布獨立，將清王朝推翻。因這年是辛亥年，所以史稱「辛亥革命」。

公元1912年1月1日，同盟會於南京成立臨時政府，孫中山就任臨時大總統，定國號為中華民國。它的成立使綿延兩千多年的君主制結束，具有劃時代的意義。

上海民眾在車站歡送孫中山到南京就職

黎元洪像

辛亥灤州革命先烈紀念園

清帝退位詔書

人類智庫 1979年2月22日 創立

圖說中國通史

TURNING POINTS IN CHINESE HISTORY

發 行 人	桂台樺
主　　編	李清課
文字編輯	鄭宇軒
特約編輯	陳怡慈　林蒼龍
美術主編	張承霖
美術編輯	林佑峻　黃蕙珍　林夢婷
封面設計	江榮璋
製版印刷	科億印刷股份有限公司
發行出版	人類智庫數位科技股份有限公司
公司電話	(02)2218-1000
公司傳真	(02)2218-9191
公司地址	新北市新店區民權路115號5樓
客服信箱	service@humanbeing.com.tw
客服電話	(02)2218-1000 ext.666
郵撥帳號	01649498　戶名：人類文化事業有限公司
台灣總經銷	聯合發行股份有限公司
總經銷電話	(02)2917-8022
總經銷地址	新北市新店區寶橋路235巷6弄6號2樓
人類智庫網址	www.humanbooks.com.tw
本版二刷	2013年12月10日
定　　價	新臺幣350元

◎ 本書內容由中智博文圖書發行有限公司授權
　人類智庫數位科技股份有限公司發行繁體中文版